LAB STANDARD
기준을 연구하는 사람들

2025년 국가공무원 5급 공채·국립 외교원·7급 지역인재 등 PSAT 대비

JN395853

| 상황판단영역 |

3 교시

문제책형

역

응시번호	
성명	

응시자 주의사항

1. **시험시작 전에 시험문제를 열람하는 행위나 시험종료 후에 답안을 작성하는 행위를 한 사람**은 「공무원임용시험령」 제51조에 의거 **부정행위자**로 처리됩니다.
2. **답안지 책형 표기**는 **시험시작 전** 감독관의 지시에 따라 **문제책 앞면에 인쇄된 문제책형을 확인**한 후, **답안지 책형란에 해당 책형(1개)**을 **'●'**로 **표기**하여야 합니다.
3. 시험이 시작되면 문제를 주의 깊게 읽은 후, **문항의 취지에 가장 적합한 하나의 정답만을 고르며,** 문제내용에 관한 질문은 할 수 없습니다.
4. **답안을 잘못 표기하였을 경우**에는 **답안지를 교체하여 작성**하거나 **수정할 수 있으며,** 표기한 답안을 수정할 때는 **응시자 본인이 가져온 수정테이프만을 사용**하여 해당 부분을 완전히 지우고 부착된 수정테이프가 떨어지지 않도록 손으로 눌러주어야 합니다. **(수정액 또는 수정스티커 등은 사용 불가)**
   - ■ **불량한 수정테이프의 사용과 불완전한 수정처리**로 발생하는 **모든 문제는 응시자 본인에게 책임**이 있습니다.
5. **시험시간 관리의 책임은 응시자 본인에게 있습니다.**
   ※ 문제책은 시험종료 후 가지고 갈 수 있습니다.

성적분석 및 이의제기 안내

1. **빠른 채점** 및 **성적분석** 서비스 (나의 위치 확인 및 통계 분석 결과 확인)
   - ■ **시험지 뒷면** 및 **해설지**의 **QR코드** 확인 : https://labstandard.kr/eas
2. **답안지(OMR 카드) & 정오표** 다운로드, 문항 관련 문의
   - ■ 랩스탠다드 홈페이지(https://labstandard.kr) "학습지원센터 - 자료실 & 정오표" 게시판 확인
   - ■ 문항 관련 문의 : "학습지원센터 - 1:1 문의" 게시판 또는 이메일(labstandard@naver.com)

1. 다음 글을 근거로 판단할 때 옳은 것은?

> 제00조(공탁사무의 처리) 공탁사무는 지방법원장이나 지방법원지원장이 소속 법원서기관 또는 법원사무관 중에서 지정하는 자가 처리한다.
>
> 제00조(공탁물보관자의 지정) ① 대법원장은 공탁하는 금전, 유가증권, 그 밖의 물품을 보관할 은행이나 창고업자를 지정한다.
>
> ② 대법원장은 제1항에 따라 공탁금 보관 은행을 지정할 때에는 공익성과 지역사회 기여도 등 해당 지역의 특수성이 반영될 수 있도록 해당 지방법원장의 의견을 들어야 한다.
>
> 제00조(공탁금의 이자) 공탁금에는 대법원규칙으로 정하는 이자를 붙일 수 있다.
>
> 제00조(반대급부) 공탁물을 수령할 자가 반대급부를 하여야 하는 경우에는 공탁자의 서면 또는 판결문, 공정증서 등에 의하여 그 반대급부가 있었음을 증명하지 아니하면 공탁물을 수령하지 못한다.
>
> 제00조(이의신청 및 조치) ① 공탁관의 처분에 불복하는 자는 관할 지방법원에 이의신청을 할 수 있다.
>
> ② 제1항에 따른 이의신청은 공탁소에 이의신청서를 제출함으로써 하여야 한다.
>
> ③ 공탁관은 제1항에 따른 이의신청이 이유가 있다고 인정하면 신청의 취지에 따르는 처분을 하고 그 내용을 이의신청인에게 알려야 한다.
>
> ④ 공탁관은 이의신청이 이유 없다고 인정하면 이의신청서를 받은 날부터 5일 이내에 이의신청서에 의견을 첨부하여 관할 지방법원에 송부하여야 한다.

① 공탁금에는 이자를 붙일 수 없다.
② 공탁사무는 지방법원장이나 지방법원지원장이 처리한다.
③ 공탁물을 수령할 자가 반대급부를 하여야 하는 경우에 공탁물을 수령하였다면, 그 반대급부가 있었음을 증명하였을 것이다.
④ 대법원장은 공탁물을 보관할 창고업자를 지정할 때에는 해당 지역의 특수성이 반영될 수 있도록 해당 지방법원장의 의견을 들어야 한다.
⑤ 공탁관은 이의신청이 이유가 있다고 인정하면 이의신청서를 받은 날부터 5일 이내에 이의신청서에 의견을 첨부하여 관할 지방법원에 송부하여야 한다.

2. 다음 글을 근거로 판단할 때 옳은 것은?

> 제00조(게임제작업 등의 등록) ① 게임제작업을 영위하고자 하는 자는 시장·군수·구청장(이하 "시장 등"이라 한다)에게 등록하여야 한다. 다만, 다음 각 호의 어느 하나에 해당하는 경우에는 등록하지 아니하고 이를 할 수 있다.
>
> 1. 국가 또는 지방자치단체가 제작하는 경우
> 2. 교육기관 또는 연수기관이 자체교육 또는 연수의 목적으로 사용하기 위하여 제작하는 경우
> 3. 공공기관이 그 사업의 홍보에 사용하기 위하여 제작하는 경우
>
> ② 제1항에 따라 등록한 자가 중요사항을 변경하고자 하는 경우에는 변경등록을 하여야 한다.
>
> ③ 시장 등은 제2항에 따른 변경등록의 신청을 받은 날부터 15일 이내에 변경등록 여부를 신청인에게 통지하여야 한다. 단, 기간을 산정할 때 초일(初日)을 산입한다.
>
> ④ 시장 등은 제3항에서 정한 기간 내에 변경등록 여부를 신청인에게 통지하지 아니하면 그 기간이 끝난 날의 다음 날에 변경등록을 한 것으로 본다.
>
> ⑤ 시장 등은 제1항 또는 제2항에 따른 등록 또는 변경등록을 받은 경우에는 신청인에게 등록증을 교부하여야 한다.
>
> 제00조(게임제공업 등의 허가) ① 일반게임제공업을 영위하고자 하는 자는 시장 등에게 허가를 받아야 한다.
>
> ② 청소년게임제공업을 영위하고자 하는 자는 시장 등에게 등록하여야 한다. 다만, 정보통신망을 통하여 게임물을 제공하는 자로서 신고한 자는 등록을 한 것으로 본다.

① 지방자치단체가 게임을 제작하는 경우 게임제작업을 영위하기 위해 시장 등에게 등록하여야 한다.
② 일반게임제공업을 영위하고자 하는 자는 시장 등에게 등록하여야 한다.
③ 게임제작업을 등록한 자가 경미한 사항을 변경하고자 하는 경우에는 변경등록을 하여야 한다.
④ 정보통신망을 통하여 게임물을 제공하는 자로서 신고한 자가 청소년게임제공업을 영위하려면 시장 등에게 등록하여야 한다.
⑤ 시장 등이 변경등록의 신청을 받고 변경등록 여부를 신청인에게 통지하지 아니하면 변경등록의 신청을 받은 날부터 16일째 되는 날에 변경등록을 한 것으로 본다.

3. 다음 글을 근거로 판단할 때 옳은 것은?

제00조(학교의 장) ① 대학 및 교육대학에 총장을 둔다.
② 총장은 교무를 총괄하고 소속 교직원을 감독하며, 학생을 지도하고 학교를 대표한다.
제00조(부총장) ① 대학 및 교육대학에 총장의 직무를 보좌하기 위하여 해당 대학 및 교육대학의 교수 중에서 부총장을 둘 수 있다.
② 부총장은 대학의 업무를 효율적으로 추진하기 위하여 학사 등 일부의 권한에 대하여 총장의 위임을 받아 그 직무를 수행한다.
③ 부총장은 총장이 부득이한 사유로 직무를 수행할 수 없을 때에는 그 직무를 대행한다.
제00조(단과대학 등) ① 학교규칙으로 정하는 범위에서 대학은 단과대학 및 대학원을, 교육대학은 대학원을 각각 둘 수 있다.
② 대학의 단과대학 및 대학원에 학과·학부 또는 이에 상응하는 조직을, 교육대학 및 그 대학원에 학과 등을 둘 수 있다.
③ 제1항 및 제2항에 따른 단과대학·대학원 및 학과 등에 장을 각각 두되, 단과대학 및 대학원의 장은 교수 또는 부교수 중에서, 학과 등의 장은 교수·부교수 또는 조교수 중에서 둔다.
제00조(학비보조) ① 대학의 학사과정 간호계 학과 또는 학부의 제3학년 이상의 학생은 재학중 기숙사에 입사하여 생활훈련을 받아야 한다. 이 경우 이들 학생에 대하여는 기숙사비·피복비 및 학비의 일부를 국고에서 지급한다.
② 특수학교의 학생은 재학중 기숙사에 입사하여 생활훈련을 받아야 한다. 다만, 불가피한 사정이 있다고 인정되는 자에 대하여는 그러하지 아니하다.
③ 제2항의 규정에 의한 학생에 대하여는 입학금과 수업료를 면제하고, 기숙사비 전부를 국고에서 지급한다.

① 대학 총장의 직무를 보좌하기 위하여 해당 대학 교수 중에서 부총장을 둔다.
② 학교규칙으로 정하는 범위에서 교육대학은 단과대학 및 대학원을 둘 수 있다.
③ 단과대학 및 대학원의 장은 교수·부교수 또는 조교수 중에서 둔다.
④ 재학중 기숙사에 입사하여 생활훈련을 받는 대학의 학사과정 간호계 학과 제3학년 학생의 경우 이들의 학비 전부를 국고에서 지급한다.
⑤ 대학의 단과대학 및 대학원과 교육대학 및 그 대학원에 학과를 둘 수 있다.

4. 다음 글과 <상황>을 근거로 판단할 때 옳은 것은?

제00조(구조·구급활동의 평가) ① 소방청장은 매년 시·도 소방본부의 구조·구급활동에 대하여 종합평가를 실시하고 그 결과를 시·도 소방본부장에게 통보하여야 한다.
② 소방청장은 제1항에 따른 종합평가결과에 따라 시·도 소방본부에 대하여 행정적·재정적 지원을 할 수 있다.
③ 종합평가는 서면평가와 현장평가로 구분하여 실시하되, 서면평가는 모든 시·도 소방본부를 대상으로 실시하고, 현장평가는 서면평가 결과에 따라 필요한 시·도 소방본부를 대상으로 실시한다.
④ 소방본부장은 종합평가를 위하여 시·도 집행계획의 시행 결과를 다음 해 2월 말일까지 소방청장에게 제출하여야 한다.
제00조(손실보상) ① 소방청장은 구조·구급활동을 위하여 필요하다고 인정하는 때에는 다른 사람의 토지·건물 또는 그 밖의 물건을 일시사용하거나 그 토지·건물에 출입할 수 있다.
② 소방청장은 제1항에 따른 조치로 인한 손실을 보상할 때에는 손실을 입은 자와 먼저 협의하여야 한다.
③ 제2항에 따른 손실보상에 관한 협의는 제1항에 따른 조치가 있는 날부터 60일 이내에 하여야 한다.
④ 소방청장은 제2항에 따른 협의가 성립되지 아니하면 관할 손실보상위원회에 재결(裁決)을 신청할 수 있다.

<상 황>

소방청장은 구조활동을 위하여 甲의 토지와 乙의 건물에 출입하였고 이로 인해 甲과 乙에게 손실이 발생하였다.

① 시·도 소방본부장은 매년 시·도 소방본부의 구조·구급활동에 대하여 종합평가를 실시하고 그 결과를 소방청장에게 통보하여야 한다.
② 종합평가의 경우 현장평가는 모든 시·도 소방본부를 대상으로 실시하고, 서면평가는 필요한 시·도 소방본부를 대상으로 실시한다.
③ 소방본부장은 종합평가를 위하여 2025년 시·도 집행계획의 시행 결과를 2025. 2. 28.까지 소방청장에게 제출하여야 한다.
④ 소방청장은 甲과의 협의 없이 甲에게 손실을 보상할 수 없다.
⑤ 소방청장과 乙의 협의가 성립되지 아니하면 乙은 관할 손실보상위원회에 재결을 신청할 수 있다.

5. 다음 글과 <상황>을 근거로 판단할 때, <보기>에서 옳은 것만을 모두 고르면?

제00조(자본금) ① 부동산원의 자본금은 500억 원으로 한다.
② 제1항의 자본금은 정부가 출자하되, 필요한 경우에는 자본금의 2분의 1을 초과하지 아니하는 범위에서 주주를 모집할 수 있다.
제00조(주식의 발행) 부동산원이 발행하는 주식의 종류, 1주(株)의 금액, 주식출자금의 납입 시기 및 방법은 대통령령으로 정한다. 다만, 정부가 자본금을 출자하는 경우 주식출자금의 납입 시기 및 방법은 기획재정부장관이 정한다.
제00조(손익금의 처리) 부동산원은 매 사업연도의 결산 결과 이익이 생기면 다음 각 호의 순서대로 처리한다.
1. 이월손실금의 보전(이월손실금이 있을 경우에만 해당한다)
2. 이익의 100분의 10을 이익준비금으로 적립
3. 제2호에 따른 이익준비금 외의 적립금으로 적립
제00조(사채의 발행) ① 부동산원은 자본금과 직전 사업연도 적립금 합계액의 2배를 초과하지 아니하는 범위에서 사채를 발행할 수 있다.
② 부동산원은 제1항에 따라 사채를 발행하기 위해서는 사채발행계획을 수립하여 국토교통부장관의 승인을 받아야 한다.

<상 황>

2024년 사업연도 결산 결과 부동산원은 100억 원의 이익이 발생하였다. 부동산원의 이월손실금은 없다.

<보 기>

ㄱ. 부동산원은 필요한 경우 250억 원의 범위에서 주주를 모집할 수 있다.
ㄴ. 정부가 자본금을 출자하는 경우 부동산원이 발행하는 주식의 종류는 대통령령으로 정한다.
ㄷ. 부동산원이 사채를 발행하기 위해서는 사채발행계획을 수립하여 기획재정부장관의 승인을 받아야 한다.
ㄹ. 부동산원은 2025년에 1,200억 원까지 사채를 발행할 수 있다.

① ㄱ, ㄴ
② ㄱ, ㄹ
③ ㄷ, ㄹ
④ ㄱ, ㄴ, ㄷ
⑤ ㄱ, ㄴ, ㄹ

6. 다음 글을 근거로 판단할 때, <보기>에서 옳은 것만을 모두 고르면?

고구마는 시력, 면역 기능에 도움이 되는 비타민 A가 풍부하여 건강식품으로 각광받고 있다. 고구마는 구황작물 중 하나인데, 구황작물이란 가뭄, 장마 등에 영향을 덜 받으면서 척박한 환경에서도 재배할 수 있는 작물을 말한다. 고구마는 싹을 틔워 처음 자랄 때를 제외하고 이후에는 특별한 관리가 없어도 스스로 잘 자란다. 고구마는 줄기가 흙을 덮기 때문에 흙이 날아가지 않고 땅속에 있는 수분의 증발도 막아준다. 이러한 점으로 인해 고구마 줄기는 가뭄의 피해도 어느 정도 막아준다.

고구마는 사막이 많고 땅이 척박한 아프리카 대륙에서도 생산할 수 있다. 아프리카 대륙의 고구마 생산면적은 전 세계의 40 %이고, 생산량은 아시아 대륙의 25 %에 달한다.

고구마는 열량이 높은 편이다. 1,000 m^2의 고구마 밭에서는 1년간 열량 300만 kcal에 해당하는 고구마를 생산할 수 있다. 이는 성인 여성 1,500명에게 필요한 1일 권장 열량에 해당한다. 동일한 면적에서 감자는 240만 kcal, 쌀은 180만 kcal, 옥수수는 80만 kcal에 해당하는 작물을 생산할 수 있다.

고구마와 비견되는 작물로는 감자가 있다. 감자 역시 구황작물의 일종으로 척박한 환경에서도 잘 자란다. 그러나 감자는 고구마와 달리 유전형이 고정되어 감자들간 유전자가 비슷하다는 특징이 있다. 이러한 유전적 다양성의 부족은 병충해, 특히 전염병에 취약하다는 치명적인 단점으로 이어진다. 1847년 아일랜드에서 대부분의 감자들이 전염병에 걸려 수확량이 대폭 줄어들어 발생한 대기근이 이를 잘 보여주는 사례이다.

<보 기>

ㄱ. 고구마는 처음 자랄 때부터 재배할 때까지 특별한 관리가 없어도 스스로 잘 자란다.
ㄴ. 고구마는 유전형이 고정되어 있지 않아 고구마들간 유전자가 비슷하지 않다.
ㄷ. 5,000 m^2의 면적에서 생산한 쌀의 열량은 성인 여성 12명이 1년 동안 필요한 권장 열량 이상이다.
ㄹ. 고구마의 생산면적당 생산량은 아프리카 대륙이 아시아 대륙보다 적다.

① ㄱ, ㄴ
② ㄴ, ㄷ
③ ㄴ, ㄹ
④ ㄱ, ㄷ, ㄹ
⑤ ㄴ, ㄷ, ㄹ

7. 다음 글을 근거로 판단할 때, 丙의 체질량지수(X) 범위는?

> 체질량지수(BMI)는 비만도를 나타내는 지수로 키와 체중의 관계로 계산한다. 체질량지수를 구하는 식은 다음과 같다.
>
> $$체질량지수 = \frac{체중(kg)}{키(m) \times 키(m)}$$
>
> 甲: 내 체중은 100 kg이고 체질량지수는 25야.
> 乙: 내 키는 180 cm이고 체질량지수는 20이야.
> 丙: 乙의 키는 나와 甲 키의 평균과 같고, 내 체중은 乙보다 4 kg 가벼워.

① 16 < X < 19
② 19 < X < 22
③ 22 < X < 25
④ 25 < X < 28
⑤ 28 < X < 31

8. 다음 글을 근거로 판단할 때, ㉠과 ㉡에 들어갈 수를 옳게 짝지은 것은?

> 밀도는 물체의 질량을 부피로 나눈 값이다. 물체의 밀도를 측정하는 방법은 물체의 상태가 고체인지, 액체인지에 따라 다르다.
>
> 고체의 경우 비어있는 실린더에 물을 반쯤 채우고 물의 부피를 측정한 다음, 고체를 담고 실린더의 물속에 완전히 잠기게 하여 물의 부피를 측정하고 그 차이만큼을 고체의 부피로 한다. 이때 고체의 질량과 무게는 같은 것으로 본다. 예를 들어, 실린더에 물을 반쯤 채웠을 때의 물의 부피가 30 cm^3, 무게가 210 g인 순은(銀)을 물속에 완전히 잠기게 하여 측정한 물의 부피가 50 cm^3라면 순은의 밀도는 [㉠] g/cm^3이다.
>
> 액체의 경우 우선 비어있는 실린더의 무게를 측정한 후 액체를 담아 전체 무게를 측정한다. 이때 전체 무게와 실린더 무게의 차이를 구하면 액체의 질량이 된다. 이후 실린더에 액체를 담아 부피를 측정하면 밀도를 구할 수 있다. 예를 들어, 비어있는 실린더의 무게가 10 g이고, 실린더에 꿀을 담아 측정한 무게가 [㉡] g, 부피가 10 cm^3라면 해당 꿀의 밀도는 1.6 g/cm^3이다.

	㉠	㉡
①	4.2	16
②	7.0	16
③	7.0	26
④	10.5	16
⑤	10.5	26

9. 다음 글과 <대화>를 근거로 판단할 때, 甲 ~ 戊 중에서 비어있는 층의 바로 위층에 거주하는 사람은?

甲 ~ 戊는 한 층에 1개의 집이 있는 지상 6층짜리 공동주택에 거주하고 있다. 해당 주택은 엘리베이터가 없어 2층부터는 각 층을 연결하는 계단을 통해서만 오르내릴 수 있다. 계단으로 한 층을 오르는 데는 12초가 걸리며 여러 층을 오를 때도 한 층을 오르는 데 걸리는 시간은 동일하다.

甲 ~ 戊는 서로 다른 층에 거주 중이며 6개 층 중에 한 층은 비어 있다. 甲 ~ 戊는 서로 같은 주택에 거주한다는 것과 한 층이 비어 있다는 것은 알지만 비어 있는 층이 어디인지, 본인 외에 다른 사람이 정확히 몇 층에 거주하는지는 모른다. 甲 ~ 戊가 본인들이 거주하는 층에 대해 나눈 대화는 다음과 같다. 이들은 모두 진실만을 말한다.

<대 화>

甲: 우리 중에 내가 가장 낮은 층에 거주하는 것은 아니야.

乙: 계단을 오르는 것은 힘들어. 그렇지만 위층에서 발생하는 소음이 있을 수가 없기 때문에 신경 쓰지 않아도 돼서 좋아.

丙: 난 짝수층에 거주하고 있어.

丁: 1층에서 내 집까지 올라가려면 40초 이상이 걸려서 힘들어.

戊: 난 집에 들어가기 위해 계단을 오르지 않아도 돼서 좋아. 내 윗집은 비어 있는 것 같아. 위층에서 아무 소리도 들리지 않아.

① 甲
② 乙
③ 丙
④ 丁
⑤ 戊

10. 다음 글과 <제품 정보>를 근거로 판단할 때, 甲이 구매할 노트북은?

甲은 휴대가 가능한 노트북을 구매하고자 한다. 평가 항목별 합산 점수가 가장 높은 제품을 선택하되, 합산 점수가 가장 높은 제품이 복수인 경우 가격이 가장 낮은 노트북을 선택한다. 다음은 노트북 <평가항목 및 배점>이다.

<평가항목 및 배점>

1. 가격

가격	60만 원 미만	60만 원 이상 100만 원 미만	100만 원 이상 140만 원 미만	140만 원 이상
점수	10	9	8	7

2. 기종 출시연도

기종 출시연도가 가장 최근인 제품은 5점, 이를수록 1점씩 감점.

3. 품질 보증기한

점수 = 품질 보증기한(년) × 3

4. 배터리 지속시간

점수 = 배터리 지속시간(분) ÷ 60

5. 용량

점수 = 용량(GB) ÷ 50

<제품 정보>

제품	가격 (만 원)	기종 출시연도	품질 보증기한	배터리 지속시간(시간)	용량 (GB)
A	120	2023	3년	6	800
B	105	2021	2년	9	900
C	50	2020	1년	5	750
D	90	2022	3년	8	600
E	165	2024	2년	7	850

① A
② B
③ C
④ D
⑤ E

11. 다음 글을 근거로 판단할 때, <보기>에서 옳은 것만을 모두 고르면?

다음과 같이 구성된 표의 각 칸에 1 ~ 16까지의 자연수를 하나씩 적어 넣었다. 단, 각 칸에 적어 넣은 수와 연속한 수는 해당 칸과 가로, 세로, 대각선 방향으로 인접한 칸에 적어 넣을 수 없다. 인접한 칸이란 모서리 또는 꼭짓점을 공유하는 칸을 말한다. 예를 들어, 다음의 표에서 9와 15는 인접한 칸에 적혀 있다.

조건에 따라 수를 적어 넣었는데 일부가 누락되었다.

11	13	A	8
9	4	6	10
1	15	12	B
C	D	7	14

<보 기>

ㄱ. A는 짝수이다.
ㄴ. 최종적으로 3이 들어갈 수 있는 칸은 3개이다.
ㄷ. C와 D의 합은 8이다.
ㄹ. A와 C가 연속된 수라면 A, B, C, D를 모두 알 수 있다.

① ㄱ, ㄴ
② ㄱ, ㄷ
③ ㄱ, ㄹ
④ ㄱ, ㄷ, ㄹ
⑤ ㄴ, ㄷ, ㄹ

12. 다음 글과 <상황>을 근거로 판단할 때, <보기>에서 옳은 것만을 모두 고르면?

프로야구단 A팀은 2025시즌 개막을 앞두고 선발 투수 순번을 정하려고 한다. 선발 투수 순번을 정하기 위한 규칙은 다음과 같다.

○ 순번은 1, 2, 3, 4, 5번으로 한다.
○ 같은 유형의 투수가 인접한 순번이 되는 경우는 1회 이하여야 한다. 예를 들어, 1, 2번 투수가 유형이 같고 3, 4번 투수가 유형이 같을 수는 없다.
○ 5번 투수 다음에 1번 투수의 순번이 다시 이어지므로 5번과 1번도 인접한 순번으로 본다.
○ 같은 유형의 투수가 인접한 순번이 되는 경우 속구 평균 구속이 느린 투수가 앞선 순번이 되어야 한다. 5번과 1번의 경우 1번이 5번보다 속구 평균 구속이 빨라야 한다.

<상 황>

구분	유형	속구 평균 구속(km/h)
甲	우완	145
乙	우완	150
丙	언더	141
丁	좌완	148
戊	좌완	143

<보 기>

ㄱ. 같은 유형의 투수가 인접한 순번이 되는 경우가 없다면 丙의 순번은 홀수이다.
ㄴ. 유형에 상관없이 속구 평균 구속의 내림차순으로 선발 투수 순번을 정할 수 있다.
ㄷ. 丁이 1번, 乙이 4번이라면 전체 선발 투수 순번이 확정된다.

① ㄱ
② ㄴ
③ ㄷ
④ ㄱ, ㄴ
⑤ ㄴ, ㄷ

13. 다음 글을 근거로 판단할 때, 甲이 토지 A에 심을 수 있는 나무의 최대 수는?

> ○ 甲은 가로 27 m, 세로 4 m인 직사각형 모양의 평지에 해당하는 토지 A를 소유하고 있고 토지 A는 경계를 포함한다.
> ○ 甲은 토지 A에 나무를 심으려 한다.
> ○ 모든 나무 간 간격은 5 m 이상이어야 한다.
> ○ 토지 A의 외부에는 나무가 없고 나무 자체의 면적은 고려하지 않는다.

① 6그루
② 7그루
③ 8그루
④ 9그루
⑤ 10그루

14. 다음 글을 근거로 판단할 때, 제시된 안건 중 통과된 안건만을 모두 고르면?

> □□이사회는 甲 ~ 戊 5명의 위원으로 구성되어 있다. 위원은 안건을 제시할 수 있다. 제시된 일반 안건은 투표에 부쳐 과반수가 찬성하면 통과된다. 단, 특별 안건은 전체 구성원의 2/3 이상이 찬성해야 통과된다. 각 위원이 제시한 안건과 각 안건에 대한 견해에 대해 다음과 같은 사실이 알려져 있다.
> ○ 甲은 A, 乙은 B, 丙은 C, 丁은 D, 戊는 E 안건을 제시하였다. A와 E는 특별 안건이고 B, C, D는 일반 안건이다.
> ○ 각 위원은 자신이 발의한 안건을 포함해 2가지 또는 3가지 안건에 찬성하였다.
> ○ 甲은 乙이 발의한 안건에 반대하였고, 丁이 발의한 안건에 찬성하였다.
> ○ 甲과 戊는 각 안건에 대해 찬반 견해가 모두 같고, 丙과 丁은 각 안건에 대해 찬반 견해가 모두 다르다.
> ○ 안건 D와 E에 모두 반대한 위원은 2명이다.
> ○ 찬성한 안건의 개수는 乙이 丙보다 많다.

① A, D
② B, C
③ B, C, E
④ A, D, E
⑤ A, B, D, E

15. 다음 글을 근거로 판단할 때, 양력 2025년 10월 중 손 없는 날은 총 몇 번인가?

> '손 없는 날'이란 음력으로 매월 끝자리가 9 또는 0인 날을 의미한다. 예를 들어, 음력 7월 19일과 7월 20일은 손 없는 날이다. 음력은 매월 29일 또는 30일까지 존재한다.
>
> 양력 2025년 10월에는 개천절, 주말, 추석 연휴와 한글날이 이어지는 7일 연휴가 있다. 연휴는 개천절에 시작하여 한글날까지다. 평일에만 근무하는 甲은 이때 한글날 다음날 평일에 하루 휴가를 사용하여 총 10일을 연속하여, 근무하지 않고 휴식을 취할 수 있다.
>
> 추석은 매년 음력 8월 15일이고 2025년 추석은 양력으로 10월 첫 번째 월요일이다. 한글날은 양력으로 매년 10월 9일이며, 2025년 음력 9월 1일은 양력으로 10월 세 번째 화요일이다. 양력 2025년 10월에 개천절, 추석 연휴, 한글날을 제외한 공휴일은 없다.

① 5번
② 6번
③ 7번
④ 8번
⑤ 9번

16. 다음 글을 근거로 판단할 때, <보기>에서 옳은 것만을 모두 고르면?

> 甲 ~ 丁은 버튼 누르기 게임을 한다. 4명 앞에는 5개의 버튼이 있고, 그중 1개는 탈락 버튼이다. 탈락 버튼은 다른 버튼과 외관상 동일하여 눌러 보기 전에는 구분할 수 없다. 게임 규칙은 다음과 같다.
>
> ○ 甲, 乙, 丙, 丁 순서대로 한 명씩 앞으로 나가 버튼을 무작위로 1개씩 누른다. 앞 사람이 누른 버튼은 다음 사람이 다시 누를 수 없다.
>
> ○ 누군가 탈락 버튼을 누를 경우, 누른 사람은 즉시 탈락하고 다음 회차가 시작된다. 새로운 회차가 시작될 때마다 버튼의 총 개수는 1개씩 줄어들고, 탈락 버튼의 위치도 무작위로 재설정된다. 버튼을 누르는 순서는 탈락자를 제외하고 항상 동일하다. 예를 들어, 1회차에서 丙이 탈락한 경우, 다음 회차에서는 甲, 乙, 丁 순서대로 버튼을 누른다.
>
> ○ 특정 회차에서 탈락 버튼을 누른 사람이 없는 경우, 해당 회차를 처음부터 다시 시작한다. 이때 모든 버튼이 누르지 않은 상태로 복구되고 탈락 버튼의 위치도 무작위로 재설정된다.
>
> ○ 3명이 탈락하면 게임이 종료되며, 마지막에 남은 1명이 우승자가 된다.

<보 기>

> ㄱ. 1회차에서 甲, 乙 모두 탈락하지 않은 상황에서는 丙이 탈락할 확률보다 丁이 탈락할 확률이 높다.
> ㄴ. 모든 회차에서 탈락 버튼을 누르는 사람이 있다면, 우승자를 결정하기 위해 버튼을 누른 횟수의 합은 최소 3회, 최대 9회이다.
> ㄷ. 우승자가 결정될 때까지 네 사람이 버튼을 누른 횟수의 합이 5회라면 甲은 우승자가 아니다.

① ㄱ
② ㄴ
③ ㄱ, ㄷ
④ ㄴ, ㄷ
⑤ ㄱ, ㄴ, ㄷ

17. 다음 글과 <상황>을 근거로 판단할 때, <보기>에서 옳은 것만을 모두 고르면?

주무관 甲 ~ 戊는 직무적성시험 5문제를 풀었다. 각 문항은 1번 ~ 5번 선지 중 하나를 고르는 객관식이며, 문항당 배점은 20점이다. 각 문항의 정답률은 甲 ~ 戊 중 정답을 맞힌 주무관 숫자의 비율이다. 직무적성시험 결과는 다음과 같다.

○ 1번 문항의 정답률은 20%이고, 이외 문항의 정답률은 40% 이상이다.
○ 甲 ~ 戊의 점수는 모두 다르고, 100점을 받은 주무관은 없었다.
○ 점수는 丙이 가장 높고, 戊가 가장 낮았다. 乙의 점수는 丁보다 낮다.
○ 甲은 5번 문제의 정답을 맞혔고, 丙은 2번 문제의 정답을 맞혔다.

<상 황>

甲 ~ 戊가 작성한 답안은 다음과 같다.

주무관＼문항	1번	2번	3번	4번	5번
甲	4	5	4	3	㉠
乙	3	㉡	4	4	3
丙	4	1	㉢	4	2
丁	5	1	5	㉣	1
戊	2	3	4	5	1

<보 기>

ㄱ. 5번 문항의 정답을 맞힌 사람은 2명이다.
ㄴ. ㉠과 ㉡의 합이 ㉢과 같다면 1번 문항을 맞힌 사람은 丁이다.
ㄷ. ㉣이 3이라면, ㉠은 ㉡보다 크다.

① ㄱ
② ㄷ
③ ㄱ, ㄴ
④ ㄱ, ㄷ
⑤ ㄱ, ㄴ, ㄷ

18. 다음 글을 근거로 판단할 때, 甲이 아침 식사로 먹을 빵 2종류는?

甲은 빵집에 방문하였고 선호하는 빵 4종류를 1개씩 구매하였다. 이 중 2종류의 빵을 다음 날 아침 식사로 먹고자 한다. 빵의 종류 및 성분 표시는 다음과 같다.

구분	크림빵	소보로빵	카스테라	팥빵
중량(g)	100	90	80	120
칼로리(kcal)	290	330	270	360
GI 지수	105	85	65	70

○ 소보로빵과 카스테라는 함께 먹지 않는다.
○ 빵 2종류의 중량 합이 210 g 이하여야 한다.
○ 빵 2종류의 GI 지수 평균이 90을 넘지 않아야 한다.
○ 빵 2종류의 칼로리 합이 650 kcal 이하여야 한다.
○ 가능한 빵 2종류의 조합이 여러 개일 경우, GI 지수 평균이 낮은 조합을 아침 식사로 한다.

① 크림빵, 소보로빵
② 크림빵, 카스테라
③ 크림빵, 팥빵
④ 소보로빵, 팥빵
⑤ 카스테라, 팥빵

[19 ~ 20] 다음 글을 읽고 물음에 답하시오.

조세는 기본적으로 조세법률주의에 따라 국회의 의결을 거쳐 결정하고 변경할 때도 이와 동일하게 하는 것이 원칙이다. 그러나 수입과 관련한 관세에 대해 이 원칙을 고수하면 실시간으로 변동하는 국내외의 경제여건에 신속하고 유연하게 대응하기 어렵다. 그래서 이를 위한 관세상 조치로 '탄력관세'가 있다. 탄력관세란 기본세율이 정해져 있더라도 정부가 필요에 따라 국회의 의결을 거치지 않고 세율을 수시로 인상 또는 인하하여 부과할 수 있는 관세제드이다.

우리나라의 탄력관세 종류에는 조정관세, 계절관세, 할당관세가 있다. 조정관세는 일시적으로 일정한 기간 동안 세율을 조정하여 부과하는 관세이다. 국민 보건이나 소비자 보호 등을 위하여 필요한 경우, 국제 경쟁력이 취약한 국내 산업을 보호하기 위한 경우 등에 조정관세가 부과될 수 있다.

계절관세는 계절에 따라 부과하는 관세의 세율이 달라지는 관세로, 주로 농산물·축산물·수산물을 대상으로 시행된다. 계절관세는 국내 생산 물품의 국내 출하기 및 비수요기에 해당 물품과 동종물품·유사물품·대체물품인 수입물품의 기본관세율에 계절관세율을 더하여 부과하는 방식으로 시행된다. 조정관세와 달리 계절관세는 국내산업이 수입물품으로 인하여 일정한 피해를 입고 있다는 객관적인 사실이 없더라도 계절 및 시기에 따라 국내 생산 물품과 수입물푼의 가격차이가 클 경우에 부과될 수 있다.

할당관세는 특정 물품의 일정한 수량을 기준으로 부과하는 관세로, 특정 물품을 적극적으로 수입하거나 수입을 억제하고자 하는 경우 모두에 시행될 수 있다. 원활한 물자수급, 산업의 경쟁력 강화 등을 위하여 특정 물품의 수입을 촉진할 필요가 있는 경우에는 일정한 할당량까지는 관세율을 낮춰 부과한다. 반대로 특정물품이 일정한 수량을 초과하여 수입되는 경우 국내가격의 안정을 위해 그 초과븐에 대하여 관세율을 높여 부과한다. 할당관세는 국내 산업의 보호를 위해 관세를 추가로 부과하는 조정관세와 계절관세보다도 더 유연한 제도라고 할 수 있다.

19. 윗글을 근거로 판단할 때, <보기>에서 옳은 것만을 모두 고르면?

<보 기>

ㄱ. 계절관세를 부과하기 위해서는 국회의 의결을 거치지 않아도 된다.
ㄴ. 국제 경쟁력이 취약한 국내 농산물 산업을 보호하기 위한 목적이라면 조정관세와 계절관세 모두 부과 대상이 될 수 있다.
ㄷ. 조정관세는 국내산업이 수입물품으로 인하여 일정한 피해를 입고 있다는 객관적인 사실이 없더라도 부과될 수 있다.
ㄹ. 할당관세는 특정물품의 수입을 줄이기 위하여 관세율을 낮춰 부과할 것이다.

① ㄱ, ㄴ
② ㄱ, ㄷ
③ ㄷ, ㄹ
④ ㄱ, ㄴ, ㄹ
⑤ ㄴ, ㄷ, ㄹ

20. 윗글과 <상황>을 근거로 판단할 때, 2024년 10월 관세를 포함한 수입산 포도의 국내 판매금액은?

<상 황>

우리나라는 국내산 포도 산업 보호를 위해 5 ~ 10월, 수입산 포도에 계절관세를 부과한다. 수입산 포도의 계절관세율(%)은 '국내산 포도 가격'에서 '관세 부과 전 수입산 포도 가격'을 뺀 값을 '관세 부과 전 수입산 포도 가격'으로 나눈 다음 100을 곱한 값이다. 이때 국내산 포도와 수입산 포도의 무게 단위는 같다.

2024년 10월 국내산 포도의 가격은 1 kg당 8,700원이고, 관세 부과전 수입산 포도의 가격은 1 kg당 6,000원이다. 수입산 포도의 국내 판매금액은 관세를 부과한 수입산 포도 가격에 판매량을 곱한 금액이다.

2024년 10월 국내산 포도는 총 10톤이 수입되어 모두 판매되었다. 수입산 포도의 기본관세율은 5 %이다.

① 6,000만 원
② 6,300만 원
③ 8,700만 원
④ 9,000만 원
⑤ 9,300만 원

21. 다음 글을 근거로 판단할 때 옳은 것은?

> 제00조(소의 제기) ① 소(訴)는 구술로써 제기할 수 있다.
> ② 당사자 양쪽은 임의로 법원에 출석하여 소송에 관하여 변론할 수 있다.
> 제00조(일부청구의 제한) ① 채권자는 금전, 그 밖의 대체물이나 유가증권의 일정한 수량의 지급을 목적으로 하는 청구의 경우에는 청구를 분할하여 그 일부만을 청구할 수 없다.
> ② 제1항을 위반한 소는 판결로 각하하여야 한다.
> 제00조(결정 및 이의신청) ① 법원은 소가 제기된 경우 결정으로 소장 부본이나 제소조서 등본을 첨부하여 피고에게 청구 취지대로 이행할 것을 권고할 수 있다. 다만, 독촉절차 또는 조정절차에서 소송절차로 이행된 경우에는 이행권고를 할 수 없다.
> ② 제1항의 경우 법원사무관은 이행권고결정서의 등본을 피고에게 송달하여야 한다.
> ③ 피고는 제2항의 이행권고결정서의 등본을 송달받은 날부터 2주일 이내에 서면으로 이의신청을 할 수 있다.
> ④ 이의신청을 한 피고는 제1심 판결이 선고되기 전까지 이의신청을 취하할 수 있다.
> ⑤ 피고가 이의신청을 하였을 때에는 원고가 주장한 사실을 다툰 것으로 본다.

① 채권자가 금전 지급을 목적으로 하는 청구의 경우, 청구를 분할하여 그 일부만을 청구하는 소를 제기하였다면 법원은 해당 소를 판결로 기각하여야 한다.
② 법원은 소가 제기된 경우 결정으로 피고에게 청구 취지대로 이행할 것을 명령할 수 있다.
③ 피고는 이행권고결정서의 등본을 송달받은 날부터 2주일 이내에 구술로써 이의신청을 할 수 있다.
④ 이의신청을 한 피고는 제1심 판결이 선고되기 전까지 이의신청을 취하할 수 없다.
⑤ 제기된 소에 대해 독촉절차에서 소송절차로 이행된 경우 법원은 결정으로 피고에게 청구 취지대로 이행할 것을 권고할 수 없다.

22. 다음 글을 근거로 판단할 때 옳은 것은?

> 제○○조(정의) 전자적 전송매체란 유선전화, 휴대전화, PC, 태블릿 PC, 팩스 등 전자적 형태로 전보 전송이 가능한 매체를 말한다.
> 제□□조(영리목적의 광고성 정보 전송 제한) ① 누구든지 전자적 전송매체를 이용하여 영리목적의 광고성 정보를 전송하려면 그 수신자의 명시적인 사전 동의를 받아야 한다. 다만, 다음 각 호의 어느 하나에 해당하는 경우에는 사전 동의를 받지 아니한다.
> 1. 재화 등의 거래 관계를 통하여 수신자로부터 직접 연락처를 수집한 자가 6개월 이내에 수신자와 거래한 것과 같은 종류의 재화 등에 대한 영리목적의 광고성 정보를 전송하려는 경우
> 2. 전화권유판매자가 육성으로 수신자에게 개인정보의 수집 출처를 고지하고 전화권유를 하는 경우
>
> ② 전자적 전송매체를 이용하여 영리목적의 광고성 정보를 전송하려는 자는 제1항에도 불구하고 수신자가 수신거부의사를 표시하거나 사전 동의를 철회한 경우에는 전자적 전송매체를 이용하여 영리목적의 광고성 정보를 전송하여서는 아니 된다.
> ③ 전자적 전송매체를 이용하여 영리목적의 광고성 정보를 전송하는 자는 다음 각 호의 어느 하나에 해당하는 행위를 하여서는 아니 된다.
> 1. 광고성 정보 수신자의 수신거부 또는 수신동의의 철회를 회피·방해하는 행위
> 2. 숫자·부호 또는 문자를 조합하여 전화번호·전자우편주소 등 수신자의 연락처를 자동으로 만들어 내는 행위
>
> 제△△조(벌칙) ① 제□□조 제3항을 위반하여 광고성 정보를 전송한 자는 1년 이하의 징역 또는 1천만 원 이하의 벌금에 처한다.
> ② 제□□조 제1항 및 제2항의 규정을 위반하여 영리목적의 광고성 정보를 전송한 자에게는 3천만 원 이하의 과태료를 부과한다.

① 수신자가 전자적 전송매체를 이용한 영리목적의 광고성 정보 전송에 대한 사전 동의를 철회한 경우, 광고주는 서면으로 수신자에게 영리목적의 광고성 정보를 전송해서는 아니 된다.
② 전화권유판매자가 수신자의 개인정보의 수집 출처를 홈페이지에 게시 및 고지하고 영리목적의 광고성 정보를 전송하는 전화권유를 하는 경우, 수신자의 명시적인 사전 동의를 받지 않아도 된다.
③ 甲이 8개월 전 자신과 물품 거래를 시작한 乙에게 전자적 전송매체를 이용하여 같은 종류의 재화에 대한 영리 목적의 광고성 정보를 전송하려는 경우, 乙의 명시적인 사전 동의를 받아야 한다.
④ 광고성 정보 수신자의 수신거부를 방해하는 행위를 하고 광고성 정보를 전송한 자는 징역 1년과 벌금 1천만 원에 동시에 처해질 수 있다.
⑤ 수신자가 수신거부의사를 표시하였음에도 전자적 전송매체를 이용하여 영리목적의 광고성 정보를 전송한 자는 2천만 원의 벌금에 처해질 수 있다.

23. 다음 글을 근거로 판단할 때 옳은 것은?

제○○조(정의) "공직자 등"이란 다음 각 호의 어느 하나에 해당하는 공직자 또는 공적 업무 종사자를 말한다.
1. 공무원
2. 공직유관단체 및 기관의 장과 그 임직원
3. 학교의 장과 교직원 및 학교법인의 임직원
4. 언론사의 대표자와 그 임직원

제□□조(외부강의 등의 사례금 수수 제한) ① 공직자 등은 자신의 직무와 관련되거나 그 지위·직책 등에서 유래되는 사실상의 영향력을 통하여 요청받은 교육·세미나·공청회 또는 그 밖의 회의 등에서 한 강의·강연 등(이하 "외부강의 등"이라 한다)의 대가로서 다음 각 호의 금액을 초과하는 사례금을 받아서는 아니 된다.
1. 제○○조 제1호 및 제2호: 시간당 40만 원
2. 제○○조 제3호 및 제4호: 시간당 100만 원

② 제○○조 제1호에 해당하는 공직자는 1시간을 초과하여 외부강의 등을 하는 경우에도 사례금 총액은 강의시간와 관계없이 1시간 상한액의 100분의 150에 해당하는 금액을 초과하지 못한다.

③ 공직자 등은 사례금을 받은 외부강의 등을 할 때에는 외부강의 등의 요청 명세 등을 소속기관장에게 그 외부강의 등을 마친 날부터 10일 이내에 서면으로 신고하여야 한다. 다만, 외부강의 등을 요청한 자가 국가나 지방자치단체인 경우에는 그러하지 아니하다.

④ 소속기관장은 제2항에 따라 공직자 등이 신고한 외부강의 등이 공정한 직무수행을 저해할 수 있다고 판단하는 경우에는 그 공직자 등의 외부강의 등을 제한할 수 있다.

⑤ 공직자 등은 제1항에 따른 금액을 초과하는 사례금을 받은 경우에는 소속기관장에게 신고하고, 제공자에게 그 초과금액을 지체 없이 반환하여야 한다.

① 공무원은 직무와 관련하여 요청받은 세미나에서 한 2시간 강의의 대가로 사례금을 60만 원까지만 받을 수 있다.
② 언론사의 대표자는 직책에서 유래되는 사실상의 영향력을 통하여 요청받은 교육에서 3시간 강연의 대가로 사례금을 120만 원까지만 받을 수 있다.
③ 학교의 교직원이 국가의 요청으로 사례금을 받은 외부강의를 할 때에는, 외부강의의 요청 명세를 학교의 장에게 외부강의를 마친 날부터 10일 이내에 서면으로 신고하여야 한다.
④ 소속기관장은 공직자 등이 신고한 외부강의가 공정한 직무수행을 저해할 수 있다고 판단하는 경우에는 그 공직자의 외부강의를 제한하여야 한다.
⑤ 공직자가 외부강의의 대가로 정해진 금액을 초과하는 사례금을 받은 경우에는 소속기관장에게 신고하고, 제공자에게 사례금 전액을 지체 없이 반환하여야 한다.

24. 다음 글과 <상황>을 근거로 판단할 때 옳은 것은?

제00조(임무 및 조직) ① 소년원은 보호소년을 수용하여 교정교육을 하는 것을 임무로 한다.

② 소년원장(이하 "원장"이라 한다)은 보호소년을 처우할 때에 인권보호를 우선적으로 고려하여야 하며, 그들의 심신 발달 과정에 알맞은 환경을 조성하고 규율있는 생활 속에서 건전한 청소년으로서 사회에 복귀할 수 있도록 하여야 한다.

③ 소년원은 법무부장관이 관장한다.

제00조(소년원의 규모) 신설하는 소년원은 수용 정원이 150명 이내의 규모가 되도록 하여야 한다. 다만, 소년원의 기능·위치나 그 밖의 사정을 고려하여 그 규모를 증대할 수 있다.

제00조(수용절차) ① 보호소년을 소년원에 수용할 때에는 법무부장관의 이송허가서 또는 지방법원 판사의 유치허가장에 의하여야 한다.

② 원장은 새로 수용된 보호소년에 대하여 지체 없이 건강진단과 위생에 필요한 조치를 하여야 한다.

제00조(면접 및 청원) ① 원장은 보호소년으로부터 처우나 일신상의 사정에 관한 의견을 듣기 위하여 수시로 보호소년과 면접을 하여야 한다.

② 보호소년은 그 처우에 대하여 불복할 때에는 법무부장관에게 문서로 청원할 수 있다.

제00조(외출) 소년원장은 보호소년에게 다음 각 호의 어느 하나에 해당하는 사유가 있을 때에는 본인이나 보호자의 신청에 따라 또는 직권으로 외출을 허가할 수 있다.
1. 직계존속이 위독하거나 사망하였을 때
2. 직계존속의 회갑 또는 형제자매의 혼례가 있을 때
3. 병역, 학업, 질병 등의 사유로 외출이 필요할 때

<상 황>

보호소년인 甲과 乙은 소년원장 丙이 관장하는 소년원에 수용되어 있다. 甲은 아버지가 위독하다는 소식을 들었고, 乙은 고모의 회갑 축하연이 있다는 소식을 들었다.

① 신설하는 소년원의 수용 정원을 180명으로 할 수는 없다.
② 보호소년은 그 처우에 대하여 불복할 때에는 원장에게 문서로 청원할 수 있다.
③ 甲이 본인이나 보호자의 신청이 없어도 외출을 할 수 있는 경우가 있다.
④ 乙이 외출 신청을 하면 丙은 乙의 외출을 허가할 수 있다.
⑤ 보호소년을 소년원에 수용할 때에는 법무부장관의 이송허가서 또는 고등법원 판사의 유치허가장에 의하여야 한다.

25. 다음 글을 근거로 판단할 때, <보기>에서 옳은 것만을 모두 고르면?

> 제○○조(남극활동의 허가) ① 남극활동을 하고자 하는 자는 외교부장관의 허가를 받아야 한다.
>
> ② 제1항에 따라 허가를 받은 사항을 변경하고자 하는 때에는 신고를 하여야 한다. 다만, 허가사항 중 중요한 사항을 변경하고자 하는 때에는 외교부장관의 허가를 받아야 한다.
>
> 제□□조(허가에 관한 협의) ① 외교부장관은 제○○조에 따라 남극활동의 허가를 하고자 하는 때에는 환경부장관 및 해양수산부장관과 협의하여야 한다.
>
> ② 외교부장관은 제○○조에 따른 남극활동의 허가를 한 때에는 지체없이 환경부장관 및 해양수산부장관에게 그 사실을 통보하여야 한다.
>
> 제△△조(해양오염방지) ① 남극활동을 하는 자는 자신의 남극활동에 사용되는 선박이 남극지역의 해양을 오염시키지 아니하도록 주의하여야 한다.
>
> ② 해양수산부장관은 남극활동에 사용되는 선박(군함은 제외한다)이 해양오염방지에 필요한 장비 및 시설을 갖추고 있는지 여부를 확인하여야 한다.

<보 기>

ㄱ. 남극활동에 관한 허가를 받은 사항 중 경미한 사항을 변경하고자 하는 때에는 외교부장관의 허가를 받아야 한다.

ㄴ. 외교부장관은 남극활동의 허가를 한 때에는 지체없이 환경부장관 및 해양수산부장관에게 그 사실을 통보하여야 한다.

ㄷ. 해양수산부장관은 남극활동에 사용되는 군함이 해양오염방지에 필요한 장비 및 시설을 갖추고 있는지 여부를 확인하여야 한다.

① ㄱ
② ㄴ
③ ㄷ
④ ㄱ, ㄴ
⑤ ㄴ, ㄷ

26. 다음 글을 근거로 판단할 때 옳은 것은?

> 기존 게임 산업은 게임 개발자의 영향이 큰 스토리 중심의 게임 위주였다. 반면 오늘날에는 유저가 중심이 되는 샌드박스, 오픈월드 게임을 위주로 게임 산업이 발전하고 있다. 샌드박스 게임과 오픈월드 게임은 유저의 게임 내 자유도가 높다는 공통점이 있지만 개발자의 개입 정도에 차이가 있다.
>
> 샌드박스 게임은 어린아이들이 마음대로 가지고 노는 모래 상자에서 그 이름이 유래되었다. 이름에서 알 수 있듯이 샌드박스 게임은 개발자의 개입 정도가 약하다. 샌드박스 게임은 메인 스토리가 적거나 아예 존재하지 않기도 하며 스토리 라인이 뚜렷이 나타나지 않는다. 유저는 객체가 아닌 주체가 되어 주위를 탐색하고 무언가를 창조하거나 파괴해가며 유저만의 세상과 스토리를 만들어 나간다. 샌드박스 게임의 개발자들은 유저들이 게임을 마음대로 가지고 놀 수 있는 도구를 제공하는 역할에 그친다.
>
> 오픈월드 게임에서 유저들은 게임 속 세상에서 자유롭게 행동하며 게임을 진행한다. 개발자가 정한 방향으로만 게임을 진행해야 했던 기존의 게임들보다 유저의 게임 내 자유도가 높아졌음을 보여준다. 그러나 실제로 오픈월드 게임은 개발자가 기획한 여러 가지의 선택지 중 하나를 유저가 선택하게 하여 정해진 스토리를 따르도록 만든 것에 불과하다. 즉, 기존의 게임은 게임 속 상황에서 유저에게 한 가지 선택지만을 주었다면 오픈월드 게임은 유저가 고를 수 있는 선택지의 수가 늘어난 것이다. 또한 샌드박스 게임과 달리 오픈월드 게임의 유저들은 게임 속 세상을 바꿀 수 있는 영향력을 가지지 못한다. 즉, 오픈월드 게임은 유저의 게임 내 자유도가 높지만 이는 개발자가 유저의 높은 자유도마저도 설계한 것이라 할 수 있다.

① 샌드박스 게임에서 유저들은 게임 속 세상을 바꿀 수 있는 영향력을 가지지 못한다.
② 기존 게임과 달리 오픈월드 게임에서 유저들은 게임 속 상황에서 여러 가지의 선택지를 동시에 선택할 수 있다.
③ 기존 게임 산업은 유저의 영향이 큰 유저 중심의 게임 위주였다.
④ 오픈월드 게임은 샌드박스 게임에 비해 유저의 게임 내 자유도가 더 높다.
⑤ 기존 게임과 오픈월드 게임 모두 유저가 따르는 선택지는, 유저가 아닌 개발자가 정한 것이라는 공통점이 있다.

27. 다음 글을 근거로 판단할 때, 甲～丙이 함께 일하는 경우 2칸의 방에 벽지 도배를 완료하는 데 걸리는 시간은?

> 벽지 도배일을 하는 甲～丙은 일을 하는 동안 항상 일정한 속도로 벽지 도배를 한다. 개인의 벽지 도배 일 속도와 관련하여 甲～丙은 다음과 같이 진술하였다. 방의 크기는 일정하다.
>
> 甲: 내가 4시간 일하고 乙이 5시간 일하면 방 1칸의 벽지 도배를 마칠 수 있어.
>
> 乙: 내가 3시간 일하고 丙이 4시간 일하면 방 1칸의 벽지 도배를 마칠 수 있어.
>
> 丙: 내가 6시간 일하고 甲이 6시간 일하면 방 1칸의 벽지 도배를 마칠 수 있어.

① 3시간
② 4시간
③ 5시간
④ 6시간
⑤ 7시간

28. 다음 글과 <상황>을 근거로 판단할 때, 甲시가 제휴할 채널은?

> ○ 甲시는 지역 홍보를 위해 유명 온라인 채널과 제휴를 하려고 한다.
>
> ○ 평가항목은 구독자 수, 평균 좋아요 수, 평균 댓글 수, 경고 처분 회수가 있다. 각 평가항목의 점수를 모두 더하여 총점이 가장 높은 채널과 제휴한다. 단, 최고점을 받은 채널이 2개 이상일 경우, 최고 조회 수가 가장 많은 채널과 제휴한다.
>
> \- 구독자 수는 10만 명당 1점을 부여한다.
> \- 평균 좋아요 수는 1천 개당 1점을 부여한다.
> \- 평균 댓글 수는 100개당 1점을 부여한다.
>
> ○ 개설일부터 10년 이내인 채널만 제휴 대상이 될 수 있다. 단, 구독자 수가 100만 명 미만인 경우 해당 기간이 5년 이내여야 한다. 기준일은 2025. 1. 1.로 한다.
>
> ○ 경고 처분 횟수는 1회당 5점을 총점에서 감점한다.
>
> ○ 제휴할 채널 후보로 A～E가 선정되었다.

<상 황>

채널	A	B	C	D	E
구독자 수(명)	120만	150만	80만	200만	180만
평균 좋아요 수(개)	1만	8천	1.3만	2.7만	1.8만
평균 댓글 수(개)	2,300	1,700	1,400	800	3,000
최고 조회 수(회)	450만	560만	390만	520만	700만
경고 처분 횟수	1	0	0	3	2
채널 개설일	2020. 8. 6.	2018. 1. 9.	2021. 2. 7.	2017. 6. 5.	2013. 4. 2.

① A
② B
③ C
④ D
⑤ E

29. 다음 글을 근거로 판단할 때, △△시가 A ~ F 사업에 집행한 예산 총액은?

> △△시는 6개 사업(A ~ F)에 대한 예산을 편성하였다. 6개 사업에 집행할 수 있는 예산은 고정되어 있고 증액하거나 감액할 수 없다. △△시는 집행할 수 있는 예산을 전부 집행하였고 A, B, C, D, E, F 순서대로 예산을 집행하였다. A ~ F 사업에 집행된 예산에 대해 다음과 같은 사실이 알려져 있다.
>
> ○ A사업에 집행된 예산은 A ~ F사업에 편성된 예산 총액의 절반보다 10억 원 적다.
>
> ○ B사업에 집행된 예산은 A사업에 집행된 예산을 제외하고 남은 금액의 절반과 같다.
>
> ○ C사업에 집행된 예산은 B사업까지 집행된 예산을 제외하고 남은 금액의 25 %보다 5억 원 많다.
>
> ○ D사업에 집행된 예산은 C사업에 집행된 예산과 같다.
>
> ○ E사업에 집행된 예산은 D사업까지 집행된 예산을 제외하고 남은 금액의 75 %이다.
>
> ○ F사업에 집행된 예산은 5억 원이다.

① 200억 원
② 220억 원
③ 240억 원
④ 260억 원
⑤ 280억 원

30. 다음 글과 <상황>을 근거로 판단할 때, '정영희' 학생의 학번 9자리로 가능한 것은?

> ○ 2025년도 甲대학 이공계 장학금 지원요건은 다음과 같다.
> - 입학연도부터 2025년까지의 기간이 4년 이내 재학생
> - 이공계 학과 재학생
>
> ○ 甲대학의 이공계 학과는 기계공학과, 생명공학과, 전기전자공학과, 컴퓨터공학과, 화학공학과가 있다.
>
> ○ 甲대학의 학번은 9자리로 다음과 같이 부여한다.
> - 맨 앞 4자리는 입학연도와 같다.
> - 5, 6번째 자리는 학과 코드이다. 이공계 학과의 학과 코드는 다음과 같다.
>
> | 구분 | 코드 |
> |---|---|
> | 기계공학과 | 01 |
> | 생명공학과 | 02 |
> | 전기전자공학과 | 03 |
> | 컴퓨터공학과 | 04 |
> | 화학공학과 | 05 |
>
> - 7, 8, 9번째 자리는 학과 내에서 같은 해 입학한 학생들의 이름을 '가나다' 순으로 배열했을 때의 순서와 같다. 예를 들어, 해당 순서가 15번째인 경우 '015'로 표기한다.

<상 황>

> ○ 甲대학 이공계 학과별 입학생은 매년 100명 이하이다.
>
> ○ '정영희' 학생은 2025년도 甲대학 이공계 장학금 지원요건에 해당하는 학생이다.
>
> ○ '정영희' 학생의 학과는 '정영희' 학생이 입학한 해에 '김'씨 성을 가진 학생이 20명, '박'씨 성을 가진 학생이 10명, '이'씨 성을 가진 학생이 15명이 있다는 사실이 알려져 있다.
>
> ○ '정영희' 학생의 학과에서 이름이 같은 학생은 없다.

① 202001066
② 202203108
③ 202306074
④ 202404057
⑤ 202505039

31. 다음 글과 <상황>을 근거로 판단할 때, 甲여관과 乙여관의 1인당 1박 숙박료의 합은?

> A여관과 B여관은 온라인을 통해 숙박 예약을 할 수 있다. 두 여관은 1인당 1박 숙박료에 실제 숙박 인원수와 숙박 박수를 곱한 금액을 숙박료로 받는다. 온라인을 통해 여관을 예약할 때는 예약 인원을 기준으로 계산한 숙박료의 20%를 예약금으로 입금해야 한다.
>
> 예약한 여관에서 숙박한 이후 숙박료를 지급할 때, 실제 숙박한 인원을 기준으로 계산한 숙박료가 예약금보다 크면 그 차액을 추가로 지불하여야 한다.

<상 황>

- ○ 철수는 온라인으로 甲여관에 1박 2일로 20명의 숙박을 예약하였다. 숙박 당일에 16명이 실제로 숙박하였고, 480,000원을 추가로 지불하였다.
- ○ 영희는 온라인으로 乙여관에 2박 3일로 10명의 숙박을 예약하였다. 숙박 기간 동안 5명이 실제로 숙박하였고, 288,000원을 추가로 지불하였다.

① 8,000원
② 72,000원
③ 78,000원
④ 88,000원
⑤ 136,000원

32. 다음 글을 근거로 판단할 때, 甲이 측정할 수 없는 시간은?

> 甲은 5분을 측정할 수 있는 모래시계와 7분을 측정할 수 있는 모래시계, 2분을 측정할 수 있는 타이머를 가지고 있다. 甲은 가지고 있는 두 개의 모래시계와 한 개의 타이머만을 가지고 시간을 측정한다. 모래시계의 경우 정확한 시간을 알 수 있는 때를 제외하면 모래가 떨어지는 도중에는 시간을 측정할 수 없다. 타이머는 정확히 2분만을 측정할 수 있고 2분이 지나기 전에 멈출 수 없다. 모래시계는 한 번의 시간 측정을 위해 한 번을 뒤집어야 한다.
>
> 5분 모래시계는 몇 번을 뒤집어도 상관이 없으나 7분 모래시계는 한 번만 뒤집을 수 있고 타이머는 단 한 번만 사용할 수 있다. 모래시계를 뒤집는 데 걸리는 시간, 타이머를 누르는 데 걸리는 시간은 고려하지 않는다.

① 10분
② 11분
③ 12분
④ 13분
⑤ 14분

33. 다음 글과 <상황>을 근거로 판단할 때, <보기>에서 옳은 것만을 모두 고르면?

> 같은 회사에 취업한 신입사원 甲과 乙은 2025년 1월부터 월급을 받는다. 甲과 乙의 월급액은 매달 저축액 이상이고 甲과 乙의 월급일은 매달 5일이다. 甲과 乙은 첫 월급을 받는 날부터 서로 다른 규칙에 따라 저축을 하기로 하였다.
>
> ○ 甲은 매월 10일에 저축한다. 1월 10일에는 30만 원을 저축하고, 이후 매월마다 저축하는 금액을 5만 원씩 늘린다.
>
> ○ 乙은 매월 날짜에 0이 들어가는 10일, 20일, 30일에 저축한다. 1월 10일에는 8만 원을 저축하고, 이후 매 저축일마다 저축하는 금액을 1만 원씩 늘린다.

<보 기>

ㄱ. 甲의 2025년 9월 1일 현재 누적 저축액은 380만 원이다.
ㄴ. 乙의 2025년 5월 한 달간 저축액은 63만 원이다.
ㄷ. 乙의 누적 저축액이 甲의 누적 저축액보다 커지는 첫날은 2025년 6월 30일이다.

① ㄱ
② ㄴ
③ ㄷ
④ ㄱ, ㄴ
⑤ ㄱ, ㄷ

34. 다음 글을 근거로 판단할 때, 甲이 보유한 네 발 자전거 대수가 전체 자전거 대수에서 차지하는 비율은?

> ○ 甲은 바퀴가 2개인 두 발 자전거, 바퀴가 3개인 세 발 자전거, 바퀴가 4개인 네 발 자전거 각각 일정 대수를 보유하고 있다. 이외 보유한 자전거는 없다.
>
> ○ 甲이 보유한 두 발 자전거 대수가 전체 자전거 대수에서 차지하는 비율은 16 %이다.
>
> ○ 甲이 보유한 두 발 자전거 바퀴 수가 전체 자전거 바퀴 수에서 차지하는 비율은 10 %이다.
>
> ○ 甲이 보유한 전체 자전거 바퀴 수에서 각 자전거 바퀴 수가 차지하는 비율은 세 발 자전거와 네 발 자전거가 같다.

① 18 %
② 25 %
③ 36 %
④ 45 %
⑤ 48 %

35. 다음 글을 근거로 판단할 때, 甲이 토요일에 지불한 금액은?

△△과일가게에서는 다음과 같이 일주일간 할인 행사를 진행하였다.

월요일: 사과 1박스당 30 % 할인
화요일: 바나나 1묶음당 25 % 할인
수요일: 귤 1 kg 구매 시 추가로 1 kg 증정
목요일: 행사 품목 없음
금요일: 수박 1개당 20 % 할인
토요일: 총액 7만 원 이상 구매 시 1만 원 할인
일요일: 방울토마토 1팩당 10 % 할인

甲이 행사 기간 동안 △△과일가게에서 구매한 과일과 지불한 금액은 다음과 같다. 증정을 받은 과일도 구매 과일에 포함한다.

구분	구매 과일	지불 금액(원)
월요일	사과 1박스, 바나나 1묶음	18,000
화요일	바나나 1묶음, 수박 1개	33,000
수요일	귤 2 kg	3,000
목요일	바나나 2묶음, 방울토마토 1팩	13,000
금요일	사과 1박스, 수박 1개, 귤 2 kg	50,000
토요일	사과 2박스, 바나나 3묶음, 귤 1 kg, 방울토마토 2팩	(　　　)
일요일	방울토마토 2팩	9,000

① 55,000원
② 60,000원
③ 65,000원
④ 70,000원
⑤ 75,000원

36. 다음 글과 <상황>을 근거로 판단할 때, <보기>에서 옳은 것만을 모두 고르면?

□□마라톤대회에서 1 ~ 12위를 기록한 선수 12명 중 1 ~ 6위에 해당하는 선수에게 수상을 하고자 한다. 공동 순위는 없고 12명의 선수는 A, B, C, D시청 소속이다.

<상 황>

○ 12명의 선수는 A, B, C, D시청에 3명씩 소속되어 있다.
○ A시청 소속 3명 선수의 순위는 모두 홀수이다.
○ A시청 선수 중 두 번째로 순위가 높은 선수는 C시청 선수 중 순위가 가장 낮은 선수보다 순위가 낮다.
○ 수상할 선수가 없는 시청은 B시청뿐이다.
○ 소속 선수 간 순위 차이가 6단계를 넘는 시청은 없다.
○ C시청 소속 선수 3명의 순위는 2위, 4위, 8위이다.

<보 기>

ㄱ. 3위 선수와 5위 선수의 소속 시청은 같다.
ㄴ. B시청 선수 중 가장 순위가 높은 선수는 D시청 선수 중 가장 순위가 낮은 선수보다 순위가 낮다.
ㄷ. 소속 선수 3명 모두가 수상을 한 시청이 존재한다.
ㄹ. 소속 선수 3명의 순위 합이 짝수인 시청은 홀수인 시청보다 많다.

① ㄱ, ㄷ
② ㄱ, ㄹ
③ ㄴ, ㄷ
④ ㄴ, ㄹ
⑤ ㄴ, ㄷ, ㄹ

7. 다음 글과 <대화>를 근거로 판단할 때, <보기>에서 옳은 것만을 모두 고르면?

> ○ A기업은 법무과, 인사과, 재무과, 홍보과 4개 과가 함께 워크숍을 진행하였다. 참가 직원은 총 72명이고 직원들은 각자 번호를 부여받았다. 번호는 1 ~ 72번 중에 하나로 부여되었다.
> ○ 같은 과 직원끼리 같은 버스를 타고 이동하였다. 홍보과, 재무과, 법무과, 인사과 순서대로 1, 2, 3, 4호차를 타고 이동하였다.
> ○ 낮은 숫자인 호차의 버스를 탈수록 부여받은 번호가 빠르다. 번호는 같은 과 내에서 연속된 오름차순의 숫자가 부여된다.
> ○ 甲 ~ 丁은 서로 다른 과의 과장으로 과 내에서 부여받은 번호가 가장 빠르다.
> ○ 甲 ~ 丁이 나눈 대화는 다음과 같고 모두 참이다.

<대 화>

> 甲: 난 4호차를 탔어. 내가 탄 버스에 탑승한 인원은 가장 적은 인원이 탄 버스보다 4명이 많이 탑승했어.
> 乙: 내가 부여받은 번호는 21이야. 내가 탄 버스에 탑승한 인원은 3호차 탑승 인원의 2배야.
> 丙: 내가 탄 버스에 탑승한 인원이 가장 적어. 가장 많은 인원이 탑승한 인원의 절반이야.
> 丁: [㉠]

<보 기>

> ㄱ. 甲이 부여받은 번호는 57이다.
> ㄴ. 丙은 법무과 과장이다.
> ㄷ. ㉠에는 '내가 탄 버스에 탑승한 인원은 乙이 탄 버스에 탑승한 인원보다 4명이 적어.'가 들어갈 수 있다.

① ㄱ
② ㄷ
③ ㄱ, ㄴ
④ ㄴ, ㄷ
⑤ ㄱ, ㄴ, ㄷ

38. 다음 글을 근거로 판단할 때, <보기>에서 반드시 옳은 것만을 모두 고르면?

> 공직적격성시험 강사인 甲과 乙은 P, Q, R 세 학원에서 2월 첫 월요일부터 일요일까지 일주일 동안만 강의를 한다. 甲과 乙은 하루에 한 학원에서만 강의를 하며, 이틀 연속으로 동일한 학원에서 강의하지는 않는다. 甲과 乙은 다음과 같이 강의를 한다.
> ○ 甲과 乙은 P학원에서 주 1회씩 강의를 한다.
> ○ 甲과 乙은 Q학원에서 주 2회씩 강의를 한다. 단, Q학원에서 한 번 강의한 다음날부터 최소 4일간은 Q학원에서 강의를 하지 않는다.
> ○ 甲과 乙은 R학원에서 주 3회씩 강의를 한다. 단, R학원에서 토요일에는 乙이, 일요일에는 甲이 강의를 한다.
> ○ 甲은 화요일에 강의를 하지 않고, 乙은 금요일에 강의를 하지 않는다.

<보 기>

> ㄱ. 甲이 토요일에 강의를 하는 학원과 乙이 일요일에 강의를 하는 학원은 같다.
> ㄴ. 甲은 수요일에 R학원에서 강의를 한다.
> ㄷ. 乙은 월요일에 Q학원에서 강의하지 않는다.
> ㄹ. 甲과 乙이 수요일에 같은 학원에서 강의를 한다면 목요일에도 같은 학원에서 강의를 한다.

① ㄱ, ㄴ
② ㄱ, ㄹ
③ ㄴ, ㄷ
④ ㄱ, ㄴ, ㄹ
⑤ ㄴ, ㄷ, ㄹ

[39 ~ 40] 다음 글을 읽고 물음에 답하시오.

나이는 사전적으로 '사람이 세상에 태어났을 때부터 현재까지 살아온 정도'라고 단일하게 정의할 수 있다. 그러나 나이를 계산하는 방법은 단일하지 않고 크게 세 가지로 나눌 수 있다. 세는 나이, 연 나이, 만 나이가 그것이다.

세는 나이는 연차의 개념을 적용한 나이이다. 아이는 태어남과 동시에 한 살이 되고 해가 바뀌면 한 살씩 나이가 추가 된다. 예를 들어, 2021년에 태어난 아이의 2024년 세는 나이는 4세이다. 세는 나이는 과거 동아시아 여러 국가에서 사용되었으나 지금은 우리나라에서만 사용되고 있다. 그래서 세는 나이는 소위 한국식 나이로 불리며 우리나라 일상에서 사용되고 있다.

연 나이는 현재 연도에서 태어난 연도를 뺀 숫자가 곧 나이가 되는 계산 방식이다. 예를 들어, 2022년에 태어난 아이의 2024년 연 나이는 2세이다. 현재 우리나라에서 연 나이는 술·담배 구매가 가능한 기준 연령을 정할 때와 의무 교육 취학 아동의 기준 연령을 정하는 경우 등에 사용된다.

만 나이는 태어난 날부터 현재 기준일까지 기간 중 년 단위만큼만 나이로 인정하는 계산 방식이다. 예를 들어, 2019년 8월 20일에 태어난 아이는 2024년 8월 20일이 되어야 만으로 5세가 되고 2024년 7월에는 만 4세에 해당한다. 만 나이는 2023년 6월에 만 나이 사용법이 시행되면서 언론 기사, 선거, 행정, 재판 등 공식적인 거의 모든 분야에서 폭넓게 사용되는 나이 계산 방식이 되었다. 또한 만 나이는 세계 거의 모든 나라에서 보편적으로 사용하는 방식이다.

사람이 태어나서 살아온 기간은 분명 하나인데 나이를 계산하는 방식이 동일하지 않다 보니 여러 가지 혼란이 발생하기도 하였다. 이는 특히 우리나라에서 심하였다. 그래서 우리나라에서도 국제적으로 가장 보편적으로 사용되는 만 나이로 나이 세는 방식을 통일하자는 목소리가 나왔다. 만 나이로 나이 계산 방식을 통일하여 혼란을 줄이고 국제적인 보편성에 부합하여 효율성을 높일 수 있다는 이유였다. 이는 만 나이 사용법 시행에 영향을 주었다.

그러나 이에 반대하는 목소리가 없었던 것은 아니다. 세는 나이는 우리나라에서 오랜 시간 고유문화처럼 깊숙이 자리를 잡았기 때문에 함부로 없애면 더 큰 혼란을 부를 수 있다는 주장도 있었다. 예를 들어, 만 나이를 적용하면 같은 해에 태어난 사람의 나이가 다른 경우가 존재하는데 나이 한 살 차이에도 사람 간 위아래 서열문화가 강하게 존재하는 편인 우리나라에서는 적합하지 않다는 것이었다. 또한 세는 나이는 아직 태어나지 않았지만 태아로서 어머니 뱃속에 있는 기간까지 생명으로 보아 나이를 계산하는 것과 같아 생명존중의 의미가 담겨 있는 방식이므로 이를 존중해야 한다는 의견도 존재했다.

39. 윗글을 근거로 판단할 때 옳은 것은?

① 2024년 현재, 2015년에 태어난 아이의 연 나이는 10세이다.
② 우리나라에서 만 나이 통일법을 시행함에 따라 나이 계산으로 인한 모든 혼란이 사라졌다.
③ 나이를 계산하는 세 가지 방법 중, 같은 해에 태어난 두 사람의 나이가 반드시 같게 되는 방법은 한 가지이다.
④ 나이를 계산하는 특정 시점에, 특정인의 연 나이는 생일에 따라 만 나이와 같을 수 있고, 세는 나이와도 같을 수 있다.
⑤ 특정 시점에 甲의 세는 나이, 연 나이, 만 나이가 모두 다르다면 甲의 연 나이는 세는 나이와 만 나이의 산술평균과 같다.

40. 윗글과 <상황>을 근거로 판단할 때, <보기>에서 옳은 것만을 모두 고르면? (단, 현재 기준일은 2024년 9월 10일로 함)

<상 황>

우리나라에서 각 행위가 가능하거나 대상이 되는 기준 연령은 다음과 같다.

○ 의무 교육 취학 아동: 7세
○ 술·담배 구매 가능: 19세 이상
○ 국회의원 선거 출마 가능: 18세 이상
○ 대통령 선거 출마 가능: 40세 이상

※ 선거 출마 자격은 해당 국가의 국적 보유자만이 가능함.

<보 기>

ㄱ. 2005년 12월 6일에 태어난 한국인 甲은 현재 우리나라 국회의원 선거에 출마 가능한 연령 요건은 되지만 우리나라 편의점에서 술을 구매할 수는 없다.
ㄴ. 2017년 11월 28일에 태어난 한국인 乙은 올해 우리나라의 의무 교육 취학 대상 아동에 해당한다.
ㄷ. 1987년 4월 9일에 태어난 외국인 丙이 올해 우리나라에 귀화한다면, 2027년 3월에 실시하는 우리나라 대통령 선거에 출마할 수 있는 연령 요건이 된다.

① ㄴ
② ㄷ
③ ㄱ, ㄴ
④ ㄱ, ㄷ
⑤ ㄱ, ㄴ, ㄷ

현재 내 위치가 궁금하다면?

빠른 채점 및 성적 분석

https://labstandard.kr/eas

성적분석 서비스 + 통계표 확인

맞은 문제 수 / 푼 문제 수	맞은 문제 수 / 찍은 문제 수
( )문제 / ( )문제	( )문제 / ( )문제

총점: 점

✓ 나의 속도와 정확도를 성적분석 서비스를 통해 간편하게 분석해보세요!

2025년 국가공무원 5급 공채·국립 외교원·7급 지역인재 등 PSAT 대비

| 상황판단영역 |

3 교시

문제책형
시

응시번호	
성명	

응시자 주의사항

1. **시험시작 전에 시험문제를 열람하는 행위나 시험종료 후에 답안을 작성하는 행위를 한 사람**은 「공무원임용시험령」 제51조에 의거 **부정행위자**로 처리됩니다.
2. **답안지 책형 표기**는 **시험시작 전** 감독관의 지시에 따라 **문제책 앞면에 인쇄된 문제책형을 확인**한 후, **답안지 책형란에 해당 책형(1개)**을 '**●**'로 **표기**하여야 합니다.
3. 시험이 시작되면 문제를 주의 깊게 읽은 후, **문항의 취지에 가장 적합한 하나의 정답만을 고르며,** 문제내용에 관한 질문은 할 수 없습니다.
4. **답안을 잘못 표기하였을 경우**에는 **답안지를 교체하여 작성**하거나 **수정할 수 있으며**, 표기한 답안을 수정할 때는 **응시자 본인이 가져온 수정테이프만을 사용**하여 해당 부분을 완전히 지우고 부착된 수정테이프가 떨어지지 않도록 손으로 눌러주어야 합니다. **(수정액 또는 수정스티커 등은 사용 불가)**
   ■ **불량한 수정테이프의 사용과 불완전한 수정처리**로 발생하는 **모든 문제는 응시자 본인에게 책임**이 있습니다.
5. **시험시간 관리의 책임은 응시자 본인에게 있습니다.**
   ※ 문제책은 시험종료 후 가지고 갈 수 있습니다.

성적분석 및 이의제기 안내

1. **빠른 채점** 및 **성적분석** 서비스 (나의 위치 확인 및 통계 분석 결과 확인)
   ■ **시험지 뒷면** 및 **해설지**의 **QR코드** 확인 : https://labstandard.kr/eas
2. **답안지(OMR 카드) & 정오표** 다운로드, 문항 관련 문의
   ■ 랩스탠다드 홈페이지(https://labstandard.kr) "학습지원센터 - 자료실 & 정오표" 게시판 확인
   ■ 문항 관련 문의 : "학습지원센터 - 1:1 문의" 게시판 또는 이메일(labstandard@naver.com)

1. 다음 글을 근거로 판단할 때 옳은 것은?

> 제00조(국채의 발행) ① 국채는 기획재정부장관이 발행한다.
> ② 국채는 공개시장에서 발행하는 것을 원칙으로 한다.
> ③ 기획재정부장관은 개인투자용국채의 경우 사전에 공고한 이자율로 발행할 수 있다.
> ④ 외국에서 원화 또는 외국통화로 표시하는 국채를 발행하거나 국내에서 외국통화로 표시하는 국채를 발행할 때에는 따로 국회의 의결을 받아야 한다.
> 제00조(국고채권의 통합발행) 기획재정부장관은 국채의 유동성 조절 등을 위하여 필요한 경우에는 3년 이내의 범위에서 일정한 기간을 정하여 같은 종목으로 취급할 수 있도록 이자율과 상환기간 등이 같은 국고채권을 그 일정한 기간 동안 통합하여 발행할 수 있다.
> 제00조(국채 등록의 정지) 국채의 원금과 이자는 해당 국채를 발행할 때에 정하는 바에 따라 상환·지급한다. 이 경우 국채 원금의 상환기일은 해당 국채를 발행할 때에 정하는 바에 따른다.
> 제00조(국채의 소멸시효) 국채의 원금 및 이자를 받을 권리는 5년간 행사하지 아니하면 시효(時效)의 완성으로 소멸한다.
> 제00조(국채에 관한 사무 처리) ① 국고채권의 발행과 국채 원금의 상환 등 국채에 관한 사무는 한국은행이 처리한다.
> ② 한국은행 총재는 국채에 관한 사무의 처리 내용을 기획재정부장관에게 보고하여야 한다.

① 개인투자용국채의 경우, 기획재정부장관은 사후에 공고한 이자율로 발행할 수 있다.
② 국내에서 원화로 표시하는 국채를 발행할 때에는 따로 국회의 의결을 받아야 한다.
③ 국채의 원금 및 이자를 받을 권리는 3년간 행사하지 아니하면 시효의 완성으로 소멸한다.
④ 기획재정부장관은 국채에 관한 사무의 처리 내용을 한국은행 총재에게 보고하여야 한다.
⑤ 국채 원금의 상환기일을 정하는 시점은 국채의 원금과 이자를 정하는 시점과 같다.

2. 다음 글을 근거로 판단할 때 옳은 것은?

> 제00조(면허) ① 수의사가 되려는 사람은 수의사 국가시험에 합격한 후 농림축산식품부장관의 면허를 받아야 한다.
> ② 수의사 국가시험은 매년 농림축산식품부장관이 시행한다.
> ③ 수의사는 최초로 제1항의 면허를 받은 후부터 3년마다 그 실태와 취업 상황 등을 대한수의사회에 신고하여야 한다.
> 제00조(금지 행위) ① 수의사가 아니면 동물을 진료할 수 없다. 다만, 수산질병관리사 면허를 받은 사람이 같은 법에 따라 수산생물을 진료하는 경우는 예외로 한다.
> ② 동물진료업을 하는 수의사가 동물의 진료를 요구받았을 때에는 정당한 사유 없이 거부하여서는 아니 된다.
> 제00조(진단서 등) 수의사는 자기가 직접 진료하지 아니하고는 진단서 또는 증명서를 발급하지 못한다. 다만, 직접 진료한 수의사가 부득이한 사유로 진단서 또는 증명서를 발급할 수 없을 때에는 같은 동물병원에 종사하는 다른 수의사가 진료부 등에 의하여 발급할 수 있다.
> 제00조(동물보건사의 자격) ① 동물보건사가 되려는 사람은 다음 각 호의 어느 하나에 해당하는 사람으로서 동물보건사 자격시험에 합격한 후 농림축산식품부장관의 자격인정을 받아야 한다.
> 1. 전문대학 또는 이와 같은 수준 이상의 학교의 동물 간호 관련 학과를 졸업한 사람(동물보건사 자격시험 응시일부터 6개월 이내에 졸업이 예정된 사람을 포함한다)
> 2. 외국의 동물 간호 관련 면허나 자격을 가진 사람
>
> ② 동물보건사 자격시험은 매년 농림축산식품부장관이 시행한다.
> 제00조(동물보건사의 업무) 동물보건사는 동물병원 내에서 수의사의 지도 아래 동물의 간호 또는 진료 보조 업무를 수행할 수 있다.

① 수의사 국가시험은 매년 농림축산식품부차관이 시행한다.
② 수의사는 최초로 수의사 면허를 받은 후부터 3년마다 그 실태와 취업 상황 등을 농림축산식품부에 신고하여야 한다.
③ 직접 진료한 수의사가 부득이한 사유로 진단서를 발급할 수 없을 때에는 다른 동물병원에 종사하는 다른 수의사가 진료부에 의하여 진단서를 발급할 수 있다.
④ 동물보건사는 동물병원 내에서 독자적으로 동물의 간호 업무를 수행할 수 있다.
⑤ 동물보건사 자격시험 응시일부터 4개월 뒤 졸업이 예정된 동물 간호 학과생 甲은 동물보건사 자격시험에 합격한 후 농림축산식품부장관의 자격인정을 받아 동물보건사가 될 수 있다.

3. 다음 글을 근거로 판단할 때 옳은 것은?

제00조(적극행정위원회) ① 적극행정 추진에 관한 사항을 심의하기 위하여 각 중앙행정기관에 적극행정위원회(이하 "위원회"라 한다)를 둔다.
② 위원회에 위원장, 내부위원 및 민간위원을 둔다.
제00조(위원회의 구성 및 운영) ① 위원회는 위원장 1명을 포함하여 9명 이상 45명 이하의 위원으로 구성한다. 이 경우 위원의 2분의 1 이상은 민간위원으로 한다.
② 위원회의 위원장은 해당 중앙행정기관의 차관급 공무원 또는 민간위원 중에서 중앙행정기관의 장이 정한다.
③ 위원회의 민간위원의 임기는 2년으로 하되, 최대 두 차례만 연임할 수 있다.
④ 위원회의 회의는 위원장이 회의마다 지정하는 8명 이상의 위원으로 구성한다. 이 경우 위원의 2분의 1 이상은 민간위원으로 한다.
⑤ 위원회의 회의는 제4항에 따른 구성원 과반수의 출석으로 개의(開議)하고, 출석위원 과반수의 찬성으로 안건을 의결한다.
⑥ 제1항부터 제5항까지에서 규정한 사항 외에 위원회의 구성 및 운영에 필요한 사항은 인사혁신처장이 정한다.
제00조(위원의 해촉) 중앙행정기관의 장은 위원회의 민간위원이 다음 각 호의 어느 하나에 해당하는 경우에는 해당 위원을 해촉(解囑)할 수 있다.
1. 심신장애로 직무를 수행할 수 없게 된 경우
2. 직무와 관련된 비위사실이 있는 경우
3. 위원 스스로 직무를 수행하기 어렵다는 의사를 밝힌 경우

① 위원회의 위원장이 민간위원이 아니라면, 해당 위원장은 중앙행정기관의 장관급 공무원이다.
② 위원회의 민간위원의 임기는 최대 4년까지 수행할 수 있다.
③ 위원 3명의 찬성으로 안건이 의결 가능한 경우가 있다.
④ 위원회의 운영에 필요한 사항은 중앙행정기관의 장이 정한다.
⑤ 위원회의 내부위원이 심신장애로 직무를 수행할 수 없게 된 경우, 중앙행정기관의 장은 해당 위원을 해촉할 수 있다.

4. 다음 글과 <상황>을 근거로 판단할 때 옳은 것은?

제○○조(상호주의) 국토교통부장관은 대한민국 국민, 대한민국의 법령에 따라 설립된 법인, 대한민국정부에 대하여 자국(自國) 안의 토지의 취득을 금지하거나 제한하는 국가의 개인·법인 또는 정부에 대하여 대한민국 안의 토지의 취득을 금지하거나 제한할 수 있다. 다만, 헌법과 법률에 따라 체결된 조약의 이행에 필요한 경우에는 그러하지 아니하다.
제□□조(외국인등의 부동산 취득·보유 신고) ① 외국인등이 대한민국 안의 부동산을 취득하는 계약을 체결하였을 때에는 계약체결일부터 60일 이내에 신고관청에 신고하여야 한다.
② 외국인등이 상속·경매 등 제1항의 계약 외의 원인으로 대한민국 안의 부동산을 취득한 때에는 부동산을 취득한 날부터 6개월 이내에 신고관청에 신고하여야 한다.
③ 대한민국 안의 부동산을 가지고 있는 대한민국 국민이나 대한민국의 법령에 따라 설립된 법인이 외국인등으로 변경된 경우 그 외국인등이 해당 부동산을 계속 보유하려는 경우에는 외국인등으로 변경된 날부터 6개월 이내에 신고관청에 신고하여야 한다.
제△△조(외국인등의 토지거래 허가) ① 제□□조에도 불구하고 외국인등이 취득하려는 토지가 다음 각 호의 어느 하나에 해당하는 구역·지역에 있으면 토지를 취득하는 계약을 체결하기 전에 신고관청으로부터 토지취득의 허가를 받아야 한다.
1. 군사기지 및 군사시설 보호구역
2. 지정문화유산과 이를 위한 보호물 또는 보호구역
3. 생태·경관보전지역
② 신고관청은 외국인등이 제1항 각 호의 어느 하나에 해당하는 구역·지역의 토지를 취득하는 것이 해당 구역·지역 등의 지정목적 달성에 지장을 주지 아니한다고 인정하는 경우에는 제1항에 따른 허가를 하여야 한다.

<상 황>

A국은 대한민국 국민에 대하여 자국 안의 토지의 취득을 제한하였다. 대한민국과 A국은 헌법에 따라 대한민국 내 토지 일부를 A국 정부가 취득하도록 조약을 체결하였다.

대한민국 국민인 甲은 대한민국 안의 부동산을 가지고 있는데, B국 국적을 취득하여 신분이 외국인으로 변경되었다.

① 조약의 이행에 필요한 경우, 국토교통부장관은 A국 정부에 대하여 대한민국 안의 토지의 취득을 금지하거나 제한하여야 한다.
② 외국인이 경매로 대한민국 안의 부동산을 취득한 때에는 부동산을 취득한 날부터 60일 이내에 신고관청에 신고하여야 한다.
③ 甲이 대한민국 안의 부동산을 계속 보유하려면, 외국인으로 변경된 날부터 6개월 이내에 신고관청으로부터 허가를 받아야 한다.
④ 외국인이 군사시설 보호구역 내의 토지를 취득하려면, 토지를 취득하는 계약을 체결한 이후 신고관청으로부터 토지취득의 허가를 받아야 한다.
⑤ 신고관청은 외국인이 생태보전지역 내의 토지를 취득하는 것이 해당 지역의 지정목적 달성에 지장을 주지 아니한다고 인정하는 경우에는 토지취득의 허가를 하여야 한다.

5. 다음 글과 <상황>을 근거로 판단할 때, <보기>에서 옳은 것만을 모두 고르면?

제00조(설치) 육군의 장교가 될 사람에게 필요한 교육을 하기 위하여 육군에 육군3사관학교(이하 "학교"라 한다)를 둔다.

제○○조(입학자격) 학교에 입학하려는 사람은 19세 이상 25세 미만의 미혼자여야 한다. 단, 제대군인에 해당하는 경우에는 다음 각 호에 따라 입학연령 상한을 연장한다.

1. 2년 이상의 복무기간을 마치고 전역한 제대군인: 3세
2. 1년 이상 2년 미만의 복무기간을 마치고 전역한 제대군인: 2세
3. 1년 미만의 복무기간을 마치고 전역한 제대군인: 1세

제□□조(교과과정) 학교의 교과는 군사학과정과 일반학과정으로 나누며, 군사학과정에 관한 사항은 국방부장관이 정하고, 일반학과정에 관한 사항은 교육부장관과 협의하여 국방부장관이 정한다.

제△△조(교장 등의 임용) ① 학교는 교장 외에 교수 등 공무원을 둔다.

② 교장은 육군의 장성급(將星級) 장교 중에서 육군참모총장의 추천을 받아 국방부장관의 제청으로 대통령이 임명한다.

제◇◇조(교수 등의 자격 및 임용) ① 제△△조의 교수 등 공무원 중 일반학과정의 교육을 담당하는 사람의 직종과 자격에 관하여는 「고등교육법」을 준용한다.

② 제1항의 일반학과정의 교육을 담당하는 사람 중 교수·부교수는 국방부장관의 제청으로 대통령이 임명하고, 조교수는 교장의 제청으로 국방부장관이 임명하며, 조교는 교장이 임명한다.

③ 대통령은 제2항에 따른 교수·부교수의 임명권을 국방부장관에게 위임할 수 있다.

<보 기>

ㄱ. 1년 9개월의 복무기간을 마친 미혼인 제대군인(27세) 甲은 육군3사관학교에 입학할 수 있다.
ㄴ. 육군3사관학교의 교과는 국방부장관이 정한다.
ㄷ. 육군3사관학교 교장은 육군의 장성급 장교 중에서 육군참모총장의 추천을 받아 국방부장관이 임명한다.
ㄹ. 국방부장관이 육군3사관학교 일반학과정의 교수를 임명할 수 있는 경우가 있다.

① ㄱ, ㄴ
② ㄱ, ㄹ
③ ㄴ, ㄷ
④ ㄴ, ㄹ
⑤ ㄱ, ㄴ, ㄹ

6. 다음 글을 근거로 판단할 때, <보기>에서 옳은 것만을 모두 고르면?

세계에서 가장 높은 산을 묻는다면 대부분 '에베레스트' 산(해발 8,848 m)이라고 답할 것이다. '해발' 기준 산의 높이는 해수면을 기준으로 해수면 위로 올라온 산 부분 꼭대기까지의 높이를 측정한 것이다. 이 기준에 따르면 세계에서 가장 높은 산은 에베레스트산이 맞다. 하지만 산의 높이를 측정하는 기준은 '해발' 외에도 '해양저'와 '지구 중심'이 더 있다.

'해양저' 기준은 해수면 위로 올라온 산 부분의 높이와 상관없이 산의 가장 아래 시작점인 산기슭에서부터 꼭대기까지의 높이를 측정하는 것이다. 산기슭이 바닷속에 있으면 해당 지점에서부터 측정을 하고, 산기슭이 지상에 있으면 해수면부터 측정을 한다. 이 때 가장 높은 산은 미국 하와이 섬에 위치한 '마우나케아' 산이다. 마우나케아산은 해양저 기준 10,205 m로 바닷속에 잠긴 부분이 없는 에베레스트산보다 높이가 더 높다. 반면 마우나케아산의 해발 기준 높이는 4,207 m에 불과하다.

'지구 중심' 기준은 지구의 중심에서부터 산의 꼭대기까지의 길이를 측정하는 것이다. 지구가 완벽한 원형이라면, '지구 중심' 기준과 '해발' 기준은 차이가 없다. 그러나 지구는 적도가 가장 두껍고 극지방(북극 및 남극)이 가장 얇은 타원형이다. 따라서 위도에 따라 반지름의 길이가 다르다. 적도에서 지구의 반지름은 6,378.2 km이고, 극지방에서는 6,356.8 km이다. 이로 인해 극지방과 적도는 작용하는 중력이 차이가 나며, 반지름이 길수록 거리에 비례하여 중력이 약해진다.

지구 중심 기준으로 가장 높은 산은 에콰도르에 위치한 '침보라소' 산이다. 침보라소산은 적도 부근 남위 1°에 위치해 있는데, 지구 중심 기준으로 꼭대기까지 거리가 6,384.4 km이다. 이는 적도에서 더 멀리 떨어진 북위 28°에 위치하고 지구 중심 기준으로 꼭대기까지 거리가 6,382.3 km인 에베레스트산보다 긴 거리이다. 반면 침보라소산의 해발 기준 높이는 6,263 m에 불과하다. 따라서 세계에서 가장 높은 산을 묻는 질문에는 한 가지만을 정답이라고 할 수는 없을 것이다.

<보 기>

ㄱ. 에베레스트산은 해발 기준 높이와 해양저 기준의 높이가 같을 것이다.
ㄴ. 마우나케아산 중 바닷속에 잠긴 부분의 비율은 60 % 이상이다.
ㄷ. 남위 1°에서 지구 반지름의 길이는 북위 28°에서 지구 반지름의 길이보다 4 km 이상 길다.
ㄹ. 체중을 질량에 가해지는 중력의 크기로 정의한다면, 적도에서 체중이 99 kg인 사람은 남극에서 체중이 100 kg 이상일 것이다.

① ㄱ, ㄴ
② ㄱ, ㄷ
③ ㄱ, ㄹ
④ ㄴ, ㄷ
⑤ ㄷ, ㄹ

7. 다음 글을 근거로 판단할 때, Y − Z가 가장 작은 수는?

> ○ 가영은 다음 절차를 통해 한 자리 수를 얻는다. 먼저, 어떤 자연수 X에 대해 X의 각 자릿수의 합을 구한다. 다음으로, 그 수가 한 자리가 될 때까지 이를 반복한다. 예를 들어, 123456의 각 자릿수를 더하면 21이 되고, 21의 각 자릿수를 더하면 3이 된다.
> ○ 가영이 어떤 자연수 X를 통해 얻은 한 자리 수를 Y라 하고, X가 Y가 될 때까지 도출되는 수의 개수를 Z라 한다. 예를 들어, 1357912는 28, 10을 거쳐 1이 되므로 Y는 1이고, Z는 2이다.

① 13579135
② 24682468
③ 33333
④ 87654
⑤ 9191919

8. 다음 글을 근거로 판단할 때 Y는?

> ○ 나리는 두 자리 자연수 X를 서로 다른 3개의 자연수의 합으로 나타낸다. 이 때, 나리는 서로 다른 3개의 자연수 중 어떤 2개의 자연수를 고르더라도, 그 2개의 자연수 중 어느 한 자연수가 나머지 자연수의 2배를 초과하지 않아야 한다. 예를 들어, 30은 7 + 8 + 15로 나타낼 수 있지만, 15는 7의 2배 초과하므로 위 조건에 위배된다. 반면, 9 + 10 + 11은 어떤 2개의 자연수를 고르더라도, 어느 한 자연수가 나머지 자연수의 2배를 초과하지 않으므로 조건을 충족한다.
> ○ 위 조건을 충족하는 순서쌍의 수를 Y라 한다.(위 예시에서 7 + 8 + 15는 덧셈의 순서와 관계없이 모두 순서쌍 (7, 8, 15)로 표현된다)
> ○ 나리는 18에 대해 위 조건을 충족하는 Y를 구한다.

① 1
② 2
③ 3
④ 4
⑤ 5

9. 다음 글과 <상황>을 근거로 판단할 때, 영희가 피자를 주문할 가게는?

영희는 피자를 주문하기 위해 피자가게 甲 ~ 戊를 비교하려 한다. 영희는 4가지 항목(평점, 거리, 가격, 주문 경험)을 비교하여 항목별 점수의 총합이 가장 높은 가게에 피자를 주문한다. 항목별 점수를 계산하는 방법은 다음과 같다.

○ 평점은 5를 곱한 값을 점수로 한다.
○ 거리는 500 m를 초과하는 100 m마다 1점씩 감점을 한다.
○ 가격은 할인 후 가격을 기준으로 가장 낮은 가게에 20점을 부여하고, 가격이 높은 순서대로 3점씩 감점을 한다. 단, 할인 후 가격이 3만 원을 초과하는 가게에는 주문을 하지 않는다.
○ 기존에 주문한 경험이 있는 가게의 경우, 가산점 2점을 부여한다.

<상 황>

피자가게 甲 ~ 戊의 4가지 항목 이력은 다음과 같다.

피자가게	평점	거리(m)	할인 전 가격(원)	주문 경험
甲	5.0	400	32,000 (★)	있음
乙	3.6	500	24,000 (★)	없음
丙	4.0	300	28,000	있음
丁	4.8	600	26,000	없음
戊	4.2	700	30,000	있음

※ ★은 행사 기간 중으로 15 % 할인이 자동으로 적용됨. 이외 할인은 없음.

① 甲
② 乙
③ 丙
④ 丁
⑤ 戊

10. 다음 글을 근거로 판단할 때, 甲이 목적지에 도착했을 때의 낙타의 마릿수(A)와 짐의 개수(B)를 합하면?

甲은 사막에서 장사를 하는 행상이다. 甲은 보유하고 있던 낙타의 등에 모두 같은 개수의 짐을 싣고 목적지를 향해 출발하였다.

甲이 첫 번째 경유지에 도착했을 때, 낙타 15마리를 乙에게 돈을 받고 판매하였다. 甲은 판매한 15마리의 낙타에 실었던 짐을 나머지 낙타에 1마리당 2개씩 더 싣고 남은 길을 출발하였다. 甲이 두 번째 경유지에 도착했을 때, 낙타 5마리가 탈진하여 수의사 丙에게 치료를 맡겼다. 甲은 5마리의 낙타에 실었던 짐을 다시 나머지 낙타 1마리당 1개씩 더 싣고 남은 길을 출발하였다. 甲은 처음 출발했을 때의 짐을 손실 없이 모두 목적지까지 옮기는 데 성공하였다.

① 345
② 360
③ 400
④ 405
⑤ 420

11. 다음 글을 근거로 판단할 때 '쑥대밭'을 옳게 암호화한 것은?

A암호화 방식은 단어를 <자모변환표>를 이용하여 숫자로 변환하고 규칙을 적용하여 암호로 변환한다.

<자모변환표>

ㄱ	ㄴ	ㄷ	ㄹ	ㅁ	ㅂ	ㅅ	ㅇ	ㅈ	ㅊ	ㅋ	ㅌ
30	12	21	39	57	17	44	25	65	28	73	84
ㅍ	ㅎ	ㅏ	ㅑ	ㅓ	ㅕ	ㅗ	ㅛ	ㅜ	ㅠ	ㅡ	ㅣ
86	91	74	31	43	36	95	51	24	37	97	18

○ 우선 암호화할 단어의 자모를 초성(첫 자음자) – 중성(모음자) – 종성(받침) 순으로 나열한다. 예를 들어 '실험'은 'ㅅㅣㄹㅎㅓㅁ'이 된다.

○ 그 다음 각각의 자모를 <자모변환표>에 따라 대응하는 세 개의 숫자로 변환한다. 예를 들어 '실험'은 '441839914357'으로 변환된다.

○ 쌍자음의 경우, 해당 자음을 구성하는 자음의 자모변환표에 해당하는 숫자를 두 번 더한 값을 해당 쌍자음의 자모변환표 숫자로 한다. 예를 들어, 'ㄸ'의 자모변환표 숫자는 '21(ㄷ) + 21(ㄷ) = 42'이다.

○ 이중 모음의 경우, 해당 모음을 구성하는 두 모음의 자모변환표에 해당하는 숫자를 순서대로 나열한 값을 해당 이중 모음의 자모변환표 숫자로 한다. 예를 들어, 'ㅝ'의 자모변환표 숫자는 '24(ㅜ)43(ㅓ) = 2443'이다.

○ 변환된 숫자를 가장 앞의 숫자부터 순서대로 하나씩 9에서 해당 숫자를 뺀 남은 값을 대응시켜 암호 숫자로 바꾼다. 따라서 '실험'에 대한 암호문은 '558160085642'이다.

① 1175697807822515
② 117569782581822515
③ 5555756978078822515
④ 882430217418177484
⑤ 55557569782581822515

12. 다음 글을 근거로 판단할 때, 丁의 생일합수를 구하면?

생일합수는 태어난 분기, 월, 일에 해당하는 수를 모두 더한 값이다. 생일곱수는 태어난 분기, 월, 일에 해당하는 수를 모두 곱한 값이다. 예를 들어, 2월 8일에 태어난 사람의 생일합수는 11이고, 생일곱수는 16이다.

같은 해에 태어난 甲~丁의 생일은 모두 다르다. 생일은 甲, 乙, 丙, 丁 순으로 빠르고, 이들은 모두 다른 분기에 태어났다. 이들의 생일을 비교한 결과는 다음과 같다.

○ 甲의 생일합수는 14이고, 생일곱수는 5의 배수이다.
○ 乙의 생일합수는 甲의 2배이고, 생일곱수는 7의 배수이다.
○ 丙의 생일합수는 乙과 같다. 乙과 丙의 생일은 3개월 이상 차이가 난다.
○ 丁의 생일곱수는 丙과 같다.

① 21
② 23
③ 25
④ 27
⑤ 29

13. 다음 글을 근거로 판단할 때 옳은 것은?

> ○ 행복 놀이동산에는 침팬지 랜디와 팬지가 살고 있다. 침팬지 사육사는 총 30개의 사과를 먹이로 공급하였다. 랜디와 팬지는 다음 규칙에 따라 사과를 먹으며, 서로 자신이 더 많은 사과를 먹기를 원한다.
>
> <규칙>
>
> – 랜디는 30개의 사과를 두 묶음으로 나눈다. 이 때, 각 묶음에는 적어도 1개의 사과가 포함된다.
> – 팬지는 랜디가 나눈 두 묶음의 사과 중 더 많은 묶음의 사과를 선택하여 모두 먹는다. 단, 두 묶음의 사과 개수가 동일한 경우, 아무 묶음이나 한 묶음을 선택하여 모두 먹는다.
> – 팬지는 선택하지 않은 묶음의 사과를 두 묶음으로 나눈다.
> – 랜디는 팬지가 나눈 두 묶음의 사과 중 더 많은 묶음의 사과를 선택하여 모두 먹는다.
> – 이 과정을 랜디와 팬지가 사과를 모두 먹을 때까지 반복한다. 어떤 침팬지가 사과를 두 묶음으로 나눠야 하는데, 남은 사과가 1개뿐이라면, 그 사과를 자신이 먹는다.
>
> ○ 위 <규칙>에 따라 총 30개의 사과를 랜디가 X개, 팬지가 Y개 먹었다.

① X는 Y보다 8만큼 더 크다.
② X는 Y보다 10만큼 더 크다.
③ Y는 X보다 8만큼 더 크다.
④ Y는 X보다 9만큼 더 크다.
⑤ Y는 X보다 10만큼 더 크다.

14. 다음 글을 근거로 판단할 때, □□피자가게의 피자 메뉴는 총 몇 종인가?

> ○ □□피자가게에서는 피자를 만들 때, 치즈, 토마토소스를 기본토핑으로 한다. 기본토핑 외에 5가지 추가토핑으로 버섯, 햄, 파인애플, 새우, 야채를 사용한다.
> ○ □□피자가게의 피자는 기본토핑 피자에 적어도 1가지 추가토핑을 사용한 피자만을 메뉴로 하여 판매한다. 단, (햄, 파인애플), (버섯, 새우)를 동시에 추가토핑으로 사용하는 경우는 없다.

① 15종
② 16종
③ 17종
④ 18종
⑤ 19종

15. 다음 글을 근거로 판단할 때, X와 Y의 합은?

○ 얼음요정은 다음 두 가지 요술은 사용한다.
 – 최초에 1개의 눈사람을 생성한다.
 – 눈사람 수를 2배로 늘린다.
○ 불꽃요정은 눈사람 수를 13개 줄이는 요술을 사용한다. 눈사람이 50개를 초과하면, 불꽃요정의 요술 1회에 눈사람 수는 $\frac{1}{12}$로 줄어든다.
○ 0개의 눈사람이 있는 상황에서 얼음요정이 요술을 5회 사용할 때마다 불꽃요정은 요술을 1회 사용한다.
○ 두 요정은 눈사람 수에서 최초의 중복이 나올 때까지 요술을 사용한다.(예를 들어, 2회 째 요술을 사용한 후 눈사람 수와 6회 째 요술을 사용한 흐 눈 사람 수가 동일하다면, 중복이 나온 것이다) 그 때까지 얼음요정이 사용한 요술의 횟수를 X회라 하고, 눈사람 수를 Y개라 한다.

① 18
② 21
③ 24
④ 27
⑤ 30

16. 다음 글을 근거로 판단할 때, 운동 시간이 세 번째로 긴 사람과 그 사람이 한 운동을 바르게 짝지은 것은?

甲～戊는 서로 다른 종류의 운동을 하였다. 이들이 한 운동은 걷기, 달리기, 복싱, 사이클, 수영이다. 이들이 한 운동 시간에 대해 다음과 같은 사실이 알려져 있다.
○ 甲과 丙의 운동 시간의 합은 4시간이고, 甲의 운동 시간은 丙의 3배이다.
○ 乙은 사이클을 하였다.
○ 丙의 운동 시간은 복싱을 한 사람의 2배이고, 乙의 절반이다.
○ 수영을 한 사람의 운동 시간은 甲의 절반이다.
○ 戊의 운동 시간은 달리기를 한 사람의 운동 시간보다 길다.

① 乙, 사이클
② 丙, 걷기
③ 丙, 달리기
④ 戊, 복싱
⑤ 戊, 수영

17. 다음 글을 근거로 판단할 때, <보기>에서 옳은 것만을 모두 고르면?

A ~ J 10종류의 원두에 대해 바리스타들과 고객들이 맛을 평가해 다음과 같이 점수를 매긴다. 점수는 바리스타와 고객 각각 10점 만점, 1점 단위로 한다.

원두 \ 구분	바리스타 점수	고객 점수
A	9	7
B	6	10
C	5	7
D	7	4
E	7	9
F	4	9
G	8	5
H	10	6
I	6	7
J	5	8

○ 평가점수와 일치도는 각각 다음과 같다.
– 평가점수(1) = 바리스타 점수 × 2 + 고객 점수 × 1
– 평가점수(2) = 바리스타 점수 × 1 + 고객 점수 × 2
– 일치도 = 20 – | 바리스타 점수 – 고객 점수 |

<보 기>

ㄱ. 평가점수(1) 상위 3위 원두의 일치도는 모두 17점 이상이다.
ㄴ. 일치도가 가장 높은 원두는 평가점수(2)가 20점 이상이다.
ㄷ. 평가점수(1)과 평가점수(2)의 차이가 가장 큰 원두는 일치도가 가장 낮다.

① ㄱ
② ㄴ
③ ㄷ
④ ㄱ, ㄴ
⑤ ㄴ, ㄷ

18. 다음 글을 근거로 판단할 때, 甲이 구매하는 폴더블폰은?

○ 폴더블폰 종합 점수의 구성 요소는 디자인, 판매량, 안정성, 가격, 기술성이다.
○ 구성 요소별 점수 산정 방식은 다음과 같다.
– 디자인은 최상 50점, 상 45점, 보통 40점, 하 30점, 최하 25점이다.
– 판매량은 10만 대 이상인 경우 50점, 5만 대 이상 10만 대 미만인 경우 40점, 1만 대 이상 5만 대 미만인 경우 30점, 1만 대 미만인 경우 20점이다.
– 안정성은 최상 50점, 상 40점, 보통 30점, 하 25점, 최하 20점이다.
– 가격은 200만 원 이상인 경우 35점, 150만 원 이상 200만 원 미만인 경우 40점, 100만 원 이상 150만 원 미만인 경우 45점, 100만 원 미만인 경우 50점이다.
– 기술성은 최상 50점, 상 45점, 보통 40점, 하 35점, 최하 30점이다.
○ 폴더블폰 A, B, C, D, E 구성 요소별 세부 정보는 다음과 같다.

구분	디자인	판매량 (만 대)	안정성	가격 (만 원)	기술성
A	최상	3	하	100	최상
B	하	9	보통	150	상
C	최상	4	보통	200	보통
D	상	10	최상	160	최하
E	상	1	최하	80	상

○ 甲은 폴더블폰 A, B, C, D, E 중 종합 점수가 가장 높은 폴더블폰을 구매한다. 단 기술성이 최하인 경우 구매 하지 않는다.

① A
② B
③ C
④ D
⑤ E

[19 ~ 20] 다음 글을 읽고 물음에 답하시오.

3세기 초중반경, '삼고초려', '출사표'의 주인공으로 널리 알려진 제갈량은 촉나라 10만 대군을 이끌고 위나라를 공격하는 북벌(北伐)을 감행하였다. 북벌은 총 6차례 시도되었으나 모두 실패로 끝났다. 북벌이 실패한 데에는 여러 가지 이유가 있으나, 핵심적인 원인을 꼽자면 국력 차이와 군량(軍糧) 보급 문제 때문이었다.

이 시기 영토, 인구의 차이는 곧 국력의 차이로 직결되었다. 제갈량이 북벌을 할 당시 촉나라의 총인구는 90만여 명이었는데, 위나라의 인구는 총 440만여 명에 달했다. 또한 인구가 거주하는 실질적인 지배 영토는 위나라가 촉나라의 5배가 넘었다. 이로 인한 생산력, 양질의 인재 차이로 인해 촉나라가 위나라와 싸워 이기는 것은 사실상 불가능에 가까운 일이었다.

군량 보급의 어려움도 크게 작용하였다. 북벌을 위해서는 높이 2 ~ 3,000 m, 남북으로 최대 150 km 길이에 달하는 진령산맥을 넘어야 했는데, 병력이 이동하는 것도 어려웠지만 진령산맥을 넘어 군량을 운송하는 일은 더욱 어려웠다. 더구나 10만 대군이 소모하는 군량은 하루에만 6천 석에 달했다. 즉, 30만 석의 군량이 있어도 2개월을 버틸 수가 없었던 것이다. 전투에서 패배하여 촉군 군량 보급의 핵심 요충지인 가정(街亭)을 빼앗긴 마속을 제갈량이 울면서 처형한 '읍참마속'의 고사, 1대당 최대 600근까지 실을 수 있는 수레인 '목우유마'를 만들어 군량을 운송한 사실만 봐도 촉군의 군량 보급이 얼마나 중요했고 또 어려웠는지를 알 수 있다.

위군은 초기에 적극적으로 촉군과 맞서 싸웠으나, 여러 번의 패배를 당하자 전략을 수정하여 중요한 거점을 지키고 수비에 집중하는 방식으로 대응하였다. 위군의 수뇌부 역시 촉군의 군량이 부족한 사정을 알았기 때문이다. 위군의 병력은 촉군보다 몇 배나 많았으므로 수비하고 있는 위군의 진영을 촉군이 먼저 공격하는 것은 무모한 일이었다. 또한 위나라는 촉나라보다 생산력도 풍부하고 군량 운송도 쉬웠기 때문에 촉군은 장기전을 펼칠 수도 없었다. 결국 제갈량은 북벌을 성공하지 못하고 오장원(五丈原)에서 병으로 사망하였다.

전쟁을 치르느라 많은 물자와 재정을 소모한 데다 북벌을 할 때마다 핵심 생산가능인구인 청년 남성의 상당수를 징집하여 병력으로 동원했기에 촉나라의 국력은 크게 쇠퇴하였다. 이는 결국 촉나라의 멸망을 앞당기는 원인이 되었다.

※ 3세기경 1석은 20 kg, 1근은 250 g과 같음.

19. 윗글을 근거로 판단할 때, <보기>에서 옳은 것만을 모두 고르면?

<보 기>

ㄱ. 실질적인 지배 영토의 인구 밀도는 촉나라가 위나라보다 낮았다.

ㄴ. 동일하게 하루 세 끼를 먹는다고 가정하면, 촉군 병사 1인당 한 끼 군량 소모량은 300 g 이상이다.

ㄷ. 위군은 처음부터 제갈량 사망 시까지 일관되게 중요한 거점을 지키고 수비에 집중하는 방식으로 촉군에 대응하였다.

① ㄱ
② ㄴ
③ ㄱ, ㄴ
④ ㄱ, ㄷ
⑤ ㄴ, ㄷ

20. 윗글과 <상황>을 근거로 판단할 때, A가 목우유마를 이용하여 군량을 운송해야 하는 최소 횟수는?

<상 황>

6차 북벌에 나선 10만 촉군에게는 최소 45일 치의 군량이 필요하였다. 촉군이 직접 싣고 간 군량은 15일 치 뿐으로 추가로 필요한 군량은 목우유마를 이용해 운송해야 했다. 제갈량은 부하 장수 A에게 목우유마 2,000대를 이용해 추가로 필요한 군량을 운송할 것을 지시하였다. A가 목우유마에 군량을 싣고 촉군 진영에 운송한 다음 돌아가는 것까지를 1회 운송으로 한다. 촉군의 군량 소모량은 일정하며, 군량을 운송하는 데 걸리는 시간은 고려하지 않는다.

① 12회
② 15회
③ 18회
④ 21회
⑤ 24회

21. 다음 글을 근거로 판단할 때 옳은 것은?

제00조(특별감찰관) ① 국회는 15년 이상 변호사의 직에 있던 사람 중에서 3명의 특별감찰관 후보자를 대통령에게 서면으로 추천한다.

② 대통령은 제1항에 따른 특별감찰관 후보자 추천서를 받은 때에는 추천서를 받은 날부터 3일 이내에 추천후보자 중에서 1명을 특별감찰관으로 지명하고, 국회의 인사청문을 거쳐 임명하여야 한다.

③ 특별감찰관의 임기는 3년으로 하고, 중임할 수 없다.

④ 특별감찰관이 결원된 때에는 결원된 날부터 30일 이내에 후임자를 임명하여야 한다.

제00조(특별감찰관보와 감찰담당관) 특별감찰관은 그 직무수행에 필요한 범위에서 1명의 특별감찰관보와 10명 이내의 감찰담당관을 임명할 수 있다.

제00조(고발 등) 특별감찰관은 감찰결과 감찰대상자의 행위가 다음 각 호에 해당하는 경우 다음 각 호와 같은 조치를 하여야 한다. 단, 한 가지 경우에 대해 다음 각 호가 중복 적용되는 경우는 없다.

1. 범죄혐의가 명백한 경우: 검찰총장에게 고발
2. 범죄행위에 해당한다고 믿을 만한 상당한 사유가 있는 경우: 검찰총장에게 수사의뢰

제00조(불기소처분에 대한 불복) 특별감찰관이 고발한 사건 중 처분이 이루어지지 아니하고 90일이 경과하거나 불기소처분이 이루어진 경우 항고를 제기할 수 있다.

① 20년 동안 판사로 직을 수행한 사람은 특별감찰관이 될 수 있다.
② 특별감찰관이 결원된 때에는 결원된 날부터 3일 이내에 후임자를 임명하여야 한다.
③ 특별감찰관은 그 직무수행에 필요한 범위에서 1명의 감찰담당관과 5명의 특별감찰관보를 임명할 수 있다.
④ 특별감찰관이 감찰결과 감찰대상자의 행위에 대해 검찰총장에게 수사의뢰를 하였다면, 범죄혐의가 명백하지 않은 경우이다.
⑤ 특별감찰관이 고발한 사건 중 불기소처분이 이루어진 사건의 경우, 항고를 제기하여야 한다.

22. 다음 글을 근거로 판단할 때 옳은 것은?

제00조(조사대상) 경제총조사는 조사기준일에 한국표준산업분류의 대분류 중 다음 각 호의 어느 하나에 해당하는 산업을 경영하는 사업체를 대상으로 한다. 다만, 국제기구, 외국기관이 경영하는 농업·임업·어업 유형의 사업체는 제외한다.

1. 농업·임업·어업
2. 건설업 및 제조업
3. 전기, 가스, 증기 공급업

제00조(조사의 실시연도 및 기준일) ① 경제총조사는 끝자리 수가 “0”과 “5”가 되는 연도에 실시한다.

② 경제총조사의 조사기준일은 조사기준연도의 12월 31일 현재로 한다.

③ 경제총조사는 조사기준일에 시작한다.

제00조(조사단위 및 조사방법) ① 경제총조사는 조사대상 사업체를 단위로 하여 전수조사 또는 표본조사로 실시한다.

② 경제총조사는 조사대상 사업체의 대표자 또는 이에 준하는 사람을 응답대상으로 조사한다.

③ 경제총조사는 조사요원이 면접조사의 방법으로 실시한다. 다만, 통계청장이 필요하다고 인정하는 경우에는 인터넷이나 우편 등을 통한 응답자 기입조사의 방법으로 할 수 있다.

제00조(조사에 관한 지도·감독) ① 조사실시기관은 통계청장이 정하는 방법과 절차에 따라 조사업무를 수행하여야 한다.

② 조사실시기관은 그 소속 공무원 중에서 조사업무를 지도·감독하는 사람을 조사지도공무원으로 지정하여야 한다.

③ 조사실시기관은 관할구역의 시장·군수·구청장(이하 “시장 등”이라 한다)의 협조를 받아 조사업무를 수행하여야 한다.

제00조(조사결과의 제출) 조사실시기관은 조사를 마치면 그 조사결과를 검토한 후 이를 종합하여 통계청장에게 제출하여야 한다.

제00조(조사서류의 보존) 통계청장은 경제총조사를 마치면 조사표와 그 밖에 조사와 관련하여 수집된 자료를 보존하여야 한다. 이 경우 보존기간은 통계청장이 조사실시기관으로 하여금 조사결과를 제출하도록 정한 날부터 5년으로 한다.

① 외국기관이 경영하는 제조업 사업체는 경제총조사 대상에 해당한다.
② 경제총조사가 2010년부터 시행되었다면, 2025년 2월 현재까지 실시된 경제총조사는 총 4회이다.
③ 경제총조사는 조사대상 사업체의 대표자를 응답대상으로 하여 면접조사의 방법으로 실시하여야 한다.
④ 조사실시기관은 관할구역의 시장 등의 감독을 받아 조사업무를 수행하여야 한다.
⑤ 통계청장은 경제총조사를 마친 날로부터 5년간 조사표와 그 밖에 조사와 관련하여 수집된 자료를 보존하여야 한다.

23. 다음 글을 근거로 판단할 때 옳은 것은?

> 제00조(도선의 제한) ① 도선사가 아닌 사람은 선박을 도선하지 못한다.
>
> ② 선장은 도선사가 아닌 사람에게 도선을 하게 하여서는 아니 된다.
>
> 제▽▽조(도선사의 정년) ① 도선사의 정년은 만 65세로 한다.
>
> ② 도선사는 정년이 되는 날까지 도선업무를 할 수 있다.
>
> ③ 도선사의 정년에 이른 날이 1월부터 6월 사이에 있으면 6월 30일을, 7월부터 12월 사이에 있으면 12월 31일을 각각 정년이 되는 날로 본다.
>
> 제○○조(시험) ① 해양수산부장관은 도선사 수급계획에 따라 도선사 시험을 실시한다.
>
> ② 도선사 시험의 실기시험 시행일을 기준으로 결격사유에 해당하는 사람은 도선사 시험에 응시할 수 없다.
>
> 제□□조(시험 부정 행위자에 대한 조치) ① 제○○조제1항에 따른 도선사 시험에서 부정행위를 한 응시자에 대하여는 그 시험의 응시를 중지시키거나 시험을 무효로 한다.
>
> ② 제1항에 따라 해당 시험의 중지 또는 무효의 처분을 받은 응시자는 그 처분이 있은 날부터 2년간 도선사 시험에 응시할 수 없다.
>
> 제△△조(강제 도선) 다음 각 호의 어느 하나에 해당하는 선박의 선장은 도선구에서 그 선박을 운항할 때에는 도선사를 승무하게 하여야 한다.
>
> 1. 대한민국 선박이 아닌 선박으로 총톤수 500톤 이상인 선박
> 2. 국제항해에 취항하는 대한민국 선박으로서 총톤수 500톤 이상인 선박
> 3. 국제항해에 취항하지 아니하는 대한민국 선박으로서 총톤수 2천 톤 이상인 선박
>
> 제◇◇조(도선료) ① 도선사는 도선료를 정하여 해양수산부장관에게 미리 신고하여야 한다. 도선료를 변경하려는 경우에도 또한 같다.
>
> ② 도선사는 도선을 한 경우에는 선장이나 선박소유자에게 도선료의 지급을 청구할 수 있다.

① 도선사 시험의 필기시험 시행일을 기준으로 결격사유에 해당하는 사람은 도선사 시험에 응시할 수 없다.

② 도선사 시험에서 부정행위를 하여 무효 처분을 받은 응시자는 해당 시험에 응시한 날부터 2년간 도선사 시험에 응시할 수 없다.

③ 총톤수 3,000톤인 선박을 도선구에서 운항하려면, 해당 선박의 선장은 반드시 도선사를 승무하게 하여야 한다.

④ 같은 해에 태어난 도선사 甲(6월 1일생)과 乙(8월 1일생)의 정년이 되는 날은 2개월 차이이다.

⑤ 도선사가 도선료를 변경하려면, 해양수산부장관에게 미리 허가를 받아야 한다.

24. 다음 글과 <상황>을 근거로 판단할 때 옳은 것은?

> 제00조(기초연금 수급권자의 범위) ① 기초연금은 65세 이상인 사람으로서 소득인정액이 보건복지부장관이 정하여 고시하는 금액(이하 "선정기준액"이라 한다) 이하인 사람에게 지급한다.
>
> ② 보건복지부장관은 선정기준액을 정하는 경우 65세 이상인 사람 중 기초연금 수급자가 100분의 70 이상이 되도록 한다.
>
> 제00조(국가와 지방자치단체의 책무) ① 국가와 지방자치단체는 기초연금이 노인의 생활안정을 지원하고 복지를 증진하는 데 필요한 수준이 되도록 최대한 노력하여야 한다.
>
> ② 국가와 지방자치단체는 제1항에 따라 필요한 비용을 부담할 수 있도록 재원(財源)을 조성하여야 한다. 이 경우 국민연금기금은 기초연금 지급을 위한 재원으로 사용할 수 없다.
>
> 제00조(기초연금액의 감액) 본인과 그 배우자가 모두 기초연금 수급권자인 경우에는 각각의 기초연금액에서 기초연금액의 100분의 20에 해당하는 금액을 감액한다.
>
> 제00조(기초연금 지급의 정지) 기초연금 수급자가 다음 각 호의 어느 하나의 경우에 해당하면 그 사유가 발생한 날이 속하는 달의 다음 달부터 그 사유가 소멸한 날이 속하는 달까지 기초연금의 지급을 정지한다.
>
> 1. 기초연금 수급자가 금고 이상의 형을 선고받고 교정시설 또는 치료감호시설에 수용되어 있는 경우
> 2. 기초연금 수급자가 행방불명되거나 실종되는 등 사망한 것으로 추정되는 경우
> 3. 기초연금 수급자의 국외 체류기간이 60일 이상 지속되는 경우. 이 경우 국외 체류 60일이 되는 날을 지급 정지의 사유가 발생한 날로 본다.
>
> 제00조(기초연금 수급권의 상실) 기초연금 수급권자는 다음 각 호의 어느 하나에 해당하게 된 때에 기초연금 수급권을 상실한다.
>
> 1. 사망한 때
> 2. 국적을 상실하거나 국외로 이주한 때

<상 황>

> 기초연금 수급자 甲은 2024년 3월 15일부터 9월 29일까지 국외에 체류하였다. 기초연금 수급자 乙은 실종된 지 2개월이 넘어 사망한 것으로 추정되었다.

① 65세 이상인 사람 중에서 소득인정액이 선정기준액 이하인 비율이 65 %라면, 보건복지부장관은 선정기준액을 낮춰야 한다.

② 필요한 경우, 국민연금기금은 기초연금 지급을 위한 재원으로 사용할 수 있다.

③ 동거하는 남매 2명이 모두 기초연금 수급자이고 기초연금액이 각각 70만 원이라면, 두 사람이 받는 기초연금액 총액은 112만 원이다.

④ 甲은 2024년 6월부터 9월까지 기초연금의 지급이 정지된다.

⑤ 乙은 기초연금 수급권을 상실한다.

25. 다음 글과 <상황>을 근거로 판단할 때, <보기>에서 옳은 것만을 모두 고르면?

제00조(국제우편물의 발송) ① 다음 각 호의 어느 하나에 해당하는 국제우편물을 발송하려는 경우에는 우체국에 직접 접수해야 한다. 다만, 제1호에 해당하는 우편물은 발송인의 요청에 따라 발송인을 방문하여 접수할 수 있다.
1. 소포우편물 및 특급우편물
2. 부가 취급이 필요한 우편물
3. 소형포장물

제00조(첨부물의 중량) 발송우편물에 붙인 부가표시물 및 서류의 중량은 그 우편물의 중량에 포함하여 계산한다. 다만, 운송장 및 통관을 위하여 붙인 서류의 중량은 포함하지 아니한다.

제00조(보관기간) 도착우편물의 보관기간은 통관우체국장이 안내서를 발송한 날의 다음 날부터 15일 동안으로 한다. 다만, 통관절차나 그 밖의 부득이한 사유로 수취인의 청구가 있거나 통관우체국장이 필요하다고 인정할 때에는 45일의 범위에서 연장할 수 있다.

<상 황>

甲은 외국에 사는 乙에게 계약서를 국제우편물로 발송하였다. 甲이 발송한 계약서의 중량은 150 g이고 발송우편물에 붙인 부가표시물의 중량은 10 g, 통관을 위하여 붙인 서류의 중량은 30 g, 운송장의 중량은 10 g이다. 이외 발송우편물에 붙인 것은 없다.

<보 기>

ㄱ. 소포우편물을 국제우편물로 발송하려는 경우에 발송인의 요청이 없다면, 우체국에 직접 접수해야 한다.
ㄴ. 甲이 乙에게 발송한 우편물의 중량은 190 g으로 계산한다.
ㄷ. 통관절차로 인해 통관우체국장이 필요하다고 인정할 경우, 도착우편물의 보관기간은 통관우체국장이 안내서를 발송한 날부터 최대 60일 동안이다.

① ㄱ
② ㄴ
③ ㄱ, ㄴ
④ ㄱ, ㄷ
⑤ ㄴ, ㄷ

26. 다음 글을 근거로 판단할 때 옳은 것은?

우리가 흔히 보는 세계지도에는 북대서양의 그린란드가 아프리카 대륙과 비슷한 큰 면적으로 나타나 있다. 그러나 실제 그린란드의 면적은 아프리카의 14분의 1에 불과하다. 이러한 차이가 나타나는 이유가 무엇일까?

일상에서 가장 많이 접하는 세계지도는 원통 투영법인 메르카토르 도법으로 만든 지도이다. 이 도법으로 지도를 만들려면, 우선 원형인 지구를 지도 제작이 가능한 정도로 축소한 지구본으로 만든 다음 큰 직사각형 종이로 적도를 따라 지구본을 감싼다. 그리고 지구의 중심에서 전구를 켜면, 지구 표면의 그림자가 종이에 비치는데, 이 그림자를 따라 그림을 그린 종이를 펴면 세계지도가 만들어진다. 메르카토르 도법 지도는 세계 각 대륙의 모양과 위치는 실제와 비교해 매우 정확하게 나타낼 수 있다. 반면 면적의 왜곡이 발생한다. 적도와 저위도 부근은 면적이 실제와 비교해 거의 정확하게 나타나는 반면, 적도에서 멀어질수록, 즉 고위도와 극지방에서는 면적이 실제보다 더욱 크게 나타난다.

이러한 점으로 인해 대륙이나 국가의 실제 면적에 대해 사람들이 잘못 알게 되는 것이다. 메르카토르 도법 지도에서 러시아는 아프리카와 유럽 대륙까지 다 덮고도 남을 만큼 거대하게 나타난다. 그러나 러시아의 실제 면적은 1,710만 km^2로 아프리카의 56.3 %에 불과하다. 아프리카는 러시아, 미국, 그린란드를 합친 것보다도 면적이 커서 생각보다도 훨씬 거대한 대륙이다. 또 영국이 뉴질랜드보다 지도에 더 크게 나타나지만, 실제 면적은 뉴질랜드가 영국보다 더 크다.

메르카토르 도법 지도의 면적 왜곡을 지적하며 대안으로 등장한 지도로는 페터스 도법 지도와 로빈슨 도법 지도가 있다. 독일의 역사학자 아르노 페터스가 도입한 페터스 도법 지도는 메르카토르 지도에서 나타나는 면적의 왜곡을 줄여 실제 면적에 가깝게 나타냈다. 그러나 면적을 바르게 나타내는 데 집중하여 실제 대륙의 모양이 지나치게 길거나 짧아지는 왜곡이 발생하였다. 또한 위치와 방향이 매우 정확한 메르카토르 도법 지도와 달리 페터스 도법 지도는 위치, 방향이 정확하지 않다. 로빈슨 도법 지도는 메르카토르 도법 지도와 페터스 도법 지도를 어느 정도 절충하여 두 지도의 왜곡되는 부분을 일정 부분 상쇄한 지도라고 볼 수 있다. 그러나 어느 도법을 이용해도 세계지도는 실제 지구와 차이가 발생한다. 구형인 지구를 평면에 왜곡 없이 나타내는 것은 불가능하기 때문이다.

① 원통 투영법으로 만든 지도는 각 대륙의 위치와 방향은 왜곡이 발생하여도 면적은 비교적 정확하게 나타낼 수 있다.
② 로빈슨 도법 지도는 실제 지구를 평면에 왜곡 없이 나타낼 수 있다.
③ 영국과 뉴질랜드 중 적도에 더 가까이 위치한 국가는 영국이다.
④ 미국의 면적은 1,200만 km^2 이하이다.
⑤ 페터스 도법 지도는 로빈슨 도법 지도에 비해 각 대륙의 모양과 위치가 더 정확하게 나타날 것이다.

27. 다음 글과 <상황>을 근거로 판단할 때, 마지막으로 A에게 보고를 받는 사람은?

X사에는 인사 평가 결과를 보고받아야 할 직원 甲 ~ 己가 근무하고 있다. 인사부 대리 A는 이를 보고해야 하는 직원이다. A는 동시에 2명 이상의 직원에게 보고를 할 수 없다. A는 다음과 같은 규칙을 순서대로 적용하여 甲 ~ 己에게 인사 평가 결과를 보고한다.

1) 같은 부서의 직원에게 먼저 보고한다.
2) 직전에 보고한 직원과 부서가 같은 직원이 있다면, 해당 직원에게 먼저 보고한다.
3) 직급이 더 높은 직원에게 먼저 보고한다.
4) 근속 연수가 더 긴 직원에게 먼저 보고한다.

<상 황>

직급은 부장, 차장, 과장 순으로 높다. 甲 ~ 己의 부서, 직급, 근속 연수는 다음과 같다.

구분	부서	직급	근속 연수
甲	인사	과장	3년
乙	마케팅	과장	4년
丙	재무	차장	3년
丁	마케팅	차장	2년
戊	재무	과장	1년
己	인사	부장	2년

① 甲
② 乙
③ 丙
④ 丁
⑤ 戊

28. 다음 글을 근거로 판단할 때 甲과 乙의 차량번호에 사용되지 않은 수는?

甲과 乙의 차량번호는 모두 네 자리 자연수이다. 甲의 차량번호는 (ABCD), 乙의 차량번호는 (EFGH)이다. A ~ H는 모두 서로 다른 한 자리 자연수이다. 甲과 乙의 차량번호에 대해 다음과 같은 사실이 알려져 있다.

○ 甲의 차량번호는 乙의 차량번호의 3배를 한 값과 같다.
○ 乙의 차량번호에 5,000을 더하면 甲의 차량번호보다 작고, 5,500을 더하면 甲의 차량번호보다 크다.
○ 甲의 차량번호는 짝수이다.
○ A는 B보다 크다.

① 1
② 3
③ 4
④ 6
⑤ 9

29. 다음 글과 <상황>을 근거로 판단할 때, 철수가 선택할 패키지와 총비용은?

철수는 겨울방학을 맞이하여 5박 6일간 스위스로 여행을 떠나고자 한다. 철수는 X, Y, Z패키지 중 총비용이 가장 저렴한 패키지를 선택하고자 한다.

○ 각 패키지의 총비용은 왕복 항공료, 호텔 숙박료, 식비, 가이드 팁의 합이다.

○ 식사는 여행일 동안 1일 3회를 기준으로 한다. 단, 특식을 제공하는 경우, 매일 식사 1회를 무료로 제공한다.

<상 황>

X, Y, Z패키지의 항목별 비용은 다음과 같다.

구분	X패키지	Y패키지	Z패키지
편도 항공료	50만 원	55만 원	65만 원
특식 제공	있음	없음	있음
호텔 숙박료 (1박 기준)	12만 원	10만 원	8만 원
식비 (1회 기준)	1만 원	1.2만 원	0.8만 원
가이드 팁	5만 원	10만 원	7만 원

① X패키지, 1,270,000원
② X패키지, 1,770,000원
③ Y패키지, 1,366,000원
④ Z패키지, 1,216,000원
⑤ Z패키지, 1,866,000원

30. 다음 글을 근거로 판단할 때, 甲팀과 乙팀이 현재까지 일한 세트의 합은?

□□공장은 직원 6명(A ~ F)을 두 팀으로 구성하였다. A, B, C는 甲팀, D, E, F는 乙팀이다. 각 팀에게 정해진 업무 할당량은 甲팀이 11세트, 乙팀이 9세트이다. 모든 직원은 자연수의 세트 단위로 일을 하고 정해진 업무 할당량을 초과하는 일을 하는 경우는 없다. 같은 팀 내에서 직원들이 현재까지 일한 시간은 모두 다르고 모든 직원은 현재까지 1세트 이상의 일을 했다. 현재까지 각 직원의 업무량을 비교하면 다음과 같다.

○ A는 현재까지 5세트의 일을 했다.

○ C만 현재까지 한 일의 양만큼을 추가로 일하면 甲팀은 정해진 할당량의 업무를 끝낼 수 있다.

○ D는 현재까지 E와 F가 한 일의 양을 합친 것보다 많은 양의 일을 했다.

○ E는 현재까지 C와 동일한 양만큼의 일을 했다.

○ F만 현재까지 한 일의 양만큼을 추가로 일하면 乙팀은 정해진 할당량의 업무를 끝낼 수 있다.

① 13세트
② 14세트
③ 15세트
④ 16세트
⑤ 17세트

31. 다음 글과 <상황>을 근거로 판단할 때, 甲이 캐릭터 강화를 모두 완료하는데 걸리는 최소 시간은?

○ 甲은 게임 캐릭터의 능력을 강화하고자 한다. 강화할 능력은 공격력, 수비력, 스피드 3가지가 있다.
○ 공격력, 수비력, 스피드 모두 각각 1단계부터 3단계까지 강화가 가능하다.
○ 능력 강화는 강화기에서만 가능하고 강화기는 2대가 있다. 특정 능력의 강화 도중 강화기를 멈출 수 없고 강화기 1대는 한 번에 1개의 능력 강화만을 할 수 있다.
○ 서로 다른 능력끼리는 순서에 상관없이 강화할 수 있다.
○ 같은 능력끼리는 1단계 강화가 끝나야만 2단계 강화를 할 수 있고 2단계 강화가 끝나야만 3단계 강화를 할 수 있다. 예를 들어, 공격력 2단계 강화가 끝난 이후 수비력 1단계 강화를 하는 것은 가능하지만 스피드 1단계 강화가 되지 않았는데 스피드 2단계 강화를 하는 것은 가능하지 않다.
○ 甲은 모든 능력을 3단계까지 강화하고자 한다.

<상 황>

甲이 강화할 능력의 단계별 소요시간은 다음과 같다.

구분	공격력	수비력	스피드
1단계	60초	70초	80초
2단계	70초	80초	90초
3단계	80초	90초	100초

① 360초
② 370초
③ 380초
④ 390초
⑤ 400초

32. 다음 글을 근거로 판단할 때, 박건강이 55일 동안 실시한 턱걸이 개수의 합은?

박건강은 턱걸이 훈련을 실시한다. 1일차에는 1개의 턱걸이를 실시한다. 그 다음 이틀 동안인 2, 3일차에는 매일 2개의 턱걸이를 실시한다. 그 다음 사흘 동안인 4, 5, 6일차에는 매일 3개의 턱걸이를 실시한다. 그 다음 나흘 동안인 7, 8, 9, 10일차에는 매일 4개의 턱걸이를 실시한다. 박건강은 이러한 규칙으로 계속해서 매일 턱걸이를 실시한다.

① 360개
② 370개
③ 375개
④ 385개
⑤ 395개

33. 다음 글과 <상황>을 근거로 판단할 때, <보기>에서 옳은 것만을 모두 고르면?

□□리그 정규시즌이 마무리되었고 정규시즌 순위 1 ~ 5위 팀이 결정되어 포스트 시즌 경기를 치른다. 포스트 시즌은 와일드카드, 준플레이오프, 플레이오프, 파이널까지 4개 시리즈로 구성되며 다음과 같은 규칙으로 치른다.

- 정규시즌 4위 팀과 5위 팀이 와일드카드 시리즈를 치른다. 와일드카드 시리즈에서 패배한 팀은 최종 순위 5위가 된다.
- 정규시즌 3위 팀과 와일드카드 시리즈 승리 팀이 준플레이오프 시리즈를 치른다. 준플레이오프 시리즈에서 패배한 팀은 최종 순위 4위가 된다.
- 정규시즌 2위 팀과 준플레이오프 시리즈 승리 팀이 플레이오프 시리즈를 치른다. 플레이오프 시리즈에서 패배한 팀은 최종 순위 3위가 된다.
- 정규시즌 1위 팀과 플레이오프 시리즈 승리 팀이 파이널 시리즈를 치른다. 파이널 시리즈에서 승리한 팀은 최종 순위 1위, 패배한 팀은 최종 순위 2위가 된다.

전체 포스트 시즌 수익은 다음과 같이 배당금으로 배분한다.

1) 정규시즌 1위 팀에게 수익의 20 %를 먼저 배분한다.
2) 정규시즌 1위 팀에게 배분한 수익을 제외하고 남은 수익을 다음과 같은 비율로 배분한다.

최종 순위	1위 팀	2위 팀	3위 팀	4위 팀	5위 팀
배분 비율	50 %	24 %	14 %	9 %	3 %

<상 황>

정규시즌 순위 1 ~ 5위 팀은 A ~ E팀이다. 이들의 정확한 정규시즌 순위는 모른다. 이들은 포스트 시즌을 치렀고 포스트 시즌 경기가 끝나고 순위와 배당금에 대해 다음과 같은 사실이 알려져 있다. 전체 포스트 시즌 수익은 125억 원이다.

○ A팀의 포스트 시즌 배당금이 가장 많다.
○ B팀의 정규시즌 순위는 D, E팀보다 낮지만 포스트 시즌 배당금은 D, E팀의 배당금을 합친 것보다 많다.
○ C팀의 포스트 시즌 배당금은 총 49억 원이다.
○ D팀의 정규시즌 순위와 E팀의 최종 순위가 같다.

<보 기>

ㄱ. 정규시즌 순위와 최종 순위가 동일한 팀은 없다.
ㄴ. 포스트 시즌 시리즈 중 정규시즌 순위가 낮은 팀이 높은 팀에게 승리한 시리즈는 총 3개이다.
ㄷ. 정규시즌 순위와 최종 순위를 합한 숫자가 E팀보다 큰 팀은 1개이다.

① ㄱ
② ㄷ
③ ㄱ, ㄴ
④ ㄴ, ㄷ
⑤ ㄱ, ㄴ, ㄷ

34. 다음 글을 근거로 판단할 때, ㉠에 해당하는 수는?

○ 음파(소리)의 속도는 0℃에서 1초당 331 m이다. 음속은 1℃가 높아질 때마다 1초당 0.6 m씩 빨라진다.
○ 배달원 甲은 주문을 받아 야외 행사장에 음식 배달을 하였다. 甲이 배달을 할 때, 야외 온도는 15℃이고, 甲은 배달을 마치고 시속 72 km의 일정한 속도로 이륜차를 운행하여 복귀하였다. 甲은 복귀할 때 일직선 방향으로만 움직였다. 甲이 야외 행사장에서 0.68 km 떨어진 지점을 지날 때, 야외 행사장에서 들려온 폭죽 소리가 났다. 야외 행사장에서 폭죽을 터뜨린 시점은 甲이 야외 행사장에서 복귀를 위해 출발한 때부터 [㉠]초가 경과했을 때이다.

① 30
② 32
③ 34
④ 36
⑤ 38

35. 다음 글을 근거로 판단할 때 올해 □□회사에 신규 지원한 지원자의 최대 인원과 최소 인원의 합은?

○ □□회사는 1년에 1회 신입직원을 채용한다. □□회사의 채용 과정은 1차 전형, 2차 전형, 3차 전형으로 구분되며 3가지 전형을 모두 통과해야 채용된다.
○ 3차 전형에서 탈락한 지원자의 경우 다음 해 1차 전형을 면제하고 바로 2차 전형부터 응시할 수 있다.
○ 1차 전형은 신규 지원한 지원자 숫자에 50%를 곱한 값을 소수점 첫째 자리에서 버림한 등수까지의 지원자가 통과한다.
○ 2차 전형은 올해 1차 전형을 통과한 지원자 수와 작년 3차 전형에서 탈락한 지원자 수를 합한 지원자 수에, 30%를 곱한 값을 소수점 첫째 자리에서 올림한 등수까지의 지원자가 통과한다.
○ 3차 전형은 올해 2차 전형을 통과한 지원자 숫자에 20%를 곱한 값을 소수점 첫째 자리에서 반올림한 등수까지의 지원자가 통과한다.
○ 작년 3차 전형에서 탈락한 지원자 20명은 올해 2차 전형에 전원이 응시하였고, 올해 □□회사가 채용한 신입직원은 총 6명이다.

① 315명
② 335명
③ 355명
④ 375명
⑤ 395명

36. 다음 글과 <상황>을 근거로 판단할 때 옳지 않은 것은?

◇◇ 디자인 공모전에 A ~ D팀이 최우수상 최종 후보에 올라 1개 팀을 최우수상 수상팀으로 선정하고자 한다. 각 팀이 제출한 디자인에 대해 5명의 심사위원이 평가하여 100점, 90점, 80점, 70점 중 하나의 점수를 부여한다.

최우수상 수상팀은 다음과 같이 선정한다.

평가점수 중 최고점과 최저점을 제외한 나머지 점수들의 평균인 보정 평균 점수가 가장 높은 팀을 선정한다. 보정 평균 점수가 같을 경우에는 최고점과 최저점을 포함한 전체 평균 점수가 가장 높은 팀을 선정한다. 단, 최고점이 여러 개일 경우 1개의 점수만 제외하고, 최저점이 여러 개일 경우도 마찬가지이다.

<상 황>

다음은 5명의 심사위원이 A ~ D팀에 부여한 평가점수에 대한 정보이다.

구분	A팀	B팀	C팀	D팀
최고점	100	100	90	90
최저점	70	90	70	80
보정 평균 점수	80	?	?	?
전체 평균 점수	?	?	76	?

① A팀의 전체 평균 점수는 82점이다.
② 최우수상 수상팀으로 선정되는 팀은 B팀이다.
③ B팀의 보정 평균 점수가 전체 평균 점수보다 높다면, B팀에게 최고점을 부여한 심사위원이 최저점을 부여한 심사위원보다 많다.
④ C팀에게 80점을 부여한 심사위원이 없을 수 있다.
⑤ B팀과 D팀의 보정 평균 점수가 같다면, B팀과 D팀에게 같은 평가점수를 부여한 심사위원은 3명 이상이다.

37. 다음 글을 근거로 판단할 때, 나리가 구매할 가전제품을 올바르게 나열한 것은?

○ 나리는 아래 <장바구니 목록>의 품목 가장 큰 편익을 줄 수 있는 상품 조합을 구매하고자 한다.

<장바구니 목록>

(단위: 만 원)

구분	세탁기	컴퓨터	모니터	스피커	TV
가격	150	130	80	70	10
효용	140	200	70	80	15
세트 A				○	○
세트 B		○	○	○	

※ 세트 구매 시 각 세트에서 ○표기된 상품을 모두 구매하는 것임.

○ 나리는 주어진 예산 하에서 아래의 <구매 혜택>을 최대한 활용하여 가장 큰 편익(효용 – 가격)을 누리고자 한다.

○ 나리는 할인을 받는 경우, 알뜰한 소비로 인해 기쁨을 얻어 할인액만큼 효용이 추가로 증가한다.

○ 나리의 예산은 300만 원이다.

○ 스피커는 반드시 2개를 함께 구매해야 사용할 수 있고, 세트 구매시 스피커 1개는 별도 추가 구매하여야 한다.

○ 스피커를 제외한 나머지 품목은 2개 이상 구매할 수 없다.

<구매 혜택>

– 세트 A 구매시 단품 가격 대비 10% 할인
– 세트 B 구매시 단품 가격 대비 15% 할인
– 세탁기 구매시 세탁기 가격의 20% 할인

① 스피커 2개, TV 1개
② 세탁기 1개, 스피커 2개, TV 1개
③ 컴퓨터 1개, 스피커 2개, TV 1개
④ 세탁기 1개, 컴퓨터 1개, TV 1개
⑤ 컴퓨터 1개, 모니터 1개, 스피커 2개

38. 다음 글을 근거로 판단할 때, 지원자 A ~ J 중 청년내일채움공제 사업의 지원 대상인 지원자 수는?

○ 고용노동부가 소관하는 청년내일채움공제 사업은 중소 기업 인력 부족을 해소하고, 노동시장 신규 진입 청년의 초기경력 형성을 지원하는 것을 내용으로 한다.

○ 지원자는 '청년' 요건과 '기업' 요건을 모두 충족해야 지원 대상이 된다.

○ '청년' 요건은 다음과 같다.
– (나이)만 15세 이상 만 34세 이하
– (가입기간)고용보험 총 가입기간 12개월 이하
– (고용형태)정규직

○ '기업' 요건은 다음과 같다.
– (인력)고용보험 피보험자 수 5명 이상 50명 미만
– (업종)제조업 혹은 건설업
– (규모)중소기업

○ 청년내일채움공제 지원자 A, B, C, D, E, F, G, H, I, J의 지원 요건에 대해 다음과 같이 알려져 있다.

구분 / 팀	청년 요건			기업 요건		
	만 나이 (세)	가입 기간 (개월)	고용 형태	인력 (명)	업종	규모
A	35	12	정규직	30	제조업	중소기업
B	18	10	정규직	50	제조업	중소기업
C	24	8	정규직	25	건설업	중소기업
D	26	9	비정규직	20	건설업	중소기업
E	34	14	정규직	15	건설업	중견기업
F	15	6	정규직	5	토목업	중소기업
G	19	8	정규직	10	제조업	중견기업
H	20	5	비정규직	15	건설업	중소기업
I	38	12	정규직	20	제조업	중소기업
J	30	13	비정규직	40	건설업	중소기업

○ 고용노동부장관은 청년내일채움공제 지원자가 급감하자 요건 미충족인 '청년 요건' 중 1개 요건을 충족으로 간주하는 '임시완화 정책'을 발표하였다. 지원자 A ~ J는 위 정책 발표 후 청년내일채움공제 사업에 지원하였다.

① 3명
② 4명
③ 5명
④ 6명
⑤ 7명

[39 ~ 40] 다음 글을 읽고 물음에 답하시오.

환율(換率)은 외국 통화 대비 자국 통화의 교환 비율을 말하는 것으로 통화의 가치를 비교하는 중요한 기준이 된다. 또한 수출·수입에 큰 영향을 미치기 때문에 정부와 기업의 중요 관심사이고 해외 유학, 해외 여행, 해외 송금 등에 필요한 비용이 직접적인 영향을 받으므로 민간의 중요 관심사이기도 하다. 일반적으로 환율이 상승하면 자국 통화로 환산한 제품 가격이 높아지기 때문에 수출 기업이 이득을 본다. 반면 자국 통화로 환산한 외국 제품 가격의 비싸지기 때문에 수입 기업은 어려움을 겪게 된다. 또한 자국 통화 대비 외국 통화의 가격이 비싸지므로 해외 유학, 해외 여행, 해외 송금을 위해 필요한 비용이 커지게 된다. 반면 환율이 하락하면 반대의 상황이 된다.

환율은 크게 기준환율과 재정환율로 나눌 수 있다. 기준환율은 자국 통화와 각국 통화와의 환율을 계산할 때 그 기준으로 삼는 특정국 통화의 환율을 의미한다. 외환시장에서 기준이 되는 통화는 세계 최대 경제대국인 미국의 통화인 달러($)이므로 한국의 경우 달러 대비 원화 환율이 기준환율이 된다. 기준환율의 대상이 되는 통화는 당연히 외환시장에서 직접 거래하는 통화가 된다. 한국의 경우, 외환시장에서 직접 거래하는 통화는 달러와 중국의 위안화(元)뿐이다. 위안화는 기준환율의 대상이 되는 통화는 아니지만, 중국과의 교역량이 많아지고 이에 따라 위안화 거래량이 많아지면서 2015년부터 직접 거래를 시작하였다. 이전까지는 재정환율로 거래하였다.

재정환율은 서로 다른 두 개의 통화가 외환시장에서 직접 거래가 되지 않는 경우, 각각의 시장에서 기준환율을 통해 간접적으로 계산한 자국 통화와 특정 외국 통화 사이의 환율이다. 예를 들어, 1달러 대비 원화 환율이 1,320원이고 1달러 대비 엔화(¥)환율이 120엔이라면, 1,320원과 120엔의 가치는 같으므로 1엔은 11원의 가치를 지니게 된다. 외환시장에서 직접 거래가 되지 않는 원화와 엔화는 이와 같이 환율이 결정된다. 단, 엔화는 다른 통화에 비해 표기되는 명목 숫자 단위가 원화와 큰 차이가 나지 않기 때문에 각국의 통화 대비 원화의 가치를 쉽게 비교하기 위해서 1엔이 아닌 100엔당 원화의 환율로 표시한다.

현재 한국은 엔화, 유로화(€), 영국의 파운드화(£)를 포함하여 50개가 넘는 외국 통화를 재정환율의 대상 통화로 두고 있다. 재정환율 대상 통화는 필요에 따라 추가하기도 하고 제외하기도 한다. 직접 거래 대상도, 재정환율의 대상도 아닌 통화로의 환전의 경우, 환전 자체는 가능하지만 여러 번의 단계를 거쳐야 하므로 과정이 복잡하다.

39. 윗글을 근거로 판단할 때 옳은 것은?

① 환율이 하락하면 외국 통화 대비 자국 통화의 가격이 저렴해지므로 해외 여행을 위해 필요한 비용이 작아진다.
② 외환시장에서 직접 거래하는 통화는 기준환율의 대상이 되는 통화가 된다.
③ 1달러 대비 원화 환율은 하락하고 1달러 대비 엔화 환율은 상승한다면, 100엔당 원화의 환율은 하락한다.
④ 직접 거래 대상도, 재정환율의 대상도 아닌 통화로의 환전은 불가능하다.
⑤ 달러와 파운드화 사이에서는 외환시장에서 직접 거래가 이루어지지 않는다.

40. 윗글과 <상황>을 근거로 판단할 때, 2013년과 2024년 甲이 두 딸에게 송금하는데 소요된 원화 액수의 차이는?

<상 황>

한국인 甲은 자식으로 11살 터울의 자매를 두고 있다. 2013년 1년 동안 첫째 딸 乙이 중국으로 1년간 어학연수를 가게 되어 필요한 생활비를 위안화로 환전하여 송금하였다. 乙의 1개월 생활비는 1만 위안이다. 2013년 1달러 대비 원화 환율은 1,050원이고 1달러 대비 위안화 환율은 7위안이다.

2024년 둘째 딸 丙이 중국으로 10개월간 어학연수를 가게 되어 필요한 생활비를 위안화로 환전하여 송금하였다. 丙의 1개월 생활비는 乙의 1.2배이고, 2024년 1위안화 대비 원화의 직접 거래 환율은 2013년 1위안화 대비 원화 재정 환율의 1.2배이다. 단, 직접 거래 환율로 거래할 경우에는 수수료가 발생하지 않으나, 재정 환율로 거래할 경우에는 환전에 사용되는 원화 총액의 2%가 수수료로 발생한다.

① 324만 원
② 360만 원
③ 396만 원
④ 756만 원
⑤ 792만 원

현재 내 위치가 궁금하다면?

빠른 채점 및 성적 분석

https://labstandard.kr/eas

성적분석 서비스 + 통계표 확인

맞은 문제 수 / 푼 문제 수	맞은 문제 수 / 찍은 문제 수
(　　)문제 / (　　)문제	(　　)문제 / (　　)문제

총점:　　　　점

✓ 나의 속도와 정확도를 성적분석 서비스를 통해 간편하게 분석해보세요!

| 상황판단영역 |

3 교시

문제책형

나

응시번호	
성명	

응시자 주의사항

1. **시험시작 전에 시험문제를 열람하는 행위나 시험종료 후에 답안을 작성하는 행위를 한 사람**은 「공무원임용시험령」 제51조에 의거 **부정행위자**로 처리됩니다.
2. **답안지 책형 표기**는 **시험시작 전** 감독관의 지시에 따라 **문제책 앞면에 인쇄된 문제책형을 확인**한 후, **답안지 책형란에 해당 책형(1개)**을 '●'로 **표기**하여야 합니다.
3. 시험이 시작되면 문제를 주의 깊게 읽은 후, **문항의 취지에 가장 적합한 하나의 정답만을 고르며,** 문제내용에 관한 질문은 할 수 없습니다.
4. **답안을 잘못 표기하였을 경우**에는 **답안지를 교체하여 작성**하거나 **수정할 수 있으며,** 표기한 답안을 수정할 때는 **응시자 본인이 가져온 수정테이프만을 사용**하여 해당 부분을 완전히 지우고 부착된 수정테이프가 떨어지지 않도록 손으로 눌러주어야 합니다. **(수정액 또는 수정스티커 등은 사용 불가)**
   - ■ **불량한 수정테이프의 사용과 불완전한 수정처리**로 발생하는 **모든 문제는 응시자 본인에게 책임**이 있습니다.
5. **시험시간 관리의 책임은 응시자 본인에게 있습니다.**
   ※ 문제책은 시험종료 후 가지고 갈 수 있습니다.

성적분석 및 이의제기 안내

1. **빠른 채점** 및 **성적분석** 서비스 (나의 위치 확인 및 통계 분석 결과 확인)
   - ■ **시험지 뒷면** 및 **해설지**의 **QR코드** 확인 : https://labstandard.kr/eas
2. **답안지(OMR 카드) & 정오표** 다운로드, 문항 관련 문의
   - ■ 랩스탠다드 홈페이지(https://labstandard.kr) "학습지원센터 - 자료실 & 정오표" 게시판 확인
   - ■ 문항 관련 문의 : "학습지원센터 - 1:1 문의" 게시판 또는 이메일(labstandard@naver.com)

1. 다음 글을 근거로 판단할 때 옳은 것은?

제00조(신고의무 등) ① 누구든지 가정폭력범죄를 알게 된 경우에는 수사기관에 신고할 수 있다.

② 다음 각 호의 어느 하나에 해당하는 사람이 직무를 수행하면서 가정폭력범죄를 알게 된 경우에는 정당한 사유가 없으면 즉시 수사기관에 신고하여야 한다.

1. 아동의 교육과 보호를 담당하는 기관의 종사자와 그 기관장
2. 아동, 60세 이상의 노인 등을 담당하는 의료인 및 의료기관의 장

제00조(고소에 관한 특례) ① 피해자 또는 그 법정대리인은 가정폭력행위자를 고소할 수 있다. 피해자의 법정대리인이 가정폭력행위자인 경우 또는 가정폭력행위자와 공동으로 가정폭력범죄를 범한 경우에는 피해자의 친족이 고소할 수 있다.

② 피해자는 가정폭력행위자가 자기 또는 배우자의 직계존속인 경우에도 고소할 수 있다. 법정대리인이 고소하는 경우에도 또한 같다.

③ 피해자에게 고소할 법정대리인이나 친족이 없는 경우에 이해관계인이 신청하면 검사는 10일 이내에 고소할 수 있는 사람을 지정하여야 한다.

제00조(임시조치의 청구 등) ① 검사는 가정폭력범죄가 재발 될 우려가 있다고 인정하는 경우에는 직권으로 또는 사법경찰관의 신청에 의하여 법원에 임시조치를 청구할 수 있다.

② 제1항의 경우 피해자 또는 그 법정대리인은 검사 또는 사법경찰관에게 제1항에 따른 임시조치의 청구 또는 그 신청을 요청하거나 이에 관하여 의견을 진술할 수 있다.

③ 제2항에 따른 요청을 받은 사법경찰관은 제1항에 따른 임시조치를 신청하지 아니하는 경우에는 검사에게 그 사유를 보고하여야 한다.

제00조(긴급임시조치) ① 사법경찰관은 가정폭력범죄가 재발 될 우려가 있고, 긴급을 요하여 법원의 임시조치 결정을 받을 수 없을 때에는 직권 또는 피해자나 그 법정대리인의 신청에 의하여 긴급임시조치를 할 수 있다.

② 사법경찰관은 제1항에 따라 긴급임시조치를 한 경우에는 즉시 긴급임시조치결정서를 작성하여야 한다.

① 58세인 甲을 돌보는 의료인 乙이 직무 수행 중 가정폭력범죄를 알게 된 경우에는 정당한 사유가 없으면 즉시 수사기관에 신고하여야 한다.
② 피해자에게 고소할 법정대리인이나 친족이 없는 경우에 이해관계인이 신청하면 검사는 즉시 고소할 수 있는 사람을 지정하여야 한다.
③ 검사는 가정폭력범죄가 재발 될 우려가 있다고 인정하는 경우에 사법경찰관의 신청이 있어야 법원에 임시조치를 청구할 수 있다.
④ 검사는 가정폭력범죄가 재발 될 우려가 있고, 긴급을 요하여 법원의 임시조치 결정을 받을 수 없을 때에는 직권으로 긴급임시조치를 할 수 있다.
⑤ 가정폭력행위자가 피해자의 직계존속일 경우, 피해자의 법정대리인은 이를 고소할 수 있다.

2. 다음 글을 근거로 판단할 때 옳은 것은?

제00조(징계처분) ① 법관에 대한 징계처분은 정직·감봉·견책의 세 종류로 한다.

② 정직은 1개월 이상 1년 이하의 기간 동안 직무집행을 정지하고, 그 기간 동안 보수를 지급하지 아니한다.

③ 감봉은 1개월 이상 1년 이하의 기간 동안 보수의 3분의 1 이하를 줄인다.

④ 견책은 징계 사유에 관하여 서면으로 훈계한다.

제00조(법관징계위원회) ① 법관에 대한 징계사건을 심의·결정하기 위하여 대법원에 법관징계위원회(이하 “위원회”라 한다)를 둔다.

② 위원회는 위원장 1명과 위원 6명으로 구성하고, 예비위원 3명을 둔다.

제00조(위원장 및 위원) ① 위원회의 위원장은 대법관 중에서 대법원장이 임명하고, 위원은 법관 3명과 다음 각 호에 해당하는 사람 중 각 1명을 대법원장이 각각 임명하거나 위촉한다.

1. 변호사
2. 법학교수
3. 그 밖에 학식과 경험이 풍부한 사람

② 예비위원은 법관 중에서 대법원장이 임명한다.

③ 위원장·위원 및 예비위원의 임기는 각각 3년으로 한다.

④ 위원장에게 위원회의 사무를 처리하지 못할 부득이한 사유가 있는 경우에는 대법원장이 지명하는 위원이 그 직무를 대리하고, 위원에게 직무를 수행하지 못할 부득이한 사유가 있는 경우에는 위원장이 지명하는 예비위원이 그 직무를 대리한다.

제00조(징계의 심의) ① 위원회는 위원장을 포함한 위원 과반수가 출석한 경우에 심의를 개시한다.

② 징계심의는 공개하지 아니한다.

① 법관에 대한 징계처분으로 20일간 보수의 5분의 1을 줄이는 감봉처분을 할 수 있다.
② 법관에 대한 징계처분으로 3개월간 직무집행을 정지하고, 그 기간 동안 보수의 3분의 1을 줄이는 정직 처분을 할 수 있다.
③ 예비위원을 포함한 법관징계위원회 소속 인원 중 법관은 7명 이상이다.
④ 위원에게 직무를 수행하지 못할 부득이한 사유가 있는 경우에는 대법원장이 지명하는 예비위원이 그 직무를 대리한다.
⑤ 법관징계위원회가 심의를 개시하려면 6명 이상의 출석이 필요하다.

3. 다음 글을 근거로 판단할 때 옳은 것은?

제○○조(낚시어선업의 신고) ① 낚시어선업을 하려는 자는 신고요건을 갖추어 낚시어선업의 신고서를 작성하여 해당 낚시어선의 선적항(船籍港)을 관할하는 시장·군수·구청장에게 신고하여야 한다. 중요한 신고사항을 변경하려는 때에도 같다.

② 시장·군수·구청장은 제1항에 따라 신고한 내용이 신고요건에 적합하면 신고인에게 낚시어선업 신고확인증을 발급하여야 한다.

③ 제1항에 따른 낚시어선업 신고의 유효기간은 3년을 초과할 수 없다.

제□□조(낚시어선의 안전성 검사) 제○○조 제1항에 따라 낚시어선업을 하려는 자는 낚시어선의 선체, 기관 및 설비 등에 대하여 매년 안전성 검사를 받아야 한다. 다만, 「어선법」에 따른 어선검사를 받은 경우에는 생략할 수 있다.

제△△조(신고사항 등의 보고) ① 제○○조 제1항에 따라 낚시어선업의 신고를 받은 시장·군수·구청장은 시·도지사에게 신고받은 사항 등을 보고하여야 한다.

② 제1항에 따라 보고를 받은 시·도지사는 그 내용을 해양수산부장관에게 보고하여야 한다.

제◇◇조(안전운항 의무 등) ① 낚시어선업자 및 선원은 낚시어선의 안전을 점검하고 기상상태를 확인하는 등 안전운항에 필요한 조치를 하여야 하며, 승객에게 위해(危害)가 없도록 수면의 상황에 따라 안전하게 낚시어선을 조종하여야 한다.

② 낚시어선업자 및 선원은 다음 각 호의 행위를 하여서는 아니 된다.

1. 영업 중 낚시를 하는 행위
2. 보호자를 동반하지 아니한 14세 미만의 사람을 승선하게 하는 행위
3. 낚시어선의 안전운항에 위해를 끼친다고 인정하는 행위

③ 낚시어선업자 및 선원은 안전운항을 위하여 낚시어선에 승선한 승객 등 승선자 전원에게 구명조끼를 착용하도록 하여야 한다. 이 경우 승객이 구명조끼를 착용하지 아니하면 승선을 거부할 수 있다.

① A도 B시 관할구역에서 낚시어선업을 하려는 甲은 신고요건을 갖추고 신고서를 작성하여 A도지사에게 신고하여야 한다.
② 「어선법」에 따른 어선검사를 받지 않은 乙이 낚시어선업을 하려면 낚시어선의 선체, 기관 및 설비 등에 대하여 3년 주기로 안전성 검사를 받아야 한다.
③ 낚시어선업의 신고를 받은 C도 D군수 丙은 그 내용을 해양수산부장관에게 보고하여야 한다.
④ 낚시어선업자 丁은 보호자를 동반한 11세 아동을 승선하게 할 수 있다.
⑤ 선원 戊는 낚시어선에 승선한 승객이 구명조끼를 착용하지 아니하면 안전운항을 위하여 승선을 거부하여야 한다.

4. 다음 글과 <상황>을 근거로 판단할 때 옳은 것은?

제00조(운전면허) ① 자동차등을 운전하려는 사람은 시·도경찰청장으로부터 운전면허를 받아야 한다.

② 다음 각 호의 어느 하나에 해당하는 사람은 운전면허를 받을 수 없다.

1. 18세 미만(원동기장치자전거의 경우에는 16세 미만)인 사람
2. 교통상의 위험과 장해를 일으킬 수 있는 정신질환자 또는 뇌전증 환자
3. 듣지 못하는 사람

제00조(운전면허증의 갱신과 정기 적성검사) ① 운전면허를 받은 사람은 다음 각 호의 구분에 따른 기간 이내에 시·도경찰청장으로부터 운전면허증을 갱신하여 발급받아야 한다.

1. 최초의 운전면허증 갱신기간은 운전면허시험에 합격한 날부터 기산하여 10년(운전면허시험 합격일에 65세 이상 75세 미만인 사람은 5년, 75세 이상인 사람은 3년)이 되는 날이 속하는 해의 1월 1일부터 12월 31일까지
2. 제1호 외의 운전면허증 갱신기간은 직전의 운전면허증 갱신일부터 기산하여 매 10년(직전의 운전면허증 갱신일에 65세 이상 75세 미만인 사람은 5년, 75세 이상인 사람은 3년)이 되는 날이 속하는 해의 1월 1일부터 12월 31일까지

② 다음 각 호의 어느 하나에 해당하는 사람은 제1항에 따른 운전면허증 갱신기간에 도로교통공단이 실시하는 정기(定期) 적성검사(適性檢査)를 받아야 한다.

1. 제1종 운전면허를 받은 사람
2. 제2종 운전면허를 받은 사람 중 운전면허증 갱신기간에 70세 이상인 사람

<상 황>

甲, 乙, 丙의 운전면허증 갱신과 관련한 사항은 다음과 같다.

구분	출생연도	면허종류	시험 합격일	직전 갱신일
甲	1946	제1종	1988. 10. 08.	2018. 04. 17.
乙	1955	제2종	1993. 09. 24.	2013. 07. 30.
丙	1991	제1종	2013. 05. 06.	없음

① 자동차를 운전하려는 사람은 시·도지사로부터 운전면허를 받아야 한다.
② 17세인 사람은 원동기장치자전거의 운전면허를 받을 수 없다.
③ 甲, 乙, 丙 중 2023년 1월 1일부터 2023년 12월 31일까지 운전면허증을 갱신하여 발급받아야 하는 사람은 2명이다.
④ 다다음 운전면허 갱신기간은 甲, 乙, 丙 순으로 빠르다.
⑤ 甲, 乙, 丙은 다음 운전면허 갱신기간에 도로교통공단이 실시하는 정기적성검사를 받아야 한다.

5. 다음 글과 <상황>을 근거로 판단할 때, <보기>에서 옳은 것만을 모두 고르면?

제00조(가입자의 종류) ① 가입자는 직장가입자와 지역가입자로 구분한다.
② 모든 사업장의 근로자 및 사용자와 공무원 및 교직원은 직장가입자가 된다. 다만, 다음 각 호의 어느 하나에 해당하는 사람은 제외한다.
1. 고용 기간이 1개월 미만인 일용근로자
2. 「병역법」에 따른 현역병
③ 지역가입자는 직장가입자를 제외한 가입자를 말한다.
제00조(사업장의 신고) 사업장의 사용자는 다음 각 호의 어느 하나에 해당하게 되면 그 때부터 14일 이내에 보험자에게 신고하여야 한다.
1. 직장가입자가 되는 근로자·공무원 및 교직원을 사용하는 사업장이 된 경우
2. 휴업·폐업 등을 하게 된 경우
제00조(자격의 취득 시기 등) ① 가입자는 국내에 거주하게 된 날에 직장가입자 또는 지역가입자의 자격을 얻는다. 다만, 다음 각 호의 어느 하나에 해당하는 사람은 그 해당되는 날에 각각 자격을 얻는다.
1. 직장가입자의 피부양자이었던 사람은 그 자격을 잃은 날
2. 의료보호대상자이었던 사람은 그 대상자에서 제외된 날
② 제1항에 따라 자격을 얻은 경우 그 직장가입자의 사용자 및 지역가입자의 세대주는 그 명세를 자격을 취득한 날부터 14일 이내에 보험자에게 신고하여야 한다.

<상 황>

甲은 A사업장과 2024. 2. 1. ~ 2024. 2. 25. 간 근로 계약을 체결한 일용근로자이다. B사업장의 사용자 乙은 2024. 3. 1.부터 폐업을 하려고 한다. 丙은 의료보호대상자였으나 대상자에서 제외되어 지역가입자 자격을 얻은 사람으로 세대주인 아버지 丁과 함께 거주 중이다.

<보 기>

ㄱ. 甲은 직장가입자가 된다.
ㄴ. 乙은 2024. 3. 15. 이내에 보험자에게 신고하여야 한다.
ㄷ. 丙은 자격을 취득한 날부터 14일 이내에 그 명세를 보험자에게 신고하여야 한다.

① ㄱ
② ㄴ
③ ㄱ, ㄷ
④ ㄴ, ㄷ
⑤ ㄱ, ㄴ, ㄷ

6. 다음 글을 근거로 판단할 때 옳은 것은?

보전처분이란 소송의 확정 또는 집행 전까지 법원이 명하는 잠정적인 처분을 말한다. 보전처분은 판결을 집행할 수 없거나 현상이 바뀌어 당사자가 권리를 실행하지 못하는 상황이 발생하는 것을 방지하기 위한 절차이다. 보전처분의 종류로는 가처분과 가압류가 있다.

가처분은 현상이 바뀌면 당사자가 권리를 실행하지 못하거나 이를 실행하는 것이 매우 곤란할 염려가 있는 경우에 적용된다. 금전채권 또는 금전채권으로 환산할 수 있는 채권 이외의 청구권에 대한 집행을 보전하기 위해, 또는 다투어지고 있는 권리관계에서 임시의 지위를 정하기 위해 법원이 행하는 일시적인 명령이다. 가처분을 신청하는 신청인은 가처분 신청서를 비롯한 관련 서류를 다툼의 대상이 있는 곳을 관할하는 지방법원에 이미 민사소송을 제기하였다면 해당 소송을 다루고 있는 관할법원의 민사신청과에 제출하여야 한다.

반면 가압류는 금전채권이나 금전으로 환산할 수 있는 채권에 대하여 동산 또는 부동산에 대한 강제집행을 보전하기 위할 때 적용된다. 즉, 채권의 집행을 목적으로 미리 채무자의 재산을 동결시켜 채무자로부터 그 재산에 대한 처분권을 잠정적으로 빼앗는 명령이다. 이때 채권에 조건이 붙어 있거나 기한에 도달하지 아니하더라도 가압류가 가능하다. 가압류를 신청하는 신청인은 가압류신청서를 비롯한 관련 서류를 가압류할 물건이 있는 곳을 관할하는 지방법원에 제출하여야 한다. 단, 이미 민사소송을 제기하였다면 해당 소송을 다루고 있는 관할법원의 민사신청과에 제출하여야 한다.

가처분과 가압류 모두, 법원은 해당 처분으로 인해 생길 수 있는 채무자의 손해에 대해 담보제공을 명령할 수 있으며, 채권자가 정해진 기일 내에 담보를 제공하면 법원은 해당 처분을 명할 수 있다. 또한 가처분과 가압류 모두 이에 대한 재판의 집행은 채권자에게 재판을 고지한 날부터 14일을 넘긴 때에는 할 수 없다. 다만, 채무자에게 재판을 송달 하기 전에도 집행할 수 있다.

① 금전채권에 대한 강제집행을 보전하기 위하여 채무자의 재산에 대하여 가처분을 신청할 수 있다.
② 금전으로 환산할 수 있는 채권에 기한이 설정되어 있고 기한에 도달하지 아니한 경우 가압류를 할 수 없다.
③ 가압류는 채무자에게 재판을 송달하기 전에는 집행할 수 없다.
④ 이미 민사소송을 제기한 경우 가압류를 신청하는 신청인은 가압류 신청서를 비롯한 관련 서류를 가압류할 물건이 있는 곳을 관할하는 지방법원에 제출하여야 한다.
⑤ 채권자에게 재판을 고지한 날부터 14일째 되는 날에는 가처분에 대한 재판의 집행을 할 수 있다.

7. 다음 글과 <상황>을 근거로 판단할 때, 교육 검정기관으로 선정되는 업체를 고르면?

○ 2025년 교육 검정기관을 선정하려 한다. 교육 검정기관 선정에 甲 ~ 戊 5개 업체가 신청하였다.
○ 신청업체 중 인력 점수, 시설 점수, 운영 점수, 교육 점수의 총합이 가장 높은 기관을 검정기관으로 선정한다.
○ 전문인력 수가 5명 미만 또는 시설 면적이 80 m^2 미만인 업체는 선정 대상에서 제외한다.
○ 항목별 점수는 다음과 같은 기준으로 부여한다.
- 인력 점수: 전문인력 9명 이상(20점), 6 ~ 8명(15점), 5명 이하(10점)
- 시설 점수: 시설 면적 10 m^2당 2점. 단, 최대 20점까지만 부여한다.
- 운영 점수(만점 30점): 우수(만점의 100 %), 양호(만점의 80 %), 보통(만점의 60 %), 미흡(0점 처리)
- 교육 점수: 교육이수율(%)에 따라 점수를 부여한다.

$$교육이수율(\%) = \frac{교육\ 이수자\ 수}{교육\ 지원자\ 수} \times 100$$

※ 교육이수율이 80 % 이상인 경우 10점, 80 % 미만인 경우 해당 비율(%)의 10분의 1을 점수로 부여.

<상 황>

업체	전문인력(명)	시설 면적(m^2)	운영 평가	교육 지원자(명)	교육 이수자(명)
甲	9	150	양호	100	60
乙	7	90	보통	200	170
丙	4	110	우수	90	72
丁	6	70	양호	125	110
戊	7	100	우수	150	60

① 甲
② 乙
③ 丙
④ 丁
⑤ 戊

8. 다음 글을 근거로 판단할 때, 투표방식 '다'에 의할 때 A ~ D 중 당선되는 후보자는?

후보자 선호 차이에 따라 분류한 유권자 집단은 다음과 같다.

유권자(총 30명)	1순위	2순위	3순위	4순위
7명	A	B	C	D
8명	B	A	D	C
5명	C	B	A	D
4명	C	D	A	B
4명	D	A	C	B
2명	D	C	B	A

○ 당선자 결정방식: 다수득표자가 당선되며, 다수득표자가 동률일 경우, 투표방식 가에 따랐을 때 더 높은 득표를 획득하는 자가 당선된다.
○ 투표방식 가: 1순위 후보자에게 투표한다.
○ 투표방식 나: 투표방식 가에 따라 당선되는 후보자가 3순위 혹은 4순위 후보자로 예상되는 경우에는 2순위 후보자에게 투표하고, 아닐 경우 1순위 후보자에게 투표한다.
○ 투표방식 다: 투표방식 나에 따라 당선되는 후보자가 3순위 혹은 4순위 후보자로 예상되는 경우에는 2순위 후보자에게 투표하고, 아닐 경우 투표방식 나에 따라 투표한다.

① A
② B
③ C
④ D
⑤ 없음

9. 다음 글을 근거로 판단할 때, 甲이 인쇄하는 데 필요한 A4용지의 장수는?

甲은 5급 공채 상황판단영역을 학습하기 위해 다음과 같이 학습자료를 1부씩 인쇄하였다.

구분	핵심개념 설명서	전년도 기출문제	모의고사 1세트	해설집
쪽수	17	20	22	13

인쇄는 다음과 같은 규칙으로 한다.

○ 특별한 언급이 없는 한 A4용지에 인쇄하고, 한 면에 1쪽씩 인쇄하며, 양면 인쇄를 한다.
○ 전년도 기출문제는 단면 인쇄로 한다.
○ 모의고사 1세트는 A3용지에 인쇄한다.
○ 해설집은 한 면에 2쪽씩 인쇄한다.
○ 한 장의 A4용지에는 한 종류의 학습자료만 인쇄한다.

① 32장
② 33장
③ 43장
④ 44장
⑤ 45장

10. 다음 글을 근거로 판단할 때, ㉠과 ㉡을 옳게 짝지은 것은?

○ 상자 안에 1 ~21까지 적힌 공이 21개 들어있다.
○ 甲은 무작위로 3개의 공을 꺼내고, 그 공에 쓰여 있는 숫자를 모두 더한 값에서 1을 뺀 값을 새로운 공에 적은 후 다시 상자에 집어넣는다.
○ 해당 과정을 상자 안에 공이 1개 남을 때까지 반복한다. 이를 위해서는 3개의 공을 꺼내는 행위를 총 (㉠)회 해야 한다.
○ 마지막에 상자 안에 남은 1개의 공에 적힌 숫자는 (㉡)이다.

	㉠	㉡
①	12	220
②	11	220
③	11	221
④	10	220
⑤	10	221

11. 다음 글을 근거로 판단할 때, <보기>에서 옳은 것만을 모두 고르면?

> 甲 ~ 戊는 같은 부서 사원으로 한 차례씩 해외 출장을 다녀왔다. 5명의 해외 출장은 모두 2023년에만 이루어졌고 출장 간 사원이 없는 달은 없었다. 또한 각 사원은 모두 3개월간 출장을 다녀왔다. 출장의 시작일은 매월 1일이고, 종료일은 매월 마지막 일(日)이다. 甲 ~ 戊의 출장 기간과 시기에 대해 다음과 같은 사실이 알려져 있다.
>
> ○ 甲은 乙보다 먼저 출장을 다녀왔고 둘의 출장 기간은 겹치지 않았다.
> ○ 丙의 출장 일수는 총 90일이다.
> ○ 丁은 하반기에 출장을 다녀왔고 출장 일수는 총 91일이다.
> ○ 戊는 성탄절(12월 25일) 파티에 출장으로 인해 참석하지 못했다.
> ○ 상반기와 하반기 모두에 출장 기간이었던 사람이 있다.

<보 기>

ㄱ. 출장을 가장 먼저 다녀온 사람은 丙이다.
ㄴ. 1명만 출장을 간 달은 총 8번이다.
ㄷ. 甲과 乙의 출장 일수는 같다.
ㄹ. 3명 이상의 출장이 겹친 달은 없다.

① ㄱ, ㄴ
② ㄱ, ㄷ
③ ㄴ, ㄹ
④ ㄷ, ㄹ
⑤ ㄱ, ㄷ, ㄹ

12. 다음 글을 근거로 판단할 때, 甲과 丁의 등수의 곱을 구하면?

> 甲 ~ 己는 행정학 모의고사를 함께 치렀고 등수가 발표되었다. 모의고사에 응시한 전체 인원은 30명이었고 甲 ~ 己는 모두 9등 이내에 들었다. 甲, 乙, 丙의 등수를 곱한 값과 丁, 戊, 己의 등수를 곱한 값이 같았다. 또한 乙, 丙의 등수를 더한 값과 戊, 己의 등수를 더한 값이 같았다. 등수가 같은 사람은 없었고 甲과 丁은 6명 중 등수가 가장 낮은 사람이 아니다.

① 11
② 16
③ 18
④ 24
⑤ 36

13. 다음 글을 근거로 판단할 때, C와 F에 해당하는 숫자의 합으로 옳은 것은?

1에서부터 12까지 적힌 12장의 카드가 있다. 이 12장의 카드를 일렬로 배열하는데 다음과 같은 규칙이 있다.

○ 인접한 2장의 카드에 적힌 숫자의 합은 모두 10 이상이다.
○ 인접한 2장의 카드에 적힌 숫자의 합이 11인 경우는 1가지이다.
○ 인접한 2장의 카드에 적힌 숫자의 합은 D와 E를 합한 1가지만이 가장 크다.
○ 홀수가 적힌 카드끼리 인접한 경우와 짝수가 적힌 카드끼리 인접한 경우는 없다.

이와 같은 규칙에 따라 카드 일부를 다음과 같이 배열하였다.

A	12	B	8	C	D	E	6	9	F	G	2

① 7
② 9
③ 11
④ 13
⑤ 15

14. 다음 글을 근거로 판단할 때, 甲이 모든 화학물질을 옮기는 데 필요한 최소 이동 횟수는?

화학자 甲은 실험실 A에 화학물질 X, Y, Z를 보관 중이다. 그런데 실험실 A의 보수공사를 위해 X, Y, Z를 실험실 B로 옮겨야 한다. 실험실 A, B는 甲만이 출입 가능하여 甲 혼자 옮겨야 하고 화학물질은 한 번에 1종류만 옮길 수 있다. 단, 화학물질 X, Y, Z가 함께 있을 때는 문제가 없으나 X와 Y만 1분 이상 함께 있으면 화학반응이 일어나 Y가 손상되고, Y와 Z만 1분 이상 함께 있으면 화학반응이 일어나 Z가 손상된다.

甲은 화학물질의 손상 없이 X, Y, Z를 실험실 A에서 B로 옮겨야 한다. 甲이 화학물질을 들고 이동하는 때를 제외하면 화학물질은 반드시 실험실 안에 두어야 한다. 甲이 실험실 A에서 B로 또는 실험실 B에서 A로 이동하는 것을 1회 이동으로 한다. 1회 이동엔 3분이 소요된다.

① 3회
② 5회
③ 7회
④ 9회
⑤ 11회

15. 다음 글을 근거로 판단할 때, 甲이 영양 목표치를 만족하기 위해 반드시 섭취해야 하는 음식은?

외식을 계획하고 있는 甲은 주어진 음식 중 3개를 섭취하여 영양 목표치를 달성하고자 한다. 영양 목표치는 탄수화물 310 g 이상, 단백질 130 g 이상, 지방 150 g 이상이다. 각 음식을 중복해서 구매할 수 없다. 음식별 영양소는 다음과 같다.

음식	지방(g)	단백질(g)	탄수화물(g)
치킨	90	80	90
햄버거	40	100	60
피자	60	30	100
냉면	30	10	120
불고기	70	90	80
비빔밥	20	20	150

① 치킨
② 햄버거
③ 피자
④ 불고기
⑤ 비빔밥

16. 다음 글을 근거로 판단할 때, 2024년 △△특수기기 자격시험 응시자 중 3회차 시험에서 자격증을 발급받는 최대 인원은?

甲국은 △△특수기기를 도입함에 따라, 이를 조종할 수 있는 인력을 육성하고자 한다. 이를 위해 2024년부터 자격시험을 도입하였다. 자격시험의 세부사항은 다음과 같다.

○ 시험은 이론, 기기, 설비 3개 과목으로 구성되고, 모든 과목에 합격한 응시자에게만 자격증을 발급한다.
○ 응시자에게는 최대 3회의 응시 기회가 주어진다. 1회차 시험에서 자격증을 발급받지 못한 경우 2회차, 2회차 시험에도 자격증을 발급받지 못한 경우 3회차 시험에 응시할 수 있다.
○ 1, 2회차 시험에서 자격증을 발급받지 못한 응시자는 반드시 다음 회차 시험에 응시하고 1, 2회차 시험에서 자격증을 발급받은 응시자는 다음 회차 시험에 응시하지 않는다.
○ 각 과목은 응시자 중 일정한 비율만큼만 합격한다. 해당 비율은 1회차 시험에 모든 과목에서 90 %이며, 회차를 거듭할수록 과목별로 동일하게 10 %p씩 감소한다.
○ 2024년 자격시험에 응시한 인원은 2,000명이고 이들은 모든 과목에 응시한다.

① 28명
② 36명
③ 252명
④ 360명
⑤ 1,008명

17. 다음 글을 근거로 판단할 때, <보기>에서 옳은 것만을 모두 고르면?

○ 甲과 乙은 1 ~ 7의 숫자를 한 번씩만 사용해서 숫자 크기를 비교하는 게임을 하려 한다.
○ 라운드별로 한 개의 숫자를 제시할 수 있으며 총 7라운드(R)까지 진행된다.
○ 각 라운드에 제시된 숫자를 비교해 숫자가 더 높으면 승리하고 숫자가 더 낮으면 패배한다. 숫자가 같으면 무승부로 본다.
○ 甲과 乙이 게임에 사용한 전략은 다음과 같다. 다만, 乙의 전략 중 일부가 소실되었다.

구분	1R	2R	3R	4R	5R	6R	7R
甲	3	5	7	1	6	2	4
乙	5	㉠	㉡	㉢	3	㉣	㉤

<보 기>

ㄱ. A는 5승 2패를 할 수 있다.
ㄴ. A는 4승 2무 1패를 할 수 있다.
ㄷ. B는 6승 1패를 할 수 있다.
ㄹ. B는 3승 1무 3패를 할 수 있다.

① ㄱ, ㄴ
② ㄱ, ㄷ
③ ㄱ, ㄹ
④ ㄴ, ㄹ
⑤ ㄴ, ㄷ, ㄹ

18. 다음 글을 근거로 판단할 때, <보기>에서 10월 1일에 운항한 여객기에 대한 설명으로 반드시 옳은 것만을 모두 고르면?

여객기 甲, 乙, 丙, 丁, 戊 각각의 순항고도는 A, B 가운데 하나이고 다음과 같은 원칙에 따라 운항한다.
○ 각 여객기는 A, B고도로만 운항한다.
○ 각 여객기의 최고속도는 800 km/h, 1,000 km/h, 1,200 km/h 가운데 하나이다.
○ 각 여객기는 순항고도에서는 최고속도로 운항하며 순항고도가 아닌 나머지 고도에서는 최고속도의 80 %로 운항한다.

다음과 같은 사실이 알려져 있다.
○ 최고속도가 1,200 km/h인 여객기는 1대이다.
○ 甲과 丙의 최고속도는 동일하나, 丁과는 다르다.
○ 乙의 최고속도는 丁과 동일하나 戊의 최고속도에 비해 느리다.
○ 10월 1일, 800 km/h의 속도로 운항하는 여객기는 총 3대였고, 1,000 km/h의 속도를 초과하여 운항한 여객기는 없었다. 또한 여객기 甲, 乙, 丙, 丁, 戊 모두 운항하였다.
○ A가 순항고도인 여객기는 甲과 丙이고, 나머지 여객기의 순항고도는 B이다.

<보 기>

ㄱ. 甲 여객기는 순항고도에서 운항하였다.
ㄴ. 적어도 2대 이상의 여객기가 순항고도가 아닌 고도로 운항하였다.
ㄷ. A고도로 운항한 여객기는 3대 이상이다.

① ㄱ
② ㄴ
③ ㄱ, ㄴ
④ ㄴ, ㄷ
⑤ ㄱ, ㄴ, ㄷ

[19 ~ 20] 다음 글을 읽고 물음에 답하시오.

산재보험(산업재해보상보험)은 근로자가 업무 중에 발생한 부상이나 질병에 대해 보상받을 수 있도록 하는 사회보험 제도이고, 자동차보험은 자동차 사고로 인한 피해를 보상하기 위해 차량 소유자가 가입하는 보험이다. 근무 중에 교통사고를 당했다면 산재보험과 자동차보험 중 전체 금액이 많이 산출되는 보험에 먼저 청구하는 것이 좋다. 회사 업무 수행 시의 교통사고는 그로 인한 치료비, 휴업손해, 후유장해 등의 손해를 산재보험으로 보상받을 수 있다. 이와 함께 교통사고를 야기한 상대 차량의 자동차보험 대인담보를 통해서도 같은 보상을 받는 것이 가능하다. 다만 피해자는 유사한 손해항목에 대해 중복으로 보상받을 수는 없다. 초과되는 금액에 한해 처리받지 않은 다른 보험에 추가로 청구하는 것만 가능하다. 예를 들어, 장례비와 휴업급여, 장해급여 등은 양 보험 모두에서 지급하는 유사한 손해항목이다. 이 경우 먼저 처리받은 보험보다 나머지 보험에서 지급되는 금액이 더 큰 항목이 있다면 그 차액분을 나머지 보험에 청구해 지급받을 수 있다. 또한, 먼저 처리받은 보험에는 지급항목이 없지만 나머지 보험에서는 지급하는 항목이 있다면 이 또한 추가로 받을 수 있다.

참고로 산재보험과 자동차보험의 서로 다른 점을 살펴보면, 산재보험은 위자료 항목이 없는 반면 자동차보험은 위자료 항목이 있다. 또 산재보험은 사회보험이므로 급여 산정 시 피해자의 과실을 반영하지 않는 반면, 자동차보험은 배상책임보험이므로 보험금 산정 시 피해자 과실을 반영하고 있다. 즉, 자동차보험은 민법의 손해배상에 기초해 손해의 공평한 분담 원칙에 따라 과실상계를 적용한다. 이와 함께 산재보험은 휴업급여를 취업하지 못한 기간에 대해 평균임금의 70 %만큼 인정하나 자동차보험은 실제 수입감소액의 85 %를 인정하고, 산재보험은 사망 시 장의비를 평균임금의 120일분만큼 지급하는데 자동차보험은 모든 사람에게 동일하게 500만 원을 지급한다. 피해자의 경우 어느 보험에 먼저 청구하든 나머지 보험에서 초과되는 금액을 추가 지급받을 수 있기 때문에 청구순서가 중요하지 않다. 이왕이면 전체 금액이 많이 산출되는 보험에 먼저 청구하고 나머지 보험에 일부 초과되는 항목을 추가 청구하는 것이 효율적이다. 또 어느 보험의 산출액이 더 많은지는 개인적인 상황에 따라 다를 수 있으므로 차이점을 신중하게 고려해 상황에 맞는 선택을 하는 것이 최선이다.

19. 윗글을 근거로 판단할 때, <보기>에서 옳은 것만을 모두 고르면?

<보 기>

ㄱ. 회사 업무 수행 시 교통사고를 당한 피해자는 교통사고를 야기한 상대 차량의 자동차보험을 통해 보상을 받을 수 있다.
ㄴ. 회사 업무 수행 시 교통사고를 당한 피해자는 산재보험과 자동차보험 중 자동차보험에 먼저 보상을 청구하여야 더 많은 금액을 수령할 수 있다.
ㄷ. 장해급여에 대해 산재보험은 300만 원, 자동차보험은 500만 원을 지급한다면, 회사 업무 수행 시 교통사고를 당한 피해자가 수령가능한 장해급여는 총 500만 원이다.
ㄹ. 산재보험의 경우 위자료를 청구할 수는 없으나, 급여 선정을 할 때 피해자의 과실을 반영하지 않는다.

① ㄱ, ㄴ
② ㄱ, ㄷ
③ ㄴ, ㄹ
④ ㄱ, ㄷ, ㄹ
⑤ ㄴ, ㄷ, ㄹ

20. 윗글을 근거로 판단할 때, ㉠에 해당하는 수는?

A무역회사에 다니는 甲이 본인 소유의 자동차로 출장 도중, 마찬가지로 본인 소유의 자동차로 운전하던 乙과 접촉사고가 일어났다. 甲은 사고로 인해 30일의 기간 동안 출근하지 못하였고, A 무역회사는 甲에 대해 월 기본급의 60 %를 지급하는 30일의 유급휴가를 인정하였다. 甲은 우선 乙의 자동차보험에 대해 휴업급여를 청구하여 보험금을 지급 받은 뒤, 본인의 산재보험에 휴업급여를 청구하였다. 이때, 甲이 본인의 산재보험으로 추가적으로 지급받을 수 있는 휴업급여는 (㉠) 만 원이다.

甲과 乙에 대해 다음의 사실이 알려져 있다.

○ 甲은 평균적으로 30일에 350만 원의 임금을 수령한다.
○ 甲과 A 무역회사 간 임금 계약에 따르면, 甲은 월 기본급으로 300만 원을 지급받는다.
○ 乙의 자동차보험 약정에 따르면, 유급휴가가 인정된 경우, 실제 수입감소액은 월 기본급을 기준으로 미지급된 부분에 한하여 인정한다.

① 0
② 65
③ 102
④ 143
⑤ 245

21. 다음 글을 근거로 판단할 때 옳은 것은?

> 제00조(혈액관리기본계획) 보건복지부장관은 혈액의 안정적 수급 및 관리에 관한 정책을 효율적으로 추진하기 위하여 혈액관리위원회의 심의를 거쳐 혈액관리에 관한 기본계획(이하 "기본계획"이라 한다)을 5년마다 수립하여야 한다.
>
> 제00조(혈액관리업무) ① 혈액관리업무는 다음 각 호의 어느 하나에 해당하는 자만이 할 수 있다. 다만, 제3호에 해당하는 자는 혈액관리업무 중 채혈을 할 수 없다.
> 1. 의료기관
> 2. 대한적십자사
> 3. 혈액제제 제조업자
>
> ② 제1항 제1호 또는 제2호에 해당하는 자로서 혈액원을 개설하려는 자는 보건복지부장관의 허가를 받아야 한다. 허가받은 사항 중 중요한 사항을 변경하려는 경우에도 또한 같다.
>
> ③ 제2항에 따라 보건복지부장관의 허가를 받지 아니한 자는 혈액관리업무를 하지 못한다. 다만, 제1항 제3호에 해당하는 자는 그러하지 아니하다.
>
> 제00조(특정수혈부작용에 대한 조치) ① 의료기관의 장은 특정수혈부작용이 발생한 경우에는 그 사실을 시·도지사에게 신고하여야 한다.
>
> ② 시·도지사는 제1항에 따른 특정수혈부작용의 발생 신고를 받은 때에는 이를 보건복지부장관에게 통보하여야 한다.
>
> 제00조(기록의 작성) ① 혈액원등은 보건복지부령으로 정하는 바에 따라 혈액관리업무에 관한 기록을 작성하여 갖추어 두어야 한다.
>
> ② 제1항에 따른 기록은 기록한 날부터 10년 동안 보존하여야 한다.
>
> ③ 혈액원등은 헌혈자 대장(臺帳) 등을 전자서명이 기재된 전자문서 등으로 작성·보관할 수 있다.

① 보건복지부장관은 혈액관리에 관한 기본계획을 10년마다 수립하여야 한다.

② 혈액원을 개설한 의료기관이 허가받은 사항 중 경미한 사항을 변경하려는 경우 보건복지부장관의 허가를 받아야 한다.

③ 보건복지부장관의 허가를 받지 않은 혈액제제 제조업자는 채혈을 제외한 혈액관리업무를 할 수 있다.

④ 의료기관의 장은 특정수혈부작용이 발생한 경우에는 그 사실을 보건복지부장관에게 통보하여야 한다.

⑤ 혈액원은 헌혈자 대장을 전자문서가 아닌 서면으로 작성·보관하여야 한다.

22. 다음 글을 근거로 판단할 때 옳은 것은?

> 제00조(기금의 설립) 담보능력이 미약한 기업의 채무를 보증하게 하여 기업에 대한 자금 융통을 원활하게 하기 위하여 기술보증기금(이하 "기금"이라 한다)을 설립한다.
>
> 제00조(이사회) ① 기금에 이사회를 둔다.
>
> ② 이사회는 이사장, 전무이사 및 이사로 구성한다.
>
> ③ 이사회는 기금의 업무에 관한 중요 사항을 의결한다.
>
> ④ 이사장은 이사회를 소집하고, 그 의장이 된다.
>
> ⑤ 이사회는 구성원 과반수의 출석으로 개의(開議)하고, 출석 구성원 과반수의 찬성으로 의결한다.
>
> ⑥ 감사는 이사회에 출석하여 의견을 진술할 수 있다.
>
> 제00조(임원) 기금에 임원으로서 이사장 1명, 전무이사 1명, 5명 이내의 이사와 감사 1명을 둔다.
>
> 제00조(임원의 직무) ① 이사장은 기금을 대표하고, 그 업무를 총괄한다.
>
> ② 전무이사는 이사장을 보좌하고, 이사장이 부득이한 사유로 직무를 수행할 수 없을 때에는 그 직무를 대행한다.
>
> ③ 이사는 이사장과 전무이사를 보좌하고, 정관으로 정하는 바에 따라 기금의 업무를 나누어 맡는다.
>
> ④ 이사장과 전무이사가 모두 부득이한 사유로 직무를 수행할 수 없을 때에는 이사장이 미리 지정한 순위의 이사가 이사장의 직무를 대행한다.
>
> ⑤ 감사는 기금의 업무와 회계를 감사(監査)한다.
>
> 제00조(임원의 임명) ① 이사장과 감사는 중소벤처기업부장관이 임명한다.
>
> ② 전무이사와 이사는 이사장의 제청으로 중소벤처기업부장관이 임명한다.
>
> 제00조(임원의 임기) 임원의 임기는 3년으로 한다.

① 기금에 5명의 이사를 둘 경우, 이사회는 최소 2명의 찬성으로 업무에 관한 중요사항을 의결한다.

② 이사는 중소벤처기업부장관의 제청으로 이사장이 임명한다.

③ 이사장이 부득이한 사유로 직무를 수행할 수 없을 때에는 이사장이 미리 지정한 순위의 이사가 이사장의 직무를 대행한다.

④ 전무이사의 임기는 3년이다.

⑤ 감사는 이사회의 구성원으로서, 이사회에 출석하여 의견을 진술할 수 있다.

23. 다음 글을 근거로 판단할 때 옳은 것은?

제○○조(부정행위 금지 등) ① 공동주택의 관리와 관련하여 입주자대표회의와 관리사무소장은 공모(共謀)하여 부정하게 재물 또는 재산상의 이익을 취득하거나 제공하여서는 아니 된다.
② 공동주택의 관리와 관련하여 입주자등·관리주체·입주자대표회의·선거관리위원회(위원을 포함한다)는 부정하게 재물 또는 재산상의 이익을 취득하거나 제공하여서는 아니 된다.
③ 입주자대표회의 및 관리주체는 관리비·사용료와 장기수선충당금을 이 법에 따른 용도 외의 목적으로 사용하여서는 아니 된다.
④ 주택관리업자 및 주택관리사등은 다른 자에게 자기의 성명 또는 상호를 사용하여 이 법에서 정한 사업이나 업무를 수행하게 하거나 그 등록증 또는 자격증을 빌려 주어서는 아니 된다.
⑤ 누구든지 다른 자의 성명 또는 상호를 사용하여 주택관리업 또는 주택관리사등의 업무를 수행하거나 그 등록증 또는 자격증을 빌려서는 아니 된다.
⑥ 누구든지 제4항이나 제5항에서 금지된 행위를 알선하여서는 아니 된다.
제□□조(벌칙) ① 제○○조 제1항을 위반해 공모하여 부정하게 재물 또는 재산상의 이득을 취득하거나 제공한 자는 3년 이하의 징역 또는 3천만 원 이하의 벌금에 처한다.
② 제○○조 제2항을 위반하여 부정하게 재물 또는 재산상의 이득을 취득하거나 제공한 자는 2년 이하의 징역 또는 2천만 원 이하의 벌금에 처한다. 단, 위반행위로 얻은 이익의 100분의 50에 해당하는 금액이 2천만 원을 초과하는 자는 벌금 상한액을 그 이익의 2배에 해당하는 금액으로 한다.
③ 제○○조 제3항을 위반하여 관리비·사용료와 장기수선충당금을 법에 따른 용도 외의 목적으로 사용한 자는 1천만 원 이하의 과태료를 부과한다.
④ 제○○조 제4항부터 제6항까지를 위반한 자는 1년 이하의 징역 또는 1천만 원 이하의 벌금에 처한다.
⑤ 제3항에 따른 과태료는 국토교통부장관 또는 지방자치단체의 장이 부과한다.

① 공동주택의 관리와 관련해 부정하게 재물을 취득한 관리사무소장을 징역 4년에 처할 수 있다.
② 공동주택의 관리와 관련해 부정하게 재물을 취득한 선거관리위원회 위원이 얻은 이익이 3천만 원이라면 최대 6천만 원의 벌금에 처할 수 있다.
③ 다른 자의 성명을 빌려 주택관리업 업무를 수행한 자는 1천만 원의 과태료에 처할 수 있다.
④ 장기수선충당금을 법에 따른 용도 외의 목적으로 사용한 관리주체에게 국토교통부장관이 8백만 원의 과태료를 부과할 수 있다.
⑤ 자신의 자격증을 타인에게 빌려주어 업무를 수행하게 한 주택관리사를 징역 6개월과 5백만 원의 벌금에 함께 처할 수 있다.

24. 다음 글과 <상황>을 근거로 판단할 때 옳은 것은?

제00조(자격시험) ① 반려동물행동지도사가 되려는 사람은 농림축산식품부장관이 시행하는 자격시험에 합격하여야 한다.
② 반려동물의 행동분석·평가 및 훈련 등에 전문지식과 기술을 갖추었다고 인정되는 사람에게는 제1항에 따른 자격시험 과목의 일부를 면제할 수 있다.
③ 농림축산식품부장관은 다음 각 호의 어느 하나에 해당하는 사람에 대해서는 해당 시험을 무효로 하거나 합격 결정을 취소하여야 한다.
1. 거짓이나 그 밖에 부정한 방법으로 시험에 응시한 사람
2. 시험에서 부정한 행위를 한 사람
④ 다음 각 호의 어느 하나에 해당하는 사람은 그 처분이 있은 날부터 3년간 반려동물행동지도사 자격시험에 응시하지 못한다.
1. 제3항에 따라 시험의 무효 또는 합격 결정의 취소를 받은 사람
2. 반려동물행동지도사의 자격이 취소된 사람
제00조(자격취소) 농림축산식품부장관은 반려동물행동지도사가 다음 각 호의 어느 하나에 해당하면 그 자격을 취소하거나 2년 이내의 기간을 정하여 그 자격을 정지시킬 수 있다. 다만, 제1호 및 제2호 중 어느 하나에 해당하는 경우에는 그 자격을 취소하여야 한다.
1. 거짓이나 그 밖의 부정한 방법으로 자격을 취득한 경우
2. 다른 사람에게 명의를 사용하게 하거나 자격증을 대여한 경우
3. 이 법을 위반하여 벌금 이상의 형을 선고받고 그 형이 확정된 경우
4. 영리를 목적으로 반려동물의 소유자등에게 불필요한 서비스를 선택하도록 알선·유인하거나 강요한 경우

<상 황>

甲은 농림축산식품부장관이다. 乙과 丙은 반려동물행동지도사 시험에 응시하였고 乙은 합격하였으나 부정한 행위를 한 것이 발각되었다. 丙은 불합격하였으나 부정한 방법으로 시험에 응시하여 해당 시험에 무효 처분을 받았다. 반려동물행동지도사인 丁은 다른 사람에게 자격증을 대여한 사실이 발각되었다.

① 반려동물의 행동분석·평가 및 훈련 등에 전문지식과 기술을 갖추었다고 인정되는 사람에게는 농림축산식품부장관이 시행하는 자격시험을 면제할 수 있다.
② 甲은 乙의 해당 시험을 무효로 하고 합격 결정을 취소하여야 한다.
③ 丙은 해당 시험 응시일로부터 3년간 반려동물행동지도사 자격시험에 응시하지 못한다.
④ 甲은 1년간 丁의 자격을 정지시킬 수 있다.
⑤ 甲은 영리를 목적으로 반려동물의 소유자에게 불필요한 서비스를 선택하도록 알선한 반려동물행동지도사 戊의 자격을 취소할 수 있다.

25. 다음 글과 <상황>을 근거로 판단할 때, 2023년 甲향교재단의 기본재산에서 생긴 수입과 교화사업에 사용해야 할 최대 금액의 차이는?

제00조(재단법인의 설립 등) ① 관할 구역에 있는 향교재산의 관리와 운영을 위하여 특별시·광역시·도 및 특별자치도(이하 "시·도"라 한다)마다 재단법인을 설립한다.
② 향교재산은 기본재산과 유동재산으로 구분한다.
③ 향교재산 중 토지와 건물 등 부동산과 향사기구(享祀器具)는 기본재산으로 한다.
④ 향교재산 중 현금이나 그 밖의 동산은 유동재산으로 한다.
제00조(향교재단의 수입의 사용) ① 향교재단의 재산에서 생기는 수입은 다음 각 호의 목적 외에는 사용할 수 없다.
1. 성균관(成均館)의 유지
2. 관할 시·도에 있는 각 문묘의 유지
3. 교육이나 그 밖의 문화사업의 수행
② 향교재단은 매년 재산에서 생기는 수입 총액의 100분의 10에 해당하는 금액을 성균관에 납부해야 한다.
③ 향교재단은 제2항에 따른 금액과 적립금을 제외한 순수입액의 100분의 80 이내에 해당하는 금액을 교화사업에 사용하여야 한다.

<상 황>

A광역시에 속한 甲향교재단은 2023년 1,500만 원을 성균관에 납부하였다. 2023년 甲향교재단의 현금과 그 밖의 동산을 통해 생긴 수입은 4,000만 원이고 적립금은 1,000만 원이다.

① 1,000만 원
② 1,500만 원
③ 2,500만 원
④ 2억 1,000만 원
⑤ 2억 2,500만 원

26. 다음 글을 근거로 판단할 때, <보기>에서 옳은 것만을 모두 고르면?

우리가 눈으로 보는 색은 다양한 파장을 가진 전자기파의 중첩인 빛을 인지하는 과정에서 발생한다. 원추세포라고 불리는 시각세포가 주로 세 가지 기본 색상인 빨간색, 초록색, 파란색에 대응해 파장별로 반응함에 따라 뇌가 색을 구분할 수 있다. 예를 들어, 초록색 물체는 빨간색과 파란색 빛을 흡수하고 초록색 빛을 반사해 이를 초록색으로 인지하는 것이다.

신체 밖에서 혈액의 색깔은 빨간색이다. 그런데 피부에 비치는 혈관의 색깔은 빨간색이 아닌 청록색이다. 혈액이 빨간색인 이유는 적혈구에 있는 헤모글로빈이라는 단백질이 헤모스(hemos)라고 불리는 구조에서 철을 결합할 수 있고 철 성분이 산소와 결합하면서 생기는 화학적 구성이 빨간색 빛을 반사하도록 하기 때문이다. 동맥은 심장에서 몸의 각 기관이나 조직으로 혈액을 운반하면서 산소와 영양분을 공급하는 혈관이므로 빨간색이다. 반면 정맥은 동맥계를 순환한 혈액이 심장으로 되돌아가는 혈관이므로 혈액의 산소 함유량이 적어서 상대적으로 어두운 검붉은색이다. 동맥은 피부 깊숙이 있어서 비치지 않고 정맥이 피부층에 가깝게 위치하므로 정맥이 우리가 보는 청록색의 혈관이다. 이는 실제 정맥혈의 색깔인 검붉은색과 다르다.

이러한 차이는 피부 색깔에 의해 발생한 착시로 설명할 수 있다. 뇌가 물체를 인지할 때 주변 환경을 같이 생각해서 인지하기 때문이다. 이러한 현상을 대조 착시 현상이라고 한다. 피부와 혈관 모두 청록색 파장에서 반사되는 빛의 양은 거의 비슷하지만 바탕인 피부가 상대적으로 붉은색 파장의 빛을 더 반사한다. 따라서 뇌가 혈관을 인지할 때 청록색 파장의 빛을 강화시켜서 인지하기 때문에 피부에 비치는 혈관의 색깔이 청록색으로 보이는 것이다.

<보 기>

ㄱ. 신체 밖에서 혈액은 초록색과 파란색 빛을 흡수하고 빨간색 빛을 반사할 것이다.
ㄴ. 피부 깊숙이 위치한 혈관은 피부층에 가깝게 위치한 혈관에 비해 산소 함유량이 많아서 상대적으로 밝은 빨간색이다.
ㄷ. 피부에 비치는 혈관이 청록색으로 보이는 것은, 피부와 혈관 모두 붉은색 파장의 빛은 비슷하게 반사하지만 혈관이 청록색 파장의 빛을 더 반사하기 때문이다.

① ㄱ
② ㄴ
③ ㄱ, ㄴ
④ ㄱ, ㄷ
⑤ ㄱ, ㄴ, ㄷ

27. 다음 글과 <상황>을 근거로 판단할 때, △△공원에 입점할 편의점 업체는?

△△공원이 대중에게 개방되면서 이에 입점할 편의점 업체 1곳을 선정하려고 한다. 선정 조건은 다음과 같다.

○ 평가 점수(운영계획, 재정, 인테리어)와 가산점을 합한 총점이 가장 높은 업체 1곳을 선정한다.
○ 1일 영업시간이 24시간인 업체는 운영계획 평가 점수의 5%를 가산점으로 부여한다.
○ 직영으로 운영하는 업체는 재정 평가 점수의 10%를 가산점으로 부여한다.
○ 공간이 협소하므로, 필요 면적이 50 m² 이상인 업체는 선정하지 않는다.

<상 황>

후보 편의점 업체(甲 ~ 戊)의 정보는 다음과 같다.

업체		甲	乙	丙	丁	戊
평가 점수	운영계획	28	26	30	22	25
	재정	30	25	26	24	30
	인테리어	23	28	30	25	27
1일 영업시간		24시간	24시간	24시간	24시간	18시간
운영 형태		직영	가맹	직영	가맹	직영
필요 면적(m^2)		39	33	54	46	42

① 甲
② 乙
③ 丙
④ 丁
⑤ 戊

28. 다음 글을 근거로 판단할 때, <보기>에서 옳은 것만을 모두 고르면?

○ 금화 6개, 은화 6개, 동화 7개로 구성된 총 19개의 주화가 A, B, C 3개의 주머니에 나누어져 들어 있다.
○ 금화 1개의 무게는 12 g, 은화 1개의 무게는 7 g, 그리고 동화 1개의 무게는 5 g이다.
○ 각 주머니에 들어 있는 금화의 개수는 모두 다르다. 예를 들어, 주머니 A에 1개, B에 2개, C에 3개가 들어있을 수 있다. 은화와 동화의 경우에도 이와 같다.
○ 각 주머니에는 금화, 은화, 그리고 동화가 각각 적어도 1개 이상 들어있다.

<보 기>

ㄱ. 만약 주머니 A에 주화가 총 7개 들어있다면, 그 중 동화는 총 4개이다.
ㄴ. A와 B 주머니에 들어 있는 주화의 총 무게가 동일한 경우의 수가 존재한다.
ㄷ. 주머니 C에 들어 있는 주화의 총 무게가 70 g 이상이라면, 금화와 은화 각각 3개씩 들어있을 것이다.

① ㄱ
② ㄴ
③ ㄱ, ㄴ
④ ㄴ, ㄷ
⑤ ㄱ, ㄴ, ㄷ

29. 다음 글을 근거로 판단할 때, <보기>에서 옳은 것만을 모두 고르면?

甲, 乙, 丙 세 명이 바둑 경기를 하였다. 경기는 1대 1로 진행하였고 각각 검은색 돌과 흰색 돌을 잡고 경기를 하였다. 매 경기의 승자는 직후 경기에 참여하지 않고 패자는 직후 경기에서 직전 경기에 참여하지 않은 사람과 경기를 하였다. 첫 경기에서는 甲과 乙이 대결하였고, 두 번째 경기부터 직전 경기에서 패한 사람은 직후 경기에서 검은색 돌을 잡고 경기를 하였다. 추가로 甲, 乙, 丙이 치른 경기에 대해 다음과 같은 사실이 알려져 있다.

○ 甲과 乙은 각각 총 6경기씩을 치렀다.
○ 丙은 총 4경기를 치렀고 검은색 돌을 잡지 않았다.
○ 한 사람이 4경기 이상을 연속해서 치른 경우는 없다.
○ 乙은 첫 번째 경기와 두 번째 경기에서 서로 다른 색의 돌을 잡고 대결을 하였다.
○ 승리한 경기 수는 甲이 乙보다 많다.

<보 기>

ㄱ. 甲은 첫 경기에서 검은색 돌을 잡고 대결을 하였다.
ㄴ. 丙은 치른 모든 경기에서 승리하였다.
ㄷ. 첫 경기와 마지막 경기의 승자는 같다.
ㄹ. 규칙에 맞게 한 경기를 추가로 이어서 치른다면, 해당 경기는 乙과 丙이 대결한다.

① ㄱ, ㄷ
② ㄱ, ㄹ
③ ㄴ, ㄷ
④ ㄱ, ㄴ, ㄹ
⑤ ㄱ, ㄷ, ㄹ

30. 다음 글과 <결과>를 근거로 판단할 때, 甲이 생각한 단어는?

○ 甲은 4글자 영어 단어를 생각하였고 乙～辛은 이를 맞히는 놀이를 한다.
○ 甲이 생각한 단어와 일치하는 알파벳이 있으면 甲은 '스페어'라고 답한다. 일치하는 알파벳이 자리까지 일치하면 甲은 '스트라이크'라고 답한다. 예를 들어, 정답이 'read'라면 'safe'를 말할 때 '2스페어', 'race'를 말할 때 '1스트라이크 2스페어'라고 답한다.
○ 甲이 생각한 단어와 일치하는 알파벳이 없으면 甲은 '파울'이라고 답한다.
○ 乙～庚이 말한 것과 이에 대해 甲이 답한 결과는 다음과 같다. 이를 바탕으로 辛은 정답을 맞힐 수 있었다.

<결 과>

구분	대답	甲이 답한 결과
乙	fire	1스페어
丙	rope	2스페어
丁	fail	파울
戊	pray	1스트라이크
己	goal	1스트라이크 1스페어
庚	snow	2스트라이크

① crow
② grew
③ grow
④ snug
⑤ sour

31. 다음 글을 근거로 판단할 때, ㉠에 해당하는 수는?

> 甲~丙은 각자 100개의 코인을 가지고 시작하여 코인을 많이 늘리기 위한 게임을 한다. 이들은 X, Y, Z가 앞면에 적힌 카드 3종류 중 2종류의 카드를 1장씩 가지고 카드 뒷면에 적힌 숫자의 개수만큼 코인을 추가로 얻을 수 있다. 甲은 X, Y를, 乙은 Y, Z를, 丙은 X, Z를 가졌다. X, Y, Z의 뒷면에 적힌 숫자는 모두 30 이하의 서로 다른 자연수이다. 카드에 적힌 숫자만큼 코인을 추가로 얻은 이후의 상황은 다음과 같다.

<상 황>

> 甲이 가진 코인의 개수는 세제곱수, 乙이 가진 코인의 개수는 일곱제곱수, 丙이 가진 코인의 개수는 제곱수이다. X의 뒷면에 적힌 숫자와 Z의 뒷면에 적힌 숫자를 더하고 Y의 뒷면에 적힌 숫자를 빼면 [㉠]이다.

① 5
② 9
③ 13
④ 17
⑤ 19

32. 다음 글을 근거로 판단할 때, 甲가게가 2024년 할인 이벤트를 진행하는 총 시간은?

> 아이스크림을 판매하는 甲가게는 판매 촉진을 위해 2024년, 다음 조건에 해당하는 날짜에 할인 이벤트를 진행한다.
> ○ 매월 각 월(月)에 해당하는 숫자의 약수에 해당하는 숫자인 일(日)에 1시간씩 할인 이벤트를 진행한다. 예를 들어, 4월 2일에 1시간 동안 할인 이벤트를 진행한다.
> ○ 매월 월(月)과 일(日)에 해당하는 숫자가 일치하는 날에 해당 숫자의 시간만큼 할인 이벤트를 진행한다. 예를 들어, 5월 5일에 5시간 동안 할인 이벤트를 진행한다.
> ○ 매월 일(日)에 해당하는 숫자의 약수가 8개 이상인 경우, 해당 일에 2시간 동안 할인 이벤트를 진행한다. 예를 들어, 6월 24일에 2시간 동안 할인 이벤트를 진행한다.
> ○ 두 가지 이상의 조건에 중복되는 날짜의 경우 가장 시간이 긴 1개의 할인 이벤트만을 진행한다.

① 125시간
② 147시간
③ 149시간
④ 159시간
⑤ 161시간

33. 다음 글을 근거로 판단할 때, 甲이 설정할 수 있는 비밀번호의 가짓수를 구하면?

> 甲은 컴퓨터 비밀번호를 새로 설정하고자 한다. 비밀번호는 총 6자리로 ⒶⒷⒸⒹⒺⒻ의 형태로 한다. 甲은 비밀번호를 설정할 때 다음과 같은 규칙에 따른다.
> ○ A ~ F는 각각 서로 다른 한 자리 자연수이다.
> ○ D, E, F의 합은 A, B, C 합의 3배이다.
> ○ F는 홀수가 아니다.

① 96가지
② 108가지
③ 120가지
④ 216가지
⑤ 252가지

34. 다음 글과 <대화>를 근거로 판단할 때, 丙이 먹은 만두의 개수와 丁과 戊가 먹은 만두 개수의 합을 바르게 나열하면?

> 甲 ~ 戊에게 간식으로 각각 4개의 만두가 주어졌다. 甲 ~ 戊는 원하는 개수만큼 만두를 먹을 수 있고 먹지 않을 수도 있다. 그 결과 甲 ~ 戊가 먹은 만두의 개수는 모두 달랐다. 甲 ~ 戊는 이와 같은 사실을 알고 있으나 본인을 제외한 다른 사람이 몇 개의 만두를 먹었는지는 모른다. 甲 ~ 戊의 대화는 甲부터 시작하여 다음과 같고 乙 ~ 戊는 본인이 먹은 만두의 개수와 앞선 사람의 발화를 토대로 다른 사람이 먹은 만두의 개수를 추론한다.

<대 화>

> 甲: 乙이 나보다 만두를 먹은 개수가 많은지 적은지 모르겠어.
> 乙: 丙이 나보다 만두를 먹은 개수가 많은지 적은지 모르겠어. 하지만 甲이 나보다 만두를 적게 먹었다는 것은 알겠어.
> 丙: 甲과 乙이 먹은 만두의 개수를 알겠어. 그렇지만 나보다 만두를 많이 먹은 사람이 누군지는 아직 1명만 확실히 알겠어.
> 丁: 甲 ~ 丙의 말을 들으니 우리 5명이 각자 먹은 만두의 개수를 모두 알겠어.
> 戊: 너희들 말을 들으니 나도 우리 5명이 각자 먹은 만두의 개수를 모두 알겠어.

	丙이 먹은 만두 개수	丁과 戊가 먹은 만두 개수의 합
①	2개	4개
②	2개	5개
③	3개	4개
④	3개	5개
⑤	1개	4개

35. 다음 글을 근거로 판단할 때, A와 D가 가진 금액의 합은?

> A ~ E 쌍둥이는 용돈 3,000원을 각자 나누어 가졌다. 5명 중 1명은 용돈을 받지 못해 0원을 지니고 있으며 자신이 받은 금액에 대해 거짓말을 하고 있다. 나머지 4명은 자신이 받은 금액에 대해 항상 참말을 한다. 이들은 100원 단위로 돈을 가지고 있다. 이들이 나눈 대화는 다음과 같다.
>
> A: 나는 D보다 100원을 더 받았어.
> B: 나는 E보다 600원 적게 받았어.
> C: 나는 A보다 3배 더 많은 금억을 받았어.
> D: 나는 E의 2배에 해당하는 금액을 받았어.
> E: 내가 받은 금액은 어떤 정수의 제곱과 같아.

① 100원
② 300원
③ 1,000원
④ 1,300원
⑤ 1,600원

36. 다음 글을 근거로 판단할 때, <보기>에서 옳은 것만을 모두 고르면?

> 전교생이 30명인 □□고등학교는 전교회장 선거를 실시하기 전에 후보자선호도에 대한 사전 여론조사를 실시했다. 전교회장 선거 후보자로는 A, B, C 3명이 있으며 여론조사의 방식 및 결과는 다음과 같다.
>
> ○ 여론조사는 3명의 후보에 대해 선호도에 따라 1, 2, 3위의 순위를 매기는 방식으로 진행되었다.
> ○ A에 3순위를 준 학생은 8명이다.
> ○ B에 1순위를 준 학생은 13명이다.
> ○ B에 A보다 높은 순위를 준 학생은 18명이다.
> ○ A에 1순위, B에 2순위를 준 학생은 없다.

<보 기>

ㄱ. B에 1순위, A에 2순위를 준 학생은 10명이다.
ㄴ. C에 1순위, A에 2순위를 준 학생은 5명이다.
ㄷ. B에 1순위, C에 2순위를 준 학생은 3명이다.
ㄹ. A에 1순위, C에 2순위를 준 학생은 7명이다.

① ㄱ, ㄴ
② ㄱ, ㄷ
③ ㄴ, ㄷ
④ ㄴ, ㄹ
⑤ ㄷ, ㄹ

37. 다음 글을 근거로 판단할 때, A ~ E 중 두 번째로 큰 숫자는?

○ A는 B보다 작다.
○ D는 C보다 크다.
○ D는 A보다 크다.
○ C는 B보다 작다.
○ A와 B를 더한 값은 C와 D를 더한 값보다 작다.
○ A와 D를 더한 값은 B와 C를 더한 값보다 크다.
○ E는 B와 C의 평균값과 같다.
○ A ~ E는 서로 다른 자연수이다.

① A
② B
③ C
④ D
⑤ E

38. 다음 글을 근거로 판단할 때, 6개의 초소를 모두 연결하는 데 드는 최소비용은?

군부대에서 A, B, C, D, E, F의 6개의 소초를 통신선으로 연결하려고 한다. 여기서 A소초와 B소초가 연결되고 B소초와 C소초가 연결되면 A소초와 C소초도 연결된 것으로 간주한다. 다음의 <표>는 두 초소를 전화선으로 직접 연결하는데 드는 비용을 나타낸 것이다.

<표>

	A	B	C	D	E	F
A		10	8	7	9	6
B	10		5	7	8	4
C	8	5		4	6	7
D	7	7	4		6	5
E	9	8	6	6		4
F	6	4	7	5	4	

① 23
② 24
③ 25
④ 26
⑤ 27

[39 ~ 40] 다음 글을 읽고 물음에 답하시오.

디지털기술이 발전하고 대용량의 데이터로 구성된 파일들이 생겨났다. 이러한 파일들을 전송, 공유, 저장을 더 효율적으로 하기 위해 파일을 압축하는 기술도 발전하였다. 파일을 압축하는 방식은 압축 과정에서 파일에 손실이 발생하는지에 따라 손실 압축기법과 무손실 압축기법으로 나눌 수 있다. 또한 압축할 파일의 특성을 고려하는지에 따라 대상 기반 기법과 엔트로피 기법으로 나눌 수 있다.

손실 압축기법은 압축하는 과정에서 원본 데이터에 손실이 발생하고 압축 데이터를 복원했을 때 그 복원 데이터가 원본 데이터와 일치하지 않는 파일 압축 방식이다. 손실 압축기법은 파일을 압축할 때 중복되거나 불필요한 데이터를 삭제한다. 따라서 모든 무손실 압축기법에 비해 압축률이 높아 압축 효율이 높지만, 원본 데이터를 온전히 유지하지는 못하기 때문에 데이터의 품질이 저하될 가능성이 높다.

무손실 압축기법은 원본 데이터를 압축하고 다시 해당 압축 데이터를 복원했을 때 그 복원 데이터가 원본 데이터와 완벽하게 일치하는 파일 압축 방식이다. 이 기법은 압축하는 과정에서 원본 데이터에 손실이 발생하지 않으므로 정보의 높은 정확성이 요구되는 분야에서 주로 사용된다. 그러나 압축 효율이 낮다는 단점이 있다. 손실되는 데이터가 없어 압축률을 최대 45 %까지로만 할 수 있기 때문이다.

대상 기반 기법은 압축할 파일의 특성을 고려하고 그 특성을 압축에 활용하는 파일 압축 방식이다. 가령 음성파일을 압축하는 경우에는 음성이 녹음된 부분과 녹음되지 않은 부분을 구분하여 녹음되지 않은 부분은 생략하는 방식으로 파일을 압축한다. 대상 기반 기법은 무손실 압축기법인 경우도 있고 손실 압축기법인 경우도 있다. 하지만 모든 대상 기반 기법은 엔트로피 기법보다 압축 효율이 높다.

엔트로피 기법은 압축할 파일의 특성을 고려하지 않은 파일 압축 방식이다. 엔트로피 기법은 압축할 모든 파일들을 단순히 비트 열로 간주하여 데이터를 압축한다. 대표적인 엔트로피 기법에는 '런-렝스(Run-Length) 기법'이 있다. 런-렝스 기법은 비트 열로 표현된 데이터에서 연속적으로 반복하여 나타나는 글자를 알파벳과 반복 횟수로 표기하여 데이터를 압축한다. 예를 들어 'AAAAABCCCCDDDE'인 데이터를 런-렝스 기법으로 압축하면 'A5BC4D3E'가 된다. 이때 한 데이터에서 알파벳과 숫자 한 글자는 각각 1 Bit의 용량을 가지므로, 런-렝스 기법으로 압축한 데이터에서 줄어든 글자의 개수만큼 데이터의 용량이 줄어든다. 한편, 런-렝스 기법을 포함한 모든 엔트로피 기법은 복원할 때 원래의 데이터로 돌아오기 때문에 무손실 압축기법에 속한다.

39. 윗글을 근거로 판단할 때 옳은 것은?

① 런-렝스 기법은 손실 압축기법에 속한다.
② 파일 압축 방식은 압축 과정에서 파일의 특성을 고려하는지에 따라 손실 압축기법과 무손실 압축기법으로 나눌 수 있다.
③ 무손실 압축기법 종류 중 압축한 후 복원한 데이터와 원본 데이터와 완전히 일치하지 않는 기법이 있다.
④ 대상 기반 기법 종류 중 압축률이 45 %보다 높은 기법이 있을 것이다.
⑤ 모든 대상 기반 기법은 엔트로피 기법보다 압축률이 낮다.

40. 윗글과 <상황>을 근거로 판단할 때, ㉠에 해당하는 수는?

<상 황>

비트열로 표현된 데이터 'JKKKKKKKLMMMMMNNNOPP'가 있다. 甲은 이 데이터를 런-렝스 기법으로 압축하였다. 이를 통해 甲은 기존 데이터에 비해 [㉠]Bit의 용량을 줄일 수 있다.

① 8
② 9
③ 10
④ 11
⑤ 12

현재 내 위치가 궁금하다면?

빠른 채점 및 성적 분석

https://labstandard.kr/eas

성적분석 서비스 + 통계표 확인

맞은 문제 수 / 푼 문제 수	맞은 문제 수 / 찍은 문제 수
(　　　)문제 / (　　　)문제	(　　　)문제 / (　　　)문제

총점: 　　　　점

✓ 나의 속도와 정확도를 성적분석 서비스를 통해 간편하게 분석해보세요!

| 상황판단영역 |

3 교시

문제책형
준

응시번호

성명

응시자 주의사항

1. **시험시작 전에 시험문제를 열람하는 행위나 시험종료 후에 답안을 작성하는 행위를 한 사람**은 「공무원임용시험령」 제51조에 의거 **부정행위자**로 처리됩니다.
2. **답안지 책형 표기**는 **시험시작 전** 감독관의 지시에 따라 **문제책 앞면에 인쇄된 문제책형을 확인**한 후, **답안지 책형란에 해당 책형(1개)**을 '●'로 **표기**하여야 합니다.
3. 시험이 시작되면 문제를 주의 깊게 읽은 후, **문항의 취지에 가장 적합한 하나의 정답만을 고르며,** 문제내용에 관한 질문은 할 수 없습니다.
4. **답안을 잘못 표기하였을 경우**에는 **답안지를 교체하여 작성**하거나 **수정할 수 있으며,** 표기한 답안을 수정할 때는 **응시자 본인이 가져온 수정테이프만을 사용**하여 해당 부분을 완전히 지우고 부착된 수정테이프가 떨어지지 않도록 손으로 눌러주어야 합니다. **(수정액 또는 수정스티커 등은 사용 불가)**
   ■ **불량한 수정테이프의 사용과 불완전한 수정처리**로 발생하는 **모든 문제는 응시자 본인에게 책임**이 있습니다.
5. **시험시간 관리의 책임은 응시자 본인에게 있습니다.**
   ※ 문제책은 시험종료 후 가지고 갈 수 있습니다.

성적분석 및 이의제기 안내

1. **빠른 채점** 및 **성적분석** 서비스 (나의 위치 확인 및 통계 분석 결과 확인)
   ■ **시험지 뒷면** 및 **해설지**의 **QR코드** 확인 : https://labstandard.kr/eas
2. **답안지(OMR 카드) & 정오표** 다운로드, 문항 관련 문의
   ■ 랩스탠다드 홈페이지(https://labstandard.kr) "학습지원센터 - 자료실 & 정오표" 게시판 확인
   ■ 문항 관련 문의 : "학습지원센터 - 1:1 문의" 게시판 또는 이메일(labstandard@naver.com)

1. 다음 글을 근거로 판단할 때 옳은 것은?

> 제00조 ① 환경부장관은 국가 수도정책의 체계적 발전, 용수의 효율적 이용 및 수돗물의 안정적 공급을 위하여 국가수도기본계획(이하 '기본계획'이라 한다)을 10년마다 수립하여야 한다.
> ② 환경부장관은 기본계획을 수립하거나 변경하려면 관계 중앙행정기관의 장 및 시·도지사와 미리 협의하여야 한다.
> ③ 환경부장관은 수도 공급정책의 변경 등으로 기본계획의 중요한 사항이 변경되면 특별시장·광역시장·특별자치시장·특별자치도지사·시장·군수(광역시의 군수는 제외한다) 에게 수도정비계획의 변경을 요청할 수 있다.
> ④ 환경부장관은 기본계획이 수립된 날부터 5년이 지나면 그 타당성을 재검토하여 이를 변경하여야 한다.
> ⑤ 환경부장관은 기본계획을 수립하였거나 변경하였을 때에는 이를 지체 없이 고시하여야 한다.
> 제00조 ① 특별시장·광역시장·특별자치시장·특별자치도지사·시장·군수는 그 특별시·광역시·특별자치시·특별자치도·시·군이 설치·관리하는 일반수도 및 공업용수도를 적정하고 합리적으로 설치·관리하기 위하여 기본계획을 바탕으로 수도의 정비에 관한 계획(이하 '수도정비계획' 이라 한다)을 5년마다 수립하여야 한다.
> ② 특별시장·광역시장·특별자치시장·특별자치도지사·시장·군수는 수도정비계획을 수립하려면 미리 환경부 장관의 승인을 받아야 한다.
> ③ 특별시장·광역시장·특별자치시장·특별자치도지사·시장·군수가 수도정비계획을 수립하거나 변경하려면 기본계획을 기본으로 하여야 한다.
> ④ 특별시장·광역시장·특별자치시장·특별자치도지사·시장·군수가 수도정비계획을 수립하거나 변경하면 지체 없이 고시하고 그 내용을 환경부장관에게 통보하여야 한다.
> ⑤ 특별시장·광역시장·특별자치시장·특별자치도지사·시장·군수는 제4항에 따라 수도정비계획을 고시한 후 3년이 지나면 수도정비계획의 타당성을 재검토하여 이를 반영하여야 한다.

① 광주광역시장은 수도정비계획은 10년마다 수립하여야 한다.
② 제주특별자치도지사는 기본계획을 수립하려면 미리 환경부 장관의 승인을 받아야 한다.
③ 환경부장관은 기본계획을 수립하려면 관계 중앙행정기관의 장 및 시·도지사와 미리 협의하여야 하지만, 변경하려면 그렇지 않다.
④ 강원특별자치도지사가 수도정비계획을 수립하면 지체 없이 고시하고 그 내용에 대해 환경부장관의 승인을 받아야 한다.
⑤ 환경부장관은 수도 공급정책의 변경 등으로 기본계획의 중요한 사항이 변경되면 대구광역시 군위군수에게 수도정비계획의 변경을 요청할 수 없다.

2. 다음 글을 근거로 판단할 때 옳은 것은? (甲 ~ 丁은 대중문화예술기획업자이다)

> 제00조 ① 대중문화예술기획업을 하려는 자는 문화체육관광부 장관에게 등록하여야 한다. 이 경우 등록한 사항을 변경할 경우에도 또한 같다.
> 제00조 ① 대중문화예술기획업자가 휴업 또는 폐업하거나 휴업 후 영업을 재개하고자 할 때에는 문화체육관광부 장관에게 이를 신고하여야 한다.
> ② 문화체육관광부장관은 제1항에 따른 폐업신고를 하지 아니한 자에 대하여 폐업한 사실을 확인한 후 등록사항을 직권으로 말소할 수 있다.
> ③ 문화체육관광부장관은 제1항에 따른 영업 재개의 신고를 받은 날부터 7일 이내에 신고수리 여부를 신고인에게 통지하여야 한다.
> 제00조 ① 문화체육관광부장관은 대중문화예술기획업의 등록을 한 자가 다음 각 호의 어느 하나에 해당하는 경우에는 등록을 취소할 수 있다.
> 1. 거짓 또는 부정한 방법으로 등록한 경우
> 2. 영업정지명령을 위반하여 영업을 계속한 경우로써 그 위반의 정도가 중한 경우
> ② 문화체육관광부장관은 대중문화예술기획업의 등록을 한 자가 다음 각 호의 어느 하나에 해당하는 경우에는 6개월 이내의 기간을 정하여 영업정지를 명할 수 있다.
> 1. 전전조 제1항에 따른 변경등록을 하지 아니한 경우
> 2. 영업정지명령을 위반하여 영업을 계속한 경우
> ③ 제1항에 따라 등록취소 처분을 받은 자는 그 처분의 통지를 받은 날부터 10일 이내에 등록증을 반납하여야 한다.
> 제00조 ① 문화체육관광부장관은 대중문화예술기획업자가 전조 제2항 각 호의 어느 하나에 해당하여 영업정지처분을 하여야 하는 때에는 그 영업정지처분을 갈음하여 5천만 원 이하의 과징금을 부과할 수 있다.
> ② 문화체육관광부장관은 제1항에 따라 과징금으로 징수한 금액을 대중문화예술산업의 진흥을 위해 사용하여야 하며 매년 다음 연도의 과징금운용계획을 수립하여야 한다.

① 문화체육관광부장관은 甲이 변경등록을 하지 않은 경우 등록을 취소할 수 있다.
② 문화체육관광부장관은 폐업신고를 하지 않은 乙의 등록사항을 폐업한 사실을 확인하지 않은 채 직권으로 말소할 수 있다.
③ 부정한 방법으로 등록하여 등록취소 처분을 받은 丙은 그 처분의 통지를 받은 날부터 7일 이내에 등록증을 반납하여야 한다.
④ 문화체육관광부장관은 매년 다음 연도와 다다음 연도의 과징금 운용계획을 수립하여야 한다.
⑤ 丁은 휴업 후 영업을 재개하고자 할 때에는 문화체육관광부 장관에게 신고하여야 하고, 문화체육관광부장관은 영업 재개의 신고를 받은 날부터 7일 이내에 신고수리 여부를 신고인에게 통지하여야 한다.

3. 다음 글과 <상황>을 근거로 판단할 때, <보기>에서 옳은 것만을 모두 고르면?

> 전문증거란 사실인정의 기초가 되는 사실을 경험자 자신이 직접 법원에 진술(원본증거)하지 않고, 타인의 진술이나 서류의 형태에 의해 간접적으로 보고하는 것을 말한다.
>
> 전문증거는 전문진술과 전문서류로 나뉘는데, 전문서류는 다시 진술서와 진술조서로 나뉜다. 첫째, 전문진술은 경험자의 진술을 들은 제3자가 법원에 대해 전문한 내용을 진술하는 경우이다. 둘째, 진술서는 경험자 자신이 경험사실을 직접 서류에 기재한 경우이고, 진술조서는 경험자의 경험사실을 검사 혹은 사법경찰관이 서류에 기재한 경우이다.
>
> 예를 들면, 피고인이 피해자에 대한 살인죄로 공소가 제기된 사건에서 범행내용을 직접 목격한 A가 증인으로 법정에서 그 목격한 내용을 증언한다면 이는 원본증거가 되지만 A가 목격한 범행내용을 B에게 말하고 B가 증인으로 법정에서 'A로부터 피고인이 피해자를 살해하는 모습을 보았다는 말을 들었다.'고 증언한 경우에는 전문진술이 된다. A의 진술이 기재된 진술서나 진술조서가 작성되어 법정에 증거로 제출된 경우에는 전문서류가 된다.

<상 황>

> 甲은 乙로부터 "丙이 금품을 훔치는 것을 보았다"라는 말을 들었다고 법정에서 증언하였다. 丁은 戊가 폭행하는 것을 보았다고 사법경찰관에게 진술하였다.

<보 기>

> ㄱ. 乙이 丙을 명예훼손하였다고 공소가 제기된 사건에서 법정에서 한 甲의 증언은 전문증거이다.
> ㄴ. 丙이 금품을 훔쳐 절도죄로 공소가 제기된 사건에서 법정에서 한 甲의 증언은 전문증거이다.
> ㄷ. 戊가 폭행죄로 공소가 제기된 사건에서 사법경찰관이 丁의 진술을 기재한 서류가 법정에 증거로 제출된 경우 이는 전문증거가 아니다.

① ㄴ
② ㄷ
③ ㄱ, ㄷ
④ ㄴ, ㄷ
⑤ ㄱ, ㄴ, ㄷ

4. 다음 글을 근거로 판단할 때 옳지 않은 것은?

> 제00조 ① 정정보도청구와 관련하여 분쟁이 있는 경우 피해자 또는 언론사는 중재위원회에 조정을 신청할 수 있다.
> ② 피해자는 언론보도에 의한 피해의 배상에 대하여 6개월 이내에 중재위원회에 조정을 신청할 수 있다. 이 경우 피해자는 손해배상액을 명시하여야 한다.
> ③ 정정보도청구와 손해배상의 조정신청은 3개월 이내에 서면 또는 구술이나 전자문서로 하여야 하며, 피해자가 먼저 언론사에 정정보도청구를 한 경우에는 피해자와 언론사 사이에 협의가 불성립된 날부터 14일 이내에 하여야 한다.
> ④ 제3항에 따른 조정신청을 구술로 하려는 신청인은 중재위원회의 담당 직원에게 조정신청의 내용을 진술하고 이의 대상인 보도 내용과 정정보도청구를 요청하는 정정 보도문을 제출하여야 하며, 담당 직원은 신청인의 조정신청 내용을 적은 조정신청조서를 작성하여 신청인에게 이를 확인하게 한 다음, 그 조정신청조서에 신청인 및 담당 직원이 서명 또는 날인하여야 한다.
> ⑤ 신청인은 조정절차 계속 중에 정정보도청구와 손해배상 청구 상호간의 변경을 포함하여 신청취지를 변경할 수 있고, 이들을 병합하여 청구할 수 있다.
>
> 제00조 ① 조정은 관할 중재부에서 한다. 관할구역을 같이 하는 중재부가 여럿일 경우에는 중재위원회 위원장이 중재부를 지정한다.
> ② 조정은 신청 접수일부터 14일 이내에 하여야 하며, 중재부의 장은 조정신청을 접수하였을 때에는 지체 없이 조정기일을 정하여 당사자에게 출석을 요구하여야 한다.
> ③ 제2항의 출석요구를 받은 신청인이 2회에 걸쳐 출석 하지 아니한 경우에는 조정신청을 취하한 것으로 보며, 피신청 언론사가 2회에 걸쳐 출석하지 아니한 경우에는 조정신청 취지에 따라 정정보도를 이행하기로 합의한 것으로 본다.
> ④ 변호사 아닌 자가 신청인이나 피신청인의 대리인이 되려는 경우에는 미리 중재부의 허가를 받아야 한다.
> ⑤ 조정은 비공개를 원칙으로 하되, 참고인의 진술청취가 필요한 경우 등 필요하다고 인정되는 경우에는 참석이나 방청을 허가할 수 있다.

① 변호사가 신청인이나 피신청인의 대리인이 되려는 경우에는 미리 중재부의 허가를 받지 않아도 된다.
② 신청인은 조정절차 계속 중에 정정보도청구와 손해배상 청구를 병합하여 청구할 수 있다.
③ 피해자가 언론보도에 의한 피해의 배상에 대하여 중재위원회에 조정을 신청할 경우 손해배상액을 명시하여야 한다.
④ 중재부의 장은 조정신청을 접수하였을 때에는 14일 이내에 조정기일을 정하여 당사자에게 출석을 요구하여야 한다.
⑤ 피해자가 먼저 언론사에 정정보도청구를 한 경우 조정신청은 피해자와 언론사 사이에 협의가 불성립된 날부터 14일 이내에 하여야 한다.

5. 다음 글을 근거로 판단할 때 옳은 것은?

제00조 ① 각급선거관리위원회(읍・면・동선거관리위원회는 제외한다)는 선거부정을 감시하고 공정선거를 지원하기 위하여 공정선거지원단을 둔다.

② 공정선거지원단은 선거운동을 할 수 있는 자로서 정당의 당원이 아닌 중립적이고 공정한 자 중에서 중앙선거관리 위원회 규칙으로 정하는 바에 따라 10명 이내로 구성한다. 다만, 선거일 전 60일(선거일 전 60일 후에 실시사유가 확정된 보궐선거의 경우 그 선거의 실시사유가 확정된 때)부터 선거일 후 10일까지는 중앙선거관리위원회 및 시・도선거관리위원회는 10인 이내의, 구・시・군선거관리 위원회는 20인 이내의 인원을 추가하여 구성할 수 있다.

③ 공정선거지원단은 관할 선거관리위원회의 지휘를 받아 이 법에 위반되는 행위에 대하여 증거자료를 수집하거나 조사활동을 할 수 있다.

④ 공정선거지원단의 소속원에 대하여는 예산의 범위 안에서 수당 또는 실비를 지급할 수 있다.

제00조 ① 중앙선거관리위원회는 인터넷을 이용한 선거부정을 감시하고 공정선거를 지원하기 위하여 5인 이상 10인 이하로 구성된 사이버공정선거지원단을 설치・운영하여야 한다. 다만, 선거일 전 60일(선거일 전 60일 후에 실시 사유가 확정된 보궐선거의 경우 그 선거의 실시사유가 확정된 때)부터 선거일 후 10일까지는 10인 이내의 인원을 추가하여 구성할 수 있다.

② 시・도선거관리위원회는 인터넷을 이용한 선거부정을 감시하고 공정선거를 지원하기 위하여 선거일 전 120일 (선거일 전 120일 후에 실시사유가 확정된 보궐선거에 있어서는 그 선거의 실시사유가 확정된 후 5일)부터 선거일까지 30인 이내로 구성된 사이버공정선거지원단을 설치・운영하여야 한다.

① 사이버공정선거지원단의 소속원에 대하여는 예산의 범위 안에서 실비를 지급할 수 있지만, 공정선거지원단의 소속원에 대하여는 그렇지 않다.
② 시・도선거관리위원회는 인터넷을 이용한 선거부정을 감시하고 공정선거를 지원하기 위하여 선거일 전 60일부터 선거일까지 30인 이내로 구성된 사이버공정선거지원단을 설치하여야 한다.
③ 읍・면・동선거관리위원회는 공정선거지원단을 둔다.
④ 중앙선거관리위원회는 선거일 전 60일부터 선거일 후 5일 까지는 사이버공정선거지원단에 10인 이내의 인원을 추가하여 구성할 수 있다.
⑤ 선거일 전 60일 후에 실시사유가 확정된 보궐선거의 경우 그 선거의 실시사유가 확정된 때부터 선거일 후 10일까지는 구・시・군선거관리 위원회는 공정선거지원단에 20인 이내의 인원을 추가하여 구성할 수 있다.

6. 다음 글을 근거로 판단할 때 옳은 것은?

제00조 예술인복지사업을 효율적으로 수행하기 위하여 한국예술인복지재단(이하 '재단'이라 한다)을 설립한다.

제00조 ① 재단의 정관에는 다음 각 호의 사항을 기재 하여야 한다.

1. 목적
2. 주된 사무소의 소재지
3. 이사회에 관한 사항
4. 임원 및 직원에 관한 사항
5. 예술인 복지금고의 관리 및 운용에 관한 사항
6. 정관의 변경에 관한 사항
7. 재산 및 회계에 관한 사항

② 재단이 정관을 작성하거나 변경할 때에는 문화체육관광부 장관의 인가를 받아야 한다.

제00조 ① 재단에 임원으로서 이사장 및 상임이사 각 1명을 포함한 14명의 이사와 감사 1명을 둔다.

② 이사장은 문화체육관광부장관이 임면하고, 상임이사는 이사장이 이사회의 추천을 받은 사람 중에서 문화체육 관광부장관의 승인을 받아 임면하며, 이사장 및 상임 이사를 제외한 이사 및 감사의 선임에 대하여는 재단의 정관으로 정한다.

③ 상임이사는 재단을 대표하고, 재단의 업무를 총괄한다.

④ 감사는 재단의 업무 및 회계를 감사한다.

제00조 ① 재단에 그 업무에 관한 중요 사항을 심의・의결하기 위하여 이사회를 둔다.

② 이사회는 이사장을 포함한 이사로 구성한다.

③ 이사장은 이사회를 소집하고 그 의장이 된다.

④ 이사장이 사고가 있을 때에는 정관으로 정하는 바에 따라 다른 이사가 그 직무를 대행한다.

⑤ 이사회의 회의는 재적이사 과반수의 출석과 출석이사 과반수의 찬성으로 의결한다.

⑥ 감사는 이사회에 출석하여 의견을 진술할 수 있다.

① 재단이 정관을 작성할 때에는 문화체육관광부 장관의 인가를 받아야 하지만, 변경할 때에는 그렇지 않다.
② 이사회의 회의는 재적이사 8명의 출석과 출석이사 5명의 찬성으로 의결할 수 있다.
③ 이사장은 재단을 대표하고, 재단의 업무를 총괄한다.
④ 상임이사의 선임에 대하여는 재단의 정관으로 정한다.
⑤ 재단의 정관에는 정관의 변경에 관한 사항은 기재하지 않는다.

7. 다음 글을 근거로 판단할 때, <보기>에서 옳은 것만을 모두 고르면?

수차(aberration)란 상을 맺을 때 한점에서 나온 빛이 광학계를 통한 다음 한점에 모이지 않고 영상이 빗깔이 있어 보이거나 일그러지는 현상이 나타나는 것을 말한다. 수차에는 일정한 파장의 단색광을 사용했을 때 나타나는 구면 수차와 광학계의 굴절률이 달라 일어나는 색수차가 있다.

구면 수차란 광축에서 먼 광선이 가까운 광선보다 렌즈에 의한 굴절이 더 심하기 때문에 한 점에 모이지 않는 현상이다. 따라서, 렌즈의 구면 수차를 작게 하려면 근축 광선만을 사용하거나 얇은 렌즈를 사용한다. 색수차란 광학계의 굴절률이 빛의 파장에 따라 다르기 때문에 빛이 분산하여 각 색광이 서로 다른 점에 모이는 현상이다. 이 때 보랏빛은 빨간빛보다 굴점이 심하여 초점 거리가 빨간빛보다 짧게 된다. 색수차를 제거하기 위하여 굴절률이 서로 다른 볼록렌즈와 오목렌즈를 조합한 '색 지움 렌즈'를 이용한다.

렌즈의 굴절 능력은 그 렌즈의 초점 거리로 비교할 수 있다. 초점 거리가 짧을수록 많이 굴절하므로 굴절 능력이 크고, 반대로 초점 거리가 길 때에는 굴절 능력이 약하다. 초점 거리 f를 미터(m) 단위로 표시한 값의 역수를 디옵터(diopter)라고 하며, 렌즈의 세기를 나타낸다. 디옵터를 D, 초점거리를 f라 하면, D = 1/f이다. 이때, 볼록렌즈의 D는 양수, 오목렌즈의 D는 음수이다. 그리고 안경의 도수는 디옵터로 표시한다. 이제, 예를 들어 설명하면, 볼록렌즈 안경의 초점거리가 20 cm이면, 이 안경의 도수는 + 5D(= 1/(0.2 m))가 되고, 오목렌즈 안경의 초점거리가 2 m이면, 이 안경의 도수는 − 0.5D(= 1/(− 2 m))가 된다.

<보 기>

ㄱ. 근축 광선만을 사용해서는 렌즈의 구면 수차를 작게 할 수 없고, 얇은 렌즈를 함께 사용해야만 한다.
ㄴ. 색 지움 렌즈는 굴절률이 서로 다른 두 볼록렌즈를 조합한 것이다.
ㄷ. 초점거리가 25 cm인 오목렌즈 안경의 도수는 − 4D이다.
ㄹ. 볼록렌즈 안경의 도수가 + 2D인 경우의 초점거리는 + 10D인 경우의 초점거리에 비해 5배이다.

① ㄱ
② ㄷ
③ ㄹ
④ ㄱ, ㄴ
⑤ ㄷ, ㄹ

8. 다음 글을 근거로 판단할 때, 마감기한일을 넘겨서 완료된 업무의 수가 3개 이하인 규칙만을 모두 고르면?

○ 어느 한 업무담당자에게 5월 1일 이전에 6개의 업무가 배정되었고, 업무 시작일은 5월 1일이다. 각 업무에 대한 도착순서, 업무처리 소요일 및 마감기한일은 다음과 같다.

업무	도착순서	업무처리 소요일	마감기한일
A	6	6	5월 8일
B	5	2	5월 5일
C	4	8	5월 17일
D	3	3	5월 14일
E	1	9	6월 2일
F	2	5	5월 11일

○ 각 업무의 순서를 결정하기 위한 우선순위 결정규칙은 다음과 같다.
– 규칙1: 업무처리 소요일이 적은 순서대로 업무를 처리한다.
– 규칙2: 먼저 도착한 순서대로 업무를 처리한다.
– 규칙3: 마감기한일이 이른 순서대로 업무를 처리한다.

○ 업무처리 소요일 1일은 당일업무시작 시부터 당일업무마감 시이다. 또한, 업무는 휴일 없이 계속 진행되고, 동시에 두 가지 업무를 수행할 수 없으며, 주어진 업무 이외에 다른 업무는 없다.

○ 마감기한일이 경과하여도 순서에 해당하는 업무는 처리 한다. 예를 들어, 5월 1일에 A, B 순서로 업무를 처리할 경우, A는 5월 1, 2, 3, 4, 5일에 수행되고, B는 마감기한일인 5월 5일이 경과하였더라도 5월 6, 7일에 수행된다.

① 규칙1
② 규칙2
③ 규칙1, 규칙2
④ 규칙1, 규칙3
⑤ 규칙2, 규칙3

9. 다음 글과 <대화>를 근거로 판단할 때, 거짓인 사실은?

체육대회에 참가한 甲, 乙, 丙, 丁, 戊, 己는 2인 3각 달리기 시합에 출전한다. 2인 3각 달리기는 2명씩 짝을 지어야 한다. 6명 모두 시합에 출전하고, 각 사람은 2번씩 달리기를 한다. 다음과 같은 <사실>이 알려져 있다. 6가지 사실 중 1가지만 거짓이라고 한다.

<사실>

○ 甲은 丁과 짝을 지어 달리기를 한다.
○ 乙은 戊과 짝을 지어 달리기를 한다.
○ 丙은 丁과 짝을 지어 달리기를 한다.
○ 丁은 乙과 짝을 지어 달리기를 한다.
○ 戊는 己와 짝을 지어 달리기를 한다.
○ 己는 甲과 짝을 지어 달리기를 한다.

① 두 번째 사실
② 세 번째 사실
③ 네 번째 사실
④ 디섯 번째 사실
⑤ 여섯 번째 사실

10. 다음 글을 근거로 판단할 때, X + Y + Z는?

甲, 乙은 에세이 작가이다. 甲은 매일 동일한 쪽수의 쪽글을 작성한다. 乙은 매일 10쪽씩 이전날에 비해 더 많은 쪽글을 작성한다. 甲, 乙은 작성한 쪽글을 편집자 각각에게 당일 전달한다.

甲의 쪽글 작성일은 총 20일 이상 40일 이하이고, 甲이 현재까지 전달한 총량은 1,200쪽이며, 편집자는 3명 이상 5명 이하이다.

乙의 쪽글 작성일은 총 10일 초과이고, 乙이 현재까지 전달한 총량은 1,320쪽이며, 편집자는 2명 이상이다.

甲이 작성한 쪽글 한 부의 쪽수는 (X)쪽 이상 (Y)쪽 이하이다. 乙이 작성 둘째 날에 작성한 쪽글 한 부의 쪽수의 최댓값은 (Z)이다.

① 32
② 36
③ 40
④ 42
⑤ 46

11. 다음 글을 근거로 판단할 때, 부위원장으로 선출되는 위원은?

저출산고령사회위원회는 위원장을 대통령으로 하고, 부위원장은 후보 위원 중 나이, 성별, 최종학력, 동료평가의 요소를 고려하여 산출한 점수의 합이 가장 높은 위원을 선출한다. 단, 점수의 합이 가장 높은 자가 2명 이상이면, 여성을 선출하고, 여성도 2명 이상이면, 나이가 더 많은 위원을 선출한다.

○ 나이가 30세 이상 45세 미만이면 5점, 45세 이상 60세 미만이면 3점, 60세 이상이면 2점을 부여한다.
○ 성별은 여성의 경우 산출한 점수의 합에서 1점을 가산한다.
○ 최종학력은 박사의 경우 5점, 석사의 경우 3점, 학사의 경우 1점을 부여한다.
○ 동료평가는 최상은 5점, 상은 4점, 중은 3점, 하는 2점, 최하는 1점을 부여한다.
○ 후보 위원에 관해 다음과 같은 정보가 알려져 있다.

위원 \ 요소	나이	성별	최종학력	동료평가
甲	55	여성	박사	중
乙	40	남성	학사	최상
丙	62	여성	박사	상
丁	46	남성	박사	상
戊	32	여성	석사	하

① 甲
② 乙
③ 丙
④ 丁
⑤ 戊

12. 다음 글을 근거로 판단할 때, <보기>에서 옳은 것만을 모두 고르면?

○ A회사는 甲～戊 5명의 인턴을 채용하였다. A회사는 각 인턴별로 (생산성 점수×3)＋(고객평가 긍정 점수× [㉠])－(고객평가 부정 점수× [㉡])의 값을 계산한다. 그 값이 20 이상이면 정직원 채용을 확정 하고, 10 이상 20 미만이면 정직원 채용시 서류를 면제하며, －30 이하이면 인턴 채용을 철회한다. ㉠은 0 혹은 3 이하의 자연수이고, ㉡은 5 이상 10 이하의 자연수이다.
○ 甲～戊의 '생산성 점수'와 '고객평가 점수'는 아래와 같다.

구분	생산성	고객평가	
		긍정	부정
甲	7	8	5
乙	5	7	3
丙	8	5	2
丁	6	6	1
戊	4	9	4

<보 기>

ㄱ. 인턴 채용이 철회되는 사람은 어떠한 경우에도 존재 하지 않는다.
ㄴ. 甲～戊 모두 정직원 채용이 확정될 수 있다.
ㄷ. 丙을 정직원 채용 시 서류를 면제하는 경우, 丁도 정직원 채용 시 서류를 면제한다.

① ㄱ
② ㄴ
③ ㄷ
④ ㄱ, ㄷ
⑤ ㄴ, ㄷ

13. 다음 글을 근거로 판단할 때, B, E, F, J가 앉은 자리의 번호의 합은?

A, B, C, D, E, F, G, H, I, J 10명이 아래 원탁에 앉아 있다. 원탁에는 1부터 10까지 번호가 붙어 있다. A ~ J가 앉은 위치에 대해 다음과 같은 사실이 알려져 있다.

○ A는 I 옆에 앉아 있고, H와 마주 보고 있다.
○ E와 마주 보는 사람은 F가 아니다.
○ G는 C와 마주 보고 있고, B는 J와 마주 보고 있다.
○ H는 D의 오른쪽 옆에 앉아 있고, D의 옆에 C가 앉아 있다.
○ I는 9번에 앉아 있다.
○ J의 양 옆에 앉아 있는 사람 중 A, C, H는 없다.

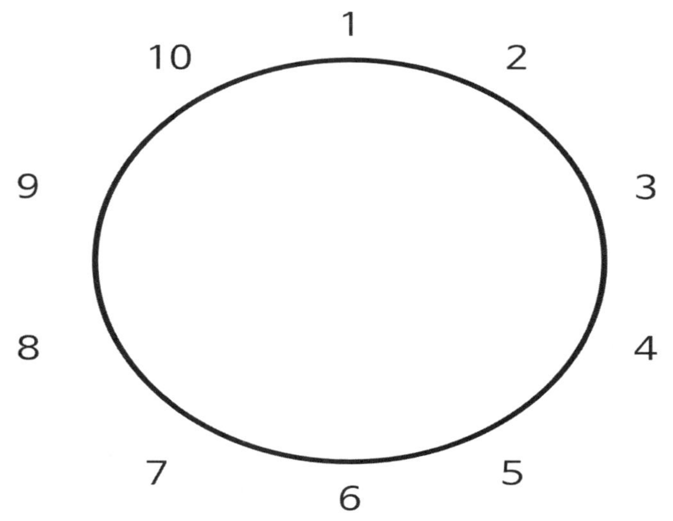

※ 1번과 6번, 2번과 7번, 3번과 8번, 4번과 9번, 5번과 10번 자리는 서로 마주 보고 있음.

① 16
② 18
③ 20
④ 22
⑤ 24

14. 다음 글을 근거로 판단할 때 옳지 않은 것은?

5장의 카드가 문자가 보이지 않게 탁자 위에 놓여 있다. 각 카드에는 A, B, C, D, E 중 하나의 문자가 쓰여져 있고, 서로 동일한 문자가 쓰여진 카드는 없다. 가인, 나리, 다린, 라영, 마희 5명이 카드에 쓰여진 문자를 다음과 같이 예측하였다. (가장 왼쪽에 놓인 카드를 첫 번째 카드라 한다)

카드 / 사람	첫 번째	두 번째	세 번째	네 번째	다섯 번째
가인	A	E	D	C	E
나리	B	C	A	C	E
다린	C	B	E	D	E
라영	D	C	B	B	A
마희	E	A	C	E	E

5명의 예측 결과를 확인하였더니 모든 카드는 적어도 한 사람에 의해 맞게 예측되었고, 5명의 사람은 모두 같은 수의 카드를 맞게 예측하였다.

① 첫 번째 카드를 맞게 예측한 사람으로는 나리, 마희가 가능하다.
② 두 번째 카드를 맞게 예측한 사람으로는 가인, 다린이 가능하다.
③ 세 번째 카드를 맞게 예측한 사람으로는 가인, 마희가 가능하다.
④ 네 번째 카드를 맞게 예측한 사람으로는 가인, 나리가 가능하다.
⑤ 다섯 번째 카드를 맞게 예측한 사람으로는 라영만 가능하다.

15. 다음 글과 <대화>를 근거로 판단할 때 X는?

> 甲은 앞면과 뒷면으로 이루어진 3장의 카드를 가지고 있다. 카드 각 면에는 1, 2, 3, 4, 5, 6의 서로 다른 숫자가 하나씩 쓰여있다. 甲은 乙이 보지 못하는 곳에서 카드에 대한 정보를 아래 <대화>와 같이 알려준다.

<대 화>

甲: 지금 카드 3장을 모두 앞면이 위로 오도록 놓았어. 세 숫자를 모두 더한 값은 11 이하야.
乙: 그 값이 8보다는 커?
甲: 맞아. 이제 오른쪽 끝에 있는 카드 1장을 뒤집어 뒷면이 위를 보도록 해볼게. 세 숫자를 모두 더한 값이 3만큼 증가했어!
乙: 가운데에 있는 카드 1장도 뒤집어 줄래?
甲: 알겠어. 오! 세 숫자를 모두 더한 값이 5만큼 감소했어!
乙: 그렇다면, 왼쪽 끝에 있는 카드의 뒷면에 적혀있는 숫자는 (X)구나!

① 1
② 2
③ 3
④ 4
⑤ 5

16. 다음 글을 근거로 판단할 때, <보기>에서 옳은 것만을 모두 고르면?

> 甲국 전체 근로자의 월평균임금은 220만 원이고, 청년 인구는 800만 명이며, 그 중 20 %가 월평균 최저생계비 미만의 소득에 해당한다. 청년인구의 월평균 최저생계비는 120만 원이다. 이러한 청년문제를 해결하기 위해 아래와 같은 세 가지 대안(A, B, C)을 비교한다. 한편, '청년 빈곤율(%)'은 청년인구 수 대비 월평균 최저생계비 미만의 소득에 해당하는 청년인구 수 비율이다.
>
> ○ A안: 모든 청년인구에게 일률적으로 전체 근로자 월평균 임금의 10 %에 해당하는 보조금을 매월 제공 한다.
> ○ B안: 청년인구 중 고소득층 10 %를 제외한 90 %에게 일률적으로 전체 근로자 월평균 임금의 11 %에 해당하는 보조금을 매월 제공한다.
> ○ C안: 월평균 최저생계비 미만의 소득에 해당하는 청년인구 중 신청자만을 대상으로 최저생계비와 이들이 가진 소득 간의 차액을 보충해주는 수준의 보조금을 매월 제공한다. 이때, 월평균 최저생계비 미만의 소득에 해당하는 청년인구의 60 %만이 보조금을 신청하며, 보조금 제공 이전 이들의 월평균 소득은 40만 원이다. (단, 보조금을 신청한 청년은 예외없이 모두 보조금을 수령한다)

<보 기>

ㄱ. 총소요보조금은 B안이 A안보다 더 높다.
ㄴ. C안의 총소요보조금은 8,000억 원 이하이다.
ㄷ. C안을 실시할 경우, 청년빈곤율은 실시 이전에 비해 8 %p 하락한다.

① ㄱ
② ㄴ
③ ㄷ
④ ㄱ, ㄴ
⑤ ㄴ, ㄷ

17. 다음 글과 <그림>을 근거로 판단할 때, 담당자가 설치한 CCTV 수는?

국가기록원은 국가기록물에 대한 보안 유지를 위해 복도 곳곳에 CCTV를 설치할 예정이다. 아래 <그림>에서 선은 복도를 의미하고, 원은 CCTV를 의미한다. CCTV는 360도 회전이 가능하므로 선과 원이 겹쳐진 지점의 CCTV는 겹쳐진 선에 해당하는 복도를 감시할 수 있다. CCTV 설치 담당자는 아래 <그림>의 배치도를 이용해 최소한의 CCTV만 설치하여 모든 복도를 감시하고자 한다.

<그림> 국가기록원 복도 및 CCTV 배치도

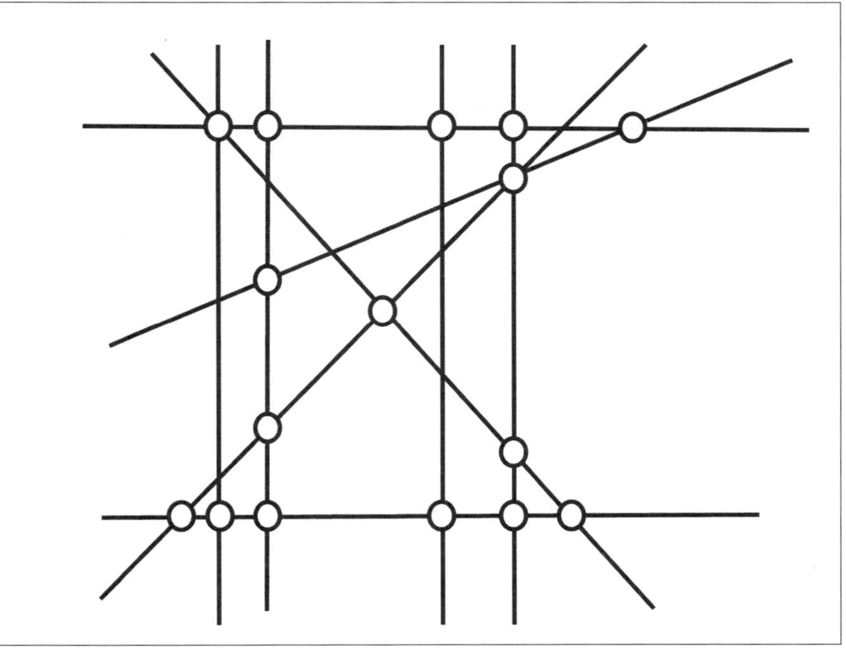

① 1대
② 2대
③ 3대
④ 4대
⑤ 5대

18. 다음 글을 근거로 판단할 때, 2022년 10월 12일 현재 5급 공무원인 甲의 평정점수는?

○ 평정대상이 되는 교육훈련은 공통교육훈련과 선택교육훈련으로 구분하며, 평정점수는 각 교육훈련의 평정점수를 합하여 계산한다.
○ 성적평가 점수가 만점의 60% 이하이면 평정대상에서 제외한다.
○ 공통교육훈련은 이수당시 직급이 5급인 경우 성적평가 점수를 1개 과정당 10점 만점으로 환산한 점수를 평정 점수로 부여하고, 6급 이하인 경우 1개 과정당 5점 만점으로 환산한 점수를 평정점수로 부여한다.
○ 선택교육훈련은 이수당시 직급이 5급 혹은 6급인 경우 성적평가 점수를 1개 과정당 5점 만점으로 환산한 점수를 평정점수로 부여하고, 7급 이하인 경우 1개 과정당 2.5점 만점으로 환산한 점수를 평정점수로 부여한다.
○ 공통교육훈련의 경우 교육이수일로부터 5년이 경과하면, 선택교육훈련의 경우 교육 이수일로부터 10년이 경과하면, 그 평정점수를 인정하지 아니한다.

<표> 공무원 甲의 교육훈련 이수현황

구분	교육훈련명	교육이수일자	이수당시 직급	성적평가점수 (100점 만점)
공통	갈등조정	2021. 5. 17	5급	80점
선택	다문화 이해	2019. 3. 14	5급	70점
공통	조직관리	2018. 8. 18	6급	60점
선택	홍보	2017. 10. 15	6급	70점
선택	리더십	2016. 6. 5	6급	90점
선택	혁신적 사고	2015. 1. 21	6급	55점
공통	영어회화	2014. 5. 20	6급	95점
선택	코딩실습	2012. 12. 14	7급	80점
선택	시민참여	2008. 3. 11	8급	85점

① 19.5점
② 21.5점
③ 23.625점
④ 24.5점
⑤ 26.25점

[19 ~ 20] 다음 글을 읽고 물음에 답하시오.

LTV(주택담보대출비율)는 은행이 주택을 담보로 대출을 해줄 때 적용하는 담보가치 대비 대출가능 한도를 말한다. 즉, 집을 담보로 은행에서 돈을 빌릴 때 집의 자산가치를 얼마로 보는가의 비율을 말하며, 기준시가가 아닌 시가의 일정 비율로 정한다. 예를 들어, LTV가 60 %라면 시가 2억 원짜리 아파트를 담보로 은행에서 대출 받을 수 있는 한도는 1억 2000만 원이다.

하지만 실제로 대출받을 수 있는 돈은 이보다 더 적다. 은행은 채무자가 추후 돈을 갚지 않아 담보로 잡은 주택을 경매처분하는 경우에 대비, 방 1개당 소액임차 보증금을 빼고 대출해 준다. 이는 주택임대차보호법에 의한 최우선변제금인 소액임차보증금은 세입자에게 우선권이 주어지기 때문이다.

DTI(총부채상환비율)는 주택담보대출의 연간 원리금 상환액과 기타 부채에 대해 연간 상환한 이자의 합을 연소득으로 나눈 비율을 말한다. 담보대출을 받을 경우 채무자의 소득으로 얼마나 잘 상환할 수 있는지 판단 하여 대출한도를 정하는 제도이다. DTI 수치가 낮을수록 빚을 갚을 수 있는 능력이 높다.

DTI는 정부가 부동산 시장의 과열을 막기 위해 2005년 도입한 이후 투기지역에서만 40 %로 적용되었던 것이 2009년 9월 7일부터 확대 적용되었다. 이에 따르면 은행 주택담보대출 금액이 5,000만 원을 이상인 경우, DTI는 강남구, 서초구, 송파구 50 %, 나머지 수도권 지역 60 %였다. 그러다 2014년 8월부터는 60 %로 단일화되었다.

그러나 계속적으로 가계부채가 증가하자 정부는 2017년 10월 24일 가계부채 종합대책에서 2018년 1월부터 신(新)DTI를 적용하기로 하였다. 이는 투기 수요를 억제하기 위해 다주택자를 대상으로 한 핀셋 규제에 해당된다. 기존에 주택담보대출이 있는 사람이 추가로 주택담보대출을 신청할 경우, 기존 DTI는 신규 주택담보대출 원리금과 기존 주택담보대출 등의 이자 상환액을 더해 연소득으로 나눈다. 반면, 신DTI는 모든 주택담보대출 원리금 상환액과 기타 부채 이자 상환액을 더해 연소득으로 나눠 산정 한다. 즉, 기존 DTI는 기존 주택담보대출의 경우 '이자'만 반영했지만, 신DTI는 '원리금'까지 합산하는 만큼 당연히 대출한도는 줄어들게 된다.

한편, DSR(총부채원리금상환비율)은 주택담보대출 원리금뿐만 아니라 신용대출, 자동차 할부, 학자금 대출 등 모든 대출의 원금과 이자를 모두 더한 원리금 상환액으로 대출 상환 능력을 심사하기 때문에 더 엄격하다. DSR을 도입하면 연소득은 그대로인 상태에서 금융부채가 커지기 때문에 대출한도가 축소된다. DSR은 DTI 규제가 없는 수도권 이외 지역에도 적용된다.

19. 윗글을 근거로 판단할 때 옳은 것은?

① DSR은 모든 대출의 원금과 이자를 모두 더한 원리금 상환액으로 대출 상환 능력을 심사한다.
② 2014년 9월 7일 주택담보대출 금액이 5,000만 원인 경우 DTI는 강남구, 서초구, 송파구 50 %, 나머지 수도권 지역 60 %이다.
③ DSR을 도입하면 연소득은 그대로인 상태에서 금융부채가 작아지기 때문에 대출한도가 축소된다.
④ DTI 수치가 높을수록 빚을 갚을 수 있는 능력이 높다.
⑤ 기존 DTI는 투기 수요를 억제하기 위해 다주택자를 대상으로 한 핀셋 규제에 해당된다.

20. 윗글과 <상황>을 근거로 판단할 때, LTV가 40 %일 때, 甲이 본인 소유 집을 담보로 은행에서 '실제로' 대출받을 수 있는 한도는?

<상 황>

甲이 소유한 집에는 10개의 방이 있다. 각 방의 소액임차보증금은 3천만 원씩이다. 해당 집의 기준시가는 10억 원, 시가는 15억 원이다.

① 1억 원
② 3억 원
③ 4억 원
④ 5억 원
⑤ 6억 원

21. 다음 글을 근거로 판단할 때 옳은 것은?

> 제00조 이 법에 따른 지원을 받기 위하여 사업재편계획을 신청하고자 하는 기업(이하 '신청기업'이라 한다)이 사업재편을 통하여 진출하려는 사업의 신산업 해당 여부에 관한 심의를 위하여 심의위원회에 신산업판정위원회(이하 '판정위원회'라 한다)를 둔다.
>
> 제00조 ① 판정위원회는 위원장 1명을 포함한 10명 이내의 위원으로 구성한다.
>
> ② 판정위원회의 위원장(이하 '판정위원장'이라 한다)은 산업통상자원부의 고위공무원단에 속하는 공무원 중 산업통상자원부장관이 지명하는 사람으로 하고, 위원은 다음 각 호의 사람이 된다.(단, 각 호에서 적어도 1명은 위원이 된다)
>
> 1. 기획재정부 및 과학기술정보통신부의 3급 또는 4급 공무원으로서 그 소속기관의 장이 지정하는 사람 각 1명
> 2. 신산업에 관한 전문지식과 경험이 풍부한 민간인 중에서 산업통상자원부장관이 위촉하는 사람
>
> ③ 판정위원회의 업무를 지원하기 위하여 판정위원회에 간사 1명을 두되, 간사는 기획재정부 또는 과학기술정보통신부 소속 4급 공무원 중에서 그 소속기관의 장이 지명한다.
>
> ④ 판정위원장은 산업통상자원부장관의 요청이 있는 경우 판정위원회의 회의(이하 '판정회의'라 한다)를 소집하고 그 의장이 된다.
>
> ⑤ 판정위원회는 다음 각 호의 사항을 고려하여 신청기업이 사업재편을 통하여 진출하려는 사업이 신산업에 해당하는지 여부를 판정해야 한다.
>
> 1. 시장구체성, 시장규모, 진입가능성 등 시장성
> 2. 산업파급도, 기술차별성 등 파급효과
> 3. 국제경쟁력, 신시장 창출도, 시장 성장률 등 성장 잠재력
> 4. 일자리 창출효과 등 국민경제에 대한 기여도
>
> ⑥ 판정위원회는 안건의 심의를 위하여 필요하다고 인정될 때에는 관계 공무원과 신산업 분야의 전문가를 회의에 참석하게 하여 의견을 들을 수 있다.

① 판정위원회는 신청기업이 사업재편을 통하여 진출하려는 사업이 신산업에 해당하는지 여부를 판정할 때, 일자리 창출효과는 고려하지 않는다.

② 기획재정부 소속 3급 공무원은 판정위원회의 간사로 지명될 수 있다.

③ 위원장을 제외하고, 판정위원회 위원 중 과학기술정보통신부 3급 또는 4급 공무원이 8명이라면, 판정위원회 위원 중 신산업에 관한 전문지식과 경험이 풍부한 민간인 위원이 1명 존재한다.

④ 판정위원회는 신산업 분야 전문가의 의견을 들을 수 있지만, 회의에 참석하게할 수는 없다.

⑤ 판정위원장은 기획재정부의 고위공무원단에 속하는 공무원 중 산업통상자원부장관이 지명하는 사람으로 한다.

22. 다음 글을 근거로 판단할 때, 금융정보분석원장이 신고를 수리해야 하는 자는? (A ~ E는 가상자산 사업자이고, 금융분석원장에게 상호를 신고하였다)

> 제00조 ① 가상자산사업자는 다음 각 호의 사항을 금융정보분석원장에게 신고하여야 한다.
>
> 1. 상호 및 대표자의 성명
> 2. 사업장의 소재지, 연락처
>
> ② 금융정보분석원장은 제1항에도 불구하고 다음 각 호의 어느 하나에 해당하는 자에 대해서는 가상자산사업자의 신고를 수리하지 아니할 수 있다.
>
> 1. 정보보호 관리체계 인증을 획득하지 못한 자. 다만, 금융정보분석원에서 정보보호 교육을 이수한 가상자산사업자는 예외로 한다.
> 2. 실명확인이 가능한 입출금 계정을 통하여 금융거래를 하지 아니하는 자. 다만, 가상자산과 금전의 교환 행위가 없는 경우 그 가상자산사업자는 예외로 한다.
> 3. 금융관련 법률에 따라 벌금 이상의 형을 선고받고 그 집행이 끝나거나 집행이 면제된 날부터 5년이 지나지 아니한 자.
> 4. 금융관련 법률을 제외한 법률에 따라 벌금 이상의 형을 선고받고 그 집행이 끝나거나 집행이 면제된 날부터 3년이 지나지 아니한 자.
> 5. 금융정보분석원장에 의해 신고가 말소되고 2년이 지나지 아니한 자

① 물환경보전법에 따라 벌금 이상의 형을 선고받고 그 집행이 끝나거나 집행이 면제된 날부터 2년이 지난 A

② 실명확인이 가능한 입출금 계정을 통하여 금융거래를 하지 아니하는 B

③ 정보보호 관리체계 인증을 획득하지 못한 C

④ 실명확인이 불가능한 입출금 계정을 통하여 금융거래하고, 가상자산과 금전의 교환 행위가 없는 가상자산사업자 D

⑤ 금융정보분석원장에 의해 신고가 말소되고 1년이 지난 E

23. 다음 글과 <상황>을 근거로 판단할 때, <보기>에서 옳은 것만을 모두 고르면?

제○○조 이 법에 따라 지원을 받는 보훈보상대상자의 유족의 범위는 다음 각 호와 같다.
1. 배우자
2. 자녀
3. 부모
4. 성년인 직계비속이 없는 조부모
5. 60세 미만의 직계존속과 성년인 형제자매가 없는 미성년 제매(弟妹)

제□□조 ① 보상금을 받을 유족의 순위는 제○○조 제1항 각 호의 순위로 한다.
② 제1항에 따라 보상금을 받을 유족 중 같은 순위자가 2명 이상이면 다음 각 호의 순서에 따라 보상금을 지급한다.
1. 같은 순위 유족 간의 협의에 의하여 같은 순위 유족 중 1명을 보상금을 받을 사람으로 지정한 경우에는 그 사람에게 보상금을 지급한다.
2. 제1호에 해당하는 사람이 없는 경우에는 보훈보상대상자를 주로 부양하거나 양육한 사람에게 보상금을 지급한다.
3. 제1호 및 제2호에 해당하는 사람이 없는 경우에는 나이가 많은 사람에게 보상금을 지급한다. 단, 같은 순위자가 보훈보상대상자의 부모인 때에는 보상금을 균등하게 분할하여 지급한다.

③ 보상금을 받을 유족이 다음 각 호의 어느 하나에 해당 하면 그 다음 순위의 유족에게 보상금을 지급한다.
1. 사망한 경우
2. 제○○조 각 호의 어느 하나에 해당하지 아니하게 된 경우
3. 1년 이상 계속하여 행방불명인 경우

④ 제2항 제3호에 따라 분할하여 보상금을 지급받는 사람이 제3항 각 호의 어느 하나에 해당하는 경우에는 남아 있는 부 또는 모에게 보상금 전액을 지급한다.

<상 황>

보훈보상대상자 甲의 유족은 첫째 아들 A, 둘째 딸 B, 막내 아들 C가 있다. 이중 甲을 주로 부양한 사람은 A이고, A, B, C 간 협의로 C를 보상금을 받을 사람으로 지정하였다. 보훈보상대상자 乙의 유족은 배우자 D, 아버지 E(76세), 어머니 F(74세)이다. D는 2년 째 행방불명이고, E와 F 사이에 협의는 없었고, 乙을 주로 양육한 사람도 없다. 보훈보상대상자 丙의 유족은 성년인 직계비속이 없는 할아버지 G(70세), 할머니 H(72세), 성년인 형제자매가 없는 미성년 동생 I이다. G와 H 사이에 협의는 없었고, G는 丙을 주로 양육하였다.

<보 기>

ㄱ. C에게 보상금을 지급한다.
ㄴ. E와 F에게 동일한 보상금을 지급한다.
ㄷ. I가 성년이 되어도 G는 보상금을 지급받을 수 있다.

① ㄱ
② ㄴ
③ ㄱ, ㄴ
④ ㄱ, ㄷ
⑤ ㄱ, ㄴ, ㄷ

24. 다음 글을 근거로 판단할 때 옳은 것은?

제00조 ① 경륜이나 경정(이하 '경주'라 한다)은 지방자치단체 또는 서울올림픽기념국민체육진흥공단(이하 '진흥공단'이라 한다)이 문화체육관광부장관의 허가를 받아 시행한다.
② 제1항에 따라 경주의 시행허가를 받은 자(이하 '경주 사업자'라 한다)는 매년 경주개최계획서를 작성하여 문화 체육관광부장관의 승인을 받아야 한다.

제00조 ① 경주사업자는 경륜장 또는 경정장(이하 '경주장'이라 한다)을 설치하려면 문화체육관광부장관의 허가를 받아야 한다.
② 제1항에 따라 경주장 설치를 허가받은 자가 허가를 받은 날부터 1년 이내에 정당한 사유 없이 그 경주장 설치를 시작하지 아니하면 문화체육관광부장관은 그 허가를 취소할 수 있다.

제00조 문화체육관광부장관은 전조 제2항에 따라 경주장 설치허가를 취소하려면 청문을 하여야 한다.

제00조 ① 경주사업자는 경주를 개최할 때 승자투표권을 발매할 수 있다.
② 경주사업자는 경주장 외의 장소에 승자투표권의 발매, 환급금 및 반환금의 지급사무 등을 처리하기 위한 시설 (이하 '장외매장'이라 한다)을 설치하려면 문화체육관광부 장관의 허가를 받아야 한다. 장외매장을 이전하려는 경우에는 신고를 하여야 한다.

제00조 ① 경주사업자는 승자투표권을 구매하려는 사람이 요청하는 경우에 구매권을 발매할 수 있다.
② 구매권은 승자투표권 교환 외의 목적에는 사용할 수 없다.
③ 구매권을 가진 사람이 구매권의 환매(還賣)를 요구하는 경우에는 경주사업자는 이에 따라야 한다.

제00조 ① 전조에 따라 구매권을 승자투표권으로 교환하거나 환매할 수 있는 권리는 2년간 행사하지 아니하면 시효로 인하여 소멸한다.
② 제1항에 따른 구매권의 미사용 금액은 경주사업자가 서울올림픽기념국민체육진흥공단이면 국민체육진흥기금에 귀속되며, 경주사업자가 지방자치단체이면 사업준비금에 귀속된다.

① 구매권의 미사용 금액은 경주사업자가 지방자치단체인 경우 국민체육진흥기금에 귀속된다.
② 경주사업자는 매년 경주개최계획서를 작성하여 문화체육관광부장관의 허가를 받아야 한다.
③ 구매권을 승자투표권으로 교환할 수 있는 권리는 1년간 행사하지 아니하면 시효로 인하여 소멸한다.
④ 경주사업자는 장외매장을 이전하려는 경우 문화체육관광부 장관의 허가를 받아야 한다.
⑤ 문화체육관광부장관은 경주장 설치를 허가받은 자에 대해 그 허가를 취소하려면 청문을 하여야 한다.

25. 다음 글을 근거로 판단할 때 옳지 않은 것은?

제00조 ① 어린이집의 원장은 어린이집 운영 역량을 높이고 지역사회와의 연계를 강화하여 지역 실정에 맞는 보육을 위하여 어린이집에 어린이집운영위원회를 설치·운영할 수 있다. 다만, 취약보육을 우선적으로 실시하여야 하는 어린이집은 어린이집 운영위원회를 설치·운영하여야 한다.

② 어린이집운영위원회는 그 어린이집의 원장, 보육교사 대표, 학부모 대표 및 지역사회 인사(직장어린이집의 경우 에는 그 직장의 어린이집 업무 담당자로 한다)로 구성 한다. 이 경우 학부모 대표가 2분의 1 이상이 되도록 구성 하여야 한다.

③ 어린이집운영위원회의 위원 정수는 4명 이상 9명 이하로 한다.

④ 어린이집운영위원회는 다음 각 호의 사항을 심의한다.

1. 어린이집 운영 규정의 제정이나 개정에 관한 사항
2. 어린이집 예산 및 결산의 보고에 관한 사항
3. 영유아의 건강·영양 및 안전에 관한 사항
4. 그 밖에 어린이집 운영에 대한 제안 및 건의사항

⑤ 어린이집운영위원회는 연간 4회 이상 개최하여야 한다.

제00조 ① 시·도지사 또는 시장·군수·구청장은 어린이집 보육환경을 모니터링하고 개선하기 위하여 부모, 보육· 보건 전문가로 점검단(이하 이 조에서 '부모모니터링단' 이라 한다)을 구성·운영할 수 있다.

② 부모모니터링단은 10명 이내로 구성하며 시·도지사 또는 시장·군수·구청장이 위촉한다.

③ 시·도지사 및 시장·군수·구청장은 부모모니터링단으로 위촉된 사람에게 직무 수행에 필요한 교육을 실시할 수 있다.

④ 지방자치단체는 부모모니터링단의 구성·운영에 필요한 비용의 전부 또는 일부를 예산의 범위에서 지원할 수 있다.

⑤ 부모모니터링단은 직무를 수행하기 위하여 어린이집에 출입할 수 있으며, 이 경우 미리 시·도지사 또는 시장·군수·구청장의 승인을 받아야 한다.

⑥ 부모모니터링단은 공무원이 어린이집 운영 상황을 조사 하기 위하여 어린이집에 출입하는 경우에는 공무원과 함께 어린이집에 출입할 수 있다. 이 경우 시·도지사 또는 시장·군수·구청장의 승인을 생략할 수 있다.

① 어린이집운영위원회는 연간 7회 개최할 수 있다.
② 취약보육을 우선적으로 실시하여야 하는 어린이집은 어린이집 운영위원회를 설치·운영하여야 한다.
③ 부모모니터링단은 공무원이 어린이집 운영 상황을 조사하기 위하여 어린이집에 출입하는 경우에는 공무원과 함께 어린이집에 출입할 수 있고, 이 경우 미리 시·도지사 또는 시장· 군수·구청장의 승인을 받아야 한다.
④ 어린이집운영위원회의 위원 중 학부모 대표는 2명 이상이다.
⑤ 시·도지사 및 시장·군수·구청장은 부모모니터링단을 위촉하고, 위촉된 사람에게 직무 수행에 필요한 교육을 실시할 수 있다.

26. 다음 글을 근거로 판단할 때 옳은 것은? (甲은 건강기능식품제조업 허가를 받은 자, 戊는 건강기능식품판매업 신고를 한 자이며, 乙 ~ 丁은 건강기능식품제조업 혹은 건강기능식품판매업을 하려는 자이다.) (기간을 산정할 때 초일(初日)을 산입하지 않는다.)

제00조 ① 건강기능식품제조업을 하려는 자는 영업소별로 식품의약품안전처장의 허가를 받아야 한다. 영업소 소재지를 변경하려는 경우에도 또한 같다.

② 제1항에 따라 허가를 받은 자가 그 영업을 폐업하거나 영업자의 성명, 영업소의 상호를 변경하려는 경우에는 식품의약품안전처장에게 신고하여야 한다.

③ 식품의약품안전처장은 영업허가가 취소된 후 6개월이 지나기 전에 그 영업소에서 같은 종류의 영업을 하려는 경우를 제외하고는 제1항에 따른 허가를 하여야 한다.

④ 식품의약품안전처장은 제1항에 따른 허가 신청을 받은 날부터 20일 이내에, 제2항에 따른 변경신고를 받은 날부터 7일 이내에 허가 또는 신고수리 여부를 신청인 또는 신고인에게 통지하여야 한다.

⑤ 식품의약품안전처장이 제4에서 정한 기간 내에 허가 또는 신고수리 여부를 신청인 또는 신고인에게 통지하지 아니하면 그 기간이 끝난 날의 다음 날에 허가 또는 신고를 수리한 것으로 본다.

제00조 ① 건강기능식품판매업을 하려는 자는 영업소별로 영업소의 소재지를 관할하는 특별자치시장·특별자치 도지사·시장·군수·구청장(이하 '시장 등'이라 한다)에게 신고하여야 한다. 다만, 약국에서 건강기능식품을 판매하는 경우에는 그러하지 아니하다.

② 제1항에 따라 신고를 한 자가 그 영업을 폐업하거나 영업자의 성명, 영업소의 상호를 변경하려는 경우에는 시장 등에게 신고하여야 한다.

③ 시장 등은 제1항에 따른 신고 또는 제2항에 따른 변경신고를 받은 날부터 3일 이내에 신고수리 여부를 신고인에게 통지하여야 한다.

④ 시장 등이 제3항에서 정한 기간 내에 신고수리 여부를 신고인에게 통지하지 아니하면 그 기간이 끝난 날의 다음 날에 신고를 수리한 것으로 본다.

① 식품의약품안전처장은 甲에게 건강기능식품제조업 영업소 소재지 변경에 대한 신고를 받은 경우 20일 이내에 甲에게 신고수리 여부를 통지하여야 한다.
② 청주에서 약국을 운영하는 乙이 건강기능식품을 판매하기 위해서는 청주시장에게 건강기능식품판매업 신고를 하여야 한다.
③ 丙은 식품의약품안전처장에게 건강기능식품판매업 신고를 하여야 한다.
④ 식품의약품안전처장은 건강기능식품제조업 영업허가가 취소된 후 6개월이 지나기 전에 丁에게 영업허가가 취소된 그 영업소에서 건강기능식품제조업에 대한 허가 신청을 받은 경우 이를 허가하지 않아도 된다.
⑤ 2022년 9월 4일 서울특별자치시장이 戊에게 건강기능식품판매 영업소의 상호 변경신고를 받은 후, 신고수리 여부를 戊에게 통지하지 않은 경우, 9월 7일에 서울특별자치시장이 신고를 수리한 것으로 본다.

27. 다음 글을 근거로 판단할 때 옳지 않은 것은?

> 을지연습은 통상 군사연습과 연계하여 실시되므로 정부 연습이라고도 한다. 실시 배경은 1968년 1월 21일 북한 무장공비들의 청와대기습시도사건에 자극되어 대 비정규전 상황에 대처할 수 있는 능력향상에 있었다. 이에 따라 정부 내 주요 관련기관이 참가하는 훈련을 실시하게 되었으며, 1970년부터는 북한의 전면남침상황에 대응하는 훈련으로 확대되었고, 다시 1972년에는 수도권방어계획과 연계하여 실제훈련이 병행실시 되었다.
>
> 1975년에는 수도권 고수방침을 설정하고 전 중앙행정 부서와 시·도의 기관이 참가하게 되었고, 1976년에는 군사연습과 통합, 실시함으로써 범정부적 차원의 훈련으로 발전되었다. 특히 1984년부터는 전후방 동시 전장화 상황에 대비하여 대응태세를 검토함으로써 명실공히 종합적인 정부연습으로 정착되었다.
>
> 을지연습의 목표는 전시·사변 또는 국가비상사태에 대비하여 국가자원을 효율적으로 통제운영하여 군사작전을 지원하고, 전시 정부기능으로 국민방호와 생활안전대책을 강구하면서 전쟁지속능력을 유지시켜 궁극적으로 국가의 안전을 보장하는 데 있다. 따라서 을지연습은 전시·사변 또는 국가비상사태에 대비하여 행정기관이 상호연계하여 전시대비계획의 실효성을 검토, 보완하고 발전시키며, 모든 관계요원이 계획과 집행절차 및 행동요령을 숙지하도록 하는 데 그 목적을 두고 실시된다.
>
> 을지연습은 비상대비자원관리법을 근거로 하여 실시되고 있으며, 당해 연도의 연습은 국무총리가 연습의 방법과 기간 등을 정하고 대통령의 승인을 얻어 실시한다. 을지 연습은 그 참가기관이 방대하기 때문에 모의상황 하에서 문서에 의하여 실시되는 도상훈련과 모든 관계요원에게 관련기관 간에 연계된 임무와 절차를 숙지시키는 데 주안을 둔 실제훈련을 병행실시하고 있다.
>
> 이 실제훈련은 특정지역을 선정하여 종합훈련을 실시하여 비상대비계획을 종합적으로 검토하거나 부문별 훈련을 통하여 특정 분야에 대한 명확한 제원산정을 목적으로 할 때도 있다. 을지연습 통제체제는 국무총리가 연습총감이 되어 정부연습과 군사연습을 총괄하며 비상 기획위원장이 연습총감을 보좌하여 정부연습을 총괄하고 국방부장관이 군사연습을 통제한다. 을지연습의 가정은 최근의 북한 동향과 군사적 기도가 반영되고, 피해율 산정기준에 의거, 우리의 인명과 시설피해를 산정한다.
>
> 연습기간은 법이 정한 7일 이내에서 실시되고 있다. 을지연습은 우리의 안보환경 하에서 범국민적으로 안보 의식을 제고하고, 정부의 종합적인 전시대비계획과 그 태세를 점검, 보완하며, 모든 요원에게 업무집행절차와 행동요령을 익숙하게 하고, 각급 기관의 협조적인 사건 처리를 통하여 연계활동의 중요성과 효율성을 인식시키는 데 기여하였다.

① 을지연습기간은 7일 이내에서 실시되고 있다.
② 을지연습은 비상대비자원관리법을 근거로 하여 실시되고 있으며 당해 연도의 연습은 대통령이 연습의 방법과 기간 등을 정한다.
③ 을지연습에 수도권방어계획을 연계하여 실제훈련이 병행실시된 것은 1972년부터이다.
④ 을지연습은 비상사태에 대비하여 모든 관계요원이 계획과 집행절차 및 행동요령을 숙지하도록 하는 데 그 목적을 둔다.
⑤ 을지연습 통제체제는 국무총리가 연습총감이 되어 정부연습과 군사연습을 총괄하며 비상기획위원장이 연습총감을 보좌하여 정부연습을 총괄하고 국방부장관이 군사연습을 통제한다.

28. 다음 글을 근거로 판단할 때, X + Y + Z는?

> A 그룹은 4명, B 그룹은 5명, C 그룹은 6명으로 이루어져 있다. A, B, C 세 그룹은 그룹별로 그룹 내에 있는 사람끼리 악수를 한다. 악수는 일대일로만 하기 때문에 한 사람은 한 번에 한 명의 사람과만 악수를 할 수 있다. 두 사람이 일대일로 서로 악수를 하는데 5초의 시간이 소요된다.(그 외 시간은 고려하지 않는다)
>
> 그룹 내에 속한 사람끼리 모두 악수를 하는데 소요된 '최소' 시간은 A 그룹이 (X)초이고, B 그룹이 (Y)초이며, C 그룹이 (Z)초이다.

① 55
② 60
③ 65
④ 70
⑤ 75

29. 다음 글을 근거로 판단할 때, 옳지 않은 것은?

> ○ 18명의 학생이 있다.
> ○ 이들은 지난 수업 시간에 6점 만점인 퀴즈 문제를 풀었고, 점수를 토대로 조별학습을 하고자 한다.
> ○ 18명의 학생들의 점수 분포는 6점 2명, 5점 2명, 4점 3명, 3점 3명, 2점 3명, 1점 5명이다.
> ○ 조별 학습을 위한 조를 구성할 때는 점수가 동일한 학생이 최대 2명까지만 포함되도록 하며, 각 조의 총점이 동일할 수 있도록 3개 조를 구성한다. 단, 3점인 학생이 동일한 조에 포함되는 경우는 없으며, 5점인 학생이 동일한 조에 포함되는 경우도 없다.

① 어떤 조에는 2점인 학생과 3점인 학생이 각각 한 명씩 있다.
② 모든 조에는 적어도 1명의 1점인 학생이 있다.
③ 어떤 조에는 6점인 학생 2명이 반드시 있다.
④ 어떤 조에는 4점인 학생 2명이 반드시 있다.
⑤ 조를 구성하는 학생들의 점수가 모두 다른 경우는 없다.

30. 다음 글을 근거로 판단할 때, 파란 바구니에 들어 있는 흰 공의 개수는?

> 빨간 바구니에는 흰 공이 50개 들어 있고, 파란 바구니에는 검은 공이 50개 들어 있다. 빨간 바구니에서 흰 공을 15개 꺼내 파란 바구니로 옮긴 후, 파란 바구니의 공들을 잘 섞은 후 공 15개를 꺼내 빨간 바구니로 옮긴다. 그리고 다시 빨간 바구니에서 공 20개를 꺼내 파란 바구니로 옮긴 후, 파란 바구니의 공들을 잘 섞은 후 공 20개를 꺼내 빨간 바구니로 옮긴다.
>
> 위 과정이 모두 끝난 후, 甲이 빨간 바구니에 들어 있는 흰공 개수를 세었더니 검은 공보다 14개 적었다.

① 14개
② 18개
③ 25개
④ 32개
⑤ 36개

31. 다음 글을 근거로 판단할 때, 甲이 만들 수 있는 비밀번호 숫자 조합의 경우의 수는?

○ 甲은 1, 2, 4, 8 중에서 숫자를 골라 네 자리 비밀번호를 만들었다.
○ 비밀번호 각 자리의 숫자를 '모두 더한 값'과 '모두 곱한 값'이 모두 제곱수였다. 제곱수는 어떤 정수의 제곱이 되는 정수를 말한다. 어떤 정수에 자기 자신을 한 번 더 곱해 만들어지는 정수라고도 표현한다. 예를 들어, 16은 4의 제곱이 되는 정수이므로 제곱수이다.
○ 비밀번호 숫자 조합의 경우, 숫자 배열의 순서가 달라도 같은 조합으로 간주한다. 예를 들어, 1, 2, 4, 8과 8, 4, 2, 1은 같은 숫자 조합으로 한다.

① 1가지
② 2가지
③ 3가지
④ 4가지
⑤ 5가지

32. 다음 글을 근거로 판단할 때, <보기>에서 옳은 것만을 모두 고르면?

김이정, 박선민, 서민준, 이영일, 나준수 5명의 주무관은 공문서 작성 수업을 듣는다. 해당 수업의 A교수는 5명의 주무관에게 공문서 작성 과제를 냈으며, 평가는 '문법', '간결성', '인포그래픽', '명료성' 4개 항목에 대해 각 항목별로 1등급, 2등급, 3등급 중 하나의 등급이 주어졌다. A교수는 1등급에는 3점, 2등급에는 2점, 3등급에는 1점을 부여하여 합산한 결과를 바탕으로 점수가 높은 주무관에게 높은 순위를 부여한다. 과제 평가 결과에 대해 다음과 같은 사실이 알려졌다.
○ '명료성'에서 3등급을 받은 주무관은 나준수 뿐이다.
○ 김이정이 1등급을 받은 항목은 하나뿐이다.
○ 박선민과 이영일은 '문법', '간결성'에서 1등급을 받았고, 김이정, 서민준, 나준수는 해당 두 항목 모두에서 1등급을 받지 못했다.
○ 서민준은 '인포그래픽'에서만 3등급을 받았고, 어느 항목에서도 1등급을 받지 못했다.
○ 5명의 주무관 모두가 3등급을 받은 항목이 존재한다.
○ 4개 항목 모두에 3등급을 받은 주무관이 존재한다.
○ 점수 합산 결과 김이정은 3위, 이영일은 2위이고, 동 순위는 존재하지 않는다.

<보 기>

ㄱ. 김이정은 '문법'에서 2등급을 받았다.
ㄴ. 김이정은 '간결성'에서 3등급을 받았다.
ㄷ. 박선민은 '명료성'에서 1등급을 받았다.
ㄹ. 이영일은 '명료성'에서 2등급을 받았다.

① ㄱ, ㄴ
② ㄱ, ㄷ
③ ㄱ, ㄹ
④ ㄱ, ㄷ, ㄹ
⑤ ㄴ, ㄷ, ㄹ

33. 다음 글을 근거로 판단할 때, Ⅱ조건의 반응률과 Ⅲ조건의 반응률의 단순 합은?

> 과학자 A는 개에게 먹이를 주면서 침 분비와 관련 없던 종소리를 반복해서 들려주었더니, 나중에는 먹이 없이 종소리만 들려주어도 침을 흘린다는 것을 발견하였다.
>
> 연구원 B는 이 원리를 검증하기 위해 개에게 다음과 같은 실험을 하였다. 실험 조건을 살펴보면, 종소리를 들려 준 후 먹이를 주는데, 종소리 5번 중 3번의 비율로 먹이를 주는 경우(Ⅰa)와 종소리 5번 중 2번의 비율로 먹이를 주는 경우(Ⅰb)로 나누었다. Ⅰa와 Ⅰb 각각은 종소리를 들려준 후 몇 초 만에 먹이를 주는지에 따라 네 조건(1초, 3초, 5초, 7초)으로 구분되었다. 예를 들어, 종소리 5번 중 3번의 비율로 먹이를 주면서, 종소리를 들려주고 3초 후 먹이를 주면 'Ⅰa 3초 조건', 종소리 5번 중 2번의 비율로 먹이를 주면서, 종소리를 들려주고 7초 후 먹이를 주면 'Ⅰb 7초 조건'이다. 그 밖에도 매번 먹이를 주고 3초 후 종소리를 들려주는 'Ⅱ조건', 종소리와 먹이를 동시에 주는 'Ⅲ조건'이 있었다.
>
> 각 조건에 따라 10회 시행 후 먹이 없이 종소리만 들려주는 시행을 반복하였다. 먹이 없이 종소리만 들려준 횟수와 침을 흘리는 횟수의 비율을 '반응률'이라고 할 때, 실험 결과 Ⅰa 1초, 3초, 5초, 7초 조건으로 갈수록 반응률이 20 %p씩 등간격으로 감소하였고, Ⅰa 조건에서 네 조건 반응률의 평균은 45 % 였다. 또한, Ⅰb 1초, 3초, 5초, 7초 조건으로 갈수록 반응률이 10 %p씩 등간격으로 감소하였고, Ⅰb 조건에서 네 조건 반응률의 평균은 35 % 였다. Ⅱ조건의 반응률은 Ⅰb 7초 조건 반응률보다 5 %p 높았다. Ⅲ조건의 반응률은 Ⅰa 1초 조건의 반응률보다 5 %p 낮았다.

① 75 %
② 80 %
③ 85 %
④ 90 %
⑤ 95 %

34. 다음 글을 근거로 판단할 때, 甲이 이용할 스터디 카페에 지불해야 할 요금은?

> ○ 甲은 4주간 평일(월 ~ 금요일)에만 하루에 16시간 동안 이용 시 요금이 가장 저렴한 스터디카페를 한 곳을 이용하고자 한다. 월 ~ 목요일은 매일 8시 ~ 24시 동안 이용하고, 금요일은 06시 ~ 22시 동안 이용한다.
> ○ A, B, C, D, E 스터디 카페는 모두 회원요금제와 비회원 요금제를 운영한다. 회원요금제는 가입비와 이용권 구입비로 구분되고, 비회원요금제는 이용권 구입비만 존재한다.
> ○ 전일제 이용권이 있는 경우, 甲은 전일제 이용권보다 싼 요금제가 없다면, 전일제 이용권을 선택한다.
> ○ 甲은 회원요금제, 비회원요금제, 전일제 이용권 셋 중 하나만을 이용한다.
> ○ 스터디카페별 요금에 대한 정보는 아래와 같다.

스터디카페	회원요금제			비회원요금제	비고
	가입비	07시 ~ 22시	22시 ~ 07시		
A	5,000원	1시간당 1,000원	1시간당 700원	1시간당 1,200원	전일제 이용권 1일당 5,500원
B	7,000원	1시간당 900원	1시간당 600원	1시간당 1,300원	–
C	10,000원	1시간당 800원	1시간당 400원	1시간당 1,000원	회원요금제 240시간 이상 이용시 가입비 면제
D	14,000원	1시간당 600원	1시간당 200원	1시간당 1,000원	회원요금제 300시간 이상 이용시 가입비와 이용권 각각 50% 할인
E	20,000원	1시간당 400원	1시간당 200원	1시간당 1,100원	회원요금제 350시간 이상 이용시 22시 ~ 07시 이용권 무료

① 95,800원
② 98,700원
③ 102,800원
④ 110,000원
⑤ 191,600원

35. 다음 글을 근거로 판단할 때, 6개 조의 발표 순서를 확정하기 위해 추가로 필요한 사실은?

> A, B, C, D, E, F 6개 조는 발표 순서를 정하고자 한다. 발표 순서에 대해 다음과 같은 사실이 알려져 있다.
> ○ E의 발표는 C의 발표보다 나중에 실시한다.
> ○ B의 발표는 F의 발표 바로 직후에 실시한다.
> ○ A의 발표, B의 발표는 모두 D의 발표보다 나중에 실시 한다.
> ○ A의 발표는 E의 발표 바로 직전 혹은 직후에 실시 한다.

① B의 발표는 C의 발표 바로 직전에 실시한다.
② D의 발표는 A의 발표 바로 직전에 실시한다.
③ E의 발표는 C의 발표 바로 직후에 실시한다.
④ F의 발표는 A의 발표 바로 직후에 실시한다.
⑤ F의 발표는 E의 발표 바로 직후에 실시한다.

36. 다음 글을 근거로 판단할 때, <보기>에서 옳은 것만을 모두 고르면?

> 5월 1일부터 5월 31일 동안 A ~ E의 △△헬스장 이용 횟수는 다음과 같다. △△헬스장은 하루에 1회만 이용 가능 하다.

학생	A	B	C	D	E
횟수(회)	20	18	26	13	10

<보 기>

ㄱ. A와 C가 서로 동일한 날에 헬스장을 이용한 날은 15일 이상 20일 이하이다.
ㄴ. B와 D가 헬스장을 이용한 날이 서로 겹친 적이 없다면, 5명 중 3명이 헬스장을 함께 이용한 날짜 수는 최대 26일이다.
ㄷ. A와 E가 헬스장을 이용한 날이 서로 겹친 적이 없고, B와 D가 헬스장을 이용한 날이 서로 겹친 적이 없다면, 5명 중 3명이 헬스장을 이용한 날짜 수는 2명이 헬스장을 이용한 날짜 수의 5배 이하일 수 있다.
ㄹ. 1명만 헬스장을 이용한 날짜 수는 최대 10일이다.

① ㄱ, ㄴ
② ㄱ, ㄷ
③ ㄱ, ㄴ, ㄹ
④ ㄱ, ㄷ, ㄹ
⑤ ㄴ, ㄷ, ㄹ

37. 다음 글을 근거로 판단할 때, <보기>에서 옳은 것만을 모두 고르면?

> 혼합물 X, Y, Z를 만들기 위해 원료 a, b, c, d 중 한 가지 이상의 원료를 1 mg 단위로 사용하여 섞는다. 이때, 원료의 합은 10 mg이다. a와 b가 각각 1 mg씩 반응하면 원료 a와 b는 사라지고, a와 b의 합성물이 1 mg 생성된다. 마찬가지로 c와 d도 각각 1 mg씩 반응하면 원료 c와 d는 사라지고, c와 d의 합성물이 1 mg 생성된다. 이러한 반응은 반응하는 물질 중에서 어느 한쪽 원료가 완전히 소진될 때까지 지속된다. 이 외의 경우에는 어떤 원료 혹은 합성물 사이에도 반응이 일어나지 않는다.
>
> 혼합물의 비용은 사용된 원료에 따라 1 mg당 a는 100원, b는 200원, c는 1,000원, d는 2,000원 발생한다.
>
> ○ X의 질량은 사용된 원료의 총질량보다 5 mg 작다. X를 만들 때 두 종류의 원료만 사용하였다.
>
> ○ Y의 질량은 사용된 원료의 총질량보다 3 mg 작고, 비용은 9,800원 발생했다.
>
> ○ Z의 질량은 사용된 원료의 총질량보다 1 mg 작은 9 mg이다.

<보 기>

ㄱ. X의 질량과 원료의 총질량의 합은 15 mg이다.
ㄴ. Y에 세 가지 원료만이 사용되었다.
ㄷ. Z로부터 발생한 비용은 최소 1,100원이고, 최대 19,000원이다.

① ㄱ
② ㄴ
③ ㄱ, ㄴ
④ ㄴ, ㄷ
⑤ ㄱ, ㄴ, ㄷ

38. 다음 글을 근거로 판단할 때 옳은 것은?

> ○ A, B, C, D 4명의 학생은 나이가 10살, 11살, 12살, 13살 중 하나이고, 나이가 동일한 경우는 없다.
>
> ○ 이들은 딸기, 사과, 귤, 수박 중 하나를 좋아하며, 동일한 과일을 좋아하는 경우는 없다.
>
> ○ 수박을 좋아하는 학생은 귤을 좋아하는 학생보다 1살 어리다.
>
> ○ 사과를 좋아하는 학생은 딸기를 좋아하는 학생보다 나이가 많으나 D보다는 어리다.
>
> ○ C는 가장 어린 학생은 아니지만, A보다는 어리다.
>
> ○ C와 D의 나이 차는 2살 이상이다.

① A는 귤을 좋아한다.
② B는 딸기를 좋아하지 않는다.
③ C는 12살 이상이다.
④ C는 사과를 좋아하지 않는다.
⑤ B와 D의 나이 차는 3살이다.

[39 ~ 40] 다음 글을 읽고 물음에 답하시오.

영국에서 처음으로 차(茶)에 세금을 부과한 것은 1689년이다. 차는 가격이 매우 비쌀 뿐만 아니라 인기도 높다는 사실을 알아차린 영국 정부가 차에 세금을 부과하겠다는 방침을 세운 것이다. 수입차에 매우 높은 세금이 부과되었지만, 차의 높은 인기는 여전하여 결과적으로 암시장이 생겨났다. 차의 밀수도 더욱더 성행하면서 결국에는 합법적으로 수입되는 양보다 밀수량이 더 많아지기에 이르렀다. 이 결과로 영국의 동인도 회사에서는 수익이 크게 줄었을 뿐 아니라 차의 비축량도 늘어만 갔다. 이 문제를 해결 하기 위해 영국 정부는 아메리카 식민지를 상대로 무역의 독점권과 차에 대한 과세권을 포함하여 모든 권한을 동인도 회사에 이양하는 결정을 하였다.

영국 정부의 이 같은 결정으로 동인도 회사는 아메리카 대륙에서 과세권을 행사하였고, 이로 인해 1773년 과세에 거세게 저항하는 사람들이 동인도 회사 소유의 선박에 올라 차 박스들을 바다로 내던져 버렸다. 이것이 차와 관련하여 가장 유명한 사건인 보스턴 차 사건이다.

19세기 동인도 회사는 중국에서 막대한 양의 차를 수입하였지만, 수입 대금을 당시의 화폐였던 은으로 지불하는 대신에 현물인 아편으로 지불하였다. 이 일로 1840년 영국과 중국의 1차 아편 전쟁이 발발하였다. 중국과의 무역규모가 점차 줄어들면서 동인도 회사는 마음대로 권력을 휘두를 수 있었던 당시 영국의 식민지인 인도에서 차나무를 직접 재배하였다.

20세기에 들어 차의 소비가 전세계에서 지속적으로 성장하였다. 1908년 미국에서 실크 티백이 발명되어 차를 보다 쉽게 마실 수 있게 되면서 차의 인기도 덩달아 높아졌다. 뉴욕의 차 상인이었던 토마스 설리번은 고객이 실크 티백을 통째로 물에 우리는 것을 관찰하고는 종이 티백을 발명하였다. 종이 티백은 현재까지도 사용되고 있으며, 영국에서는 전체 차 소비량의 98%가 종이 티백 차 소비량이라고 한다.

한편, 홍차 7kg을 생산하기 위해서는 30kg의 찻잎 생산이 필요하다고 한다. 2023년 홍차 연간 생산량 상위 5개국의 연간 생산량은 인도가 29.5만 톤, 스리랑카 23.5만 톤, 인도네시아 21.5만 톤, 미얀마 11.5만 톤, 케냐 8.5만 톤이다.

39. 윗글을 근거로 판단할 때 옳은 것은?

① 영국 정부가 차에 세금을 부과하여 차의 인기가 줄어들었다.
② 동인도 회사는 중국에게 차 수입 대금으로 파운드화 대신 아편을 지불하였다.
③ 보스턴 차 사건은 영국 정부의 차에 대한 과세가 아니라 동인도 회사의 차에 대한 과세에 저항한 사건이다.
④ 1차 아편 전쟁 이후 동인도 회사는 중국에서 차나무를 직접 재배하였다.
⑤ 영국 전체 차 소비량은 종이 티백 차 소비량의 1.02배보다 적다.

40. 윗글을 근거로 판단할 때, 2023년 홍차 연간 생산량 상위 5개국의 찻잎 생산량의 합은?

① 390만 톤
② 405만 톤
③ 420만 톤
④ 435만 톤
⑤ 465만 톤

현재 내 위치가 궁금하다면?

빠른 채점 및 성적 분석

https://labstandard.kr/eas

성적분석 서비스 + 통계표 확인

맞은 문제 수 / 푼 문제 수	맞은 문제 수 / 찍은 문제 수
( )문제 / ( )문제	( )문제 / ( )문제

총점: 점

✓ 나의 속도와 정확도를 성적분석 서비스를 통해 간편하게 분석해보세요!

| 상황판단영역 |

3 교시

문제책형
기

응시번호	
성명	

응시자 주의사항

1. **시험시작 전에 시험문제를 열람하는 행위나 시험종료 후에 답안을 작성하는 행위를 한 사람**은 「공무원임용시험령」 제51조에 의거 **부정행위자**로 처리됩니다.
2. **답안지 책형 표기**는 **시험시작 전** 감독관의 지시에 따라 **문제책 앞면에 인쇄된 문제책형을 확인**한 후, **답안지 책형란에 해당 책형(1개)**을 '●'로 **표기**하여야 합니다.
3. 시험이 시작되면 문제를 주의 깊게 읽은 후, **문항의 취지에 가장 적합한 하나의 정답만을 고르며,** 문제내용에 관한 질문은 할 수 없습니다.
4. **답안을 잘못 표기하였을 경우**에는 **답안지를 교체하여 작성**하거나 **수정할 수 있으며,** 표기한 답안을 수정할 때는 **응시자 본인이 가져온 수정테이프만을 사용**하여 해당 부분을 완전히 지우고 부착된 수정테이프가 떨어지지 않도록 손으로 눌러주어야 합니다. **(수정액 또는 수정스티커 등은 사용 불가)**
   ■ **불량한 수정테이프의 사용과 불완전한 수정처리**로 발생하는 **모든 문제는 응시자 본인에게 책임**이 있습니다.
5. **시험시간 관리의 책임은 응시자 본인에게 있습니다.**
   ※ 문제책은 시험종료 후 가지고 갈 수 있습니다.

성적분석 및 이의제기 안내

1. **빠른 채점** 및 **성적분석** 서비스 (나의 위치 확인 및 통계 분석 결과 확인)
   ■ **시험지 뒷면** 및 **해설지**의 **QR코드** 확인 : https://labstandard.kr/eas
2. **답안지(OMR 카드) & 정오표** 다운로드, 문항 관련 문의
   ■ 랩스탠다드 홈페이지(https://labstandard.kr) "학습지원센터 - 자료실 & 정오표" 게시판 확인
   ■ 문항 관련 문의 : "학습지원센터 - 1:1 문의" 게시판 또는 이메일(labstandard@naver.com)

1. 다음 글을 근거로 판단할 때 옳은 것은?

> 제00조(휴직의 효력) ① 휴직 중인 공무원은 신분은 보유하나 직무에 종사하지 못한다.
>
> ② 휴직 기간 중 그 사유가 없어지면 30일 이내에 임용권자 또는 임용제청권자에게 신고하여야 하며, 임용권자는 지체 없이 복직을 명하여야 한다.
>
> ③ 휴직 기간이 끝난 공무원이 30일 이내에 복귀 신고를 하면 당연히 복직된다.
>
> 제00조(직위해제) ① 임용권자는 다음 각 호의 어느 하나에 해당하는 자에게는 직위를 부여하지 아니할 수 있다.
>
> 1. 직무수행 능력이 부족하거나 근무성적이 극히 나쁜 자
> 2. 파면·해임·강등 또는 정직에 해당하는 징계 의결이 요구 중인 자
> 3. 형사 사건으로 기소된 자(약식명령이 청구된 자는 제외한다)
>
> ② 임용권자는 제1항제1호에 따라 직위해제된 자에게 3개월의 범위에서 대기를 명한다.
>
> 제00조(명예퇴직) ① 공무원으로 20년 이상 근속(勤續)한 자가 정년 전에 스스로 퇴직하면 예산의 범위에서 명예퇴직 수당을 지급할 수 있다.
>
> ② 직제와 정원의 개폐 또는 예산의 감소 등에 따라 폐직 또는 과원이 되었을 때에 20년 미만 근속한 자가 정년 전에 스스로 퇴직하면 예산의 범위에서 수당을 지급할 수 있다.

① 휴직 중인 공무원은 직무에 종사하지 못하고 신분을 보유하지 않는다.

② 휴직 기간 중 사유가 없어지면 30일 이내에 임용권자 또는 임용제청권자에게 신고하여야 하며, 임용제청권자는 지체 없이 복직을 명하여야 한다.

③ 임용권자는 폭행죄로 기소되어 약식명령이 청구된 공무원에게 직위를 부여하지 아니할 수 있다.

④ 임용권자는 강등에 해당하는 징계 의결이 요구되어 직위해제된 자에게 3개월의 범위에서 대기를 명한다.

⑤ 정원의 개폐에 따라 과원이 되었을 때에 15년 근속한 자가 정년 전에 스스로 퇴직하면 예산의 범위에서 수당을 지급할 수 있다.

2. 다음 글을 근거로 판단할 때 옳은 것은?

> 제○○조(1인 창조기업 지원센터의 지정 등) ① 정부는 1인 창조기업 및 1인 창조기업을 하고자 하는 자를 지원하기 위하여 필요한 전문인력과 시설을 갖춘 기관 또는 단체를 1인 창조기업 지원센터(이하 "지원센터"라 한다)로 지정할 수 있다.
>
> ② 지원센터는 다음 각 호의 사업을 한다.
>
> 1. 1인 창조기업에 대한 작업공간 및 회의장 제공
> 2. 1인 창조기업에 대한 경영·법률·세무 등의 상담
>
> ③ 정부는 제1항에 따라 지정한 지원센터에 대하여 예산의 범위에서 제2항 각 호의 사업을 수행하는 데 필요한 경비의 전부 또는 일부를 지원할 수 있다.
>
> ④ 정부는 지원센터가 다음 각 호의 어느 하나에 해당하는 경우에는 지정을 취소하거나 6개월 이내의 범위에서 기간을 정하여 업무의 전부 또는 일부를 정지할 수 있다. 다만, 제1호 및 제2호에 해당하는 경우에는 지정을 취소하여야 한다.
>
> 1. 거짓이나 그 밖의 부정한 방법으로 지정을 받은 경우
> 2. 업무정지처분을 받은 후 그 업무정지기간에 업무를 한 경우
> 3. 지정받은 사항을 위반하여 업무를 행한 경우
>
> ⑤ 제4항에 따라 지정이 취소된 지원센터는 지정이 취소된 날부터 2년 이내에는 다시 지정받을 수 없다.
>
> 제□□조(청문) 정부는 제○○조 제4항에 따른 지원센터의 지정 취소 및 업무 정지를 하려면 청문을 실시하여야 한다.
>
> 제△△조(1인 창조기업 지원센터의 지정 등) ① 제○○조 제1항에 따른 1인 창조기업 지원센터(이하 "지원센터"라 한다)로 지정받으려는 자는 그 신청서에 다음 각 호의 서류를 첨부하여 관계 중앙행정기관의 장에게 제출하여야 한다.
>
> 1. 정관 또는 이에 준하는 사업운영규정
> 2. 사업계획서
> 3. 전문인력 보유 현황
> 4. 시설 명세서
>
> ② 지원센터로 지정받은 자는 해당 연도의 운영계획을 매년 1월 31일까지 관계 중앙행정기관의 장에게 제출하여야 하며, 반기별로 지원센터의 운영실적을 분석하여 매 반기 종료 후 1개월 이내에 관계 중앙행정기관의 장에게 보고하여야 한다.

① 거짓으로 지정을 받았다는 이유로 A 지원센터가 2023. 9. 1.부터 2024. 3. 1.까지 6개월간의 업무 전부 정지 처분을 받는 것이 가능하다.

② 2022. 5. 15.에 지정이 취소된 B 지원센터는 2023. 6. 1.에 다시 1인 창조기업 지원세터로 지정받을 수 있다.

③ 1인 창조기업으로 지정을 받으려는 자가 전문인력 보유 현황을 보완할 수 있도록 정부는 필요한 경비의 일부를 지원할 수 있다.

④ 정부는 거짓으로 지정받은 지원센터에 대하여 법률에 따라 지정 취소를 해야할 때에 청문 절차를 거쳐야 한다.

⑤ 지원센터는 운영실적을 반기별로 분석하여 매 반기 종료 전 1개월 이내에 관계 중앙행정기관의 장에게 보고해야 한다.

3. 다음 글을 근거로 판단할 때 옳은 것은?

제00조(시행계획 수립) ① 문화재청장 및 시·도지사는 문화재 및 문화유산 보존에 관한 연도별 시행계획(이하 "시행계획"이라 한다)을 수립·시행하여야 한다.
② 시·도지사는 해당 연도의 시행계획 및 전년도의 추진실적을 매년 문화재청장에게 제출하여야 한다.
제00조(국회 보고) 문화재청장은 해당 연도 시행계획 및 전년도 추진실적을 확정한 후 지체 없이 국회 소관 상임위원회에 제출하여야 한다.
제00조(위원회의 설치) ① 문화재의 보존·관리 및 활용에 관한 사항을 조사·심의하기 위하여 문화재청에 문화재위원회를 둔다.
② 문화유산의 보존·관리 및 활용에 관한 사항을 조사·심의하기 위하여 문화재청에 문화유산위원회를 둔다.
제00조(기초조사) ① 국가 및 지방자치단체는 문화재 및 문화유산의 멸실 방지 등을 위하여 현존하는 문화재 및 문화유산의 현황, 관리실태 등에 대하여 조사하고 그 기록을 작성할 수 있다.
② 문화재청장 및 지방자치단체의 장은 지정문화재가 아닌 문화재, 지정문화유산이 아닌 문화유산에 대하여 조사를 할 경우에는 해당 문화재 또는 문화유산 소유자의 사전 동의를 받아야 한다.
제00조(정보화의 촉진) ① 문화재청장은 문화재 및 문화유산의 정보체계 구축을 위하여 관계 중앙행정기관의 장 및 지방자치단체의 장과 박물관·연구소 등 관련 법인 및 단체의 장에게 필요한 자료의 제출을 요청할 수 있다.
② 문화재청장은 제1항에 따라 필요한 자료의 제출을 요청하는 경우 관계 중앙행정기관의 장 및 지방자치단체의 장 외의 자에 대하여는 정당한 대가를 지급할 수 있다.
제00조(건설공사 시의 문화재 및 문화유산 보호) 건설공사로 인하여 문화재 및 문화유산이 훼손, 멸실 또는 수몰(水沒)될 우려가 있어 보호가 필요한 때에는 그 건설공사의 시행자는 문화재청장의 지시에 따라 필요한 조치를 하여야 한다. 이 경우 그 조치에 필요한 경비는 그 건설공사의 시행자가 부담한다.

① 시·도지사는 해당 연도 시행계획 및 전년도 추진실적을 확정한 후 지체 없이 국회 소관 상임위원회에 제출하여야 한다.
② 문화재의 보존·관리 및 활용에 관한 사항을 조사·심의하기 위하여 문화재청에 문화유산위원회를 둔다.
③ 문화재청장은 지정문화유산이 아닌 문화유산에 대하여 조사를 할 경우에는 해당 문화유산 소유자의 사후 동의를 받아야 한다.
④ 건설공사로 인하여 문화유산이 훼손될 우려가 있어 문화재청장의 지시에 따라 필요한 조치가 행해진 경우, 그 조치에 필요한 경비는 문화재청장이 부담한다.
⑤ 문화재청장은 문화재의 정보체계 구축을 위하여 박물관장에게 필요한 자료의 제출을 요청한 경우, 이에 대해 박물관장에게 정당한 대가를 지급할 수 있다.

4. 다음 글과 <상황>을 근거로 판단할 때 옳은 것은?

제00조(병역의무) ① 대한민국 국민인 남성은 법에서 정하는 바에 따라 병역의무를 성실히 수행하여야 한다.
② 병역의무자로서 사형, 무기 또는 6년 이상의 징역이나 금고의 형(刑)을 선고받은 사람은 병역에 복무할 수 없다.
제00조(병역의무부과 통지서의 전달) ① 지방병무청장은 병역의무자에게 병역의무를 부과하는 통지서(이하 "병역의무부과 통지서"라 한다)를 우편이나 정보통신망을 이용하여 송달(이하 "전자송달"이라 한다)하여야 한다.
② 병역의무부과 통지서는 병역의무를 이행하는 날부터 30일 전까지 송달되어야 한다.
③ 지방병무청장은 제1항에 따라 병역의무부과 통지서를 송달한 경우에는 그 수령증을 받아야 한다.
④ 병역의무자가 없으면 세대주, 고용주(雇用主) 또는 본인이 선정한 통지서 수령인(受領人)에게 송달하여야 하며, 통지서를 받은 사람은 지체 없이 병역의무자에게 전달하여야 한다. 이 경우 병역의무부과 통지서는 전단에 규정된 사람에게 송달된 때에 병역의무자에게 송달된 것으로 본다.
제00조(병역증·전역증) 지방병무청장은 병역의무자로서 병역판정검사를 받은 사람에게 병역증을 교부하고, 소속부대장은 전역(轉役)하는 사람에게 전역증을 교부한다.

<상 황>

병역의무자인 甲과 乙은 2024. 4. 8.부터 병역의무를 이행하여야 한다. 지방병무청장 丙은 해외유학 중인 甲의 병역의무부과 통지서를 2024. 2. 15. 甲의 세대주인 丁에게 송달하였고, 丁은 이를 2024. 3. 1. 甲이 귀국한 직후에 전달하였다.

① 병역의무자로서 5년의 징역을 선고받은 사람은 병역에 복무할 수 없다.
② 중앙병무청장은 병역의무부과 통지서를 우편이나 정보통신망을 이용하여 송달하여야 한다.
③ 丙은 乙에게 2024. 3. 9.까지 병역의무부과 통지서를 송달하여야 한다.
④ 甲의 병역의무부과 통지서는 2024. 3. 1. 甲에게 송달된 것으로 본다.
⑤ 지방병무청장은 병역의무자로서 병역판정검사를 받은 사람에게 병역증을 교부하고, 전역하는 사람에게 전역증을 교부한다.

5. 다음 글과 <상황>을 근거로 판단할 때, <보기>에서 옳은 것만을 모두 고르면?

제○○조(출국의 금지) 법무부장관은 다음 각 호의 어느 하나에 해당하는 사람에 대하여는 6개월 이내의 기간을 정하여 출국을 금지할 수 있다.
1. 형사재판에 계속(係屬) 중인 사람
2. 징역형이나 금고형의 집행이 끝나지 아니한 사람
3. 1천만 원 이상의 벌금이나 2천만 원 이상의 추징금을 내지 아니한 사람

제□□조(출국금지기간의 연장) 법무부장관은 출국금지기간을 초과하여 계속 출국을 금지할 필요가 있다고 인정하는 경우에는 그 기간을 연장할 수 있다.

제△△조(출국금지결정 등의 통지) ① 법무부장관은 제○○조 제1항 또는 제2항에 따라 출국을 금지하거나 제□□조에 따라 출국금지기간을 연장하였을 때에는 즉시 당사자에게 그 사유와 기간 등을 밝혀 서면으로 통지하여야 한다.
② 법무부장관은 제1항에도 불구하고 다음 각 호의 어느 하나에 해당하는 경우에는 제1항의 통지를 하지 아니할 수 있다.
1. 대한민국의 안전 또는 공공의 이익에 중대하고 명백한 위해(危害)를 끼칠 우려가 있다고 인정되는 경우
2. 범죄수사에 중대하고 명백한 장애가 생길 우려가 있다고 인정되는 경우. 다만, 연장기간을 포함한 총 출국금지기간이 3개월을 넘는 때에는 당사자에게 통지하여야 한다.

제◇◇조(긴급출국금지) 수사기관은 범죄 피의자로서 사형·무기 또는 장기 3년 이상의 징역이나 금고에 해당하는 죄를 범하였다고 의심할 만한 상당한 이유가 있고, 다음 각 호의 어느 하나에 해당하는 사유가 있는 때에는 출국심사를 하는 출입국관리공무원에게 출국금지를 요청할 수 있다.
1. 피의자가 증거를 인멸할 염려가 있는 때
2. 피의자가 도망하거나 도망할 우려가 있는 때

<상 황>

甲은 5백만 원의 벌금과 1천 5백만 원의 추징금을 내지 아니하였다. 乙은 범죄수사에 중대하고 명백한 장애가 생길 우려가 있어 3개월간 출국이 금지되었으나 계속 출국을 금지할 필요가 있다고 인정되어 1개월간 출국 금지가 연장되었다.

<보 기>

ㄱ. 법무부장관은 甲의 출국을 5개월간 금지할 수 있다.
ㄴ. 법무부장관은 乙에게 출국금지기간 연장에 대해 그 사유와 기간을 밝혀 서면으로 통지하여야 한다.
ㄷ. 수사기관은 범죄 피의자가 단기 4년의 금고에 해당하는 죄를 범하였다고 의심할 만한 상당한 이유가 있고 도망할 우려가 있는 때에는 출국심사를 하는 출입국관리공무원에게 출국금지를 요청할 수 있다.

① ㄱ
② ㄴ
③ ㄷ
④ ㄱ, ㄴ
⑤ ㄴ, ㄷ

6. 다음 글을 근거로 판단할 때, <보기>에서 옳은 것만을 모두 고르면?

유럽 현지에서 음식을 먹어봤다면 음식이 매우 짠 것을 경험해본 적이 있을 것이다. 우리나라 음식도 짜다고 하는데 유럽 현지 음식은 그보다 더욱 짜게 느껴진다. 그 이유는 여러 가지가 있다.

첫째는 물 때문이다. 유럽의 물은 대부분 지역에서 석회질이 들어있다. 유럽 대륙의 지질 전반이 석회암 지대이기 때문이다. 석회질을 과다 섭취할 경우 담석증이나 요로 결석을 유발할 수 있고 물 자체가 텁텁하므로 음식 맛을 내기 어렵다. 이에 대한 해결책이 소금이다. 소금이 물속에 함유된 석회질을 일부 제거해주거나 문제를 일부 완화해주는 역할을 하기 때문이다.

둘째는 사용하는 소금 종류의 차이이다. 우리는 소금 하면 보통 바닷가 염전에서 생산한 천일염을 떠올린다. 반면 유럽에서 주로 사용하는 소금은 천일염이 아닌 소금 광산에서 캐낸 암염이다. 암염은 천일염에 비해 짜다. 소금이 짠 정도를 나타내는 염도의 경우 천일염은 80 %인데 암염은 96 %에 달한다. 암염으로 간을 맞추는 유럽 음식이 더욱 짜게 느껴질 수 밖에 없다.

셋째는 저혈압이다. 유럽은 대체적으로 기압이 낮은 기후이고 기압 변화에 따른 '기상병'이 종종 생긴다. 이 병은 낮은 혈압에서 비롯되고 우울, 무력감, 피로 증세 등을 유발한다. 이 병에 대응하기 위한 목적으로 소금을 섭취한다는 것이다.

마지막으로 음식 문화의 차이이다. 유럽의 음식은 요리 재료 자체의 맛을 강조하고 또 재료에 직접 소금을 뿌린 음식을 많이 먹는 반면 우리나라는 달고 매운 음식을 많이 먹고 뜨거운 국물까지 먹는다. 음식이 달고 매울수록 짠맛을 잘 느끼지 못한다. 뜨거운 국물은 그렇지 않은 국물에 비해 짠맛을 잘 느끼지 못하게 한다. 그래서 우리나라는 유럽 국가들에 비해서 많고 WHO가 권장한 1일 소금 권장 섭취량(5 g)의 2.5배 이상의 소금을 평균적으로 섭취하면서도 유럽의 음식을 더욱 짜게 느끼는 것이다. 소금의 40 %가 나트륨인 것을 감안하면 우리나라는 유럽에 비해 짠맛을 잘 못 느끼면서도 나트륨을 과다 섭취하고 있는 것이 된다.

<보 기>

ㄱ. 사용한 재료의 양과 소금의 양이 같다면, 암염으로 간을 한 음식이 천일염으로 간을 한 음식보다 짜게 느껴질 것이다.
ㄴ. 국물의 양과 사용한 소금의 양과 종류가 같다면, 식은 국물이 뜨거운 국물에 비해 짜게 느껴질 것이다.
ㄷ. 소금 섭취는 혈압을 낮추는 효과가 있을 것이다.
ㄹ. 우리나라는 1일 평균 12 g 이상의 나트륨을 섭취하고 있다.

① ㄱ, ㄴ
② ㄱ, ㄷ
③ ㄴ, ㄹ
④ ㄷ, ㄹ
⑤ ㄱ, ㄴ, ㄹ

7. 다음 글을 근거로 판단할 때, <보기>에서 옳은 것만을 모두 고르면?

> 甲은 물건을 올리지 않았을 때 정확하게 평형을 이루는 양팔 저울을 가지고 있다. 이에 더하여 甲은 20 g, 60 g, 90 g짜리 추를 각각 1개씩 가지고 있다. 甲이 가지고 있는 양팔 저울은 충분히 커서 甲이 가지고 있는 추를 포함한 충분히 많은 수의 물건을 올릴 수 있다. 甲은 양팔 저울과 3개의 추만을 이용하여 자신이 가지고 있는 물건의 무게를 측정하고자 한다. 단, 甲은 무게를 측정할 때 물건 1개의 무게만을 측정하며 0 g은 측정할 수 있는 무게로 보지 않는다.

<보 기>

ㄱ. 甲이 측정할 수 있는 물건의 가장 작은 무게는 20 g이다.
ㄴ. 甲이 측정할 수 있는 물건의 가장 큰 무게는 170 g이다.
ㄷ. 甲은 50 g인 물건의 무게를 측정할 수 있다.
ㄹ. 甲이 100 g 이하의 추를 1개 추가하여 200 g인 물건의 무게를 측정하고자 한다면, 해당하는 추의 무게로 가능한 것은 4가지이다.

① ㄱ, ㄴ
② ㄱ, ㄹ
③ ㄴ, ㄷ
④ ㄱ, ㄴ, ㄹ
⑤ ㄴ, ㄷ, ㄹ

8. 다음 글을 근거로 판단할 때, A시 공공물품 납품 업체로 선정되는 곳은?

> A시는 기존 공공물품 납품 업체와의 계약 기간 만료를 앞두고 새로운 공공물품 납품 업체를 선정하려고 한다. 납품 업체로 선정되기 위해 甲 ~ 戊 5개 업체가 지원하였고 총점이 가장 높은 업체를 납품 업체로 선정한다. 단, 직전 납품 업체로 선정된 업체는 만점의 4 %를 감점하고 중소기업인 업체는 총점의 5 %를 가산한다. 직전 납품 업체는 丁이었다.

(단위: 점)

업체 \ 항목	가격	인지도	품질	사회공헌
甲 (대기업)	45	40	41	30
乙 (대기업)	40	37	39	44
丙 (중소기업)	42	39	36	34
丁 (대기업)	43	44	40	41
戊 (중소기업)	36	42	35	48

총점: 가격 점수 × 0.6 + 인지도 점수 × 0.4 + 품질 점수 × 0.7 + 사회공헌 점수 × 0.3, 만점은 100점으로 한다.

※ 단, 가중치를 적용한 가격, 인지도, 품질 점수의 합이 65점 미만인 업체는 선정하지 않음.

① 甲
② 乙
③ 丙
④ 丁
⑤ 戊

9. 다음 글을 근거로 판단할 때, <보기>에서 옳은 것만을 모두 고르면?

○ 甲과 乙은 지정된 게임판에서 말을 이동시키는 게임을 하고 있다.
○ 각자 1개의 말을 가지며 출발점에서 시작한다.
○ 게임판은 출발점과 숫자 1부터 19까지 써진 칸으로 구성되는데 말이 한 바퀴를 돌아서 출발점에 다시 도달해도 게임이 끝나지 않고 말을 계속 이동시킨다.
○ 가위바위보를 총 20라운드(R) 하는데, 각 라운드에서 가위바위보를 이기면 시계 반대 방향으로 말을 3칸 움직이고, 지면 시계 방향으로 말을 2칸 움직인다. 무승부 시 말을 이동시키지 않는다.
○ 20라운드 직후 자신의 말이 놓여있는 칸의 숫자가 본인의 점수이며 해당 점수가 큰 사람이 승리하며 점수가 같으면 비긴다. 단, 출발점은 0점으로 취급한다.

15	14	13	12	11	10
16					9
17					8
18					7
19					6
출발점	1	2	3	4	5

<보 기>

ㄱ. 乙이 게임이 끝날 때까지 10승 5무 5패를 했다면 乙은 0점을 획득한다.
ㄴ. 甲이 게임이 끝날 때까지 17번만 승리했다면 甲은 6점을 획득할 수 있다.
ㄷ. 甲이 게임이 끝날 때까지 11승 9패를 했다면 甲이 승리한다.
ㄹ. 乙이 18R까지 18승을 했다면 乙이 반드시 승리한다.

① ㄱ, ㄴ
② ㄱ, ㄷ
③ ㄴ, ㄷ
④ ㄱ, ㄷ, ㄹ
⑤ ㄴ, ㄷ, ㄹ

10. 다음 글을 근거로 판단할 때, <보기>에서 옳은 것만을 모두 고르면?

○ A고등학교 교사인 甲은 방학과 휴일에 관한 가정통신문을 작성하기 전에 올해의 날짜에 대한 기준을 확인하고 그것에 의해서만 글을 작성한다.
○ 기준에 의하면 일요일에서 토요일까지의 7일 중 4일 이상이 포함되어야 한 주로 취급한다.
○ 기준에 의하면 일주일의 시작은 일요일이며 끝은 토요일이다.
○ 또한 甲은 올해가 윤년이 아님을 확인하였다.

<보 기>

ㄱ. 올해 31일까지 있는 달의 1일이 일요일인 경우, 그다음 달에 다섯 번째 주가 반드시 있다.
ㄴ. 올해 30일까지 있는 달의 1일이 화요일인 경우, 그다음 달에 다섯 번째 주는 없다.
ㄷ. 올해 31일까지 있는 달의 1일이 금요일인 경우, 그다음 달에 다섯 번째 주가 있을 수 있다.
ㄹ. 올해 30일까지 있는 달의 1일이 월요일인 경우, 그다음 달에 다섯 번째 주가 없을 수 있다.

① ㄱ, ㄴ
② ㄱ, ㄷ
③ ㄴ, ㄷ
④ ㄴ, ㄹ
⑤ ㄷ, ㄹ

11. 다음 글을 근거로 판단할 때, <보기>에서 옳은 것만을 모두 고르면?

○ □□기업 홍보팀은 프레젠테이션을 앞두고 지원자 甲 ~ 丁 중에서 종합점수가 높은 상위 2명을 발표자로 선정하려고 한다. 종합점수는 심사항목별 점수의 합계이다.

○ 심사항목별 점수는 심사위원 4명의 점수 중에서 최고점과 최저점을 하나씩 제외하고 나머지 점수의 평균으로 한다. 최고점이나 최저점이 2개 이상일 경우 하나의 점수만 제외한다. 심사항목별 점수의 최고점은 10점, 최저점은 6점이고 심사위원은 자연수 단위의 점수로 평가한다.

○ 종합점수가 동점일 경우, 전달력 점수가 높은 지원자가 발표자로 선정되고 전달력 점수까지 동일할 경우에는 순발력 점수가 높은 지원자가 발표자로 선정된다.

○ 각 지원자의 심사항목별 점수는 다음과 같다.

(단위: 점)

지원자	전달력	순발력	발음	시선처리
甲	9	7	8	X
乙	10	7	9	9
丙	8	8	9	8
丁	8	7	Y	9

<보 기>

ㄱ. X가 10점이라면 甲은 발표자로 선정된다.
ㄴ. 乙의 전달력 항목에 같은 점수를 부여한 심사위원은 3명 이상이다.
ㄷ. Y가 9점이면 丁이 발표자로 선정 가능한 경우가 있다.
ㄹ. 丙의 시선처리 항목에 심사위원 2명이 6점을 부여했다면 나머지 2명의 심사위원은 서로 같은 점수를 부여하였다.

① ㄱ, ㄴ
② ㄱ, ㄷ
③ ㄴ, ㄷ
④ ㄱ, ㄴ, ㄹ
⑤ ㄱ, ㄷ, ㄹ

12. 다음 글을 근거로 판단할 때, 甲이 1일차에 먹을 음식 중 가장 열량이 낮은 음식과 2일차에 먹을 음식 중 열량이 두 번째로 높은 음식을 옳게 짝지은 것은?

○ 보디빌더인 甲은 3일 후 대회에 출전하기 위해 오늘(1일차), 내일(2일차), 모레(3일차) 3일 동안 식단조절을 하고자 한다.

○ 甲은 3일 동안 다음의 음식만을 먹는다. 각 음식은 1개씩 가지고 있고 3일 동안 나누어 먹는다.

(단위: kcal)

A	B	C	D	E	F	G	H
150	200	250	300	350	400	450	500

○ 甲이 음식을 먹는 규칙은 다음과 같다.
– 1일차에 4종류, 2일차에 3종류, 3일차에 1종류의 음식을 먹는다.
– 1일차에 섭취하는 총 열량이 2일차에 섭취하는 총 열량의 2배가 되어야 한다.
– 3일차에 섭취하는 열량은 2일차에 섭취하는 총 열량보다 300 kcal 이상 적어야 한다.
– A와 B는 같은 날에 먹을 수 없다.
– C와 F는 같은 날에 먹을 수 없다.

	가장 열량이 낮은 음식(1일차)	두 번째로 열량이 높은 음식(2일차)
①	A	C
②	A	D
③	B	F
④	C	B
⑤	C	E

13. 다음 글을 근거로 판단할 때, 甲의 비밀번호 4자리 중 C와 D의 합은?

> 몇 년 전 은행 계좌를 개설한 甲은 당시에 4자리 비밀번호를 설정하였다. 甲의 비밀번호는 ABCD인데 A ~ D는 서로 다른 한 자리의 자연수이다. 甲은 비밀번호를 설정할 당시에 비밀번호를 알 수 있는 힌트를 기록해놓았다. 비밀번호를 잊어버린 甲은 힌트를 통해 잊어버렸던 비밀번호를 알아낼 수 있었다. 甲이 기록해놓은 힌트는 다음과 같다.
> ○ ABCD와 DCBA의 합은 12221이다.
> ○ C는 A의 2배와 같다.
> ○ D는 B의 2배보다 작다.
> ○ ABCD와 DCBA의 차이는 6,000보다 작다.

① 12
② 13
③ 14
④ 15
⑤ 16

14. 다음 글을 근거로 판단할 때, 야구 선수 甲 ~ 戊에 대한 설명으로 옳은 것은?

> 야구 선수 甲 ~ 戊는 같은 팀 동료이다. 이들의 포지션, 나이, 출신 국가는 모두 다르다. 이들의 포지션은 선발투수, 구원투수, 포수, 내야수, 외야수 중 하나씩 해당하고, 출신 국가는 한국, 미국, 일본, 대만, 쿠바 중 하나씩 해당한다. 이들의 나이는 두 살 간격으로 차이가 나며 20대가 3명, 30대가 2명이다. 이들에 대한 추가적인 정보는 다음과 같이 알려져 있다.
> ○ 일본 출신 선수는 선발투수이고, 미국 출신 선수보다 나이가 어리다.
> ○ 외야수는 한국 출신이 아니다.
> ○ 甲은 30대이고 타자가 아니다.
> ○ 乙은 5명 중 나이가 가장 어리지는 않고 쿠바 출신이 아니다.
> ○ 丙은 대만 출신이고 내야수가 아니다.
> ○ 丁은 포수이고, 구원투수보다 8살이 많다.
> ○ 戊의 나이는 홀수(세)이고, 甲 ~ 戊 나이의 평균과 같다.

※ 선발투수, 구원투수는 '투수'이고 포수, 내야수, 외야수는 '타자'이다.

① 포수의 나이는 32세이다.
② 한국 출신 선수의 나이는 대만 출신 선수와 쿠바 출신 선수 나이의 평균과 같다.
③ 외야수는 미국 출신이다.
④ 선발투수는 구원투수보다 4살이 많다.
⑤ 내야수보다 나이가 많은 선수는 2명이다.

15. 다음 글을 근거로 판단할 때, 甲이 내일부터 일요일까지 7일 동안 자전거를 탈 수 있는 최대 시간은?

> ○ 甲은 내일(월요일)부터 일요일까지 총 7일 동안 자전거를 탈 수 있는 최대 시간을 계산하고자 한다.
> ○ 자전거를 오전에는 1시간, 오후에는 3시간, 저녁에는 4시간까지 탈 수 있으며, 하루 최대 8시간까지 탈 수 있다.
> ○ 하루에 8시간을 자전거를 타면, 다음 날에는 자전거를 탈 수 없다.
> ○ 하루 중 연달아 두 시간대 동안 자전거를 타면, 다음 날 첫 번째 시간대에는 자전거를 탈 수 없다.
> ○ 이번 주 화요일에는 개인적인 사정으로 오전, 오후, 저녁 모두 자전거를 탈 시간이 없다.
> ○ 이번 주 목요일 저녁에는 가족과의 약속이 있기 때문에 자전거를 탈 수 없다.
> ○ 주말 동안에는 모든 시간대에 4시간씩 탈 수 있으나, 건강을 위해 여전히 하루 최대 8시간만 탈 수 있다.
> ○ 甲은 오늘 자전거를 타지 않았다.

① 37시간
② 38시간
③ 39시간
④ 40시간
⑤ 41시간

16. 다음 글과 <상황>을 근거로 판단할 때, A기상청 소속 직원이 이번 주에 받을 수 있는 성과금의 액수로 가능한 것과 이번 주 토요일 실제 날씨를 옳게 짝지은 것은?

> ○ A기상청은 소속 직원에게 예상 날씨와 실제 날씨가 일치되는 정도에 따라 성과금을 지급한다.
> ○ A기상청은 날씨 종류에 따라 코드를 부여하는데 '맑음'은 1, '흐림'은 2, '눈·비'는 3이다.
> ○ 예상 날씨와 실제 날씨가 일치하는 날에는 100만 원을 지급하나, 예상 날씨와 실제 날씨 간 코드 차이가 1인 경우 X만 원(단, X는 자연수)을 빼고 코드 차이가 2인 경우 20만 원을 뺀다.

<상 황>

아래 표는 이번 주 A기상청의 예상 날씨와 실제 날씨에 관한 자료인데 일부가 누락되었다. 일요일은 근무일이 아니므로 고려하지 않는다. 기록에 의하면 우선, 월요일부터 토요일까지 예상 날씨와 실제 날씨가 일치한 날은 하루뿐이다. 예상 날씨가 '흐림'일 때 실제 날씨와 일치한 적이 없었다. 또한 예상 날씨가 '흐림'인 수요일과 금요일의 실제 날씨는 서로 달랐다. 실제 날씨는 '맑음'이 연속으로 3일 동안 이어진 적이 있었다. 실제 날씨는 3가지 종류의 날씨가 적어도 1번씩은 기록되었다는 사실도 밝혀졌다.

요일	월요일	화요일	수요일	목요일	금요일	토요일
예상 날씨	맑음	눈·비	흐림	맑음	흐림	맑음
실제 날씨	눈·비					

	성과금	토요일 실제 날씨
①	30만 원	맑음
②	30만 원	흐림
③	40만 원	흐림
④	40만 원	눈·비
⑤	50만 원	눈·비

17. 다음 글을 근거로 판단할 때, <보기>에서 옳은 것만을 모두 고르면?

○ 甲은 화살로 과녁 맞추기 연습을 하고 있다.

○ 과녁은 4개의 원으로 구성되고 각 과녁을 맞췄을 때 빨간색은 4점, 주황색은 3점, 노란색은 2점, 초록색은 1점을 얻을 수 있다.

○ 각 과녁을 맞출 확률은 해당 과녁의 면적에 비례하는데 빨간색 과녁의 반지름은 1 cm, 주황색은 2 cn, 노란색은 3 cm, 초록색은 4 cm이다. 과녁을 맞추지 못하는 경우는 없다.

○ 안쪽에 있는 과녁이 바깥쪽에 있는 과녁을 가린다. 예를 들어, 빨간색 과녁이 있는 부분은 주황색, 노란색, 초록색 과녁이 보이지 않는다.

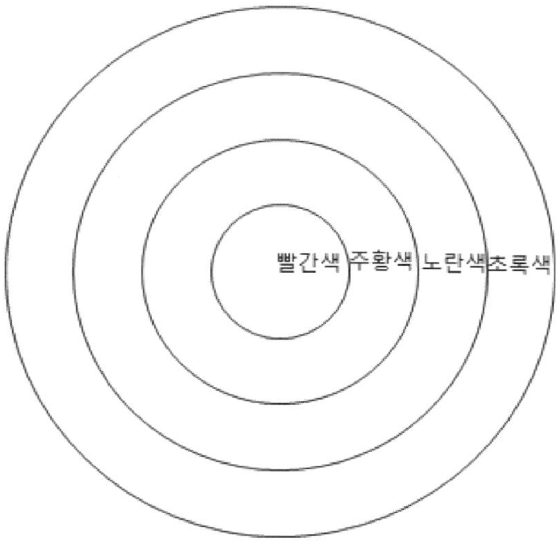

<보 기>

ㄱ. 甲이 화살을 16발 쏠 경우 얻을 수 있는 점수의 기댓값은 30점이다.

ㄴ. 甲이 화살을 3발 쏘아 9점을 얻었다면 최소 한 번 주황색 과녁을 맞췄다.

ㄷ. 甲이 화살 1발을 쏘아 빨간색 과녁을 맞춘 상태에서, 2발을 더 쏘아 6점을 얻을 확률은 7점을 얻을 확률보다 높다.

① ㄱ
② ㄴ
③ ㄱ, ㄷ
④ ㄴ, ㄷ
⑤ ㄱ, ㄴ, ㄷ

18. 다음 글을 근거로 판단할 때, 乙이 丙에게 준 자동차와 丙이 甲에게 준 자동차를 옳게 짝지은 것은?

○ 자동차 동호회의 회원인 甲, 乙, 丙은 자동차를 수집하는 취미를 가지고 있다.

○ 甲, 乙, 丙이 가진 자동차의 종류는 승용차, 트럭, 승합차, 오토바이가 있는데, 종류별로 총 3대가 있는 상황이다.

○ 甲, 乙, 丙은 각자 4대의 자동차를 가지고 있다.

○ 甲은 乙에게, 乙은 丙에게, 丙은 甲에게 자신이 가지고 있는 자동차 한 대를 주기로 약속하였다.

○ 다음 대화는 자동차를 주기 전과 준 다음의 내용이다.

<자동차를 주기 전 대화>

甲: 나는 네 종류의 자동차를 가지고 있어.
乙: 내가 가진 자동차의 바퀴 수는 16개야.
丙: 나는 승용차와 트럭을 가지고 있어.

<자동차를 준 다음 대화>

甲: 자동차 바퀴 수가 자동차를 주기 전보다 줄었어.
乙: 승합차는 나만 가지고 있네.
丙: 지금 내가 가진 승용차는 1대야.

	乙이 丙에게 준 자동차	丙이 甲에게 준 자동차
①	승용차	승용차
②	승용차	트럭
③	트럭	트럭
④	트럭	오토바이
⑤	승합차	오토바이

[19 ~ 20] 다음 글을 읽고 물음에 답하시오.

서양에서 악기의 사전적 의미는 "음악을 연주할 때 쓰는 기구를 통틀어 이르는 말"이다. 즉, 서양에선 악기는 소리가 나는 연주를 위해 쓰이는 유형의 물건을 의미하는 것이 일반적이다. 그런데 동양 사상인 유교에서는 '음(音)'과 '악(樂)'을 구분했다. 중국 고대 문헌인 「예기(禮記)」에 의하면 소리가 어우러져 곡을 이룬 것이 '음'이고, '음'과 '무(舞)'가 어우러져 이룬 것이 '악'이다. 악기에 음악을 연주할 때 쓰는 기구뿐만 아니라 무용을 위한 기구를 포함한 것이다.

이러한 악기에 대한 개념은 조선시대에 세 시기로 구분할 수 있다. 제1기는 「악학궤범」(1493)이 편찬된 이후 「사직서의궤」(1783)가 편찬되기 전까지의 시기이다. 이 시기의 악기에는 연주할 때 쓰는 기구뿐만 아니라 순수하게 무용할 때 쓰는 기구도 포함했다. 연주할 때 쓰는 기구는 거문고, 태평소처럼 소리를 내는 기구와 휘, 조촉처럼 소리를 내지 않는 기구로 나뉘었다. 무용에 쓰는 기구로는 적, 약, 간, 척, 순, 탁 등을 들 수 있다.

제2기는 「사직서의궤」(1783)가 편찬된 이후 「증보문헌비고」(1908)가 편찬되기 전까지의 시기이다. 이 시기에는 악기와 무기(舞器)가 분화된 시기이다. 여전히 연주에 사용되나 소리를 내지 않는 기구들이 악기에 포함되었으나, 순수하게 무용을 위해 사용된 기구들은 악기에 포함되지 않았다. 제3기는 「증보문헌비고」(1908)가 편찬된 이후를 말한다. 이 시기의 악기는 음악을 연주하는 기구 중 소리를 내는 것을 뜻하여 오늘날의 악기 개념과 같아지게 된다.

한편, 악기 제작의 측면에서 악기의 제작, 수리, 자재 구매와 관련된 의궤들을 통해 조선시대의 궁중에서의 악기 수급방식이 어떻게 변화하였는지 알 수 있다. 이는 악기에 대한 개념과 별도로 시기를 구분할 수 있다. 제1기는 「제기악기도감의궤」(1624)가 편찬된 이후 제2기 전까지를 말한다. 이 시기에는 궁중에서 직접 악기를 제작하고 수리했으며 자재도 구매하지 않고 직접 궁중의 인력을 사용해서 구했다.

제2기는 「경모궁악기조성청의궤」(1777)가 편찬된 이후 제3기 전까지를 말한다. 궁중에서 악기를 제작하고 수리하는 방식은 제1기와 같았지만, 자재 중 목재만 외부에서 구매했다는 점에서 차이가 있다. 제3기는 「헌종무신진찬의궤」(1848)가 편찬된 이후를 말한다. 이 시기에는 화폐를 대대적으로 사용하던 시기이다. 악기의 현(絃)을 제외한 자재를 외부에서 구매했다. 또한 모든 악기의 제작과 수리를 외부의 업체에 맡기고 비용만 지급했는데 이를 도급이라 한다.

19. 윗글을 근거로 판단할 때, <보기>에서 옳은 것만을 모두 고르면?

<보 기>

ㄱ. 「예기」에 의한 악기의 정의는 서양에서 악기의 사전적 의미와 다르다.
ㄴ. 「헌종무신진찬의궤」가 편찬될 당시 휘는 악기에 포함된다.
ㄷ. 「증보문헌비고」가 편찬될 당시 척의 제작과 수리는 도급의 형태로 이루어졌다.
ㄹ. 「사직서의궤」가 편찬될 당시 거문고를 제작하기 위해 필요한 목재는 외부에서 구매했다.

① ㄱ, ㄴ
② ㄱ, ㄷ
③ ㄴ, ㄷ
④ ㄱ, ㄴ, ㄹ
⑤ ㄱ, ㄷ, ㄹ

20. 윗글과 <상황>을 근거로 판단할 때, ㉡과 ㉢을 옳게 짝지은 것은?

<상 황>

조선시대 악기 제작 및 자재 구매에 관심이 있는 甲은 1680년, 1789년, 1909년 각 시점에서 거문고, 조촉, 탁의 제작 및 자재 구매 비용을 비교하고자 하였다. 악기는 1개씩 제작하며, 악기의 개념은 각 연도의 기준에 따르기로 했다. 다음은 악기의 제작 및 자재 구매 비용에 대한 정보이다. 단, 악기를 직접 제작해도 제작 비용이 든다고 가정하며, 자재 구매 비용은 외부에서 자재를 구매할 때만 발생한다.

악기	제작 비용	자재 구매 비용
거문고	100냥	목재(35냥), 현(5냥)
조촉	40냥	장대(15냥), 비단(50냥)
탁	25냥	금(20냥), 쇠(10냥)

이에 의할 때 1680년 악기의 제작 및 자재 구매 비용은 (㉠)냥이었다. 1789년은 1680년보다 (㉡)냥만큼 더 들었고, 1909년은 1789년보다 (㉢)냥만큼 덜 들었다.

	㉡	㉢
①	5	35
②	5	40
③	10	40
④	10	45
⑤	15	45

21. 다음 글을 근거로 판단할 때 옳은 것은?

제00조(층간소음의 방지 등) ① 공동주택의 입주자등은 공동주택에서 뛰거나 걷는 동작에서 발생하는 소음이나 음향기기를 사용하는 등의 활동에서 발생하는 소음 등 층간소음(벽간소음 등 인접한 세대 간의 소음을 포함하며, 이하 "층간소음"이라 한다)으로 인하여 다른 입주자등에게 피해를 주지 아니하도록 노력하여야 한다.

② 제1항에 따른 층간소음으로 피해를 입은 입주자등은 관리주체에게 층간소음 발생 사실을 알리고, 관리주체가 층간소음 피해를 끼친 해당 입주자등에게 층간소음 발생을 중단하거나 소음차단 조치를 권고하도록 요청할 수 있다. 이 경우 관리주체는 사실관계 확인을 위하여 세대 내 확인 등 필요한 조사를 할 수 있다.

③ 층간소음 피해를 끼친 입주자등은 제2항에 따른 관리주체의 조치 및 권고에 협조하여야 한다.

④ 제2항에 따른 관리주체의 조치에도 불구하고 층간소음 발생이 계속될 경우에는 층간소음 피해를 입은 입주자등은 공동주택관리 분쟁조정위원회나 환경분쟁조정위원회에 조정을 신청할 수 있다.

⑤ 공동주택 층간소음의 범위와 기준은 국토교통부와 환경부의 공동부령으로 정한다.

⑥ 관리주체는 필요한 경우 입주자등을 대상으로 층간소음의 예방, 분쟁의 조정 등을 위한 교육을 실시할 수 있다.

⑦ 입주자등은 필요한 경우 층간소음에 따른 분쟁의 예방, 조정, 교육 등을 위하여 자치적인 조직을 구성하여 운영할 수 있다.

① 층간소음의 피해자가 관리주체에게 층간소음을 발생시킨 입주자를 상대로 소음차단 조치를 권고하도록 요청한 경우, 관리주체는 사실관계 확인을 위하여 필요한 조사를 할 수 있다.
② 공동주택 관리주체는 층간소음에 따른 분쟁의 조정 및 교육을 위하여 자치적인 조직을 구성하여 운영할 수 있다.
③ 층간소음의 피해를 입은 입주자는 피해를 입은 즉시 환경분쟁조정위원회에 조정을 신청할 수 있다.
④ 관리주체는 필요한 경우 입주자등을 대상으로 층간소음의 예방을 위한 교육을 실시하여야 한다.
⑤ 공동주택 층간소음의 범위와 기준은 국토교통부와 법무부의 공동부령으로 정한다.

22. 다음 글과 <상황>을 근거로 판단할 때 옳은 것은?

제00조(119접수센터 설치·운영 등) ① 소방청장 및 소방본부장은 119긴급신고의 접수, 신고정보의 공유·이관, 소방대 편성 및 공동대응 요청 등에 필요한 업무를 처리하기 위하여 119접수센터를 설치·운영하여야 한다.

② 소방청장, 소방본부장 또는 소방서장은 119긴급신고의 급격한 증가 또는 119정보통신시스템의 장애 등으로 119긴급신고의 처리가 어려운 경우에 긴급신고를 효율적으로 처리하기 위하여 119긴급신고 비상접수 체계가 마련된 119정보통신시스템을 구축하여야 한다.

제00조(119정보통신시스템의 표준화) ① 소방청장은 시·도에서 운영하는 119정보통신시스템의 표준화를 추진하여야 한다.

② 소방청장은 제1항에 따라 시·도에서 운영하는 119정보통신시스템 표준화를 추진하는 경우 다음 각 호의 사항을 검토하여야 한다.

1. 119정보통신시스템 관련 신기술 적용 및 개선에 관한 사항
2. 119정보통신시스템의 규격화, 표준화, 통합운용성에 관한 사항
3. 그 밖에 소방청장이 표준화가 필요하다고 인정하는 사항

제00조(소방통신망 구축) ① 소방청장 및 시·도지사는 위급한 상황 발생 시 출동 현장에서 지체 없이 활용할 수 있도록 소방통신망을 구축·운영하여야 한다.

② 소방청장 및 시·도지사는 기지국 등 통신 인프라의 훼손으로 통상적인 소방통신망의 활용이 불가능할 때 비상수단으로 사용할 수 있는 별도의 독립적인 비상통신망을 구축·운영하여야 한다.

<상 황>

○ A도 도지사 甲은 대형재난 상황에 대비하여 통신망의 규격화, 표준화, 통합운용성을 높이고자 소방통신망과 비상통신망을 하나로 통합하여 이를 통상적으로 운영하는 단일통신망 시스템의 도입하였다.
○ A도 단일통신망 시스템으로 인해, A도와 B시 시스템 간 기술적 차이가 발생하여 B시는 119정보통신시스템의 상호운용성 측면에서 어려움을 겪고 있다.

① A도의 단일통신망은 기존의 소방통신망과 비상통신망을 단순 통합한 것으로 단일통신망 내에는 여전히 비상통신망이 구축되어 있기 때문에, 도지사 甲은 별도의 독립적인 비상통신망을 구축하지 않아도 된다.
② A도지사는 시스템과의 상호운용성 문제를 해결하기 위해, A도에서 운영하는 119정보통신시스템의 표준화를 추진하여야 한다.
③ 시·도지사는 긴급신고를 효율적으로 처리하기 위하여, 긴급신고 비상 접수 체계가 마련된 119정보통신시스템을 구축하여야 한다.
④ 소방청장은 119정보통신시스템 관련 신기술 적용 및 개선과 관련하여 필요한 업무를 처리하기 위하여, 119접수센터를 운영하여야 한다.
⑤ 소방청장이 A도와 B시에서 운영하는 119정보통신시스템의 표준화를 추진하기 위해 네트워크 장비 표준화가 필요하다고 인정한다면, 소방청장은 이를 검토하여야 한다.

23. 다음 글을 근거로 판단할 때 옳은 것은?

> 제00조(심의회) ① 이 법에 따른 재해보험 및 농어업재해재보험(이하 "재보험"이라 한다)에 관한 다음 각 호의 사항을 심의하기 위하여 농림축산식품부장관 소속으로 농업재해보험심의회를 둔다.
> ② 심의회는 위원장 및 부위원장 각 1명을 포함한 21명 이내의 위원으로 구성한다.
> ③ 심의회의 위원장은 농림축산식품부차관으로 하고, 부위원장은 위원 중에서 호선(互選)한다.
> ④ 심의회의 위원은 다음 각 호의 어느 하나에 해당하는 사람 중에서 농림축산식품부장관이 임명하거나 위촉하는 사람으로 한다. 이 경우 다음 각 호에 해당하는 사람이 1명 이상 포함되어야 한다.
> 1. 농림축산식품부장관이 재해보험이나 농어업에 관한 학식과 경험이 풍부하다고 인정하는 사람
> 2. 농림축산식품부의 재해보험을 담당하는 3급 공무원 또는 고위공무원단에 속하는 공무원
> 3. 자연재해 또는 보험 관련 업무를 담당하는 기획재정부·행정안전부·금융위원회·산림청의 3급 공무원 또는 고위공무원단에 속하는 공무원
>
> ⑤ 제4항제1호의 위원의 임기는 3년으로 한다.
> 제00조(회의) ① 위원장은 심의회의 회의를 소집하며, 그 의장이 된다.
> ② 심의회의 회의는 재적위원 3분의 1 이상의 요구가 있을 때 또는 위원장이 필요하다고 인정할 때에 소집한다.
> ③ 심의회의 회의는 재적위원 과반수의 출석으로 개의(開議)하고, 출석위원 과반수의 찬성으로 의결한다.
> 제00조(위원의 해촉) 농림축산식품부장관은 위원이 다음 각 호의 어느 하나에 해당하는 경우에는 해당 위원을 해촉(解囑)할 수 있다.
> 1. 심신장애로 인하여 직무를 수행할 수 없게 된 경우
> 2. 직무와 관련된 비위사실이 있는 경우
> 3. 위원 스스로 직무를 수행하는 것이 곤란하다고 의사를 밝히는 경우

① 심의회 소속인 자연재해 관련 업구를 담당하는 행정안전부 3급 공무원의 임기는 3년으로 한다.
② 심의회 회의에서 출석위원 10명이 반대한 안건이 의결되었다면, 심의회 소속 위원 전원이 출석하였을 것이다.
③ 심의회 위원장은 재해보험에 관한 학식과 경험이 풍부하다고 인정하는 사람을 위원으로 위촉할 수 있다.
④ 재적위원 16명인 심의회에서 회의가 소집되었다면 6명 이상의 요구가 있었을 것이다.
⑤ 심의회 위원이 직무와 관련된 비위사실이 드러난 경우, 농림축산식품부장관은 해당 위원을 해촉하여야 한다.

24. 다음 글과 <상황>을 근거로 판단할 때 옳은 것은?(단, 기간을 산정할 때 초일(初日)을 산입한다)

> 제○○조(체불사업주 명단 공개) ① 고용노동부장관은 임금을 지급하지 아니한 사업주(법인인 경우에는 그 대표자를 포함한다. 이하 "체불사업주"라 한다)가 명단 공개 기준일 이전 3년 이내 임금을 체불하여 2회 이상 유죄가 확정된 자로서 명단 공개 기준일 이전 1년 이내 임금의 체불총액이 3천만 원 이상인 경우에는 그 인적사항 등을 공개할 수 있다. 다만, 체불사업주의 사망·폐업으로 명단 공개의 실효성이 없는 경우는 그러하지 아니하다.
> ② 고용노동부장관은 제1항에 따라 명단 공개를 할 경우에 체불사업주에게 3개월 이상의 기간을 정하여 소명 기회를 주어야 한다.
> ③ 제1항에 따른 체불사업주의 인적사항 등에 대한 공개 여부를 심의하기 위하여 고용노동부에 임금체불정보심의위원회(이하 이 조에서 "위원회"라 한다)를 둔다. 이 경우 위원회의 구성·운영 등 필요한 사항은 고용노동부령으로 정한다.
> ④ 제1항에 따른 명단 공개의 구체적인 내용, 기간 및 방법 등 명단 공개에 필요한 사항은 대통령령으로 정한다.
> 제□□조(명단공개 등) ① 고용노동부장관은 제○○조제1항에 따라 다음 각 호의 내용을 공개한다.
> 1. 체불사업주의 성명·나이·상호·주소(체불사업주가 법인인 경우에는 그 대표자의 성명·나이·주소 및 법인의 명칭·주소를 말한다)
> 2. 명단 공개 기준일 이전 3년간의 임금 체불액
>
> ② 제1항에 따른 공개는 관보에 싣거나 인터넷 홈페이지, 관할 지방고용노동관서 게시판 또는 그 밖에 열람이 가능한 공공장소에 3년간 게시하는 방법으로 한다.

<상 황>

> 2023년 현재 영업을 하고 있는 사업주 甲은 임금 체불을 이유로 2023년 2회의 유죄판결을 받았고 임금체불의 총액은 2천만 원이다. 2023년 10월에 폐업한 법인사업체 X의 대표자 乙은 2023년 임금 체불을 이유로 3회의 유죄판결을 받았으며 임금체불의 총액은 4천만 원이다.
> 2023년 현재 영업을 하고 있는 법인사업체 Y의 대표자 丙은 2022년 임금체불을 이유로 2회의 유죄판결을 받았으며 임금체불 총액은 2천만 원이고, 추가로 2023년 임금체불을 이유로 2회의 유죄판결을 받았으며 임금체불의 총액은 3천만 원이다. 2024년 체불사업주 명단 공개일은 1월 1일이다.

① 고용노동부장관은 甲을 2024년 체불사업주 명단에 포함하기 위해, 3개월 이상의 기간을 정하여 소명 기회를 주어야 한다.
② 2024년 1월 1일 공개되는 체불사업주 명단에 乙의 성명·나이·주소 외에도 X의 명칭·주소도 함께 공개될 수 있다.
③ 임금체불정보심의위원회의 운영에 필요한 사항은 대통령령으로 정한다.
④ 고용노동부장관이 2024년 1월 1일 공개되는 체불사업주 명단에 丙을 포함했다면 공개되는 임금 체불액은 3천만 원이다.
⑤ 2024년 1월 1일 공개되는 체불사업주 명단에 丙이 포함된다면, 丙의 성명·나이·주소는 2026년까지 공개된다.

25. 다음 글과 <상황>을 근거로 판단할 때, <보기>에서 옳은 것만을 모두 고르면?

제00조(정원) ① 정책연구위원의 정원은 77인으로 한다.
② 정책연구위원은 1 ~ 4급상당 별정직 국가공무원으로 보한다.
제00조(정원의 배정) 각 교섭단체에 배정하는 정책연구위원의 정원은 다음 각호와 같다.
1. 교섭단체의 수가 3개 이하인 경우는 교섭단체 소속의원수의 비율에 의하여 배정한다.
2. 교섭단체의 수가 4개인 경우는 각 교섭단체에 13인씩 균등배정하고, 나머지 인원은 교섭단체 소속의원수가 40인을 초과하는 교섭단체간의 소속의원수의 비율에 의하여 배정한다.
3. 교섭단체의 수가 5개 이상인 경우는 각 교섭단체에 10인씩 균등배정하고, 나머지 인원은 교섭단체 소속의원수가 30인을 초과하는 교섭단체간의 소속의원수의 비율에 의하여 배정한다.
제00조(직급별 배정) ① 1급상당 정책연구위원은 교섭단체 소속의원수가 30인 이상 50인 미만의 교섭단체에 2인, 50인 이상 100인 미만의 교섭단체에 3인, 100인 이상의 교섭단체에 4인을 각각 둔다.
② 4급상당 정책연구위원은 다음 각호와 같이 둔다. 다만, 1급상당 정책연구위원이 없는 교섭단체에 대하여는 6인을 둔다.
1. 교섭단체의 수가 2개인 경우: 소속의원수가 30인 이상 50인 미만의 교섭단체에는 12인, 50인 이상 100인 미만의 교섭단체에는 14인, 100인 이상의 교섭단체에는 16인
2. 교섭단체의 수가 3개인 경우: 소속의원수가 30인 이상 50인 미만의 교섭단체에는 10인, 50인 이상 100인 미만의 교섭단체에는 12인, 100인 이상의 교섭단체에는 14인
3. 교섭단체의 수가 4개 이상인 경우: 소속의원수가 30인 이상 50인 미만의 교섭단체에는 9인, 50인 이상 100인 미만의 교섭단체에는 11인, 100인 이상의 교섭단체에는 13인
③ 2급 또는 3급상당 정책연구위원은 교섭단체별로 제1항의 1급상당 및 제2항의 4급상당 정책연구위원의 정원을 뺀 인원을 둔다.

※ 교섭단체: 중요한 안건을 협의하기 위하여 20인 이상의 의원들로 구성하는 단체, 각 정당은 1개의 교섭단체만 구성 가능함.

<상 황>

현재 甲국의 국회는 270명의 의원으로 구성되어 있다. 이들의 소속 정당은 A당 120명, B당 80명, C당 50명, D당 20명이다. 각 정당은 모두 교섭단체를 구성하였다.

<보 기>

ㄱ. 배정받는 1급 정책연구위원 정원이 가장 많은 교섭단체는 배정받는 2급 또는 3급상당 정책연구위원 정원도 가장 많다.
ㄴ. 배정받는 전체 정책연구위원 정원 중 4급 상당 정책연구위원 정원의 비중이 60% 이상인 교섭단체는 없다.
ㄷ. 배정받는 2급 또는 3급상당 정책연구위원 정원이 B당 교섭단체와 같은 교섭단체가 있다.

① ㄱ
② ㄷ
③ ㄱ, ㄴ
④ ㄱ, ㄷ
⑤ ㄱ, ㄴ, ㄷ

26. 다음 글을 근거로 판단할 때 옳은 것은?

천문학자들이 우주를 관측할 때 방해가 되는 것이 '대기'이다. 우주의 다양한 천체로부터 오는 빛이 대기 때문에 걸러지고 흡수되어 지표면까지 온전히 도달하기 어렵기 때문이다. 이로 인해 우주를 정확히 관측하기 위해 지구의 대기권 밖 우주로 우주망원경을 쏘아 올렸다. 첫 우주망원경은 1968년에 발사한 'OAO 궤도공전천문대'지만 널리 알려진 대표적인 우주망원경은 허블 망원경과 제임스 웹 망원경이다.

허블 망원경은 1990년에 우주로 발사되었고 이후 5번의 보수 및 개선과정을 거쳐 30년이 넘는 시간 동안 우주의 많은 천체 이미지를 촬영하여 지구로 전송하였다. 허블 망원경은 빛을 모으는 거울인 주경(主鏡)의 직경이 2.4 m이다. 허블 망원경은 가시광선 영역의 빛과 약한 파장의 일부 적외선 영역의 빛을 관측할 수 있다. 허블 망원경은 지구로부터 550 km 떨어진 곳에 위치하고 있다.

제임스 웹 망원경은 30년에 달하는 기간 동안 개발되어 2021년에 발사되었다. 그리고 현재까지도 우주의 많은 천체 이미지를 촬영하여 지구로 전송하고 있다. 제임스 웹 망원경은 주경의 직경이 6.5 m이다. 빛을 모으는 집광력(集光力)의 크기는 직경 크기의 제곱에 비례하기 때문에 제임스 웹 망원경은 허블 망원경에 비해 더 어두운 천체까지도 관측할 수 있다. 적외선의 최소 파장은 가시광선 최대 파장보다 길고 제임스 웹 망원경은 가시광선은 관측할 수 없고 적외선 영역의 빛만을 관측할 수 있다. 제임스 웹 망원경은 지구로부터 150만 km 떨어진 곳에 위치하고 있다.

① 첫 우주망원경은 발사 이후 5번의 보수 및 개선과정을 거쳤다.
② 제임스 웹 망원경은 적외선 영역의 빛만을 관측할 수 있고 허블 망원경은 가시광선 영역의 빛만을 관측할 수 있다.
③ 주경이 원 모양인 우주망원경은 개발기간이 30년이 넘는다.
④ 집광력의 크기는 제임스 웹 망원경이 허블 망원경의 6배를 넘는다.
⑤ 지구로부터 떨어진 거리는 주경이 육각형 모양인 우주망원경이 주경이 원 모양인 우주망원경의 3,000배 이상이다.

27. 다음 글을 근거로 판단할 때, 甲 ~ 戊 중 심판을 맡은 사람은?

> ○ 甲, 乙, 丙, 丁, 戊는 1 : 1 탁구 시합을 하고자 한다.
> ○ 5명 중 1명은 심판을 맡고, 나머지 4명은 모두 2번의 탁구 시합을 한다.(심판은 탁구 시합을 하지 않는다)
> ○ 탁구 시합 후 자신의 탁구 시합 상대에 대해 다음과 같이 진술하였다. 탁구 시합을 한 4명의 진술은 모두 참이고, 심판은 탁구 시합을 하지 않았으므로 거짓인 진술을 한 것이다.
> – 甲: 나는 丙과 시합을 한다.
> – 乙: 나는 戊와 시합을 한다.
> – 丙: 나는 甲과 시합을 한다.
> – 丁: 나는 丙과 시합을 한다.
> – 戊: 나는 乙과 시합을 한다.

① 甲
② 乙
③ 丙
④ 丁
⑤ 戊

28. 다음 글을 근거로 판단할 때 옳지 않은 것은?

> ○ A, B, C, D, E, F, G 7명의 키에 대해 다음과 같은 사실이 알려져 있다.(키가 서로 동일한 사람은 없다)
> ○ D의 키는 A와 B 사이이다.
> ○ C의 키는 A와 E 사이이다.
> ○ G는 D보다 키가 크다.
> ○ A는 B보다 키가 작다.
> ○ F는 C보다 키가 작다.
> ○ B는 C, E보다 키가 작다.

① A의 키는 가장 작거나 두 번째로 작다.
② B보다 키가 큰 사람은 최대 3명이다.
③ B보다 키가 작고, D보다 키가 큰 사람은 최대 2명이다.
④ C는 D보다 키가 크다.
⑤ E의 키는 가장 크거나 두 번째로 크다.

29. 다음 글을 근거로 판단할 때, 인사 부서에서 선발하는 합격자는?

○ A, B, C, D, E는 □□ 공기업의 채용과정에 합격한 사람들이다. □□공기업의 인기부서는 송전, 배전, 연구로 3곳이다. 합격자는 모두 3곳의 부서 중 송전을 가장 선호하고, 배전을 두 번째로 선호하고, 연구를 세 번째로 선호한다.

○ 각 부서의 평가 요소별 가중치는 다음과 같다.

요소 / 부서	학점	면접	전공시험
송전	0.2	0.0	0.8
배전	0.5	0.0	0.5
연구	0.4	0.3	0.3

○ 각 합격자의 평가 요소별 점수는 다음과 같다.

요소 / 합격자	학점	면접	전공시험
A	8점	6점	9점
B	6점	8점	7점
C	9점	5점	6점
D	7점	9점	4점
E	4점	8점	9점

○ 각 부서는 평가요소별 가중치와 점수의 곱을 합산한 점수가 가장 높은 합격자를 선발한다. 예를 들어, 송전에서 합격자를 선발할 때, A의 점수는 8점 × 0.2 + 6점 × 0 + 9점 × 0.8로 8.8점이다. 송전의 선호도가 가장 높으므로 송전에서 가장 먼저 1명을 선발하고, 선발자를 제외한 나머지 4명 중 1명을 배전에서 선발하며, 선발자를 제외한 나머지 3명 중 1명을 연구에서 선발한다.

○ 인기부서에 선발되지 않은 2명은 회계 부서에서 먼저 1명을 선발하고, 인사 부서에서 마지막 1명을 선발한다. 회계 부서는 2명 중 학점 점수가 더 높은 사람을 선발한다.

① A
② B
③ C
④ D
⑤ E

30. 다음 글을 근거로 판단할 때, A ~ G 중 ◇◇광역시가 '연구 지원금'을 지급하는 공공기관 수는?

○ ◇◇광역시는 지역 내 환경 관련 공공기관에 대해 '연구 지원금'을 지급하고자 한다.

○ 지원금은 인력 요건과 점수 요건을 모두 충족하여야 한다.

○ '인력 요건'은 전체 직원 대비 연구 직원 비율이 15% 이상이어야 한다는 것이다.

○ '점수 요건'의 채점 구성요소는 전문성, 반응성, 지속성이다. 다음 2가지 요건을 충족하여야 한다.

– 전문성, 반응성, 지속성 점수의 산술 평균이 5점 이상

– 전문성 점수는 반드시 3점 이상

○ 공공기관 A, B, C, D, E, F, G의 지원금 요건에 대해 다음과 같이 알려져 있다.

구분 / 공공기관	인력		점수		
	연구 직원	비연구 직원	전문성	반응성	지속성
A	30	60	7	5	3
B	5	15	6	8	2
C	2	18	4	5	6
D	8	20	8	4	6
E	15	40	6	4	3
F	20	20	2	8	6
G	10	60	6	7	5

① 2곳
② 3곳
③ 4곳
④ 5곳
⑤ 6곳

31. 다음 글과 <상황>을 근거로 판단할 때, ㉠, ㉡에 들어갈 숫자의 합은?

> 甲국의 의회는 300명의 의원으로 구성되어 있다. 甲국 의회에서 법안은 전체 의원 수의 과반수가 찬성표를 행사해야 의결되고 그렇지 못한 법안은 부결된다. 甲국은 3개의 정당(A당, B당, C당)으로 구성되어 있고 이외 정당 의원이나 무소속 의원은 없다. 의원 수는 A당이 80명, B당이 100명, C당이 120명이다. 각 의원은 1인 1표를 행사한다.
>
> 각 정당은 투표 전 모든 법안에 대해 내부 토론을 한다. 내부 토론에서 의원들은 찬성 또는 반대 중 하나로만 의사 표시를 한다. 내부 토론 결과, 각 정당 내에서 의원들의 2/3 이상이 찬성할 경우 해당 법안은 찬성을 당론으로 하여 소속 의원 전원이 본회의에서 찬성표를 행사한다. 반면 각 정당 내에서 의원들의 과반수가 반대할 경우 해당 법안은 반대를 당론으로 하여 소속 의원 전원이 본회의에서 반대표를 행사한다. 당론이 정해지지 않은 경우는 소속 의원이 개인의 의사에 따라 본회의에서 찬성표 또는 반대표를 행사한다.

<상 황>

> 2024년 甲국의 정기회 마지막 본회의에 3개의 법안(X, Y, Z)이 상정되었다. 300명 의원 전원이 본회의에 참석하여 투표에 참여하였고 기권표나 무효표는 없었다. 3개의 법안에 대한 투표 결과는 다음과 같다.
>
> ○ X법안은 만장일치로 부결되었다.
>
> ○ Y법안은 의결되었다.
>
> X법안에 대해 반대표를 행사한 의원 중 의사가 '반대'인 의원은 최소 [㉠]명이다. Y법안에 대해 찬성표를 행사한 의원 중 의사가 '찬성'인 의원은 최소 [㉡]명이다.

① 264
② 271
③ 273
④ 278
⑤ 280

32. 다음 글을 근거로 판단할 때, 철수가 처음 가지고 있던 구슬의 개수는?

> 철수는 일정한 개수의 구슬을 가지고 있다. 철수는 이 구슬을 甲～戊에게 나누어 주었다. 구슬은 甲, 乙, 丙, 丁, 戊 순으로 나누어 주었다. 철수는 처음 가지고 있는 구슬 개수의 절반보다 1개 많은 개수의 구슬을 甲에게 나누어 주었다. 이후 남은 구슬의 절반보다 1개 많은 개수의 구슬을 乙에게 나누어 주었다. 이후 남은 구슬의 절반보다 1개 많은 개수의 구슬을 丙에게 나누어 주었고 丁에게도 남은 구슬의 절반보다 1개 많은 개수의 구슬을 나누어 주었다. 마지막으로 戊에게 남은 구슬의 절반보다 1개 많은 개수의 구슬을 나누어 주었더니 남은 구슬이 없었다.

① 58개
② 60개
③ 62개
④ 64개
⑤ 66개

33. 다음 글을 근거로 판단할 때, <보기>에서 옳은 것만을 모두 고르면?

> 甲과 乙은 총 5번의 가위바위보를 하였다. 甲과 乙이 5번의 가위바위보를 하는 동안 무엇을 내었는지 물어봤을 때 甲과 乙은 다음과 같이 대답하였다.
> 甲: 내가 5번의 가위바위보를 하는 동안 손가락을 편 개수는 총 10개야.
> 乙: 내가 5번의 가위바위보를 하는 동안 손가락을 편 개수는 한 자릿수의 홀수야.

<보 기>

ㄱ. 甲이 바위를 낸 적이 있다면 甲은 적어도 한 번의 가위바위보에서는 승리하지 못했다.
ㄴ. 乙이 5번의 가위바위보를 하는 동안 손가락을 편 개수가 총 7개라면 乙의 가위바위보 승리 횟수는 최소 0회, 최대 3회이다.
ㄷ. 5번의 가위바위보에서 무승부가 발생하지 않았다면, 乙이 낸 가위, 바위, 보의 횟수를 알 수 있다.

① ㄱ
② ㄷ
③ ㄱ, ㄴ
④ ㄴ, ㄷ
⑤ ㄱ, ㄴ, ㄷ

34. 다음 글과 <상황>을 근거로 판단할 때, <보기>에서 옳은 것만을 모두 고르면?

> 귀금속 세공사 120명이 있다. 이들은 왼손잡이, 오른손잡이, 양손잡이 셋 중에 하나에 해당한다. 왼손잡이는 왼손으로만, 오른손잡이는 오른손으로만 작업을 할 수 있고 양손잡이는 양손 모두로 작업이 가능하다. 이들에게 작업에 필요한 장갑을 지급하기 위해 다음과 같은 질문을 하였다. 이들은 '예', '아니오'로만 답변하였다.
> 1) 왼손으로 작업이 가능한가?
> 2) 오른손으로 작업이 가능한가?
> 3) 양손으로 작업이 가능한가?
> 이들은 진실대로 답변하였는데 양손잡이 중 일부가 질문 1)을 '왼손으로만'으로, 질문 2)를 '오른손으로만'으로 잘못 알아 듣고 대답을 하였다는 사실이 알려져 있다. 작업을 할 때는 작업이 가능한 손에만 장갑을 끼고 작업을 한다. 양손잡이는 양손 모두에 장갑을 끼며 장갑은 왼손, 오른손 구분이 없는 동일한 장갑을 제공한다.

<상 황>

> 질문 1)에는 88명이 '아니오'라고 답변하였고 질문 2)에는 28명이 '아니오'라고 답변하였다. 질문 3)에는 100명이 '아니오'라고 답변하였다.

<보 기>

ㄱ. 질문 1, 2를 제대로 알아들은 양손잡이 세공사의 수는 잘못 알아들은 양손잡이 세공사의 수보다 적다.
ㄴ. 왼손잡이 세공사와 양손잡이 세공사의 수는 같다.
ㄷ. 오른손잡이 세공사가 낀 장갑의 총 개수는 양손잡이 세공사가 낀 장갑의 총 개수의 2배이다.

① ㄱ
② ㄴ
③ ㄱ, ㄷ
④ ㄴ, ㄷ
⑤ ㄱ, ㄴ, ㄷ

35. 다음 글과 <대화>를 근거로 판단할 때, 乙, 丁, 戊가 뽑은 카드의 색깔을 옳게 짝지은 것은?

상자 안에 빨간색 카드 4장, 검은색 카드 3장이 들어있다. 이를 알고 있는 甲 ~ 戊 5명은 甲, 乙, 丙, 丁, 戊 순서로 상자 안에서 카드 한 장씩을 뽑는다. 카드는 다음과 같이 뽑는다.

○ 뽑은 카드는 상자 안에 다시 넣지 않는다.
○ 자신이 카드를 뽑을 때부터 마지막 사람이 카드를 뽑을 때까지 눈을 감는다. 따라서 자신과 자신보다 뒤 차례의 사람이 어떤 색의 카드를 뽑았는지는 알 수 없다.
○ 자신보다 앞 사람이 뽑은 카드의 색깔은 알 수 있다.
○ 甲 ~ 戊가 카드를 뽑고 난 이후, 카드를 뽑은 역순으로 자신이 뽑은 카드의 색깔을 아는지 질문하였고 이들의 대답은 다음과 같다. 이들은 자신이 알고 있는 정보와 앞서 대답한 사람의 대답을 통해 최선을 다해 자신과 다른 사람이 뽑은 카드의 색깔을 추론한다.
○ 甲과 丙은 서로 다른 색깔의 카드를 뽑았다는 사실이 알려져 있다. 단, 이 사실을 甲, 乙, 丙은 모른다.

<대 화>

戊: 난 내가 어떤 색깔의 카드를 뽑았는지 알아.
丁: 난 내가 어떤 색깔의 카드를 뽑았는지 몰랐었는데 丁의 말을 들으니 내가 어떤 색깔의 카드를 뽑았는지 알겠어.
丙: 나도 너희 둘의 말을 들으니 내가 어떤 색깔의 카드를 뽑았는지 알겠어.
乙: 나도 너희 셋의 말을 들으니 내가 어떤 색깔의 카드를 뽑았는지 알겠어.
甲: 나도 너희들 말을 들으니 내가 어떤 색깔의 카드를 뽑았는지 알겠어.

	乙	丁	戊
①	빨간색	빨간색	빨간색
②	빨간색	검은색	빨간색
③	빨간색	검은색	검은색
④	검은색	검은색	빨간색
⑤	검은색	빨간색	검은색

36. 다음 글과 <상황>을 근거로 판단할 때, <보기>에서 옳은 것만을 모두 고르면?

甲과 乙은 양궁 대결을 하였다. 양궁 경기 규칙은 다음과 같다.

○ 화살 1발로 얻을 수 있는 점수는 10점 이하의 자연수이다.
○ 총 5세트의 대결을 하며 1세트당 3발의 화살을 쏜다.
○ 각 세트에서 3발의 화살의 점수를 합한 결괏값이 큰 사람이 세트 포인트 2점, 작은 사람이 세트 포인트 0점을 획득한다. 3발의 화살의 점수를 합한 결괏값이 서로 같은 경우 두 사람 모두 세트 포인트 1점씩을 획득한다.
○ 세트 포인트 6점 이상을 먼저 얻는 사람이 경기에서 승리한다.
○ 5세트까지 대결을 했음에도 세트 포인트 6점 이상을 얻은 사람이 없는 경우 다음의 규정 순서대로 승자를 가린다.

규정 1) 총 15발의 화살 중 10점을 많이 쏜 사람을 승자로 한다.
규정 2) 10점을 쏜 개수가 같을 경우, 총 15발의 화살의 점수를 모두 합한 결괏값이 큰 사람을 승자로 한다.
규정 3) 총 15발의 화살의 점수를 모두 합한 결괏값까지 같을 경우, 5세트 3회차 화살의 점수가 큰 사람을 승자로 한다.

<상 황>

甲과 乙의 화살을 쏜 결과는 다음과 같은데 5세트의 세부 결과가 누락 되었다. 양궁 경기결과는 甲이 승리하였다.

(단위: 점)

구분	甲		乙	
1세트	1회차	9	1회차	10
	2회차	8	2회차	7
	3회차	9	3회차	8
2세트	1회차	9	1회차	10
	2회차	9	2회차	10
	3회차	10	3회차	9
3세트	1회차	10	1회차	9
	2회차	8	2회차	10
	3회차	8	3회차	7
4세트	1회차	9	1회차	9
	2회차	9	2회차	10
	3회차	7	3회차	9
5세트	1회차	?	1회차	?
	2회차	?	2회차	?
	3회차	?	3회차	?

<보 기>

ㄱ. 甲이 쏜 총 15발 화살 점수의 평균은 9점 이상이다.
ㄴ. 乙이 5세트에서 8점 이하를 쏜 회차가 있다면, 甲은 규정 2를 통해 승리하였다.
ㄷ. 甲이 규정 3을 통해 승리하였다면, 乙이 5회차에서 쏜 3발의 화살은 점수가 모두 같다.

① ㄱ
② ㄷ
③ ㄱ, ㄴ
④ ㄴ, ㄷ
⑤ ㄱ, ㄴ, ㄷ

37. 다음 글을 근거로 판단할 때 숫자 N은?

> 선생님이 학생에게 다음과 같이 문제를 내었다.
>
> 선생님: "7개의 수 1, 2, 3, 4, 5, 6, 7이 있어. 이 중 두 수를 골라서 곱한 값들을 모두 더하면 얼마일까?"
>
> 학생: "선생님 서로 다른 두 수를 고르는 것이 아니므로 1과 1을 골라 곱한 값도 질문에서 더해야 하는 값에 해당하나요?"
>
> 선생님: "맞아. 같은 수를 중복하여 고르는 경우도 포함 하는 것이 문제의 의도였어. 즉, 1부터 7 중 하나를 고르는 경우의 수가 7가지이므로 두 수를 고르는 경우의 수는 총 49가지(= 7가지 × 7가지)이지. 좋은 질문을 해주었구나."
>
> 학생: "너무 복잡하고, 어려워요. 힌트를 주실 수 있나요?"
>
> 선생님: "49가지의 경우에 해당하는 값을 모두 나열하자니 너무 많은 것 같고, 또 그 값을 모두 더해야 하니 계산이 어렵지? 힌트를 주자면, 정답에 해당하는 값은 (N)×(N)이야. 즉, N이 무엇인지 고민해보면, 정답을 알 수 있지."

① 21
② 24
③ 28
④ 32
⑤ 36

38. 다음 글을 근거로 판단할 때 옳은 것은?

> ○ 甲, 乙, 丙은 소속 부처가 통일부, 기획재정부, 교육부 중 하나로 서로 다르다. 그리고, 이들의 직급은 5, 7, 9급 중 하나로 서로 다르고, 근무기간도 서로 다르며, 나이도 30세, 35세, 40세 중 하나로 서로 다르다.(직급은 5, 7, 9급 순서로 높다)
>
> ○ 甲, 乙, 丙에 대해 다음과 같은 사실이 알려져 있다.
>
> – 甲은 교육부 소속인 사람보다 근무기간이 더 짧다.
>
> – 나이가 30세인 사람은 乙보다 직급이 높고, 교육부 소속인 사람보다 직급이 낮다.
>
> – 甲은 기획재정부 소속이 아니다.
>
> – 나이가 35세인 사람은 교육부 소속인 사람보다 근무기간이 더 길다.

① 甲은 직급이 가장 높다.
② 乙의 나이는 35세다.
③ 丙은 소속 부처가 기획재정부다.
④ 근무기간이 가장 짧은 사람의 소속 부처는 기획재정부다.
⑤ 나이가 40세인 사람의 직급은 7급이다.

[39 ~ 40] 다음 글을 읽고 물음에 답하시오.

도서정가제란 도서를 정가의 일정한 비율 이상의 금액으로 판매하게 하는 가격 유지 제도이다. 대형 서점 및 대형 출판사의 할인 공세를 제한하여 중소 규모 서점 및 출판사도 같은 조건에서 경쟁할 수 있도록 함을 목적으로 한다. 일반적으로 도서정가제를 시작했다고 인식되는 법률은 구 출판및인쇄진흥법이 2014년에 개정된 내용이다. 하지만 해당 법률은 2002년 8월 26일에 제정될 때부터 도서정가제의 내용을 담고 있었고 제정 이후 6개월이 경과한 날부터 시행되었다.

도서정가제는 2014년 구 출판및인쇄진흥법 개정안이 통과되면서 일반 국민에게 체감되는 변화를 불러왔다. 개정 이전에는 도서 발매 이후 18개월간 정가의 10%까지 가격을 할인할 수 있었는데, 직접할인(가격 할인)과 별도로 도서 정가의 10%까지 간접할인 (포인트 적립. 사은품 증정 등)이 가능했다. 한편, 도서 발매 이후 18개월이 경과한 경우 무제한 할인이 가능했다. 또한 실용서, 참고서, 학습지와 같이 도서정가제가 적용되지 않는 서적의 범위가 넓은 편이었고, 국가기관, 지방자치단체 소속 도서관, 사회복지시설, 군부대 등 도서정가제가 적용되지 않는 기관도 많았다. 하지만 2014년 개정 이후에는 도서 발매 이후 기간과 관계없이 정가의 10%까지 가격을 할인할 수 있게 조정되었다. 또한 직접할인과 간접할인을 합쳐 도서 정가의 15%를 넘길 수 없게 되었다. 도서정가제가 적용되지 않는 서적은 없으며, 도서정가제가 적용되지 않는 기관도 사회복지시설로 그 범위가 축소되었다.

도서정가제는 한국뿐만 아니라 여러 국가에서 시행 중인데 대표적인 국가로 프랑스, 독일, 일본을 들 수 있다. 물론 세부적인 내용에는 차이가 존재한다. 우선, 도서정가제 적용 대상 측면에서 한국, 독일, 일본은 종이책과 전자책의 판매에 대해 적용되며, 프랑스는 종이책의 판매에 더해 전자책의 판매, 대여, 구독에 대해서도 적용된다. 또한 할인의 범위에서 차이가 있는데 한국의 경우 직접할인은 정가의 10%까지 가능하고 직접할인과 간접할인을 합쳐 15%를 넘을 수 없다. 프랑스와 독일은 직접할인에 대해서만 규정하는데, 프랑스는 종이책은 정가의 5%까지 직접할인이 가능하나, 전자책은 직접할인이 불가능하다. 독일은 원칙적으로 직접할인이 불가능하나 교과서에 대해서는 12%까지 직접할인이 가능하다. 일본은 직접할인은 불가능하나 간접할인은 제한이 없다.

한국의 도서정가제는 2014년 이후 많은 논란에 휩싸였으며 2020년에는 헌법소원을 청구했으나 2023년 기각되기도 했다. 최근 도서정가제는 웹소설이나 웹툰 등 영역으로 확장하려는 움직임이 보인다. 그러나 남성 231명, 여성 269명을 대상으로 한 <2022년 웹소설 분야 실태조사>에 따르면 남성의 19.5%, 여성의 16.7%만이 웹소설 분야에 도서정가제를 적용하는 것에 찬성했다.

39. 윗글을 근거로 판단할 때 옳은 것은?

① 구 출판및인쇄진흥법은 2002년부터 시행되었다.
② 2014년에 개정되기 전인 구 출판및인쇄진흥법에 의하면 군부대의 도서는 도서정가제가 적용되었다.
③ 2014년에 개정된 구 출판및인쇄진흥법에 의하면 정가가 10,000원인 도서를 1,500원 직접할인 할 수 있다.
④ <2022년 웹소설 분야 실태조사> 전체 대상자 중 웹소설 분야에 도서정가제를 적용하는 것에 찬성하는 비율은 18.1% 이상이다.
⑤ 한국과 달리 일본은 도서 판매 시 포인트 적립이나 사은품 증정에 있어 제한이 없다.

40. 윗글과 <상황>을 근거로 판단할 때, ㉠과 ㉡을 옳게 짝지은 것은?

<상 황>

甲은 국가별로 같은 서적들을 구매할 경우 어느 정도의 가격 차이가 존재하는지 알아보고자 한국, 프랑스, 독일, 일본에서 각각 A책과 B책을 1권씩 구매했다. A책은 원화 기준 모든 국가에서 30,000원이고 종이책이며 비교과서이나, B책은 원화 기준 모든 국가에서 25,000원이고 전자책이며 교과서였다. 할인은 직접할인만 고려하며 모두 도서정가제에 의해 할인율 제한이 가능한 기간 내에 구매했다고 본다.

甲은 모든 책을 구입할 때 도서정가제 하에서 적용할 수 있는 최대의 할인율을 적용받았다. 이 경우 A책은 4개의 국가에 걸쳐 총 (㉠)원 할인되었으며, B책은 총 (㉡)원 할인되었다.

	㉠	㉡
①	3,000	4,000
②	3,000	5,500
③	4,500	5,500
④	4,500	6,000
⑤	6,000	6,000

현재 내 위치가 궁금하다면?

빠른 채점 및 성적 분석

https://labstandard.kr/eas

성적분석 서비스 + 통계표 확인

맞은 문제 수 / 푼 문제 수	맞은 문제 수 / 찍은 문제 수
(　　)문제 / (　　)문제	(　　)문제 / (　　)문제

총점:　　　　점

✓ 나의 속도와 정확도를 성적분석 서비스를 통해 간편하게 분석해보세요!

| 상황판단영역 |

3 교시

문제책형
출

응시번호	
성명	

응시자 주의사항

1. **시험시작 전에 시험문제를 열람하는 행위나 시험종료 후에 답안을 작성하는 행위를 한 사람**은 「공무원임용시험령」 제51조에 의거 **부정행위자**로 처리됩니다.
2. **답안지 책형 표기**는 **시험시작 전** 감독관의 지시에 따라 **문제책 앞면에 인쇄된 문제책형을 확인**한 후, **답안지 책형란에 해당 책형(1개)**을 '●'로 **표기**하여야 합니다.
3. 시험이 시작되면 문제를 주의 깊게 읽은 후, **문항의 취지에 가장 적합한 하나의 정답만을 고르며,** 문제내용에 관한 질문은 할 수 없습니다.
4. **답안을 잘못 표기하였을 경우**에는 **답안지를 교체하여 작성**하거나 **수정할 수 있으며,** 표기한 답안을 수정할 때는 **응시자 본인이 가져온 수정테이프만을 사용**하여 해당 부분을 완전히 지우고 부착된 수정테이프가 떨어지지 않도록 손으로 눌러주어야 합니다. **(수정액 또는 수정스티커 등은 사용 불가)**
   ■ **불량한 수정테이프의 사용과 불완전한 수정처리**로 발생하는 **모든 문제는 응시자 본인에게 책임**이 있습니다.
5. **시험시간 관리의 책임은 응시자 본인에게 있습니다.**
   ※ 문제책은 시험종료 후 가지고 갈 수 있습니다.

성적분석 및 이의제기 안내

1. **빠른 채점** 및 **성적분석** 서비스 (나의 위치 확인 및 통계 분석 결과 확인)
   ■ **시험지 뒷면** 및 **해설지**의 **QR코드** 확인 : https://labstandard.kr/eas
2. **답안지(OMR 카드) & 정오표** 다운로드, 문항 관련 문의
   ■ 랩스탠다드 홈페이지(https://labstandard.kr) "학습지원센터 - 자료실 & 정오표" 게시판 확인
   ■ 문항 관련 문의 : "학습지원센터 - 1:1 문의" 게시판 또는 이메일(labstandard@naver.com)

1. 다음 글을 근거로 판단할 때 옳은 것은?

> 제00조(감염병에 관한 강제처분) ① 질병관리청장은 해당 공무원으로 하여금 다음 각 호의 어느 하나에 해당하는 감염병환자등이 있다고 인정되는 주거시설, 선박·항공기·열차 등 운송수단 또는 그 밖의 장소에 들어가 필요한 조사나 진찰을 하게 할 수 있으며, 그 진찰 결과 감염병환자등으로 인정될 때에는 동행하여 치료받게 하거나 입원시킬 수 있다.
> 1. 결핵, 홍역, 콜레라, 장티푸스, 및 세균성이질
> 2. 세계보건기구 감시대상 감염병
>
> ② 질병관리청장은 제1급감염병이 발생한 경우 해당 공무원으로 하여금 감염병의심자에게 다음 각 호의 조치를 하게 할 수 있다. 이 경우 해당 공무원은 감염병 증상 유무를 확인하기 위하여 필요한 조사나 진찰을 할 수 있다.
> 1. 자가(自家) 또는 시설에 격리
> 2. 감염 여부 검사
>
> ③ 질병관리청장은 제2항에 따른 조사나 진찰 결과 감염병환자등으로 인정된 사람에 대해서는 해당 공무원과 동행하여 치료받게 하거나 입원시킬 수 있다.
> ④ 질병관리청장은 제1항·제2항에 따른 조사·진찰을 거부하는 사람(이하 "조사거부자"라 한다)에 대해서는 해당 공무원으로 하여금 감염병관리기관에 동행하여 필요한 조사나 진찰을 받게 하여야 한다.
> ⑤ 질병관리청장은 제2항 및 제3항에 따른 조사·진찰·격리·치료 또는 입원 조치를 위하여 필요한 경우에는 관할 경찰서장에게 협조를 요청할 수 있다.
> ⑥ 질병관리청장은 조사거부자를 자가 또는 감염병관리시설에 격리할 수 있으며, 제4항에 따른 조사·진찰 결과 감염병 환자등으로 인정될 때에는 감염병관리시설에서 치료받게 하거나 입원시켜야 한다.
> ⑦ 질병관리청장은 제6항에 따라 조사거부자를 치료·입원시킨 경우 그 사실을 조사거부자의 보호자에게 통지하여야 한다.

① 질병관리청장은 결핵 환자가 있다고 인정되는 항공기에 들어가 필요한 조사나 진찰을 할 수 있다.
② 질병관리청장은 제1급감염병 의심자 진찰 결과 감염병 환자로 인정된 사람에 대해서는 해당 공무원과 동행하여 치료받게 하거나 입원시켜야 한다.
③ 질병관리청장은 제1급감염병이 발생한 경우 해당 공무원에게 감염 여부 검사를 하게 할 수 있고, 이 경우 해당 공무원은 감염병 증상 유무를 확인하기 위하여 필요한 조사를 할 수 있다.
④ 질병관리청장은 제1급감염병환자의 입원 조치를 위하여 필요한 경우에는 관할 경찰서장에게 필요한 지시를 할 수 있다.
⑤ 질병관리청장은 조사거부자를 자가에 격리한 경우 그 사실을 조사거부자의 보호자에게 통지하여야 한다.

2. 다음 글과 <상황>을 근거로 판단할 때, <보기>에서 옳은 것만을 모두 고르면?

> 제00조(선박 운항에 관한 보고) 선장은 다음 각 호의 어느 하나에 해당하는 경우에는 해양수산부령으로 정하는 바에 따라 지체 없이 그 사실을 해양항만관청에 보고하여야 한다.
> 1. 인명이나 선박의 구조에 종사한 경우
> 2. 선박에 있는 사람이 사망하거나 행방불명된 경우
> 3. 선박이 억류되거나 포획된 경우
> 4. 그 밖에 선박에서 중대한 사고가 일어난 경우
>
> 제00조(해원의 징계) ① 선장은 해원이 다음 각 호의 어느 하나에 해당할 경우에는 해원을 징계할 수 있다.
> 1. 상급자의 직무상 명령에 따르지 아니하였을 경우
> 2. 선내에서 싸움, 폭행, 음주, 소란행위를 하거나 고의로 시설물을 파손하였을 경우
> 3. 직무를 게을리하거나 다른 해원의 직무수행을 방해하였을 경우
>
> ② 징계는 훈계, 상륙금지 및 하선으로 하며, 상륙금지는 정박 중에 10일 이내로 한다.
> ③ 제2항에 따른 하선의 징계는 해원이 폭력행위 등으로 선내 질서를 어지럽히거나 고의로 선박 운항에 현저한 지장을 준 행위가 명백한 경우에만 하여야 한다. 이 경우 선장은 지체 없이 선박소유자에게 하선의 징계를 한 사실을 알려야 한다.
> ④ 선장은 해원을 징계할 경우에는 미리 5명(해원 수가 10명 이내인 경우에는 3명) 이상의 해원으로 구성되는 징계위원회의 의결을 거쳐야 한다.

<상 황>

> 해원 수가 9명인 A선박의 선장 甲은 다른 해원의 직무수행을 방해한 해원 乙을 징계하고자 한다.

<보 기>

> ㄱ. 선장은 선박에 있는 사람이 사망한 경우 그 사실을 지체 없이 해양수산부에 보고하여야 한다.
> ㄴ. 乙의 행위가 선내 질서를 어지럽히거나 고의로 선박 운항에 현저한 지장을 준 것이 아니라면, 甲은 乙에 대해 훈계 또는 정박 중 10일 이내 상륙금지의 징계만을 할 수 있다.
> ㄷ. 甲이 乙을 징계하려면 미리 5명 이상의 해원으로 구성되는 징계위원회의 의결을 거쳐야 한다.

① ㄱ
② ㄴ
③ ㄱ, ㄴ
④ ㄱ, ㄷ
⑤ ㄴ, ㄷ

3. 다음 글과 <상황>을 근거로 판단할 때 옳은 것은?

제00조(노인실태조사) 보건복지부장관은 노인의 보건 및 복지에 관한 실태조사를 3년마다 실시하고 그 결과를 공표하여야 한다.

제00조(노인의 날) ① 노인에 대한 사회적 관심과 공경의식을 높이기 위하여 매년 10월 2일을 노인의 날로, 매년 10월을 경로의 달로 한다.

② 범국민적으로 노인학대에 대한 인식을 높이고 관심을 유도하기 위하여 매년 6월 15일을 노인학대예방의 날로 지정하고, 국가와 지방자치단체는 노인학대예방의 날의 취지에 맞는 행사와 홍보를 실시하도록 노력하여야 한다.

제00조(생업지원) ① 국가, 지방자치단체는 소관 공공시설에 식료품·사무용품·신문 등 일상생활용품의 판매를 위한 매점이나 자동판매기의 설치를 허가 또는 위탁할 때에는 65세 이상 노인의 신청이 있는 경우 이를 우선적으로 반영하여야 한다.

② 국가, 지방자치단체는 소관 공공시설에 청소, 주차관리, 매표 등의 사업을 위탁하는 경우에는 65세 이상 노인을 100분의 20 이상 채용한 사업체를 우선적으로 고려할 수 있다.

제00조(경로우대) ① 국가 또는 지방자치단체는 65세 이상의 노인에 대하여 대통령령이 정하는 바에 의하여 국가 또는 지방자치단체의 수송시설 및 고궁·박물관·공원 등의 공공시설을 무료로 또는 그 이용요금을 할인하여 이용하게 할 수 있다.

② 국가 또는 지방자치단체는 노인의 일상생활에 관련된 사업을 경영하는 자에게 65세 이상의 노인에 대하여 그 이용요금을 할인하여 주도록 권유할 수 있다.

제00조(홀로 사는 노인에 대한 지원) ① 국가 또는 지방자치단체는 홀로 사는 노인에 대하여 방문요양과 돌봄 등의 서비스와 안전확인 등의 보호조치를 취하여야 한다.

② 국가 또는 지방자치단체는 제1항에 따른 사업을 노인 관련 기관·단체에 위탁할 수 있으며, 예산의 범위에서 그 사업 및 운영에 필요한 비용을 지원할 수 있다.

<상 황>

지방자치단체 甲의 소관 공공시설의 사업체 乙은 30명의 직원을 채용했는데 그중 64세 이하인 직원이 24명이다.

① 보건복지부장관은 노인의 보건 및 복지에 관한 실태조사를 매년 실시하고 그 결과를 공표하여야 한다.
② 노인에 대한 사회적 관심과 공경의식을 높이기 위하여 매년 10월 2일을 노인학대예방의 날로, 매년 10월을 경로의 달로 한다.
③ 국가는 노인의 일상생활에 관련된 사업을 경영하는 자에게 65세 이상의 노인에 대하여 그 이용요금을 할인하여 주도록 명령할 수 있다.
④ 국가는 홀로 사는 노인에 대한 돌봄 서비스 사업을 노인 관련단체에 위탁할 수 있고, 예산 외에서 그 사업에 필요한 비용을 지원할 수 있다.
⑤ 甲이 소관 공공시설에 주차관리 사업을 위탁하는 경우에는 위탁할 사업체로 乙을 우선적으로 고려할 수 있다.

4. 다음 글과 <상황>을 근거로 판단할 때 옳은 것은?(단, 기간을 산정할 때 초일(初日)을 산입하지 않는다)

제00조(면허) ① 국가 또는 지방자치단체가 아닌 법인으로서 도시철도운송사업을 하려는 자는 도시철도운송사업계획을 제출하여 관할 시·도지사에게 면허를 받아야 한다.

② 도시철도운송사업의 사업구간이 인접한 시·도에 걸쳐있는 경우에는 해당 시·도지사 간 협의에 따라 면허를 줄 시·도지사를 정하되 협의가 성립되지 아니한 경우에는 국토교통부장관이 조정할 수 있다.

제00조(운송개시의 의무) 도시철도운송사업의 면허를 받은 자(이하 "도시철도운송사업자"라 한다)는 시·도지사가 정하는 날짜 또는 기간 내에 운송을 개시하여야 한다. 다만, 천재지변이나 그 밖의 불가피한 사유로 시·도지사가 정하는 날짜 또는 기간 내에 운송을 개시할 수 없는 경우에는 시·도지사의 승인을 받아 날짜를 연기하거나 기간을 연장할 수 있다.

제00조(운임의 신고) ① 도시철도운송사업자는 도시철도의 운임을 정하거나 변경하는 경우에는 원가(原價)와 버스 등 다른 교통수단 운임과의 형평성 등을 고려하여 시·도지사에게 신고하여야 한다.

② 제1항의 신고를 받은 시·도지사는 그 내용을 검토하여 적합하면 신고를 받은 날부터 60일 이내에 신고를 수리하여야 한다.

제00조(도시철도운송사업계획의 변경) ① 도시철도운송사업자는 도시철도운송사업계획을 변경하려는 경우에는 시·도지사에게 신고하여야 하며, 변경신고를 받은 시·도지사는 그 내용을 검토하여 적합하면 변경신고를 받은 날부터 60일 이내에 신고를 수리하여야 한다.

② 시·도지사는 도시철도운송사업자로부터 도시철도운송사업계획에 대한 변경신고를 받거나 소관 도시철도운송사업계획을 변경한 경우에는 지체 없이 국토교통부장관에게 알려야 한다.

<상 황>

A도지사 甲은 도시철도운송사업자 乙과 丙에게 면허를 발급하였다. 乙은 천재지변으로 인해 甲이 정한 기간 내에 운송을 개시할 수 없었다. 丙은 도시철도운송사업계획을 변경하기 위해 2024. 7. 14. 甲에게 변경신고를 하였다.

① 지방자치단체가 도시철도운송사업을 하려면 도시철도운송사업계획을 제출하여 국토교통부장관에게 면허를 받아야 한다.
② 도시철도운송사업의 사업구간이 인접한 시·도에 걸쳐있는 경우에는 국토교통부장관이 면허를 줄 시·도지사를 정한다.
③ 乙은 甲에게 신고하여 기간을 연장할 수 있다.
④ 甲은 丙의 변경신고의 내용을 검토하여 적합하면 2024. 9. 12. 이내에 신고를 수리하여야 한다.
⑤ 甲은 丙의 변경신고를 받고 지체 없이 국토교통부장관에게 알려 승인을 받아야 한다.

5. 다음 글과 <상황>을 근거로 판단할 때, A와 B가 받을 포상금의 합으로 알맞은 것을 고르면?

제00조(벌칙) ① 산림보호구역 또는 보호수에 불을 지른 자는 7년 이상 15년 이하의 징역에 처한다.

② 타인 소유의 산림에 불을 지른 자는 5년 이상 15년 이하의 징역에 처한다.

③ 자기 소유의 산림에 불을 지른 자는 1년 이상 10년 이하의 징역에 처한다.

④ 제3항의 경우 불이 타인의 산림에까지 번져 피해를 입혔을 때에는 2년 이상 10년 이하의 징역에 처한다.

⑤ 과실로 인하여 타인의 산림을 태운 자나 과실로 인하여 자기 산림을 불에 태워 공공을 위험에 빠뜨린 자는 3년 이하의 징역 또는 3천만원 이하의 벌금에 처한다.

제00조(포상금의 지급) 벌칙 부과 대상자를 신고한 자에 대해서는 [별표]의 지급기준에 따라 포상금을 지급할 수 있다. 다만, 공무수행 과정에서 위반혐의를 인지한 공무원은 포상금 지급대상에서 제외한다.

[별표] 신고 포상금의 지급기준

구분	포상금	비고
징역형	벌금 추산액의 100분의 10 * 벌금 추산액은 징역 1년당 1,000만 원으로 산정	최고 300만 원, 최저 50만 원 범위 내 지급
벌금형 선고, 기소유예	벌금액의 100분의 10	

<상 황>

○ 甲이 산림보호구역에 불을 지른 사실을 휴가 중 발견한 공무원 A가 신고하였고, 이에 따라 甲은 7년 6개월의 징역형을 선고받았다.

○ 乙이 과실로 인하여 자기 산림을 불에 태워 공공을 위험에 빠뜨린 사실을 학원강사 B가 신고하였고, 이에 따라 乙은 150만 원의 벌금형을 선고받았다.

① 15만 원
② 315만 원
③ 350만 원
④ 765만 원
⑤ 800만 원

6. 다음 글을 근거로 판단할 때 옳은 것은?

조직에서 발생한 개인 간 갈등은 직무갈등과 관계갈등으로 구분된다. 직무갈등은 정책 수행 과정이나 직무에 관한 자원 배분 과정에서 구성원 간 견해 차이로 인해 발생하며, 갈등 해결 과정에서 의사결정의 질을 높인다는 점에서 긍정적 갈등이라고도 부른다. 반면 관계갈등은 구성원의 성격, 가치관, 기호 차이 등 직무 외 문제로 인해 발생하며, 구성원 간 신뢰도를 떨어뜨리고 스트레스를 발생시키므로 부정적 갈등이라고도 부른다.

갈등 해결을 위한 갈등관리방법으로는 통합, 절충, 지배, 회피의 네 가지 유형으로 분류할 수 있다. 통합갈등관리는 구성원들이 갈등을 협력하여 해결할 문제로 인식하도록 하고, 모두에게 이익이 되는 해결책 모색을 목표로 한다. 그 과정에서 구성원들의 충분한 의사소통이 필요하다. 절충갈등관리는 각 구성원이 자신의 의견을 내세우는 대신 상대방의 의견을 반영하는 타협안을 찾는 방법이다. 이 방법 역시 구성원들의 의사소통은 필수적이지만 모두가 최대의 이익을 얻으려 하기보다는 적절한 타협안을 도출하기 위해 자신의 이익을 일부 포기하는 등 거래의 여지가 있다는 점에서 통합갈등관리와 차이가 있다.

지배갈등관리는 자신의 지위를 이용해 강압적으로 갈등을 해결하는 방법이다. 이때 갈등 해결은 곧 승패의 문제로 인식되며, 실력을 행사해 갈등에서 승리하려는 태도가 나타난다. 회피갈등관리는 갈등을 직면하지 않고 회피함으로써 갈등 상황을 모면하려는 방법이다. 이 방법에서 갈등 당사자들은 상대방에게 의견을 제시하지 않음으로써 갈등이 심해지는 것을 막으려 한다.

갈등 당사자인 조직 구성원들은 직무갈등이 심할수록 통합갈등관리와 절충갈등관리를, 관계갈등이 심할수록 회피갈등관리와 지배갈등관리를 선호한다. 직무갈등이 심할수록 회피갈등관리는 선호되지 않고, 관계갈등이 심할수록 통합갈등관리는 선호되지 않는다.

① 조직에서 발생한 개인 간 갈등은 해결을 한다해도 의사결정의 질을 떨어뜨린다는 점에서 부정적이다.
② 구성원들간 가치관의 차이로 인한 갈등이 심할수록 모두가 최대의 이익을 얻으려는 해결책 모색을 선호할 것이다.
③ 정책 수행 과정에서 구성원 간 견해 차이로 인한 갈등이 심할수록 갈등을 직면하지 않고 회피하려는 방법을 선호할 것이다.
④ 긍정적 갈등이 심할수록 구성원들간 의사소통이 필요한 갈등관리 방법이 선호될 것이다.
⑤ 부정적 갈등이 심할수록 자신의 지위를 이용해 강압적으로 갈등을 해결하려는 방법이 선호되지 않을 것이다.

7. 다음 글을 근거로 판단할 때, ㉠에 해당하는 수는?

○ □□유치원은 반별 상점과 벌점에 따라 <선행 점수>를 산출해서 순위를 매긴다.
○ <선행 점수>는 상점에 3을 곱한 값에서 벌점에 (㉠)을 곱한 값을 빼서 구한다. ㉠은 자연수이다.
○ <선행 점수>를 구한 결과 3반이 1등, 4반이 2등, 5반이 3등, 2반이 4등, 1반이 5등을 차지했고 동점인 반은 없었다.
○ 반별 상점 및 벌점 현황은 다음과 같다.

반	상점	벌점
1반	14점	7점
2반	12점	4점
3반	16점	5점
4반	17점	6점
5반	11점	2점

① 1
② 2
③ 3
④ 4
⑤ 5

8. 다음 글을 근거로 판단할 때 옳은 것은?

같은 대학교에 다니는 甲~戊는 수강신청 기간에 수강신청을 완료했다. 수강신청 대상 과목은 물리학, 화학, 생물학, 지구과학, 수학이다. 甲~戊가 수강신청한 과목에 대한 정보는 다음과 같다.

○ 丁과 戊가 신청한 과목은 서로 겹치지 않는다. 단, 두 사람 모두 신청하지 않은 과목은 없다.
○ 5과목을 모두 신청한 사람이 있으며, 乙은 1과목만을 신청했다.
○ 甲~戊가 신청한 과목의 개수를 합하면 14개이다.
○ 물리학을 신청한 사람은 丙과 丁이 유일하다.
○ 戊는 화학과 생물학을 신청했다.
○ 乙, 丙, 戊만 수학을 신청했다.

① 甲은 신청한 과목의 개수는 2개이다.
② 화학을 신청한 사람은 4명이다.
③ 생물학을 신청한 사람은 乙, 丙, 戊이다.
④ 丁은 3개의 과목을 신청했을 수 있다.
⑤ 지구과학은 3명이 신청했다.

9. 다음 글을 근거로 판단할 때, <보기>에서 옳은 것만을 모두 고르면?

> ○ '합산대칭수'는 다섯 자리 숫자(ⒶⒷⒸⒹⒺ) 중에서 Ⓐ와 Ⓔ의 합이 Ⓒ와 같고, Ⓑ와 Ⓓ의 합이 Ⓒ와 같으며 Ⓐ ~ Ⓔ가 모두 다른 자연수인 숫자를 의미한다. 예를 들어, 24735와 63852는 합산대칭수이다.
>
> ○ '감산대칭수'는 다섯 자리 숫자(ⒶⒷⒸⒹⒺ) 중에서 Ⓐ와 Ⓔ의 차이가 Ⓒ와 같고, Ⓑ와 Ⓓ의 차이가 Ⓒ와 같으며 Ⓐ ~ Ⓔ가 모두 다른 자연수인 숫자를 의미한다. 예를 들어, 59368과 67258은 감산대칭수이다.
>
> ○ 합산대칭수의 Ⓒ 또는 감산대칭수의 Ⓒ에 해당하는 숫자를 '기준수'로 한다.

<보 기>

ㄱ. 합산대칭수의 기준수와 감산대칭수의 기준수로 모두 가능한 숫자는 3개이다.

ㄴ. 합산대칭수는 총 44개이다.

ㄷ. 가장 큰 감산대칭수에서 가장 작은 감산대칭수를 뺀 값은 86358이다.

① ㄱ

② ㄴ

③ ㄱ, ㄷ

④ ㄴ, ㄷ

⑤ ㄱ, ㄴ, ㄷ

10. 다음 글과 <대화>를 근거로 판단할 때, 경매에 낙찰받은 사람과 처음 참여한 사람을 바르게 짝지은 것은?

> 고전 미술품 A를 판매하기 위한 공개 경매에 甲 ~ 戊가 참여하였다. 경매는 처음 참여한 사람이 부른 금액부터 시작하여 그보다 높은 금액을 부르는 사람이 이어서 참여하고, 더 이상 높은 금액을 부르는 사람이 없을 때 가장 높은 금액을 부른 사람이 낙찰받는 방식으로 이루어졌다.
>
> 甲 ~ 戊는 한 사람당 한 번씩만 희망 금액을 억 원 단위로 불렀고 부른 금액은 모두 달랐다. 경매 시작 금액은 2억 원, 낙찰 금액은 6억 원이었다. 甲 ~ 戊는 경매에 참여한 것과 관련한 대화를 하였다. 甲 ~ 戊의 대화에 대해 짝수(억 원)을 부른 사람은 진실을, 홀수(억 원)을 부른 사람은 거짓을 말했고 甲은 진실을 말했다는 사실이 알려져 있다.

<대 화>

甲: 내가 부른 금액과 乙이 부른 금액을 합하면 10억 원이야.

乙: 내가 부른 금액과 丙이 부른 금액을 합하면 9억 원이야.

丙: 너희들 중에 나보다 낮은 금액을 부른 사람은 1명뿐이야.

丁: 내가 부른 금액과 乙이 부른 금액을 합하면 甲이 부른 금액과 같아.

戊: 내가 부른 금액과 丁이 부른 금액을 합하면 丙이 부른 금액보다 높아.

	낙찰받은 사람	처음 참여한 사람
①	甲	丁
②	甲	戊
③	乙	丁
④	乙	戊
⑤	丙	丁

11. 다음 글을 근거로 판단할 때, ㉠에 들어갈 수 없는 날짜는?

> ○ 甲은 봉사활동을 시작하였다.
> ○ 甲의 1회차 봉사활동은 2024년 12월 중에 행해졌고 2회차 봉사활동부터는 2025년에 행허졌다.
> ○ 甲은 1회차 이후, 일정한 간격일마다 n회차의 봉사활동을 한다. 즉, 1회차와 2회차의 봉사활동일간 간격, 2회차와 3회차의 봉사활동일간 간격, 3회차와 4회차의 봉사활동일간 간격 등은 매번 같아야 한다.
> – 예를 들어, 1회차 봉사활동일이 2024년 12월 15일, 2회차 봉사활동일이 2025년 1월 12일이라면 봉사활동일간 간격은 28일이므로 3회차 봉사활동일은 2025년 2월 9일이 되어야 한다. 이 경우, 2025년 중 마지막 봉사활동일은 2025년 12월 14일이 된다.
> ○ 甲의 회차별 봉사활동은 하루이 모두 행해졌다.
> ○ 甲의 10회차 봉사활동은 2025년 8월 21일에 행해졌다.
>
> 甲의 2025년 중 마지막 봉사활동일로 가능한 날은 [㉠]이다.

① 2025년 12월 3일
② 2025년 12월 7일
③ 2025년 12월 11일
④ 2025년 12월 15일
⑤ 2025년 12월 29일

12. 다음 글을 근거로 판단할 때, 乙이 초속 6 m로 달린 최대 시간은?

> 甲과 乙은 900 m 떨어진 일직선상에 위치해 있다. 甲과 乙은 만나기 위해 서로가 있는 쪽을 향해 달리기를 시작하였다. 甲은 초속 5 m의 일정한 속력으로 달렸다. 乙은 처음 일정 구간은 초속 4 m의 속력으로 달렸는데 달리던 도중 신발이 벗겨져 신발을 다시 신기 위해 달리지 못했고 얼마간의 시간이 소모되었다.
>
> 乙은 자신 때문에 甲이 더 많은 거리를 달리는 것을 원하지 않아서 신발을 다시 신은 이후의 구간은 초속 6 m의 속력으로 달렸다. 그렇게 달린 결과 甲과 乙은 정확히 서로 간의 중간 지점에서 만났다. 乙이 초속 4 m로 달린 시간(초), 초속 6 m로 달린 시간(초), 신발을 다시 신기 위해 걸린 시간(초)은 모두 자연수이고 각각 10초 이상씩이라는 사실이 알려져 있다.

① 1분 5초
② 1분 7초
③ 1분 9초
④ 1분 11초
⑤ 1분 13초

13. 다음 글을 근거로 판단할 때, <보기>에서 옳은 것만을 모두 고르면?

> 전구 3개(가, 나, 다)와 스위치 5개(1 ~ 5번)가 있다. 각 전구는 2개씩의 스위치와 연결되어 있고, 해당 2개 스위치를 모두 누를 때 불이 켜진다. 각 전구에 연결된 스위치 2개의 조합은 모두 다르다. 더하여 '가', '다' 전구는 연결된 스위치 중 겹치는 번호가 없다는 사실이 알려져 있다. 임의로 몇 개의 스위치를 함께 누른 결과 전구에 불이 켜진 결과는 다음과 같다.
> ○ 3, 4, 5번 스위치를 함께 누른 결과 불이 켜진 전구는 없다.
> ○ 2, 3, 5번 스위치를 함께 누른 결과 '가' 전구만 불이 켜졌다.
> ○ 1, 2, 5번 스위치를 함께 누른 결과 '나' 전구만 불이 켜졌다.
> ○ 1, 2, 4번 스위치를 함께 누른 결과 '다' 전구만 불이 켜졌다.

<보 기>

ㄱ. '가' 전구에 연결된 2개 스위치 번호의 곱과 '나' 전구에 연결된 2개 스위치 번호의 합은 같다.
ㄴ. 1, 4, 5번 스위치를 함께 누른다면 불이 켜지는 전구는 없다.
ㄷ. 2, 3, 4, 5번 스위치를 함께 누른다면 모든 전구에 불이 켜진다.

① ㄱ
② ㄷ
③ ㄱ, ㄴ
④ ㄴ, ㄷ
⑤ ㄱ, ㄴ, ㄷ

14. 다음 글을 근거로 판단할 때, ㉠에 해당하는 수는?

> 생일이 모두 다르지만 같은 해에 태어난 甲 ~ 丙은 자신의 주민등록번호에 대해 다음과 같은 대화를 나눴다.
> 甲: 4분기에 태어난 사람 중에 주민등록번호 앞 6자리의 각 숫자를 모두 더한 값이 나보다 큰 사람은 없어.
> 乙: 난 가을에 태어났고, 주민등록번호 앞 6자리의 각 숫자를 모두 더한 값은 나와 甲이 같아.
> 丙: 甲의 생일은 알겠는데 아직 乙의 생일은 확실히 모르겠어.
> 乙: 나와 甲의 생일 간격은 100일보다 짧아.
> 丙: 이제 乙의 생일도 알겠어. 나와 乙의 생일 간격과 甲과 乙의 생일 간격이 같네.
> 甲: 丙의 주민등록번호 앞 6자리의 각 숫자를 모두 더하면 [㉠]이구나.
> 丙: 그래, 맞아!

※ 가을: 9 ~ 11월

① 32
② 33
③ 34
④ 35
⑤ 36

15. 다음 글을 근거로 판단할 때, 丙이 금일 받은 사탕의 개수는?

> 甲, 乙, 丙은 금일 20개의 사탕을 나눠 가졌다. 각 개인은 최소 1개의 사탕을 가진다. 다음은 서로 나눠 가진 사탕 개수에 관한 대화이다.
>
> <대 화>
>
> 甲: 오늘 내가 받은 사탕 개수는 9의 배수야.
>
> 乙: 甲의 말을 듣고 오늘 우리 세 사람이 받은 사탕 개수를 확실히 알 수가 없어.
>
> 丙: 乙이 말하는 것을 들으니 오늘 우리 세 사람이 받은 사탕 개수를 전부 알겠다.

① 3개
② 6개
③ 10개
④ 12개
⑤ 14개

16. 다음 글과 <상황>을 근거로 판단할 때 옳지 않은 것은?

> ○ A회사는 적성 평가와 역량 평가 점수를 기준으로 신입사원을 선발한다.
>
> ○ 구체적인 선발 기준은 다음 기준 중 하나를 선택한다.
>
> – 기준1: 두 평가 점수 중 하나만 고려해 기준 점수 이상인 자를 선발하는 방법
>
> – 기준2: 두 평가 점수의 평균을 고려해 기준 점수 이상인 자를 선발하는 방법
>
> – 기준3: 두 평가 점수 전부를 고려해 모두 기준 점수 이상인 자를 선발하는 방법 (단, 두 평가의 기준 점수가 상이할 수 있음)
>
> ○ 신입사원을 희망하는 5명(甲 ~ 戊) 중 5명을 모두 선발할 수도 있고, 일부만을 선발하거나 아무도 선발하지 않을 수 있다.

<상 황>

甲 ~ 戊의 적성 평가 점수와 역량 평가 점수는 아래의 표와 같다.

	적성 평가 점수	역량 평가 점수
甲	70점	73점
乙	74점	62점
丙	75점	67점
丁	66점	71점
戊	67점	70점

① 甲이 신입사원으로 선발되지 못한다면 丁도 신입사원으로 선발되지 못한다.
② 선발 기준으로 기준3이 선택되었을 때, 甲 혼자 신입사원으로 선발될 수 있다.
③ 선발 기준으로 기준1이 선택되고 乙이 신입사원으로 선발된다면 신입사원으로 선발된 인원은 5명일 수 있다.
④ 선발 기준으로 기준3이 선택되었을 때, 戊가 신입사원으로 선발되지 못하면 丁도 신입사원으로 선발되지 못한다.
⑤ 선발 기준으로 기준2가 선택되었을 때, 丙이 신입사원으로 선발된다면 신입사원으로 선발된 자는 최소 2명이다.

17. 다음 글을 근거로 판단할 때, <보기>에서 옳은 것만을 모두 고르면?

> ○ 甲, 乙, 丙은 돌아가면서 일대일 탁구를 해서, 패배한 쪽이 물러나고 승자와 다른 1명이 대결을 하는 방식으로 경기를 진행했다.
> ○ 경기는 총 5세트 동안 진행됐으며 각 세트에서는 2점을 먼저 낸 쪽이 해당 세트를 승리한다.
> ○ 경기를 마치고 기록을 살펴보니, 1세트와 4세트는 甲과 乙의 대결이었고 丙은 총 5점을 득점했다.

<보 기>

ㄱ. 丙은 5세트 동안 2승 1패를 기록했다.
ㄴ. 3세트는 乙과 丙의 대결이다.
ㄷ. 丙은 5세트에서 패배했을 수 있다.
ㄹ. 乙은 5세트 동안 6점을 득점했을 수 있다.

① ㄱ, ㄴ
② ㄱ, ㄷ
③ ㄱ, ㄹ
④ ㄴ, ㄷ
⑤ ㄴ, ㄹ

18. 다음 글을 근거로 판단할 때, ㉠과 ㉡의 합은?

> 甲국에 속한 국민을 가구 집단으로 분류할 때 1인 ~ 3인 가구가 있으며 가구 단위로 볼 때 2인 가구의 비율은 20 % 임이 알려져 있다. 해당 국가는 국민에게 보조금을 지급하는 A정책과 B정책 중 어떤 것을 선택할지 투표에 부치기로 했다. 투표권은 모든 국민에게 있으며 투표권은 개인 단위로 1표씩 행사한다. 구체적인 정책의 내용은 아래와 같다.

정책	내용
A	가구 단위로 50만 원 지급
B	모든 개인에게 30만 원 지급

> 모든 국민은 자신의 가구가 받을 수 있는 보조금의 총합이 더 큰 정책에 투표한다. 투표는 단순다수결로 이루어진다. 투표 결과 B정책이 시행되었다.
>
> 몇 년 후 甲국은 A정책의 내용을 가구 단위로 70만 원 지급하는 것으로 바꾸었다. 이번에는 투표 결과 A정책이 시행되었다. 이를 통해 甲국에서 가구 단위로 볼 때, 3인 가구의 비율이 (㉠)% 보다 높고 (㉡)% 보다 낮다는 것을 알 수 있다.

① 20
② 30
③ 40
④ 50
⑤ 60

[19 ~ 20] 다음 글을 읽고 물음에 답하시오.

유전자 검사의 일반적인 정의는 유전체 내의 변이 중 유전 질환과 관련된 변화를 검출하기 의하여 DNA, RNA, 염색체, 대사물질을 분석하는 것이다. 협의의 의미로 사용하는 유전자 검사는 DNA 검사를 지칭하지만, 광의의 의미는 RNA 검사, 대사산물을 분석하는 생화학적 검사, 염색체 검사 등을 포함한다.

유전자 검사의 검체는 원칙적으로 인체의 어떤 조직으로도 가능하다. 인체 내의 모든 세포는 유전적으로 동일하게 구성되어 있기 때문이다. 그러나 혈액이 채취하기 쉽기 때문에 혈액을 검체로 사용하는 경우가 많다. 예를 들어 DNA 검사는 항응고제를 처리한 혈액으로부터 DNA를 추출하여 사용한다. 반면 RNA 검사처럼 분석하려는 유전자가 발현하는 조직을 채취하거나 생화학적 검사처럼 대사물질의 존재를 반영하는 조직을 채취하는 경우도 있다.

협의의 유전자 검사의 방법은 크게 세 가지로 분류할 수 있다. 우선, 중합효소연쇄반응(PCR)은 이중나선의 DNA에 열을 가해 단일 가닥으로 만든 다음, DNA 중합효소가 DNA에 상보적 염기를 합성하게 해 다시 두 가닥의 DNA를 만드는 증폭 과정을 거친다. 이렇게 복제된 DNA를 검사에 활용한다. 다음으로 마이크로어레이 검사를 들 수 있다. 이는 작은 슬라이드 위에 합성 DNA 조각을 미세하게 집적시킨 마이크로어레이를 레이저 빛으로 스캔해 분석하는 방법이다. 마지막으로 유전자 염기서열 검사는 말 그대로 유전자에 대한 염기서열 분석을 실시해 유전자 돌연변이를 찾아낸다.

甲국은 최근 늘어난 유전자 검사 수요에 대응해 여러 가지 유전자 검사 비용을 지원하고 있다. 지원 대상 검사로는 ①진단적 검사, ②예측적 검사, ③보인자 검사 ④신생아 선별검사, ⑤산전 진단검사를 들 수 있다. 진단적 검사는 증상이 있는 환자에게 의심되는 유전질환을 확진하기 위해 시행하는데, 甲국은 37세부터 50세까지 비용의 50 %를 지원한다. 예측적 검사는 현재 증상은 없지만 유전질환의 가족력이 있는 사람을 위한 검사로 19세 이상의 성인에게만 비용의 30 %를 지원한다. 보인자 검사는 임상 증상은 거의 없지만 염색체 열성 유전질환의 원인이 되는 유전자 돌연변이를 보유한 사람을 위한 검사이다. 남성이나 45세 이상 여성에게만 비용의 30 %를 지원한다. 신생아 선별검사는 유전질환을 가진 신생아를 발견하기 위해 시행하는 것으로 甲국은 3종(갑상선기능 저하증, 갈락토스혈증, 단풍당뇨증)의 선천성 대사질환에 대한 검사 비용을 국가에서 전액 지원하고 있다. 산전 진단검사는 산모의 나이가 42세 이상이거나, 산전 초음파 검사에서 이상 소견이 나온 경우에만 금액의 60 %를 지원한다.

19. 윗글을 근거로 판단할 때, <보기>에서 옳은 것만을 모두 고르면?

<보 기>

ㄱ. 협의의 유전자 검사는 혈액을 검체로 사용한다.
ㄴ. 유전자 검사는 모든 유전체 내의 변이를 검출하기 위한 것이다.
ㄷ. PCR은 이중나선의 DNA에 열을 가해 단일 가닥으로 만든 다음, 이를 레이저 빛으로 스캔해 분석한다.
ㄹ. 甲국에서 유전자 질환의 증상이 없어도 시행하는 유전자 검사가 존재한다.

① ㄱ, ㄴ
② ㄱ, ㄹ
③ ㄴ, ㄷ
④ ㄱ, ㄷ, ㄹ
⑤ ㄴ, ㄷ, ㄹ

20. 윗글과 <상황>을 근거로 판단할 때, 甲국에서 A와 B에게 지원하는 유전자 검사 비용의 금액은?

<상 황>

○ 甲국에 거주하는 A는 산모인 자신과 딸인 B(신생아)를 위해 유전자 검사를 받고자 한다. A는 진단적 검사, 보인자 검사, 산전 진단검사를 받을 계획이고, B는 예측적 검사와 신생아 선별검사를 받을 계획이다. A는 45세인 여성이고 B는 단풍당뇨증 질환을 검사할 계획이다.
○ 甲국의 유전자 검사 비용은 다음과 같다.

검사 종류	가격
진단적 검사	8만 원
예측적 검사	12만 원
보인자 검사	10만 원
신생아 선별검사	14만 원
산전 진단검사	15만 원

① 25만 원
② 26만 6천 원
③ 27만 원
④ 29만 6천 원
⑤ 30만 원

21. 다음 글과 <상황>을 근거로 판단할 때, <보기>에서 옳은 것만을 모두 고르면?

제00조(환경기술개발사업 등의 참여제한 등) ① 환경부장관은 환경부가 주관하여 시행하는 환경기술개발을 위한 국가연구개발사업(이하, "환경기술개발사업"이라 한다)에 참여한 기관, 단체, 사업자 또는 그 소속 임직원에 대하여 다음 각 호의 어느 하나에 해당하는 경우에는 5년(과거에 이미 동일한 참여제한 사유로 다른 국가연구개발사업 과제에서 참여를 제한받은 자에 대해서는 10년)의 범위에서 환경기술개발사업의 참여를 제한할 수 있으며, 이미 출연한 사업비의 전부 또는 일부를 환수할 수 있다. 다만, 제 1호에 해당하는 경우로서 연구개발을 성실하게 수행한 사실이 인정되는 경우에는 참여제한 기간과 사업비 환수액을 감면할 수 있다.

1. 연구개발의 결과가 극히 불량하여 연구개발이 중단되거나 실패한 연구개발과제로 결정된 경우
2. 연구개발비를 사용용도 외의 용도로 사용한 경우
3. 거짓이나 그 밖의 부정한 방법으로 연구개발을 수행한 경우

② 환경부장관은 제1항에 따라 환경연구개발사업의 참여를 제한한 경우에는 다른 관계 중앙행정기관의 장에게 그 사실을 알려야 한다.

③ 제2항에 따라 참여제한 사실을 통보받은 관계 중앙행정기관의 장은 참여제한 조치를 받은 자에 대하여 소관 국가연구개발사업의 참여를 5년(과거에 이미 동일한 참여제한 사유로 다른 국가연구개발사업 과제에서 참여를 제한받은 자에 대해서는 10년)의 범위에서 제한할 수 있다.

④ 제1항 또는 제3항에 따른 참여제한 조치를 받은 자는 그 조치권자에게 이의신청을 할 수 있다.

<상 황>

甲은 환경부가 주관하고 국토교통부와 협의하여 시행한 환경기술개발사업에서 참여하였으나,연구개발의 결과가 극히 불량하여 실패한 연구개발과제로 결정되었다.

<보 기>

ㄱ. 甲이 과거 국가연구개발사업에서 연구개발비를 사용용도 외의 용도로 사용하여 참여제한을 받은 적이 있다면, 환경부장관은 甲의 환경기술개발사업의 참여를 최대 10년 동안 제한할 수 있다.

ㄴ. 甲에게 환경기술개발사업에 대한 참여제한 조치가 내려진다면, 갑은 환경부장관에게 이의신청을 할 수 있다.

ㄷ. 甲에게 환경기술개발사업에 대한 참여제한 조치가 내려진다면, 국토교통부장관은 甲에게 지급한 사업비의 전부를 환수할 수 있다.

ㄹ. 甲에게 환경기술개발사업에 대한 참여제한 조치가 내려진다면, 환경부장관은 이를 국토교통부장관에게 알려야 한다.

① ㄱ, ㄴ
② ㄱ, ㄷ
③ ㄴ, ㄹ
④ ㄱ, ㄷ, ㄹ
⑤ ㄴ, ㄷ, ㄹ

22. 다음 글을 근거로 판단할 때 옳은 것은?

제00조(옥상간판의 표시방법) 옥상간판은 다음 각 호의 기준에 따라 표시해야 한다.

1. 다음 각 목의 건물에만 표시할 수 있다.
 가. 상업지역에 있는 건물(하나의 건물이 상업지역과 다른 용도지역에 걸쳐 있는 경우에는 상업지역에 있는 것으로 본다) 및 공업지역에 있는 건물(도시지역 외에 있는 공장 및 그 부속건물은 공업지역에 있는 것으로 본다.)
 나. 철도역·공항·항만·버스터미널 및 트럭터미널의 건물
2. 옥상간판은 다음 각 목의 구분에 따른 층수의 건물에만 표시할 수 있다. 다만, 다음 각 목의 구분에 따른 층수에 하나의 층을 4미터로 적용하여 계산한 높이를 충족하는 건물에도 표시할 수 있다.
 가. 특별시: 5층 이상 15층 이하의 건물
 나. 광역시(군 지역은 제외한다): 5층 이상 15층 이하의 건물
 다. 시(읍·면 지역은 제외한다)의 경우: 4층 이상 15층 이하의 건물
 라. 군(시의 읍·면 지역을 포함한다)의 경우: 3층 이상 15층 이하의 건물
3. 다음 각 목의 어느 하나에 해당하는 경우에는 제2호에 따라 옥상간판을 표시할 수 없는 건물에도 옥상간판을 표시할 수 있다.
 가. 공업지역에 있는 공장 및 그 부속건물에 표시하는 경우
 나. 철도역·공항·항만·버스터미널 및 트럭터미널의 건물에 표시하는 경우

① A광역시 B군에 소재한 4층(14미터)건물에 옥상간판을 표시할 수 없다.
② 상업지역과 공업지역에 걸쳐 있는 하나의 건물에는 옥상간판을 표시할 수 없다.
③ C도 D시 E면에 소재한 3층(12미터)건물에는 옥상간판을 표시할 수 없다.
④ F특별시에 소재한 2층(7미터) 버스터미널 건물에는 옥상간판을 표시할 수 있다.
⑤ G도 H군의 도시지역 외 상업지역에 있는 공장의 부속건물(2층, 8미터)에는 옥상간판을 표시할 수 없다.

23. 다음 글을 근거로 판단할 때 <보기>에서 옳지 않은 것만을 모두 고르면?

> 제○○조(농장식별번호) ① 가축사육시설을 경영하는 자(이하 "농장경영자"라 한다)는 농림축산식품부장관에게 농장식별번호의 발급을 신청하여야 한다.
> ② 농림축산식품부장관은 제1항의 신청을 받은 경우에는 지체 없이 해당 가축사육시설을 식별할 수 있는 농장식별번호를 부여하고 이를 농장경영자에게 통보하여야 한다.
> 제□□조(출생 등의 신고) ① 농장경영자는 다음 각 호의 어느 하나에 해당하는 때에는 그 사실을 농림축산식품부장관에게 신고하여야 한다.
> 1. 소, 돼지가 출생하는 경우
> 2. 소, 돼지가 폐사한 경우
>
> ② 농림축산식품부장관은 제1항제1호에 따른 신고를 받은 경우에는 지체 없이 개체식별번호를 부여하여 신청인에게 통보하여야 한다.
> 제△△조(귀표 부착) ① 제□□조제2항에 따라 개체식별번호를 통보받은 자는 다음 각 호에 따라 해당하는 소 또는 돼지에 개체식별번호를 표시한 귀표 등을 붙여야 한다.
> 1. 소의 경우: 신고 후 30일 이내(육우의 경우는 7일 이내)
> 2. 돼지의 경우: 신고 후 7일 이내
>
> 제◇◇조(농장식별번호의 표시) ① 돼지를 기르는 농장경영자는 제○○조제2항에 따라 부여받은 농장식별번호를 다음 각 호의 어느 하나에 해당되는 돼지에 표시하여야 한다.
> 1. 도축을 위하여 출하하는 돼지
> 2. 다른 가축사육시설로 이동하는 돼지
>
> ② 닭, 오리를 기르는 농장경영자는 제○○조제2항에 따라 부여받은 농장식별번호를 다음 각 호의 어느 하나에 해당하는 닭, 오리의 가금이동신고서, 거래명세서에 표시하여야 한다.
> 1. 도축을 위하여 출하하는 닭, 오리
> 2. 다른 가축사육시설로 이동하는 닭, 오리

<보 기>

> ㄱ. 육우가 아닌 소가 출생하여 개체식별번호를 통보받은 농장경영자는 신고 후 7일 이내에 개체식별번호를 표시한 귀표를 해당하는 소에 붙여야 한다.
> ㄴ. 농장경영자가 기르던 돼지가 폐사하여 신고하였다면 농림축산식품부장관은 지체 없이 개체식별번호를 부여하여 해당 농장경영자에게 통보하여야 한다.
> ㄷ. 돼지를 기르는 농장경영자는 부여받은 농장식별번호를 도축을 위하여 출하하는 돼지의 거래명세서에 표시하여야 한다.
> ㄹ. 닭을 기르는 농장경영자는 부여받은 개체식별번호를 다른 가축사육시설로 이동하는 닭의 가금이동신고서에 표시하여야 한다.

① ㄱ, ㄴ, ㄷ
② ㄱ, ㄴ, ㄹ
③ ㄱ, ㄷ, ㄹ
④ ㄴ, ㄷ, ㄹ
⑤ ㄱ, ㄴ, ㄷ, ㄹ

24. 다음 글과 <상황>을 근거로 판단할 때 옳은 것은?

> 제○○조(경비업의 허가) ① 경비업을 영위하고자 하는 법인은 도급받아 행하고자 하는 경비업무를 특정하여 그 법인의 주사무소의 소재지를 관할하는 시·도경찰청장의 허가를 받아야 한다.
> ② 제1항에 따른 허가를 받으려는 법인은 다음 각 호의 요건을 갖추어야 한다.
> 1. 1억 원 이상의 자본금의 보유
> 2. 경비원 10명 이상 및 경비지도사 1명 이상의 경비 인력
> 3. 제2호의 경비 인력을 교육할 수 있는 교육장
>
> ③ 제1항의 규정에 의하여 경비업의 허가를 받은 법인은 다음 각호의 하나에 해당하는 때에는 시·도경찰청장에게 신고하여야 한다.
> 1. 영업을 폐업하거나 휴업한 때
> 2. 법인의 명칭이나 대표자·임원을 변경한 때
>
> 제□□조(허가의 유효기간) ① 제○○조 제1항의 규정에 의한 경비업 허가의 유효기간은 허가받은 날부터 5년으로 한다. 이때 초일(初日)을 산입한다.
> ② 제1항의 규정에 의한 유효기간이 만료된 후 계속하여 경비업을 하고자 하는 법인은 허가의 유효기간 만료일 30일 전까지 갱신허가를 받아야 한다.
> 제△△조(경비업 허가의 취소) 허가관청은 경비업자가 다음 각 호의 어느 하나에 해당하는 때에는 그 허가를 취소하여야 한다.
> 1. 허가받은 경비업무 외의 업무에 경비원을 종사하게 한 때
> 2. 소속 경비원으로 하여금 경비업무의 범위를 벗어난 행위를 하게 한 때
>
> 제◇◇조(허가의 제한) ① 제△△조의 사유로 경비업체의 허가가 취소된 경우 허가가 취소된 날부터 10년이 지나지 아니한 때에는 누구든지 허가가 취소된 경비업체와 동일한 명칭으로 제○○조 제1항에 따른 허가를 받을 수 없다.
> ② 제△△조의 사유로 허가가 취소된 법인은 법인명의 변경에도 불구하고 허가가 취소된 날부터 5년이 지나지 아니한 때에는 제○○조 제1항에 따른 허가를 받을 수 없다.

<상 황>

> 법인 甲은 요건을 갖추어 2020. 3. 22.부터 경비업의 허가를 받아 경비업을 하고 있다.

① 경비업의 허가를 받은 법인이 폐업을 했다면 시·도경찰청장의 허가를 받아야 한다.
② 법인 甲은 1명 이상의 경비원과 10명 이상의 경비지도사 인력을 갖추었을 것이다.
③ 허가받은 경비업무 외의 업무에 경비원을 종사하게 하여 허가가 취소된 법인이 법인명을 변경했다면 허가가 취소된 날부터 7년이 지난 때에 경비업 허가를 받을 수 있다.
④ 법인 甲의 경비업 유효기간은 2025. 3. 22. 만료된다.
⑤ 법인 甲이 경비업 유효기간이 만료된 후 계속하여 경비업을 하려면 2025. 2. 21.까지 갱신허가를 받아야 한다.

25. 다음 글을 근거로 판단할 때, <보기>에서 옳은 것만을 모두 고르면?

제00조(공유재산의 관리와 사무의 위임) ① 지방자치단체의 장은 소관 공유재산을 관리·처분하되, 소속 공무원에게 위임하여 공유재산을 관리·처분하게 할 수 있고, 특별시장·광역시장 또는 도지사(이하 '시·도지사'라 한다.)는 시장·군수 또는 구청장(이하 '시장등'이라 한다.)에게 위임하여 그 재산을 관리·처분하게 할 수 있다.

② 제1항에 따라 위임을 받은 공무원을 "재산관리관"이라 한다.

③ 제1항에 따라 시·도지사가 시장등에게 공유재산의 관리·처분에 관한 사무를 위임하여 집행하게 하는 경우에는 특별시·광역시·도는 그 사무에 드는 경비를 보전하게 하기 위하여 일정 금액을 해당 시·군 및 자치구에 귀속시켜야 한다.

제00조(행위제한) ① 재산관리관이나 그 밖에 공유재산을 관리하는 사무에 종사하는 공무원은 그 관리하는 공유재산을 취득하거나 자기의 소유재산과 교환하지 못한다. 다만, 그 지방자치단체의 장의 허가를 받은 경우에는 예외로 한다.

② 제1항의 적용을 받지 아니하는 해당 지방자치단체 소속 공무원이 공유재산을 취득하거나 자기의 소유재산과 교환하려는 경우에는 미리 해당 지방자치단체의 장에게 신고를 하여야 한다.

제00조(공유재산정책협의회) ① 공유재산의 관리·처분에 관한 사항을 협의·조정하기 위하여 행정안전부에 공유재산정책협의회(이하 "협의회"라 한다)를 둔다.

② 협의회는 위원장을 포함한 20명 이내의 위원으로 구성한다.

③ 협의회의 위원장은 행정안전부차관이 되고, 협의회의 위원은 다음 각 호의 사람 중에서 행정안전부장관이 임명하거나 위촉한다. 이 경우 1호에 해당하지 않는 위원의 정수는 전체 위원 정수의 2분의 1 이상이 되어야 한다.

1. 지방자치단체 소속 공무원 9인
2. 지방자치단체장 협의회에서 추천하는 2인
3. 공유재산 분야에 학식과 경험이 풍부한 사람

<보 기>

ㄱ. A광역시장이 재산관리관에게 공유재산의 관리에 관한 사무를 위임하여 집행하게 하는 경우, A광역시는 일정 금액을 해당 재산관리관에게 귀속시켜야 한다.

ㄴ. 공유재산 분야에 학식과 경험이 풍부한 사람으로 협의회의 위원이 될 수 있는 사람은 최소 6명, 최대 8명이다.

ㄷ. 공유재산 관리와 무관한 업무를 하는 B도 공무원이 B도의 공유재산을 취득하려면 미리 B도지사의 허가를 받아야 한다.

① ㄱ
② ㄴ
③ ㄷ
④ ㄱ, ㄴ
⑤ ㄴ, ㄷ

26. 다음 글을 근거로 판단할 때, <보기>에서 옳은 것만을 모두 고르면?

일상에서 흔히 접하는 일반 우유는 유통기한이 7 ~ 10일이다. 유통기한이 이렇게 정해진 것은 공정 과정과 관련이 있다. 우유 공정은 젖소로부터 얻은 원유를 성분검사를 거친 후 원심분리기에서 고속회전시켜 불순물을 분리하는 과정부터 시작한다. 이 과정에서 우유의 지방도 분리되는데 우유와 지방은 단순히 같이 둔다고 섞이는 것이 아니므로 지방을 잘게 부수어 우유 속에 균일하게 분포하도록 하는 균질화 과정을 통해 우유의 지방률을 조정한다. 지방률이 높을수록 우유에서 진한 맛이 나는데 일반 우유는 지방률이 3 ~ 4 %, 저지방 우유는 지방률이 1 ~ 2 % 정도이다.

그다음 살균 과정을 거치는데 살균 방법은 저온장시간처리, 고온단시간처리, 초고온처리 3가지 방법으로 나뉜다. 저온장시간처리는 약 65 ℃에서 30분 정도 가열해 살균하고 고온단시간처리는 약 72 ℃에서 15초 정도 가열해 살균한다. 초고온처리는 130 ℃ 이상에서 0.5 ~ 5초간 가열해 살균한다.

이렇게 살균 처리 후 냉각, 저장, 충전 과정을 통해 소비자들에게 유통된다. 이때 살균 처리 과정에서 우유 속 미생물을 제거하는 정도에 따라 일반 우유와 멸균 우유로 구분된다. 우유 속에는 유익한 미생물인 유익균이 존재하는데, 일반 우유는 우유의 품질을 유지할 수 있을 정도로만 유익균을 제거한다. 문제는 유익균도 미생물이기 때문에 시간이 지나면 유익균이 우유 속의 유당을 섭취하면서 젖산을 생성해 시큼한 맛을 내고 우유 뭉침 현상이 발생하도록 하는 등 우유를 상하게 한다. 그래서 일반 우유의 유통기한이 열흘 이내로 짧은 것이다.

반면 멸균 우유는 150 ℃에서 살균하여 우유 속 모든 미생물을 제거한 우유이다. 이로 인해 멸균 우유의 유통기한은 10주에 달한다. 멸균 우유는 유익균까지 모두 제거하였으므로 고소한 맛과 풍미는 일반 우유에 비해 떨어질 수 있으나 영양 성분 함량은 거의 차이가 없다. 또한 일반 우유에 비해 가격이 저렴한 편이다.

<보 기>

ㄱ. 일반 우유는 저지방 우유에 비해 우유의 맛이 진할 것이다.

ㄴ. 멸균 우유는 고온단시간처리 방법으로 살균할 것이다.

ㄷ. 멸균 우유의 유통기한은 일반 우유의 7배 이상이다.

ㄹ. 멸균 우유는 일반 우유에 비해 맛과 풍미는 거의 차이가 없으나 영양 성분 함량의 차이가 크다.

① ㄱ, ㄴ
② ㄱ, ㄷ
③ ㄴ, ㄹ
④ ㄱ, ㄴ, ㄷ
⑤ ㄱ, ㄷ, ㄹ

27. 다음 글을 근거로 판단할 때, <보기>에서 옳은 것만을 모두 고르면?

> 甲과 乙은 자주 방문하는 중국집의 할인 쿠폰을 모았다. 그동안 10 % 할인 쿠폰 3장, 15 % 할인 쿠폰 2장, 20 % 할인 쿠폰 2장을 모았는데 한 사람이 한 번에 여러 개의 쿠폰을 사용할 수 있다. 甲과 乙은 어느 날 그동안 모은 할인 쿠폰을 나눠 갖고 중국집에 가서 각각 10,000원짜리 메뉴를 시켰다. 계산 결과 甲은 6,000원, 乙은 7,000원을 결제했다. 할인 쿠폰의 할인율은 메뉴의 원래 가격인 10,000원에 적용된다.

<보 기>

ㄱ. 甲이 10 % 할인 쿠폰을 1장만 사용했다면, 남은 10 % 할인 쿠폰은 없다.
ㄴ. 甲과 乙이 합쳐서 총 4장의 할인 쿠폰을 사용했다면, 남은 20 % 할인 쿠폰은 없다.
ㄷ. 甲과 乙이 합쳐서 총 5장의 할인 쿠폰을 사용했다면, 남은 20 % 할인 쿠폰은 없다.
ㄹ. 甲과 乙 둘 중 한 사람이 15 % 할인 쿠폰 2장을 사용했다면, 남은 10 % 할인 쿠폰은 1장이다.

① ㄱ
② ㄴ
③ ㄱ, ㄹ
④ ㄴ, ㄷ
⑤ ㄴ, ㄹ

28. 다음 글을 근거로 판단할 때 현재 A의 나이는?

> A의 외가 친척들이 추석을 맞아 외할머니 집에 모였다. A는 다른 사촌들(A ~ F)과 얘기를 나누다가 서로 나이에 관한 힌트를 주고 나이를 맞추기로 했다. 나이는 태어난 연도에 1살이고 1월 1일이 될 때마다 1살씩 나이를 먹는 것으로 본다.
>
> <대 화>
>
> A: 나는 C가 태어날 때 14살이었어.
> E: 엄마가 그러시는데 저는 B형하고 띠동갑이래요.
> C: 다른 사촌들과 내 18살 생일 때 만난 이후 1년이 넘게 지났구나.
> F: 유치원에서 배웠는데 지금 제 나이가 짝수래요. 저는 E보단 나이가 많아요.
> D: 나는 3년 뒤에 F 나이의 3배가 돼. 나는 20대지만 3년 뒤에도 30대가 되진 않아.
> B: 저는 C형보다 2살 어려요.

※ 띠동갑은 12살 차이 나는 경우를 말한다.

① 28살
② 29살
③ 30살
④ 31살
⑤ 32살

29. 다음 글과 <상황>을 근거로 판단할 때, A ~ H구단이 2022년부터 2024년까지 납부해야하는 제재금 액수의 총합은?

○ 2022년부터 전력평준화 및 선수 독점 방지를 위해 샐러리캡(연봉 총액의 상한선) 제도를 실시함.
○ 해당 구단의 당해 연도 선수 연봉 총액이 당해 연도 샐러리캡을 초과하는 경우에만 제재금을 부과함.
○ 샐러리캡: 직전연도 A ~ H 구단 선수 연봉을 모두 합한 값 평균의 120 %
○ 제재금 납부액 = (해당 구단의 당해 연도 선수 연봉 총액 − 당해 연도 샐러리캡) × 횟수별 제재금 부과비율
○ 샐러리캡 초과횟수별 제재금 부과비율

초과횟수	1회	2회	3회
부과비율	50 %	100 %	150 %

○ 예를 들어, 특정 구단이 샐러리캡을 초과한 액수가 첫해 4억 원, 두 번째 해 7억 원, 세 번째 해에 10억 원일 경우 납부해야하는 총 제재금은 4억 × 50 % + 7억 × 100 % + 10억 × 150 % = 24억 원이 된다.

<상 황>

2021 ~ 2024년 A ~ H구단의 선수 연봉 총액(억 원)은 다음과 같다.

구단	2021년	2022년	2023년	2024년
A	55	65	80	85
B	50	60	65	70
C	40	50	55	60
D	35	40	45	55
E	65	55	70	65
F	45	40	60	80
G	50	60	70	75
H	60	70	75	75

① 43억 원
② 44억 원
③ 45억 원
④ 46억 원
⑤ 47억 원

30. 다음 글을 근거로 판단할 때, 학자금 상환액이 가장 적은 사람과 상환율이 세 번째로 높은 사람을 순서대로 옳게 짝지은 것은?

甲 ~ 戊는 대학을 졸업하고 취업을 하여 대출받은 학자금을 상환하고 있다. 5명이 대출한 학자금은 총 1억 6천만 원이다. 甲 ~ 戊는 각각 일정액의 학자금을 대출하였고 현재까지 일부에 해당하는 학자금을 상환했다. 다음은 甲 ~ 戊가 현재까지 상환한 학자금에 대한 정보이다.

○ 戊는 대출받은 학자금의 80 %를 상환하였다. 戊가 대출받은 학자금 액수는 丙의 2배이다.
○ 아직 상환하지 못한 학자금 액수는 丙과 丁이 같다.
○ 乙이 대출받은 학자금 액수는 戊보다 1,000만 원이 적다. 乙이 아직 상환하지 못한 학자금 액수는 甲의 2배이다.
○ 丁이 대출받은 학자금 액수는 乙보다 2,000만 원이 많다. 丁은 대출받은 학자금의 90 %를 상환하였다.
○ 甲이 대출받은 학자금 액수는 丙과 같다. 甲은 대출받은 학자금 중 1,400만 원을 상환하였다.

※ 상환률(%) = $\frac{\text{상환한 학자금 액수}}{\text{대출받은 학자금 액수}} \times 100$

① 甲, 丙
② 丙, 丙
③ 乙, 丁
④ 丙, 戊
⑤ 甲, 戊

31. 다음 글을 근거로 판단할 때, 甲의 물 속성 아이템과 乙의 불 속성 아이템이 맞대결을 한 횟수는?

○ 甲과 乙은 전기, 물, 불, 풀 속성의 아이템을 가지고 대결을 하는 경기를 한다.
○ 전기 속성은 물 속성을 이기고, 물 속성은 불 속성을 이기고, 불 속성은 풀 속성을 이기고, 풀 속성은 전기 속성을 이긴다. 같은 속성끼리 대결하거나 전기 속성과 불 속성 간, 물 속성과 풀 속성 간 대결은 무승부가 된다.
○ 아이템은 전기 속성 5개, 물 속성 6개, 불 속성 5개, 풀 속성 4개로 총 20개가 있고 甲과 乙은 무작위로 10개씩 나누어 가졌으며 한 번의 디결당 하나의 아이템씩 내는 대결을 하였다. 한 번 낸 아이템은 다시 내지 않았다.
○ 甲과 乙의 10회의 대결 동안 무승부는 발생하지 않았다.
○ 10회의 대결 결과, 甲이 乙보다 2회 더 많이 이겼다.
○ 甲과 乙이 나누어 가진 아이팀 속성은 다음과 같다.

① 0회
② 1회
③ 2회
④ 3회
⑤ 4회

32. 다음 글을 근거로 판단할 때, <보기>에서 옳은 것만을 모두 고르면?

A고등학교는 전교회장 선출을 위해 전체 학급을 대상으로 투표하고자 한다. 전교회장 후보로 甲과 乙만 입후보한 상황이다. 투표 방식과 현재 상황에 대한 정보는 다음과 같다.

○ A고등학교는 1 ~ 5반까지 있으며 각 반은 반의 의견을 대표하는 선거인단을 보유한다.
○ 투표는 1차 투표와 2차 투표가 있다. 1차 투표에서 각 반의 투표자가 1인 1표를 행사하여, 더 많은 표를 득표한 전교회장 후보를 지지하는 선거인단을 선출한다.
○ 2차 투표에서는 선거인단이 전교회장을 선출하기 위해 투표한다. 선거인단은 각 1인 1표를 지니며 반드시 자신이 속한 반에서 더 많은 표를 득표한 후보에 투표한다.
○ 1반의 투표자 수는 21명이고 선거인단은 2명이다.
○ 2반의 투표자 수는 29명이고 선거인단은 3명이다.
○ 3반의 투표자 수는 31명이고 선거인단은 3명이다.
○ 4반의 투표자 수는 31명이고 선거인단은 3명이다.
○ 5반의 투표자 수는 19명이고 선거인단은 2명이다.
○ 선거인단의 투표 결과 더 많은 표를 얻은 후보가 전교회장으로 당선된다.
○ 무효표 또는 기권표는 없다.

<보 기>

ㄱ. 1차 투표 시, 甲이 모든 반에서 15표를 득표한다면 甲은 반드시 전교회장으로 당선된다.
ㄴ. 乙이 1차 투표에서 총 76표를 득표한다면 반드시 전교회장으로 당선된다.
ㄷ. 甲은 1차 투표에서 총 36표를 득표하고 전교회장으로 당선될 수 있다.
ㄹ. 1반과 5반의 선거인단이 1명으로 줄어든다면, 乙이 1차 투표에서 총 30표를 득표하고 전교회장으로 당선될 수 있다.

① ㄱ, ㄴ
② ㄱ, ㄷ
③ ㄴ, ㄷ
④ ㄴ, ㄹ
⑤ ㄱ, ㄷ, ㄹ

33. 다음 글을 근거로 판단할 때, <보기>에서 옳은 것만을 모두 고르면?

甲과 乙은 총 7번의 가위바위보 경기를 하였다. 甲과 乙의 가위바위보는 같은 것을 연속해서 낼 수 없다는 규칙이 있다. 7번의 가위바위보 경기를 하는 동안 무승부는 1번 발생하였고 무승부가 발생한 경기를 제외하고 甲과 乙 모두 가위, 바위, 보를 낸 횟수가 각각 동일하였다. 추가로 1명이 3경기를 연속해서 승리한 경우는 없고 乙은 5번째 경기부터는 가위를 내지 않았다는 사실이 알려져 있다. 甲과 乙이 가위바위보를 한 결과는 다음과 같다.

경기 / 구분	1	2	3	4	5	6	7
甲	( )	( )	바위	( )	가위	바위	( )
乙	( )	보	( )	( )	( )	( )	( )

<보 기>

ㄱ. 甲과 乙이 이긴 횟수는 동일하다.
ㄴ. 무승부가 발생한 경기에서 甲과 乙은 보를 냈다.
ㄷ. 규칙에 맞게 8번째 경기를 추가로 치러 무승부가 발생했다면 해당 경기에서 甲과 乙은 가위를 냈다.

① ㄱ
② ㄷ
③ ㄱ, ㄴ
④ ㄴ, ㄷ
⑤ ㄱ, ㄴ, ㄷ

34. 다음 글과 <대화>를 근거로 판단할 때, ㉠에 들어갈 숫자와 A ~ F 중 키가 두 번째로 큰 사람을 바르게 나열하면?

A ~ F는 왼쪽부터 일직선으로 A, B, C, D, E, F 순으로 섰다. 이들의 키는 150 cm, 160 cm, 170 cm, 180 cm, 190 cm, 200 cm 중에 하나로 모두 다르다. A ~ F는 자신의 왼쪽과 오른쪽에 위치한 사람의 머릿수를 확인하였고 A는 오른쪽, F는 왼쪽에 위치한 사람의 머릿수만을 확인하였다. 이들은 인접한 사람의 머리는 키에 상관없이 볼 수 있으나 키가 큰 사람에 가려진, 키가 작은 사람의 머리는 볼 수 없다.

예를 들어, 150 cm인 A가 오른쪽을 바라봤을 때, B가 180 cm, C가 160 cm, D가 170 cm, E가 190 cm, F가 200 cm라면 A는 B, E, F의 머리는 볼 수 있으나 B에 가려진 C와 D의 머리는 볼 수 없다. 추가로 F의 키는 A ~ F 키의 평균보다 작다는 사실이 알려져 있다. 이들이 나눈 대화는 다음과 같다.

<대 화>

A: 나는 3명의 머리가 보여.
B: 나도 3명의 머리가 보여.
C: 나도 3명의 머리가 보여. 왼쪽보다 오른쪽에 더 많이 보이네.
D: 나는 A, B, C보다 적은 수의 머리가 보여.
E: 나는 3명의 머리가 보여.
F: 나는 ㉠ 명의 머리가 보여.

	㉠	키가 두 번째로 큰 사람
①	1	B
②	1	C
③	2	B
④	2	C
⑤	2	E

35. 다음 글을 근거로 판단할 때, <보기>에서 옳은 것만을 모두 고르면?

○ 甲, 乙, 丙은 각 라운드(R)에 달리기 시합을 해서 높은 순위부터 글자를 가져오는 작명게임을 하려 한다.
○ 작명의 대상은 성(姓)과, 이름(名)의 첫 번째 글자와 두 번째 글자이다.
○ 1R부터 3R까지 순서대로 치러지며 1R에 성, 2R에 이름의 첫 번째 글자, 3R에 이름의 두 번째 글자를 정한다.
○ 성과 이름별로 사용이 가능한 글자가 정해져 있으며 그 목록은 다음과 같다.

작명 대상	사용 가능한 글자
성	김, 최, 정
이름의 첫 번째 글자	유, 인, 진
이름의 두 번째 글자	정, 수, 선, 운

○ 다른 사람이 가져간 글자는 성, 이름과 상관없이 다시 가져갈 수 없다. 예를 들어 누군가가 1R에 글자 '정'을 사용했다면 1R뿐만 아니라 3R에도 글자 '정'을 사용할 수 없다.
○ 甲, 乙, 丙은 각 작명 대상별로 선호하는 글자가 있으며, 만약 해당 글자를 가져올 수 있다면 반드시 해당 글자를 가져오나 해당 글자를 가져올 수 없다면 무작위로 다른 글자를 가져온다.
○ 작명 대상별로 선호하는 글자는 아래와 같다.

구분	성	이름의 첫 번째 글자	이름의 두 번째 글자
甲	김	유	선
乙	최	유	정
丙	정	진	선

※ 작명 시 이름은 성 뒤에 붙은 두 글자를 말한다.

<보 기>

ㄱ. 甲이 달리기 시합에서 2등을 2번, 3등을 1번 했다면, 甲은 '김유선'을 작명할 수 있다.
ㄴ. 乙이 달리기 시합에서 2등을 1번, 3등을 2번 했다면, 乙은 '최유수'을 작명할 수 있다.
ㄷ. 乙이 모든 달리기 시합에서 1등을 했다면, 乙은 '최유정'을 작명할 수 있다.
ㄹ. 모든 달리기 시합에서 丙이 2등을 했다면, 丙은 '정인운'을 작명할 수 있다.

① ㄱ, ㄴ
② ㄱ, ㄷ
③ ㄴ, ㄷ
④ ㄴ, ㄹ
⑤ ㄱ, ㄴ, ㄹ

36. 다음 글을 근거로 판단할 때, 甲이 화학약품을 구분하여 보관하기 위해서 필요한 최소의 박스 수는?

甲은 A부터 I까지 총 9개의 화학약품이 담긴 병을 박스에 구분하여 보관하고자 한다. 다음은 같은 박스에 보관할 시 서로 영향을 끼쳐 변질의 우려가 있기 때문에 같은 박스에 구분할 수 없는 화학약품을 나타낸 것이다.

화학약품	변질의 우려가 있는 다른 화학약품
A	E, G
B	C, D, H
C	B, F, I
D	B, G, I
E	A, F, G, I
F	C, E, H
G	A, D, E, H, I
H	B, F, G
I	C, D, E, G

① 3개
② 4개
③ 5개
④ 6개
⑤ 7개

37. 다음 글을 근거로 판단할 때, <보기>에서 옳은 것만을 모두 고르면?

> ○ 甲과 乙은 사칙연산 게임을 한다.
> ○ 甲과 乙은 1부터 9까지 숫자가 쓰여 있는 9장의 카드 중 추첨을 통해 서로 다른 카드 4장씩을 가진다.
> ○ 甲과 乙은 연산부호(+, −, ×, ÷) 중 임의로 3가지를 선택, 1번씩 사용하여 사칙연산을 한다.
> ○ 사칙연산을 할 때는 기존 사칙연산의 규칙과 달리 연산부호가 쓰인 순서대로 적용한다. 예를 들어 $5-2\times3$의 결과는 -1이 아닌 9이다.
> ○ 甲과 乙은 합의로 규칙 1 또는 규칙 2를 선택한다.
> – 규칙 1: 사칙연산의 결괏값이 더 큰 사람이 승리한다.
> – 규칙 2: 사칙연산의 결괏값이 더 작은 사람이 승리한다.
> ○ 甲과 乙은 승리하기 위해 최선을 다한다.

<보 기>

> ㄱ. 규칙 1을 선택할 때, 甲이 뽑은 4장의 카드 중 두 장이 7과 9라면 乙이 뽑은 카드에 상관없이 甲이 승리한다.
> ㄴ. 사칙연산을 통해 만들 수 있는 최댓값은 78이다.
> ㄷ. 규칙 2를 선택할 때, 甲은 짝수가 적힌 카드 4장을 뽑았고 乙이 뽑은 카드 중 한 장이 9라면 乙이 승리한다.
> ㄹ. 사칙연산을 통해 만들 수 있는 최솟값은 -62이다.

① ㄱ, ㄴ
② ㄱ, ㄷ
③ ㄴ, ㄹ
④ ㄱ, ㄴ, ㄷ
⑤ ㄱ, ㄷ, ㄹ

38. 다음 글과 <상황>을 근거로 판단할 때, 丁이 戊가 사는 곳으로 이동하는 데 걸리는 시간은?

> □□연구소는 일정 크기의 사육장 안에 급수대를 설치하고 실험을 통해 햄스터가 어느 곳에 사는지 알아보려 한다. 햄스터가 살 수 있는 곳은 8곳(A ~ H)이며 실험에 쓰일 햄스터는 5마리(甲 ~ 戊)이다. 실험에 관한 내용은 다음과 같다.
> ○ 급수대의 식수와 햄스터는 사육장 내 길로만 이동할 수 있다. 길은 사육장 내부 사각형의 변을 말한다.
> ○ 급수대는 동시에 모든 햄스터에게 식수를 보낸다. 급수대를 통해 제공되는 식수는 3초에 한 칸을 이동한다. 예를 들어, 급수대에서 F로 식수를 보내면 6초가 소요된다.
> ○ 햄스터는 6초에 한 칸을 이동할 수 있다.
> ○ 식수와 햄스터는 다른 곳으로 이동할 때 가능한 최단 거리로 이동한다.
> ○ 급수대를 중심으로 마주 본다는 것은 본인이 급수대 방향으로 직선을 그으면 상대 햄스터에게 닿는다는 것을 말한다.
> ○ 가깝다는 것은 이동하는 데 걸리는 시간이 적은 것을 말한다.
>
> 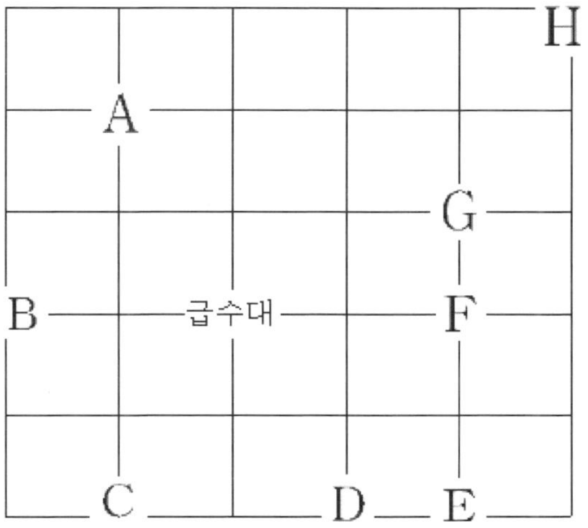
>

<상 황>

> 甲: 나는 식수를 받는데 乙보다 9초 더 걸렸어.
> 乙: 나는 급수대를 중심으로 戊랑 마주 보고 있어.
> 丙: 식수를 받는 데 걸리는 시간이 나와 똑같은 햄스터는 없어.
> 丁: 나는 식수를 받는 데 가장 적은 시간이 걸려. 나는 D보다는 A와 더 가까워.
> 戊: 내가 甲이 사는 곳으로 가려면 42초가 걸려.

① 18초
② 24초
③ 30초
④ 36초
⑤ 42초

[39 ~ 40] 다음 글을 읽고 물음에 답하시오.

비만은 단순히 체중이 증가하는 것이 아니라 비정상적으로 지방세포가 과잉 축적되어 지방제외체질량 대비 체지방량이 증가한 상태를 말한다. 1996년 세계보건기구(WHO)는 비만을 의료비를 증가시키고 노동생산성을 떨어뜨리는 21세기 신종 감염병으로 규정하기도 하였다. 적절한 체중을 유지하기 위해 현재 권장되는 사항들로는 영양 평가, 섭취량 제한, 에너지 밀도 관리 및 에너지 제한 식이 접근법이 있다.

영양 평가란 환자가 평소에 섭취하는 식사 행동을 파악하는 것이다. 비만 환자에 대한 영양 평가는 비만도 평가가 선행되어야 한다. 비만도 평가 기준 중 하나인 체질량 지수는 체중(kg)을 신장의 제곱(m^2)으로 나눈 것이다. WHO는 체질량 지수 30 kg/m^2 이상을 비만으로 정의하지만, 대한비만학회는 25 kg/m^2 이상을 비만으로 본다.

섭취량 제한이란 체중 감량을 위해 에너지 섭취를 줄이는 것이다. 에너지 섭취를 제한하는 식이요법은 크게 3가지로 분류된다. 저열량 식이요법은 하루 동안 에너지 섭취를 500 ~ 1,000 kcal 정도 줄이는 것이다. 중등도 절식요법은 에너지 섭취를 줄이되, 하루에 1,200 kcal 이상을 섭취하는 것이다. 마지막으로 초저열량 식이요법은 하루 섭취 열량을 800 kcal 이하로 억제하는 것이다.

에너지 밀도는 음식의 단위 무게당 에너지의 양으로 정의하며 에너지 밀도가 낮은 음식은 음식 1 g당 가진 열량이 적다. 효과적인 에너지 밀도 관리를 위해서는 에너지 밀도가 낮은 물, 과일, 채소, 정제되지 않은 곡물, 지방의 함량이 적은 단백질 음식을 섭취해야 한다. 연구에 의하면 같은 에너지 섭취에도 불구하고 에너지 밀도의 감소가 보다 크게 일어났을 때 더 많은 체중을 감량할 수 있다.

제한 식이 접근법이란 탄수화물이나 지방 섭취를 줄이거나 단백질 섭취율을 높이는 것이다. 우선 저탄수화물식은 탄수화물 섭취량이 130 g 이상이면서 탄수화물이 내는 열량을 총열량의 50 % 이하로 제한하는 식이를 말한다. 탄수화물 섭취량이 130 g 이하이면서 탄수화물이 내는 열량을 총열량의 30 %로 제한한 초저탄수화물식 역시 존재한다. 고단백식은 하루에 체중 1 kg당 1.5 g 이상의 단백질을 섭취하면서 총열량의 25 % 이상이 단백질로 구성되는 것을 말한다. 고단백식은 과다하게 탄수화물을 섭취하는 것을 방지하고 에너지 섭취를 제한하면 발생할 수 있는 체단백 손실을 방지하게 해준다. 케톤식은 포도당 대신 지방으로부터 공급되는 케톤체를 에너지원으로 사용하는 것으로 케톤체 생성을 위해 고지방 섭취를 늘리는 식이요법이다. 저열량케톤식은 하루 800 ~ 1,200 kcal의 열량을 섭취하는데, 지방으로 인한 열량이 60 % 이상이어야 한다.

39. 윗글을 근거로 판단할 때 옳은 것은?

① 무게 18 g에 열량 470 kcal인 음식은, 무게 15 g에 열량 400 kcal인 음식보다 에너지 밀도가 높다.

② 비만은 지방세포가 과잉 축적되어 체지방량이 증가한 상태를 말한다.

③ 하루에 2,500 kcal를 섭취하던 사람이 1,000 kcal를 섭취한다면, 이는 중등도 절식요법에 따른 것이다.

④ 체중 90 kg, 신장 1.8 m인 사람은 WHO에 의하면 비만이 아니지만 대한비만학회에 의하면 비만이다.

⑤ 케톤식은 에너지 섭취를 제한하면 발생할 수 있는 체단백 손실을 방지하게 해준다.

40. 윗글을 근거로 판단할 때, <상황>의 ㉠과 ㉡으로 가능한 숫자만을 옳게 짝지은 것은?

<상 황>

갓 초등학교에 입학한 甲은 소아비만을 교정하기 위해 제한 식이요법 중 저탄수화물식, 고단백식, 저열량케톤식 중 일부를 선택하기로 했다. 체중이 50 kg인 甲은 하루에 단백질 75 g, 지방 60 g을 고정적으로 섭취하고 탄수화물 섭취량을 조정한다. 어느 날은 탄수화물을 (㉠)g 섭취해서 저탄수화물식의 조건만 충족했다. 또 다른 날은 탄수화물을 (㉡)g 섭취해서 고단백식의 조건만 충족했다.

※ 1 g당 탄수화물과 단백질은 4 kcal, 지방은 9 kcal의 열량을 낸다.

	㉠	㉡
①	130	30
②	180	30
③	180	70
④	230	70
⑤	230	90

현재 내 위치가 궁금하다면?

빠른 채점 및 성적 분석

https://labstandard.kr/eas

성적분석 서비스 + 통계표 확인

맞은 문제 수 / 푼 문제 수	맞은 문제 수 / 찍은 문제 수
(　　　)문제 / (　　　)문제	(　　　)문제 / (　　　)문제

총점: 　　　　　점

✓ 나의 속도와 정확도를 성적분석 서비스를 통해 간편하게 분석해보세요!

2025년도 5급 공채·국립외교원 및 민간경력직 PSAT 대비

랩스탠다드 준기출 準 준할 준

PSAT 상황판단 실전 모의고사

1 ~ 6회

정답 및 해설

LAB STANDARD
기준을 연구하는 사람들

현재 내 위치가 궁금하다면?

빠른 채점 및 성적 분석

https://labstandard.kr/eas

성적분석 서비스 + 통계표 확인

기본 카메라 어플이나 QR 스캐너(앱) 등을 활용하여 위 QR코드를 확인해 보세요!
빠른 채점 서비스를 통해 간편한 채점뿐만 아니라,
나의 위치, 정답률, 풀이 속도, 체감 난도, 구간별 운영 등을 전국에 있는 다른 수험생들과 실시간으로 비교하고
유익하고 흥미로운 정보를 얻으실 수 있습니다!

★★★

한 과목만 응시해도 과목별 통계표가 제공되고
모든 과목을 응시한 분께는 언/자/상 통합 성적표까지 제공됩니다.

상황판단 1회

1	2	3	4	5	6	7	8	9	10
③	⑤	⑤	④	①	⑤	③	⑤	①	②
11	12	13	14	15	16	17	18	19	20
④	②	⑤	①	②	④	④	⑤	①	④
21	22	23	24	25	26	27	28	29	30
⑤	③	①	③	②	⑤	④	②	②	④
31	32	33	34	35	36	37	38	39	40
④	②	⑤	③	③	③	⑤	④	⑤	①

문 1 유형: 일반형 법조문 정답: ③

① × 제3조에 의해 공탁금에는 대법원규칙으로 정하는 이자를 붙일 수 있다.

② × 제1조에 의해 공탁사무는 지방법원장이나 지방법원지원장이 소속 법원서기관 또는 법원사무관 중에서 지정하는 자가 처리한다. 즉, 지방법원장이나 지방법원지원장이 직접 처리하는 것이 아니라 소속 법원서기관 또는 법원사무관이 처리하는 것이다.

③ ○ 제4조에 의해 공탁물을 수령할 자가 반대급부를 하여야 하는 경우에 그 반대급부가 있었음을 증명하지 아니하면 공탁물을 수령하지 못한다. 따라서 공탁물을 수령하였다면, 그 반대급부가 있었음을 증명하였을 것이다.

④ × 제2조 제2항에 의해 대법원장이 해당 지방법원장의 의견을 들어야 할 때는 공탁물을 보관할 창고업자를 지정할 때가 아니라 공탁금 보관은행을 지정할 때이다.

⑤ × 제5조 제4항에 의해 공탁관이 이의신청서를 받은 날부터 5일 이내에 이의신청서에 의견을 첨부하여 관할 지방법원에 송부하여야 하는 것은 이의신청이 이유가 있다고 인정할 때가 아니라 이유가 없다고 인정할 때이다. 제3항에 의해 이유가 있다고 인정하면 공탁관은 신청의 취지에 따르는 처분을 하고 그 내용을 이의신청인에게 알려야 한다.

문 2 유형: 일반형 법조문 정답: ⑤

① × 제1조 제1항 단서조항에 의해 지방자치단체가 게임을 제작하는 경우 게임제작업을 영위하기 위해 시장 등에게 등록을 하지 않아도 된다.

② × 제2조 제1항에 의해 일반게임제공업을 영위하고자 하는 자는 시장 등에게 등록하여야 하는 것이 아니라 허가를 받아야 한다.

③ × 제1조 제2항에 의해 제1항에 따라 등록한 자가 중요사항을 변경하고자 하는 경우에는 변경등록을 하여야 한다. 반대해석을 하면 경미한 사항을 변경하고자 하는 경우에는 변경등록을 하지 않아도 된다.

④ × 제2조 제2항 단서조항에 의해 정보통신망을 통하여 게임물을 제공하는 자로서 신고한 자는 등록을 한 것으로 보기 때문에 청소년게임제공업을 영위하기 위해 시장 등에게 등록을 하지 않아도 된다.

⑤ ○ 제1조 제3항과 4항에 의해 시장 등이 변경등록의 신청을 받고 변경등록 여부를 신청인에게 통지하지 아니하면 기간이 끝난 날의 다음 날에 변경등록을 한 것으로 본다. 여기서 기간은 변경등록의 신청을 받은 날부터 15일까지 되는 날이다. 다음 날은 변경등록의 신청을 받은 날부터 16일째 되는 날이므로 옳다.

문 3 유형: 일반형 법조문 정답: ⑤

① × 제2조 제1항에 의해 대학 총장의 직무를 보좌하기 위하여 해당 대학 교수 중에서 부총장을 둘 수 있는 것이지 반드시 두는 것은 아니다.

② × 제3조 제1항에 의해 학교규칙으로 정하는 범위에서 교육대학은 대학원을 둘 수 있다. 그러나 단과대학을 둘 수 있는 것은 교육대학이 아니라 대학이다.

③ × 제3조 제3항에 의해 단과대학 및 대학원의 장은 교수 또는 부교수 중에서 둔다. 조교수까지 후보에 포함하는 것은 단과대학 및 대학원의 장이 아니라 학과 등의 장이다.

④ × 제4조 제1항에 의해 재학중 기숙사에 입사하여 생활훈련을 받는 대학의 학사과정 간호계 학과 제3학년 학생의 경우 이들의 학비 일부를 국고에서 지급한다. 전부가 아니다.

⑤ ○ 제3조 제2항에 의해 대학의 단과대학 및 대학원에 학과를 둘 수 있고 교육대학 및 그 대학원에 역시 학과를 둘 수 있다.

문 4 유형: 상황제시형 법조문 정답: ④

① × 제1조 제1항에 의해 소방청장이 매년 시·도 소방본부의 구조·구급활동에 대하여 종합평가를 실시하고 그 결과를 소방청장에게 통보하여야 한다. 주체와 대상이 서로 바뀌어 있다.

② × 제1조 제3항에 의해 종합평가의 경우 서면평가는 모든 시·도 소방본부를 대상으로 실시하고, 현장평가는 필요한 시·도 소방본부를 대상으로 실시한다. 서면평가와 현장평가에 대한 내용이 서로 바뀌어 있다.

③ × 제1조 제4항에 의해 소방본부장은 종합평가를 위하여 시·도 집행계획의 시행결과를 다음 해 2월 말일까지 소방청장에게 제출하여야 한다. 따라서 2025년 시·도 집행계획의 시행 결과는 2026. 2. 28.까지 제출하여야 한다.

④ ○ 제2조 제2항에 의해 소방청장은 제1항에 따른 조치로 인한 손실을 보상할 때에는 손실을 입은 자와 먼저 협의하여야 한다. 따라서 소방청장은 甲과의 협의 없이 甲에게 손실을 보상할 수 없다.

⑤ × 제2조 제4항에 의해 소방청장은 乙과의 협의가 성립되지 아니하면 소방청장이 관할 손실보상위원회에 재결을 신청할 수 있는 것이지 乙이 재결을 신청할 수 있는 것이 아니다.

문 5 유형: 상황제시형 법조문 정답: ①

ㄱ. ○ 제1조 제1항에 의해 부동산원의 자본금은 500억 원이고 제2항에 의해 자본금의 2분의 1을 초과하지 아니하는 범위에서 주주를 모집할 수 있으므로 부동산원은 필요한 경우 250억 원이 범위에서 주주를 모집할 수 있다.

ㄴ. ○ 제2조에 의해 정부가 자본금을 출자하는 경우 주식출자금의 납입 시기 및 방법의 경우만 기획재정부장관이 정하는 것이다. 부동산원이 발행하는 주식의 종류는 정부가 자본금을 출자하는 경우여도 대통령령으로 정한다.

ㄷ. × 제4조 제2항에 의해 부동산원이 사채를 발행하기 위해서는 사채발행계획을 수립하여 기획재정부장관이 아닌 국토교통부장관의 승인을 받아야 한다.

ㄹ. × 제3조 각 호의 순서대로 이익 100억 원이 생겼으므로 제일 먼저 이월손실금을 보전한다. 그런데 이월손실금이 없으므로 2호에 따라 이익의 100분의 10인 10억 원을 이익준비금으로 적립한다. 다음 3호에 따라 이익준비금 10억 원을 제외한 90억 원을 적립금으로 적립한다. 제4조 제1항에 의해 부동산원의 자본금은 500억 원이고 2024년 적립금은 90억 원이므로 합계액은 590억 원이다. 이의 2배를 초과하지 아니하는 범위에서 사채를 발행할 수 있으므로 부동산원은 2025년 1,180억 원까지 사채를 발행할 수 있다. 1,200억 원이 아니다.

문 6 유형: 일반제시글 정답: ⑤

ㄱ. × 고구마는 싹을 틔워 처음 자랄 때를 제외하고 이후에는 특별한 관리가 없어도 스스로 잘 자란다. 처음 자랄 때는 특별한 관리가 필요하다.

ㄴ. ○ 감자는 고구마와 달리 유전형이 고정되어 감자들간 유전자가 비슷하다. 따라서 고구마는 유전형이 고정되어 있지 않아 고구마들간 유전자가 비슷하지 않다.

ㄷ. ○ 1,000 m^2 면적에서 생산한 쌀의 열량은 180만 kcal이므로 5,000 m^2 면적에서 생산한 쌀의 열량은 900만 kcal이다. 이는 성인 여성 4,500명에게 필요한 1일 권장 열량이다. 하루는 365일이므로 4,500을 365로 나누면 12가 넘는다. 따라서 900만 kcal는 성인 여성 12명이 1년 동안 필요한 권장 열량 이상이다.

ㄹ. ○ 아프리카 대륙의 고구마 생산면적은 전 세계의 40 %이다. 아시아 대륙의 고구마 생산면적은 정확히 알 수는 없지만 최댓값이 전 세계의 60 %이다. 고구마 생산량은 아시아를 100, 아프리카를 25로 놓을 수 있다. 고구마 생산면적당 생산량을 계산해보면 아프리카는 $\frac{25}{40}$, 아시아는 최소 $\frac{100}{60}$이다. 아시아 대륙의 고구마 생산면적이 60 %보다 작다면 아시아의 해당 값은 더욱 커진다. 따라서 고구마의 생산면적당 생산량은 아프리카 대륙이 아시아 대륙보다 적다.

문 7 유형: 수리계산형 퀴즈 정답: ③

甲: 체중이 100 kg인데 체질량지수가 25이므로 키(m)의 제곱이 4이다. 따라서 키는 2 m이다.

乙: 키가 1.8 m인데 체질량지수가 20이므로 체중은 64.8 kg이다.

丙: 乙의 키가 甲, 丙 키의 평균과 같으므로 丙의 키는 1.6 m이다. 丙의 체중은 乙보다 4 kg 가벼우므로 60.8 kg이다. 丙의 체질량 지수는 60.8 ÷ 2.56 = 23.75이므로 <u>22 < X < 25</u>가 정답이다.

문 8 유형: 수리계산형 퀴즈 정답: ⑤

㉠: 물속에 완전히 잠기게 하여 측정한 물의 부피가 50 cm^3, 실린더에 물을 반쯤 채웠을 때의 물의 부피가 30 cm^3이므로 둘의 차이는 20 cm^3이다. 순은의 무게가 210 g이므로 밀도는 210을 20으로 나눈 <u>10.5</u> g/cm^3이다.

㉡: 꿀의 밀도가 1.6 g/cm^3이고 부피가 10 cm^3이므로 꿀의 무게는 이 둘을 곱한 16 g이다. 여기에 비어있는 실린더의 무게가 10 g이므로 실린더에 꿀을 담아 측정한 무게는 <u>26</u> g이다.

문 9 유형: 정보처리형 퀴즈 정답: ①

甲: 한 층이 비어있는데 자신이 가장 낮은 층에 거주하는 것이 아니라고 확신할 수 있으므로 3층 이상에 거주한다. 2층에 거주한다면 1층이 비어있는 경우 자신이 가장 낮은 층에 거주할 수도 있기 때문이다.

乙: 위층에서 소음이 발생할 수가 없는 경우는 꼭대기 층이다. 따라서 乙은 6층에 거주한다.

丙: 乙이 6층에 거주하고 있으므로 2층 또는 4층에 거주한다.

丁: 한 층을 오르는 데 12초가 걸리므로 40초 이상이 걸리는 경우는 4개 층을 올라야 하는 5층 또는 5개 층을 올라야 하는 6층에 거주하는 경우이다. 그런데 6층에는 乙이 거주하고 있으므로 丁은 5층에 거주한다.

戊: 계단을 오르지 않아도 되므로 1층에 거주한다. 위층이 비어있으므로 2층이 비어있다. 자동적으로 甲이 거주하는 층은 3층이 되고 丙이 거주하는 층은 4층이 된다.

비어있는 층은 2층이므로 바로 위층인 3층에 거주하는 사람은 <u>甲</u>이다.

문 10 유형: 정보처리형 퀴즈 정답: ②

각 노트북 제품의 평가 항목별 합산 점수는 다음과 같다.

제품	가격	기종 출시연도	품질 보증기한	배터리 지속시간	용량	합계
A	8	4	9	6	16	43
B	8	2	6	9	18	43
C	10	1	3	5	15	34
D	9	3	9	8	12	41
E	7	5	6	7	17	42

합산 점수가 가장 높은 제품은 A와 B이다. 가격은 B가 더 낮으므로 甲이 구매할 노트북은 <u>B</u>이다.

문 11 유형: 일반형 퀴즈 정답: ④

A ~ D에 들어갈 숫자는 2, 3, 5, 16이다. 그런데 A에는 3과 5가 들어갈 수 없으므로 2 또는 16이 들어가야 한다. B에는 5가 들어갈 수 없으므로 2, 3, 16중 하나가 들어가야 한다. C와 D에는 2와 16이 들어갈 수 없으므로 각각 3 또는 5가 들어가야 한다. 그런데 3은 반드시 C와 D중 하나에 들어가야 하므로 B에는 들어갈 수 없다. 따라서 A와 B에는 2 또는 16, C와 D에는 3 또는 5가 들어가야 한다.

ㄱ. ○ A에는 2 또는 16이 들어가므로 A는 반드시 짝수이다.

ㄴ. × 3이 들어갈 수 있는 칸은 C, D이므로 2개이다. B에 3이 들어가면 C와 D에 들어갈 숫자를 만족할 수 없다.

ㄷ. ○ C와 D는 각각 3과 5가 나누어 들어가므로 C와 D의 합은 8이다.

ㄹ. ○ A와 C가 연속된 숫자라면 A가 2, C가 3인 경우만이 가능하다. 이 경우에는 A는 2, B는 16, C는 3, D는 5이므로 A, B, C, D를 모두 알 수 있다.

문 12 유형: 정보처리형 퀴즈 정답: ②

ㄱ. × (반례) 1번부터 5번까지 甲, 丙, 戊, 乙, 丁 순번을 정하면 같은 유형의 투수가 인접한 순번이 되는 경우가 없으면서 丙의 순번이 짝수인 경우가 있을 수 있다.

ㄴ. ○ 1번부터 5번까지 乙, 丁, 甲, 戊, 丙 순서대로 순번을 정하면 유형에 상관없이 속구 평균 구속의 내림차순의 선발 투수 순번이 되고 조건도 만족한다.

ㄷ. × 丁이 1번, 乙이 4번이면서 선발 투수 순번을 정하는 경우는 다음과 같이 3가지가 있다. 1) 丁, 甲, 丙, 乙, 戊 / 2) 丁, 甲, 戊, 乙, 丙 / 3) 丁, 丙, 甲, 乙, 戊. 따라서 丁이 1번, 乙이 4번이라고 해서 전체 선발 투수 순번이 확정되는 것은 아니다.

문 13 유형: 아이디어형 퀴즈 정답: ⑤

다음과 같이 나무를 심으면 나무를 최대한 많이 심을 수 있다.

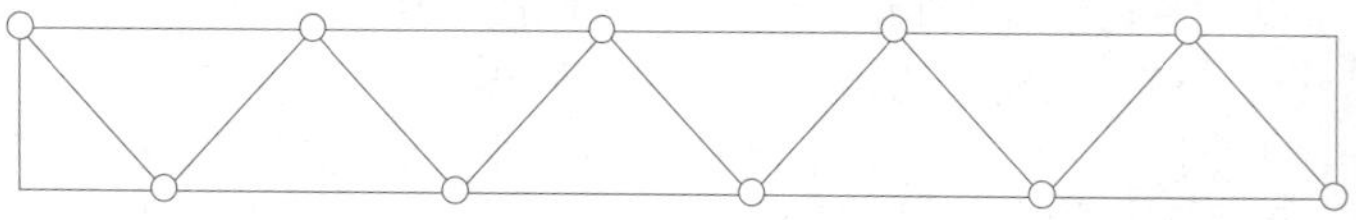

가로는 27 m, 세로는 4 m이다. 가로로 나무 간 거리는 6 m이며 대각선으로 나무 간 거리는 5 m이다. '$5^2 = 3^2 + 4^2$'인 피타고라스의 원리를 생각하면 된다. 甲이 토지 A에 심을 수 있는 나무의 최대 수는 <u>10그루</u>이다.

문 14 유형: 정보처리형 퀴즈 정답: ①

A와 E는 특별 안건이므로 4명 이상이 찬성해야 통과 되고 B, C, D는 일반 안건이므로 3명 이상이 찬성해야 통과된다.

甲~戊 모두 자신이 발의한 안건은 찬성한다. 이를 포함해 각자 2가지 또는 3가지의 안건에 찬성한다.

甲은 B에 반대, D에 찬성이고 甲과 戊의 안건에 대한 찬반 견해는 같으므로 甲과 戊는 A, D, E에 찬성한다. 최대 3가지 안건에 찬성할 수 있으므로 甲과 戊는 B, C 안건에 반대한다.

D와 E에 모두 반대한 위원은 2명인데 甲, 丁, 戊는 이에 해당할 수 없으므로 乙과 丙이 D와 E에 모두 반대한다. 찬성한 안건의 개수는 乙이 丙보다 많으므로 乙이 3가지, 丙이 2가지 안건에 찬성한다. 이에 따라 乙은 A, B, C에 찬성 D, E에 반대한다.

丙과 丁은 각 안건에 대해 찬반 견해가 모두 다르므로 丙은 C에 찬성, D, E에 반대를 하고, 丁은 C에 반대, D, E에 찬성을 한다. 丙과 丁의 A와 B에 대한 찬성, 반대만 명확하게 정해지지 않는다. 이를 정리하면 다음과 같다.

	甲	乙	丙	丁	戊
A	○	○	○ / ×	× / ○	○
B	×	○	× / ○	○ / ×	×
C	×	○	○	×	×
D	○	×	×	○	○
E	○	×	×	○	○

A는 4명이 찬성하므로 통과된다. B, C는 2명이 찬성하므로 통과되지 못한다. D는 3명이 찬성하므로 통과된다. E는 3명이 찬성했지만 특별 안건이므로 통과되지 못한다. 따라서 제시된 안건 중 통과된 안건은 **A, D**이다.

문 15 유형: 정보처리형 퀴즈 정답: ②

한글날까지 7일 연휴인데 甲은 한글날 다음날 평일에 하루 휴가를 사용하여 총 10일을 연속하여 쉴 수 있다. 이는 한글날 다음날이 금요일임을 의미한다. 즉, 10월 10일이 금요일이다. 따라서 2025년 10월은 1일이 수요일로 시작한다. 추석은 10월 첫 번째 월요일이므로 10월 6일이 추석이다. 10월 세 번째 화요일은 10월 21일이므로 10월 21일이 음력 9월 1일이고 10월 20일은 음력 8월 29일이다. 즉, 2025년 10월은 음력 8월이 29일까지만 존재한다.

양력 2025년 10월 중 손 없는 날은 10월 1일(음력 8월 10일), 10월 10일(음력 8월 19일), 10월 11일(음력 8월 20일), 10월 20일(음력 8월 29일), 10월 29일(음력 9월 9일), 10월 30일(음력 9월 10일)까지 총 **6번**이 있다. 음력 8월 9일은 양력 9월 30일이고, 음력 8월 30일은 없다.

문 16 유형: 아이디어형 퀴즈 정답: ④

ㄱ. × 1회차에서 甲, 乙 모두 탈락하지 않은 상황은 일반 버튼 2개, 탈락 버튼 1개가 남은 상황이다. 丙이 탈락할 확률은 1/3이고, 丁이 탈락할 확률은 2/3(丙이 탈락하지 않을 확률) × 1/2(丁이 탈락 버튼을 누를 확률) = 1/3이므로 둘이 탈락할 확률은 같다.

ㄴ. ○ 모든 회차에서 탈락 버튼을 누르는 사람이 있다면, 우승자를 결정하기 위해 버튼을 누른 횟수의 최소 합은 3회이다. 1회차에서 甲이 바로 탈락 버튼을 눌러 탈락, 2회차에서 乙이 바로 탈락 버튼을 눌러 탈락, 3회차에서 丙이 바로 탈락 버튼을 눌러 탈락하면 丁이 우승자로 결정된다. 최대 합은 9회이다. 1회차에서 甲, 乙, 丙이 일반 버튼, 丁이 탈락 버튼을 눌러 탈락하고, 2회차에서 甲, 乙이 일반 버튼, 丙이 탈락 버튼을 눌러 탈락하고, 3회차에서 甲이 일반 버튼, 乙이 탈락 버튼을 누르면 甲이 우승자로 결정된다.

ㄷ. ○ 甲이 우승자로 결정되기 위해 네 사람이 버튼을 누른 횟수 합의 최솟값을 구해본다. 1회차에서 甲이 일반 버튼, 乙이 탈락 버튼을 눌러 총 2회만에 乙이 탈락한다. 2회차에서 甲이 일반 버튼, 丙이 탈락 버튼을 눌러 총 2회만에 丙이 탈락한다. 3회차에서 甲이 일반 버튼, 丁이 탈락 버튼을 눌러 총 2회만에 丁이 탈락하고 甲이 우승자가 된다. 이 경우 甲이 우승자로 결정되기 위해 네 사람이 버튼을 누른 횟수 합의 최솟값은 6회이다. 따라서 우승자가 결정될 때까지 네 사람이 버튼을 누른 횟수의 합이 5회라면 甲은 우승자가 아니다.

문 17 유형: 아이디어형 퀴즈 정답: ④

100점은 없으므로 5명의 점수는 0, 20, 40, 60, 80점이다. 丙의 점수는 80점, 戊의 점수는 0점이다. 戊는 모든 문항을 틀린 것이 된다.

1번 문항의 정답률이 20%이므로 1번 문항의 정답을 맞힌 주무관은 1명이다. 따라서 甲, 丙은 1번 문항을 틀렸고 戊 역시 1번 문항을 틀렸으므로 1번 문항의 정답은 2, 4번이 될 수 없고 3, 5번 중 하나이다.

丙은 1번을 제외한 모든 문항의 정답을 맞혔으므로 문항 2번의 정답은 1, 4번의 정답은 4, 5번의 정답은 2이다. 戊는 3번 문항을 틀렸으므로 3번 문항의 정답은 4가 아니고 5이다. 따라서 ㉢은 5이다. 甲은 5번 문항의 정답을 맞혔으므로 ㉠은 2이고 甲의 점수는 20점이다.

남은 점수는 40점, 60점인데 乙의 점수가 丁보다 낮으므로 乙이 40점, 丁이 60점이다. 乙은 현재 3, 5번 문항을 틀렸고 4번 문항을 맞았다. 丁은 현재 5번 문항을 틀렸고 2, 3번 문항을 맞았다. 현재까지 채점 결과는 다음과 같다.

구분	1번	2번	3번	4번	5번
甲	×	×	×	×	○
乙	?	?	×	○	×
丙	×	○	○	○	○
丁	?	○	○	?	×
戊	×	×	×	×	×

경우의 수는 두 가지가 있다.

1) 1번 문항의 정답이 3이라면 ㉡은 1이 아니고, ㉣은 4이다. (乙 정답)

2) 1번 문항의 정답이 5라면 ㉣은 4가 아니고 ㉡은 1이다. (丁 정답)

ㄱ. ○ 5번 문항의 정답을 맞힌 사람은 甲, 丙 2명이다.

ㄴ. × ㉠은 2, ㉢은 5이므로 ㉡이 3이다. 이는 1)의 경우이다. 1번 문항의 정답은 3이므로 1번 문항을 맞힌 사람은 丁이 아니라 乙이다.

ㄷ. ○ ㉣이 3이라면 2)의 경우이다. 이때 ㉡은 1이므로 ㉠은 ㉡보다 크다.

문 18 유형: 정보처리형 퀴즈 정답: ⑤

① × GI 지수의 평균이 95로 90을 넘으므로 제외된다.

② 3가지 조건을 모두 만족한다.

③ × 중량 합이 220 g으로 210 g을 넘으므로 제외된다.

④ × 칼로리 합이 690 kcal로 650 kcal을 넘으므로 제외된다.

⑤ 3가지 조건을 모두 만족한다.

크림빵, 카스테라의 GI 지수 평균은 85, 카스테라, 팥빵의 GI 지수 평균은 67.5이므로 甲이 아침 식사로 먹을 빵 2종류는 **카스테라, 팥빵**이다.

문 19 유형: 세트형 정답: ①

ㄱ. ○ 탄력관세는 정부가 필요에 따라 국회의 의결을 거치지 않고 부과할 수 있다. 계절관세는 탄력관세의 일종이므로 계절관세를 부과하기 위해서는 국회의 의결을 거치지 않아도 된다.

ㄴ. ○ 조정관세는 국제 경쟁력이 취약한 국내 산업을 보호하기 위한 경우 부과할 수 있다. 계절관세는 농산물을 대상으로 시행된다. 따라서 국제 경쟁력이 취약한 국내 농산물 산업을 보호하기 위한 목적이라면 조정관세와 계절관세 모두 부과 대상이 될 수 있다.

ㄷ. × 국내산업이 수입물품으로 인하여 일정한 피해를 입고 있다는 객관적인 사실이 없더라도 부과될 수 있는 것은 조정관세가 아니라 계절관세에 관한 설명이다. 조정관세는 그러한 객관적인 사실이 있어야 부과될 수 있다.

ㄹ. × 특정물품의 수입을 줄이기 위하여 할당관세는 관세율을 높여 부과할 것이다. 관세율을 낮추면 수입이 늘어난다.

문 20 유형: 세트형 정답: ④

계절관세는 기본관세율에 계절관세율을 더하여 부과된다. 국내산 포도의 계절관세율(%)은 $\frac{8,700-6,000}{6,000}\times 100$이므로 45 %이다. 기본관세율은 5 %이므로 계절관세는 총 50 %가 부과된다. 관세 부과전 수입산 포도의 가격은 1 kg당 6,000원이고 10톤(10,000 kg)을 수입하였으므로 6,000 × 10,000 = 6,000만 원에 관세 50 %가 부과되어 총 **9,000만 원**이 2024년 10월 수입산 포도의 국내 판매금액이 된다.

문 21 유형: 일반형 법조문 정답: ⑤

① × 제2조 제1항과 제2항에 의해 채권자가 금전 지급을 목적으로 하는 청구의 경우, 청구를 분할하여 그 일부만을 청구하는 소는 제기할 수 없다. 그런데 이러한 소를 제기하였으므로 제1항을 위반하였다. 이 경우 법원은 해당 소를 판결로 각하하여야 한다. 기각이 아니다.

② × 제3조 제1항에 의해 법원은 소가 제기된 경우 결정으로 피고에게 청구 취지대로 이행할 것을 권고할 수 있다. 명령할 수 있는 것이 아니다.

③ × 제3조 제3항에 의해 피고는 이행권고결정서의 등본을 송달받은 날부터 2주일 이내에 서면으로 이의신청을 할 수 있다. 구술로 할 수 있는 것이 아니다. 구술로 할 수 있는 것은 소의 제기이다.

④ × 제3조 제4항에 의해 이의신청을 한 피고는 제1심 판결이 선고되기 전까지 이의신청을 취하할 수 있다.

⑤ ○ 제3조 제1항 단서 조항에 의해 제기된 소에 대해 독촉절차에서 소송절차로 이행된 경우 법원은 결정으로 피고에게 청구 취지대로 이행할 것을 권고할 수 없다.

문 22 유형: 일반형 법조문 정답: ③

① × 제□□조 제2항에 의해 수신자가 전자적 전송매체를 이용한 영리목적의 광고성 정보 전송에 대한 사전 동의를 철회한 경우, 광고주는 전자적 전송매체를 이용하여 수신자에게 영리목적의 광고성 정보를 전송해서는 아니 된다. 그러나 서면은 전자적 전송매체가 아니므로 이에 해당하지 않는다.

② × 제□□조 제1항 제2호에 의해 전화권유판매자가 육성으로 수신자에게 개인정보의 수집출처를 고지하고 영리목적의 광고성 정보를 전송하는 전화권유를 하는 경우 수신자의 명시적인 사전 동의를 받지 않아도 된다. 그러나 홈페이지에 게시한 것은 육성이 아니므로 이 경우에는 수신자의 명시적인 사전 동의를 받아야 한다.

③ ○ 제□□조 제1항 제1호에 의해 재화 등의 거래 관계를 통하여 수신자로부터 직접 연락처를 수집한 자가 6개월 이내에 수신자와 거래한 것과 같은 종류의 재화 등에 대한 영리목적의 광고성 정보를 전송하려는 경우에는 사전 동의를 받지 않아도 된다. 그러나 甲과 乙은 같은 종류의 재화이긴 하지만 기간이 8개월 전으로 6개월 이내에 해당하지 않기 때문에 이 경우 甲은 乙에게 명시적인 사전 동의를 받아야 한다.

④ × 제△△조 제1항에 의해 광고성 정보 수신자의 수신거부를 방해하는 행위를 하고 광고성 정보를 전송한 자는1년 이하의 징역 또는 1천만 원 이하의 벌금에 처한다. 그러나 징역 1년과 벌금 1천만 원에 동시에 처해질 수는 없다. 둘 중 하나에만 처해진다.

⑤ × 제△△조 제2항에 의해 수신자가 수신거부의사를 표시하였음에도 영리목적의 광고성 정보를 전송한 자는 3천만 원 이하의 과태료를 부과한다. 그러나 2천만 원의 벌금에 처해질 수는 없다. 과태료와 벌금은 다르다.

문 23 유형: 일반형 법조문 정답: ①

① ○ 제□□조 제1항과 제2항에 의해 공무원은 제○○조 제1호이므로 외부강의의 대가로 시간당 40만 원, 시간에 관계없이 총액은 1시간 상한액의 100분의 150에 해당하는 금액인 60만 원을 초과하여 받을 수 없다. 따라서 공무원은 직무와 관련하여 요청받은 세미나에서 한 2시간 강의의 대가로 사례금을 60만 원까지만 받을 수 있다.

② × 제□□조 제1항에 의해 언론사의 대표자는 제○○조 제4호이므로 외부강의의 대가로 시간당 100만 원까지만 받을 수 있다. 그런데 교육에서 3시간의 강의를 하였으므로 이에 대한 대가로 사례금을 300만 원까지 받을 수 있다.

③ × 제□□조 제3항에 의해 학교의 교직원이 사례금을 받은 외부강의를 할 때에는, 외부강의의 요청 명세를 학교의 장(소속기관장)에게 외부강의를 마친 날부터 10일 이내에 서면으로 신고하여야 한다. 그러나 단서조항에 의해 국가의 요청으로 외부강의를 한 경우에는 그러하지 아니하므로 신고하지 않아도 된다.

④ × 제□□조 제4항에 의해 소속기관장은 공직자 등이 신고한 외부강의가 공정한 직무수행을 저해할 수 있다고 판단하는 경우에는 그 공직자의 외부강의를 제한할 수 있는 것이지 제한하여야 하는 것이 아니다.

⑤ × 제□□조 제5항에 의해 공직자가 외부강의의 대가로 정해진 금액을 초과하는 사례금을 받은 경우에는 소속기관장에게 신고하고, 제공자에게 그 초과금액을 지체 없이 반환하여야 한다. 사례금 전액을 지체 없이 반환하여야 하는 것이 아니다.

문 24 유형: 상황제시형 법조문 정답: ③

① × 제2조에 의해 신설하는 소년원은 수용 정원이 150명 이내의 규모가 되도록 하여야 한다. 그러나 단서조항에 의해 소년원의 기능·위치나 그 밖의 사정을 고려하여 그 규모를 증대할 수 있으므로 수용 정원을 180명으로 할 수 없다고 단정할 수 없다.

② × 제4조 제2항에 의해 보호소년은 그 처우에 대하여 불복할 때에는 원장이 아닌 법무부장관에게 문서로 청원할 수 있다.

③ ○ 제5조에 의해 甲은 제1호에 해당한다. 甲은 본인이나 보호자의 신청이 없어도 소년원장의 직권으로 외출을 허가받을 수 있다.

④ × 제5조 제2호는 직계존속의 회갑과 관련이 있다. 고모는 직계존속이 아니므로 乙이 외출 신청을 할 때 丙이 乙의 외출을 허가할 수 있다고 볼 수 없다.

⑤ × 제3조 제1항에 의해 보호소년을 소년원에 수용할 때에는 법무부장관의 이송허가서 또는 지방법원 판사의 유치허가장에 의하여야 한다. 고등법원 판사가 아니다.

문 25 유형: 일반형 법조문 정답: ②

ㄱ. × 제○○조 제2항에 의해 남극활동에 관한 허가를 받은 사항 중 경미한 사항을 변경하고자 할 때에는 신고를 하여야 한다. 외교부장관의 허가를 받아야 하는 것은 중요한 사항을 변경하고자 할 때이다.

ㄴ. ○ 제□□조 제2항에 의해 외교부장관은 남극활동의 허가를 한 때에는 지체없이 환경부장관 및 해양수산부장관에게 그 사실을 통보하여야 한다.

ㄷ. × 제△△조 제2항에 의해 해양수산부장관은 남극활동에 사용되는 선박이 해양오염방지에 필요한 장비 및 시설을 갖추고 있는지 여부를 확인하여야 한다. 그러나 군함은 제외하므로 군함의 경우는 그러하지 않아도 된다.

문 26 유형: 일반제시글 정답: ⑤

① × 샌드박스 게임과 달리 오픈월드 게임의 유저들은 게임 속 세상을 바꿀 수 있는 영향력을 가지지 못한다. 따라서 샌드박스 게임에서 유저들은 게임 속 세상을 바꿀 수 있는 영향력을 가진다.

② × 오픈월드 게임에서 유저들은 게임 속 상황에서 여러 가지의 선택지를 동시에 선택할 수 있는 것이 아니라 여러 가지의 선택지 중 하나의 선택지를 선택할 수 있는 것이다.

③ × 기존 게임 산업은 개발자의 영향이 큰 개발자 중심의 게임 위주였다. 유저의 영향이 큰 유저 중심의 게임 위주는 오늘날의 게임 산업이다.

④ × 오픈월드 게임과 샌드박스 게임 모두 유저의 게임 내 자유도가 더 높다. 둘 중 무엇이 더 자유도가 높은지 구체적으로 언급하지 않았다. 오픈월드 게임은 개발자가 정한 스토리를 따라가는 것이고, 샌드박스 게임은 유저가 직접 스토리를 만들어 나가는 것을 감안하면 게임 내 자유도는 오히려 샌드박스 게임이 더 높다고 볼 수도 있다.

⑤ ○ 기존 게임은 게임 속 상황에서 유저에게 한 가지 선택지만을 주었고, 오픈월드 게임은 게임 속 상황에서 유저에게 여러 가지 선택지를 주되, 유저가 그 중 하나의 선택지를 선택하여 따라간다. 그리고 이 선택지는 모두 개발자가 정한 것이다. 따라서 기존 게임과 오픈월드 게임 모두 유저가 따르는 선택지는, 유저가 아닌 개발자가 정한 것이라는 공통점이 있다.

문 27 유형: 정보처리형 퀴즈 정답: ④

1시간 동안 하는 일의 양을 甲은 x, 乙은 y, 丙은 z로 놓는다. 방정식으로 정리하면

1) $4x + 5y = 1$, 2) $3y + 4z = 1$, 3) $6z + 6x = 1$

여기서 3)의 식을 풀어 정리하면 $z + x = \frac{1}{6}$과 같다.

1), 2), 3)의 식을 모두 더하면 $10x + 8y + 10z = 3$이다. 그런데 $10x + 10z = \frac{10}{6}$이므로 $8y = \frac{8}{6}$이다. $y = \frac{1}{6}$이고 $x + y + z = \frac{1}{3}$이다. 따라서 甲 ~ 丙이 함께 1시간 일하는 경우 1칸의 방에 $\frac{1}{3}$에 해당하는 만큼 벽지 도배를 할 수 있으므로 1칸의 방에 벽지 도배를 완료하는 데에는 3시간이 걸린다. 2칸의 방에 벽지 도배를 완료하는 데에는 **6시간**이 걸린다.

문 28 유형: 수리계산형 퀴즈 정답: ②

채널 E의 경우 채널 개설일부터 기준일까지 10년을 넘으므로 제외된다. C는 구독자 수가 100만 명 미만이지만 채널 개설일부터 기준일까지 5년 이내이므로 후보에서 제외되지는 않는다.

각 채널의 평가항목별 총점을 구하면 다음과 같다.

채널	A	B	C	D
구독자 수	12	15	8	20
평균 좋아요 수	10	8	13	27
평균 댓글 수	23	17	14	8
경고 처분 횟수	-5	0	0	-15
총점	40	40	35	40

총점이 가장 높은 채널은 A, B, D 3개가 있으나 최고 조회 수는 B가 560만 회로 가장 많으므로 甲시가 제휴할 채널은 **B**이다.

문 29 유형: 정보처리형 퀴즈 정답: ②

E사업에 집행된 예산은 D사업까지 집행된 예산을 진행하고 남은 금액의 75 %이다. 25 %는 F사업에 집행된 예산이고 이것이 5억 원이므로 E사업에 집행된 예산은 15억 원이다. 즉, D사업까지 집행하고 남은 예산은 20억 원이다.

전체 집행한 예산을 x로 놓으면 각 사업에 집행된 예산은 다음과 같이 정리할 수 있다.

A사업: $\frac{1}{2}x - 10$, B사업: $\frac{1}{4}x + 5$, C사업: $\frac{1}{16}x + \frac{25}{4}$, D사업: $\frac{1}{16}x + \frac{25}{4}$

전체 집행한 예산 x에서 A ~ D사업까지 집행된 예산의 합 '$\frac{7}{8}x + \frac{15}{2}$'을 빼면 '$\frac{1}{8}x - \frac{15}{2}$'가 나오고 이것이 20억 원이다. $\frac{1}{8}x - \frac{15}{2} = 20$이고 양변에 8을 곱하면 $x - 60 = 160$이므로 $x = 220$이다. 따라서 △△시가 A ~ F사업에 집행한 예산 총액은 **220억 원**이다.

문 30 유형: 아이디어형 퀴즈 정답: ④

① × 입학연도가 2020이므로 입학연도부터 2025년까지 4년 이내 학생이 아니다.

② × 甲대학 이공계 학과별 입학생은 매년 100명 이하이므로 학번의 7, 8, 9번째 자리가 '108'일 수는 없다.

③ × 학과코드가 06이다. 이공계 학과 재학생이 아니다.

④ ○ 모든 조건을 만족한다.

⑤ × '정영희' 학생의 학과는 '정영희' 학생이 입학한 해에 '김'씨 성을 가진 학생이 20명, '박'씨 성을 가진 학생이 10명, '이'씨 성을 가진 학생이 15명이 있다. '가나다' 순으로 배열할 때 '김, 박, 이' 모두 '정'보다 앞선 순서가 되므로 '정영희' 학생의 학번 7, 8, 9번째 자리는 045 이내 039가 될 수 없다.

문 31 유형: 정보처리형 퀴즈 정답: ④

철수는 甲여관에 20명의 1박 숙박을 예약하였으므로 20 %인 4명분을 예약금으로 입금하였을 것이다. 그런데 실제 16명이 숙박하였으므로 12명분을 추가로 지불하여야 한다. 12명분의 1박 숙박료가 480,000원이므로 1명의 1박 숙박료는 40,000원이다.

영희는 乙여관에 10명의 2박 숙박을 예약하였으므로 20 %인 2명의 예약금을 입금하였을 것이다. 그런데 실제 5명이 숙박하였으므로 3명분을 추가로 지불하여야 한다. 3명분의 2박 숙박료가 288,000원이므로 1명의 1박 숙박료는 48,000원이다.

따라서 甲여관과 乙여관의 1인당 1박 숙박료의 합은 **88,000원**이다.

문 32 유형: 아이디어형 퀴즈 정답: ②

① ○ 5분 모래시계로 시간을 한 번 측정하고 뒤집어서 다시 측정하면 10분을 측정할 수 있다.

② × 측정할 수 없다.

③ ○ 5분 모래시계로 시간을 한 번 측정하고 뒤집어서 다시 측정한 다음 2분 타이머를 이용하면 12분을 측정할 수 있다. 5분 모래시계로 한 번, 7분 모래시계를 이어서 한 번 측정하는 방법도 있다.

④ ○ 5분 모래시계와 타이머를 동시에 작동하고 타이머가 끝날 때부터 모래시계의 시간을 측정하면 3분을 측정할 수 있다. 이후 5분 모래시계를 두 번 뒤집으면 10분을 더하여 13분을 측정할 수 있다.

⑤ ○ 5분 모래시계, 7분 모래시계, 2분 타이머를 1번씩 사용하면 14분을 측정할 수 있다.

문 33 유형: 정보처리형 퀴즈 정답: ⑤

甲의 저축액은 1월 30만 원, 2월 35만 원, 3월 40만 원 등이고 乙의 저축액은 1월 27만 원, 2월 23만 원(30일 없음), 3월 42만 원, 4월 51만 원 등이다.

ㄱ. ○ 甲의 2025년 9월 1일 현재 누적 저축액은 1월부터 8월까지 저축액이므로 30 + 35 + 40 + 45 + 50 + 55 + 60 + 65 = 380만 원이다.

ㄴ. × 乙의 2025년 5월 한 달간 저축액은 60만 원이다. 5월 10일 19만 원, 5월 20일 20만 원, 5월 30일 21만 원이다. 2월 30일은 없으므로 이를 포함하면 안 된다.

ㄷ. ○ 甲의 2025년 6월 30일까지 누적 저축액을 계산하면 255만 원이고 乙의 2025년 6월 30일까지 누적 저축액을 계산하면 272만 원이다. 그리고 乙의 6월 30일의 저축액은 24만 원이다. 즉, 6월 29일까지의 누적 저축액을 비교하면 甲은 255만 원, 乙은 248만 원이므로 乙의 누적 저축액이 甲보다 커지는 첫날은 2025년 6월 30일이다.

문 34 유형: 정보처리형 퀴즈 정답: ③

甲이 보유한 두 발 자전거 대수가 x라면 두 발 자전거 바퀴 수는 2x이다. 그런데 甲이 보유한 두 발 자전거 대수가 전체 자전거 대수에서 차지하는 비율은 16 %이고, 두 발 자전거 바퀴 수가 전체 자전거 바퀴 수에서 차지하는 비율은 10 %이다. 그런데 甲이 보유한 전체 자전거 바퀴 수에서 차지하는 비율은 세 발 자전거 바퀴 수와 네 발 자전거 바퀴 수가 같다. 이를 다음과 같이 정리할 수 있다.

	두 발	세 발	네 발	계
대수	x	3x	2.25x	6.25x
바퀴 수	2x	9x	9x	20x

그런데 세 발 자전거는 바퀴가 3개, 네 발 자전거는 바퀴가 4개이므로 세 발 자전거 대수는 3x, 네 발 자전거 대수는 2.25x이다. 甲이 보유한 네 발 자전거 대수가 전체 자전거 대수에서 차지하는 비율은 $\frac{2.25x}{6.25x}$이므로 **36 %**이다.

문 35 유형: 정보처리형 퀴즈 정답: ③

수요일 귤 2 kg을 구매하였는데 1 kg은 증정으로 받은 것이므로 귤 1 kg 가격은 3,000원이다. 일요일 방울토마토 2팩이 9,000원인데 10 % 할인을 받았으므로 본래 가격은 10,000원이다. 방울토마토 1팩 가격은 5,000원이다.

목요일 바나나 2묶음이 8,000원이어야 하므로 바나나 1묶음의 가격은 4,000원이다. 월요일 사과 1박스의 지불 가격은 14,000원인데 30 % 할인이 적용되었으므로 사과 1박스의 가격은 20,000원이다. 화요일 33,000원에서 25 % 할인이 적용된 바나나 1묶음의 지불 가격 3,000원을 빼면 수박 1개의 가격은 30,000원이다.

토요일에 구매한 사과 2박스(40,000원), 바나나 3묶음(12,000원), 귤 1 kg(3,000원), 방울토마토 2팩(10,000원)의 가격을 모두 합하면 65,000원이다. 토요일 할인은 총액으로 7만 원 이상 구매해야 적용되므로 할인이 적용되지 않는다. 따라서 甲이 토요일에 지불한 금액은 **65,000원**이다.

문 36 유형: 정보처리형 퀴즈 정답: ③

A시청 소속 선수 3명의 순위는 모두 홀수인데 이 중 두 번째로 순위가 높은 선수가 C시청 선수 중 순위가 가장 낮은 8위보다 순위가 낮다. 즉, A시청 소속 선수 3명 중 2명의 순위는 9위, 11위임을 알 수 있다. 남은 순위는 1, 3, 5, 6, 7, 10, 12위인데 B시청은 수상한 선수가 없다. 따라서 B시청 소속 선수 3명의 순위는 7, 10, 12위이다. 남은 순위는 1, 3, 5, 6위인데 소속 선수 간 순위 차이가 6단계를 넘는 시청은 없다. A시청에 11위인 선수가 있으므로 1, 3위인 선수는 A시청 소속일 수 없고 짝수인 6위 선수도 A시청 소속일 수 없다. 따라서 5위 선수가 A시청 소속이고 1, 3, 6위 선수가 D시청 소속이 된다. A(5위, 9위, 11위), B(7위, 10위, 12위), C(2위, 4위, 8위), D(1위, 3위, 6위)

ㄱ. × 3위 선수의 소속 시청은 D, 5위 선수의 소속 시청은 A이므로 서로 다르다.

ㄴ. ○ B시청 선수 중 가장 순위가 높은 선수는 7위, D시청 선수 중 가장 순위가 낮은 선수는 6위이므로 전자가 후자보다 순위가 낮다.

ㄷ. ○ D시청은 소속 선수 3명의 순위가 1위, 3위, 6위이므로 모두가 수상을 하였다.

ㄹ. × 소속 선수 3명의 순위 합이 짝수인 시청은 C, D 2개이고 홀수인 시청은 A, B 2개이므로 같다.

문 37 유형: 아이디어형 퀴즈 정답: ⑤

甲이 4호차를 탔고, 乙이 탄 버스는 3호차가 아니므로 乙은 1호차 또는 2호차에 탑승하였다. 그런데 乙은 1호차일 수가 없다. 乙이 1호차에 탑승했다면 乙은 과장이기 때문에 부여받은 번호가 1이 되어야 하기 때문이다. 따라서 乙은 2호차에 탑승하였다. 또한 乙이 2호차에 탑승하였고 2호차 내에서 번호가 가장 빠르므로 1호차에 탑승한 인원은 20명임을 알 수 있다.

丙은 1호차 또는 3호차에 탑승하였는데 丙이 1호차에 탑승하였다면 4호차에 24명이 타고 2호차와 3호차를 합쳐 28명이 타야 한다. 그런데 2호차 탑승 인원이 3호차 탑승 인원의 2배가 되어야 한다는 조건을 만족할 수 없다. 따라서 丙은 3호차에 탑승하였고 丁이 1호차에 탑승하였다. 3호차 탑승 인원을 x로 놓으면 4호차는 x + 4, 2호차 탑승 인원은 2x이다. 이를 모두 더하면 52명이 되어야 하므로 x는 16이다. 이를 정리하면 다음과 같다.

구분	1호차	2호차	3호차	4호차
과장	丁	乙	丙	甲
탑승인원	20명	24명	12명	16명
번호	1 ~ 20	21 ~ 44	45 ~ 56	57 ~ 72
과	홍보과	재무과	법무과	인사과

ㄱ. ○ 甲이 부여받은 번호는 57이다. 인사과의 번호는 57 ~ 72인데 甲은 과장이므로 가장 빠른 번호인 57을 부여받는다.

ㄴ. ○ 丙은 법무과 과장이다.

ㄷ. ○ 丁이 탄 버스에 탑승한 인원(20명)은 乙이 탄 버스에 탑승한 인원(24명)보다 4명이 적으므로 ㉠에 <보기>와 같이 들어갈 수 있다.

문 38 유형: 정보처리형 퀴즈 정답: ④

Q학원에서 강의를 하려면 월-토, 월-일, 화-일 셋 중에 하나만 가능하다. 그런데 甲이 일요일에 강의를 하는 학원이 R학원이므로 甲은 월, 토요일에 Q학원에서 강의를 한다. 이틀 연속 동일한 학원에서 강의를 할 수 없으므로 남은 수, 목, 금 중에 수, 금요일에는 R학원, 목요일에는 P학원에서 강의를 한다.

乙은 토요일에 R학원에서 강의를 하므로 일요일에는 반드시 Q학원에서 강의를 한다. 甲과 乙이 강의를 하는 경우는 다음과 같이 세 가지가 있다.

	월	화	수	목	금	토	일
甲	Q	-	R	P	R	Q	R
乙(1)	Q	R	P	R	-	R	Q
乙(2)	R	Q	P	R	-	R	Q
乙(3)	R	Q	R	P	-	R	Q

ㄱ. ○ 甲이 토요일에 강의를 하는 학원과 乙이 일요일에 강의를 하는 학원은 Q학원으로 같다.

ㄴ. ○ 甲은 수요일에 R학원에서 강의를 한다.

ㄷ. × 1)의 경우 乙은 월요일에 Q학원에서 강의를 하므로 반드시 성립하는 것은 아니다.

ㄹ. ○ 3)의 경우이다. 甲과 乙이 수요일에 같은 학원(R)에서 강의를 한다면 목요일에도 같은 학원(P)에서 강의를 한다.

문 39 유형: 세트형 정답: ⑤

① × 연 나이는 현재 연도에서 태어난 연도를 뺀 숫자가 곧 나이가 된다. 2024년 현재, 2015년에 태어난 아이의 연 나이는 9세이다. 세는 나이가 10세이다.

② × 우리나라에서 만 나이 통일법을 시행한 것은 맞지만 이로 인해 나이 계산으로 인한 모든 혼란이 사라졌다는 언급은 없다.

③ × 나이를 계산하는 세 가지 방법 중, 같은 해에 태어난 두 사람의 나이가 반드시 같게 되는 방법은 세는 나이와 연 나이 두 가지이다. 만 나이는 생일에 따라 서로 다를 수 있다.

④ × 나이를 계산하는 특정 시점에, 생일에 따라 특정인의 연 나이는 만 나이와 같을 수 있다. 그러나 세는 나이와는 어떠한 경우에도 같을 수 없다. 세는 나이는 반드시 연 나이보다 1살이 많다.

⑤ ○ 특정 시점에 甲의 세는 나이, 연 나이, 만 나이가 모두 다르다면 아직 생일이 지나지 않은 경우에 해당한다. 이 경우 세는 나이는 연 나이보다 1살이 많고 만 나이는 연 나이보다 1살이 적다. 따라서 甲의 연 나이는 세는 나이와 만 나이의 산술평균과 같다.

문 40 유형: 세트형 정답: ①

ㄱ. × 2005년 12월 6일에 태어난 한국인 甲은 2024년 9월 10일 현재, 만 나이 18세이고 연 나이 19세이다. 따라서 우리나라 국회의원 선거에 출마 가능한 연령 요건이 되고 우리나라 편의점에서 술을 구매할 수 있다. 국회의원 선거 출마는 만 나이, 술 구매는 연 나이를 적용한다.

ㄴ. ○ 2017년 11월 28일에 태어난 한국인 乙은 현재 연 나이 7세이다. 의무 교육 취학 대상 아동은 연 나이를 적용하므로 乙은 2024년 우리나라의 의무 교육 취학 대상 아동에 해당한다.

ㄷ. × 1987년 4월 9일에 태어난 외국인 丙이 올해 우리나라에 귀화한다면 2027년 3월에 만 39세이다. 대통령 선거 출마가 가능하려면 만 40세 이상이 되어야 하는데 丙은 만 39세이므로 2027년 3월에 실시하는 우리나라 대통령 선거에 출마할 수 있는 연령 요건이 되지 않는다.

상황판단 2회

1	2	3	4	5	6	7	8	9	10
⑤	⑤	③	⑤	④	②	⑤	②	①	③
11	12	13	14	15	16	17	18	19	20
②	③	③	③	①	⑤	⑤	①	②	①
21	22	23	24	25	26	27	28	29	30
④	①	③	④	①	④	②	⑤	②	⑤
31	32	33	34	35	36	37	38	39	40
①	④	③	②	①	④	④	③	③	①

문 1 유형: 일반형 법조문 정답: ⑤

① × 제1조 제3항에 의해 기획재정부장관은 개인투자용국채의 경우 사후가 아닌 사전에 공고한 이자율로 발행할 수 있다.

② × 제1조 제4항에 의해 따로 국회의 의결을 받아야 하는 경우는 외국에서 원화 또는 외국통화로 표시하는 국채를 발행하거나 국내에서 외국통화로 표시하는 국채를 발행할 때이다. 국내에서 원화로 표시하는 국채를 발행할 때와 관련한 언급은 없다.

③ × 제4조에 의해 국채의 원금 및 이자를 받을 권리는 3년이 아닌 5년간 행사하지 아니하면 시효의 완성으로 소멸한다. 3년은 제2조에서 언급하는 기간이다.

④ × 제5조 제2항에 의해 한국은행 총재는 국채에 관한 사무의 처리 내용을 기획재정부장관에게 보고하여야 한다. 선지는 주체와 대상이 서로 바뀌어 있다.

⑤ ○ 제3조에 의해 국채의 원금과 이자를 정하는 시점은 해당 국채를 발행할 때이고, 국채 원금의 상환기일을 정하는 시점도 해당 국채를 발행할 때이다. 둘을 정하는 시점은 같다.

문 2 유형: 일반형 법조문 정답: ⑤

① × 제1조 제2항에 의해 수의사 국가시험은 매년 농림축산식품부장관이 시행한다. 차관이 아니다.

② × 제1조 제3항에 의해 수의사는 최초로 수의사 면허를 받은 후부터 3년마다 그 실태와 취업 상황 등을 대한수의사회에 신고하여야 한다. 농림축산식품부가 아니다.

③ × 제3조 단서조항에 의하면 직접 진료한 수의사가 부득이한 사유로 진단서를 발급할 수 없을 때에는 같은(다른x) 동물병원에 종사하는 다른 수의사가 진료부에 의하여 진단서를 발급할 수 있다.

④ × 제5조에 의하면 동물보건사는 동물병원 내에서 수의사의 지도 아래 동물의 간호 업무를 수행할 수 있다. 독자적으로 할 수는 없다.

⑤ ○ 제4조 제1항 제1호에 의해 동물보건사 자격시험 응시일부터 6개월 이내에 졸업이 예정된 사람은 동물보건사 자격시험에 합격한 후 농림축산식품부장관의 자격인정을 받아 동물보건사가 될 수 있다. 甲은 이에 해당한다.

문 3 유형: 일반형 법조문 정답: ③

① × 제2조 제2항에 의해 위원회의 위원장은 해당 중앙행정기관의 차관급 공무원 또는 민간위원이다. 민간위원이 아니라면 해당 위원장은 중앙행정기관의 장관급이 아닌 차관급 공무원이다.

② × 제2조 제3항에 의해 위원회의 민간위원의 임기는 2년으로 하되, 두 차례만 연임할 수 있으므로 임기는 최대 4년이 아닌 6년까지 수행할 수 있다.

③ ○ 제2조 제1항에 의해 위원회는 위원장 1명을 포함하여 9명 이상 45명 이하의 위원으로 구성한다. 그리고 제5항에 의해 위원회의 회의는 구성원 과반수의 출석으로 개의하고 출석위원 과반수의 찬성으로 의결한다. 따라서 위원회가 9명으로 구성되어 있다면 과반수인 5명이 출석하고 출석위원 5명의 과반수인 3명의 찬성으로 안건이 의결될 수 있다.

④ × 제2조 제6항에 의해 위원회의 운영에 필요한 사항은 중앙행정기관의 장이 아닌 인사혁신처장이 정한다.

⑤ × 제3조에 의해 중앙행정기관의 장이 해촉할 수 있는 위원은 민간위원이다. 내부위원을 해촉할 수 있는지는 주어진 제시문만으로는 알 수 없다.

문 4 유형: 상황제시형 법조문 정답: ⑤

① × 제○○조 단서 조항에 의해 헌법에 따라 체결된 조약의 이행에 필요한 경우에는 해당 국가의 대한민국 안의 토지의 취득을 금지하거나 제한하지 않는다.

② × 제□□조 제2항에 의해 외국인이 경매로 대한민국 안의 부동산을 취득한 때에는 부동산을 취득한 날부터 6개월 이내에 신고관청에 신고하여야 한다. 60일 이내는 제1항의 상속·경매를 제외한 계약을 체결하였을 때의 기간이다.

③ × 제□□조 제3항에 의해 대한민국 안의 부동산을 가지고 있는 대한민국 국민이 외국인으로 변경된 경우 그 외국인이 해당 부동산을 계속 보유하려는 경우에는 외국인으로 변경된 날부터 6개월 이내에 신고관청에 신고하여야 한다. 허가를 받아야 하는 것이 아니다.

④ × 제△△조 제1항과 제1호에 의해 외국인이 군사시설 보호구역 내의 토지를 취득하려면 토지를 취득하는 계약을 체결하기 전에(이후x) 신고관청으로부터 토지취득의 허가를 받아야 한다.

⑤ ○ 제△△조 제2항과 제1항 제3호에 의해 신고관청은 외국인이 생태보전지역 내의 토지를 취득하는 것이 해당 지역의 지정목적 달성에 지장을 주지 아니한다고 인정하는 경우에는 토지취득의 허가를 하여야 한다.

문 5 유형: 일반형 법조문 정답: ④

ㄱ. × 제○○조 제2호에 의해 1년 9개월의 복무기간을 마친 제대군인은 입학연령 상한이 25세 미만에서 27세 미만으로 2세 연장된다. 그러나 甲은 27세이므로 27세 미만이라는 조건을 만족하지 못한다. 따라서 甲은 육군3사관학교에 입학할 수 없다.

ㄴ. ○ 제□□조에 의하면 학교의 교과는 군사학과정과 일반학과정이 있는데 군사학과정에 관한 사항은 국방부장관이 정하고, 일반학과정에 관한 사항은 국방부장관이 교육부장관과 협의하여 정한다. 즉, 어느 과정이든 정하는 주체는 국방부장관이다.

ㄷ. × 제△△조 제2항에 의하면 교장은 육군의 장성급 장교 중에서 육군참모총장의 추천을 받아 국방부장관의 제청으로 대통령이 임명한다. 국방부장관이 임명하는 것이 아니다.

ㄹ. ○ 제◇◇조 제2항에 의하면 일반학과정의 교수는 대통령이 임명한다. 그러나 제3항에 의해 대통령이 국방부장관에게 교수의 임명권을 위임할 수 있으므로 국방부장관이 일반학과정의 교수를 임명할 수 있는 경우가 있다.

문 6 유형: 일반제시글 정답: ②

ㄱ. ○ 2문단에서 에베레스트산은 바닷속에 잠긴 부분이 없다고 하였다. 바닷속에 잠긴 부분이 없으니 산기슭은 지상에 있을 것이고 산기슭이 지상에 있으면 해수면부터 높이를 측정한다. 해발 기준은 해수면부터 높이를 측정한다. 따라서 에베레스트산은 해발 기준 높이와 해양저 기준의 높이가 같을 것이다.

ㄴ. × 마우나케아산의 해양저 기준 높이는 10,205 m이고 해발 기준 높이는 4,207 m이다. 해수면 위로 올라온 부분의 비율이 40 %가 넘으므로 바닷속에 잠긴 부분의 비율은 60 % 이하이다.

ㄷ. ○ 남위 1° 기준 지구 중심에서부터 침보라소산 꼭대기까지 거리는 6,384.4 km이고 북위 28° 기준 지구 중심에서부터 에베레스트산 꼭대기까지 거리는 6,382.3 km이므로 차이가 2.1 km(2,100 m)이다. 그런데 해발 기준 높이는 침보라소산이 6,263 m, 에베레스트산이 8,848 m로 에베레스트산이 2,500 m 이상 더 높다. 해발 기준 높이는 에베레스트산이 2,500 m 이상 더 높은데도 지구 중심 기준 침보라소산이 2,100 m 이상 더 높으려면 지구 반지름의 길이는 남위 1°에서가 북위 28°에서보다 4,600 m 이상 더 길어야 한다. 이는 4 km 이상이다.

ㄹ. × 3문단에서 지구의 반지름은 적도에서 6,378.2 km, 극지방에서 6,356.8 km라고 하였다. 또한 반지름이 길수록 거리에 비례하여 중력이 약해진다. 둘의 차이는 21.4 km이고 이는 극지방에서의 반지름 길이의 1 % 미만(약 0.33 %)이다. 즉 적도에서 중력의 크기는 극지방보다 1 % 미만 약, 0.33 % 작다. 즉, 남극에서 체중이 100 kg인 사람이 적도로 가면 약 99.67 kg의 체중이 되는 것이다. 적도에서 체중이 99 kg인 사람은 남극에서 체중이 약 99.33 kg 정도가 되므로 100 kg 이상이 아닐 것이다.

문 7 유형: 수리계산형 퀴즈 정답: ⑤

선지의 각 수에 대해 Y, Z를 정리하면 다음과 같다. 따라서, Y - Z가 가장 작은 수는 '9191919'이다. 예시를 통해 Z가 크지 않을 것이라는 직감을 하였다면, Y만 빠르게 먼저 구하는 것이 시간 절약과 정확성에 도움이 될 수 있다.

Y를 구할 때, 13579135의 경우 13579와 135로 나누어 13579는 25(= 5 × 5), 135는 9(= 3 × 3)를 따로 구한 후, 34(= 25 + 9)를 도출하면 좋다. 24682468은 2, 8과 4, 6을 각각 짝지어 10임을 활용하면 좋다.

	Y	Z	Y - Z
13579135	7	1	6
24682468	4	1	3
33333	6	1	5
87654	3	1	2
9191919	3	2	1

문 8 유형: 정보처리형 퀴즈 정답: ②

18을 서로 다른 3개 자연수의 합을 순서쌍으로 나타내면 다음과 같다.

1	1	1	1	1	1	1	2	2	2	2	2	3	3	3	3	4	4	5
2	3	4	5	6	7	8	3	4	5	6	7	4	5	6	7	5	6	6
15	14	13	12	11	10	9	13	12	11	10	9	11	10	9	8	9	8	7

위 순서쌍 중, 글의 조건인 '어떤 2개의 자연수를 고르더라도, 그 2개의 자연수 중 어느 한 자연수가 나머지 자연수의 2배를 초과하지 않아야 한다.'를 충족하는 순서쌍은 (4, 6, 8), (5, 6, 7)로 2개이므로 Y는 '2'이다.

이 때, 글의 첫 번째 줄에 따라 3개의 자연수는 서로 달라야 함에 주의한다. 그리고, 순서쌍을 일일이 구하는 것이 아니라 수들 사이의 차이가 적어야 하므로, 조건을 충족하는 수들은 평균값에 가까워야 한다.

18 ÷ 3은 6이므로 (4, 6, 8), (5, 6, 7)과 같은 순서쌍이 조건을 충족한다는 것을 확인하면서, (3, x, y), (2, x, y), (1, x, y)는 답이 될 수 없음을 '추론'하는 것이 좋다.

문 9 유형: 수리계산형 퀴즈 정답: ①

甲 ~ 戊의 항목별 점수를 계산하면 다음과 같다. 가격의 경우 할인을 적용하여 甲은 27,200원, 乙은 20,400원을 적용한다.

피자가게	평점	거리	가격	주문 경험	총점
甲	25	0	14	2	41
乙	18	0	20	0	38
丙	20	0	11	2	33
丁	24	-1	17	0	40
戊	21	-2	8	2	29

따라서 영희가 피자를 주문할 가게는 甲이다.

문 10 유형: 정보처리형 퀴즈 정답: ③

甲이 가지고 있던 낙타의 마릿수와 1마리당 짐의 개수를 방정식으로 정리하면 다음과 같다.

처음 ~ 경유지 1)

낙타의 마릿수: X, 1마리당 짐의 개수: Y

경유지 1 ~ 경유지 2)

낙타의 마릿수: X - 15, 1마리당 짐의 개수: Y + 2

경유지 2 ~ 목적지)

낙타의 마릿수: X - 20, 1마리당 짐의 개수: Y + 3

그런데 甲이 옮긴 전체 짐의 개수는 모든 구간에서 일정하므로 XY = (X - 15)(Y + 2) = (X - 20)(Y + 3)이 성립한다.

이를 연립하여 풀면 2X - 15Y - 30 = 3X - 20Y - 60 = 0이 성립하고 1) 2X - 15Y = 30, 2) 3X - 20Y = 60이 성립한다.

1) × 3[6X - 45Y = 90] - 2) × 2[6X - 40Y = 120]을 풀면 -5Y = -30이 성립하므로 Y = 6이다. 이에 따라 X = 60이다.

甲이 목적지에 도착했을 때의 낙타의 마릿수(A)는 40마리이고, 짐의 개수(B)는 360개이므로 정답은 400이다.

문 11 유형: 아이디어형 퀴즈 정답: ②

'ㅆ'의 자모변환표 숫자는 '44(ㅅ) + 44(ㅅ) = 88'이고 'ㅐ'의 자모변환표 숫자는 '7418'이다. '쑥대밭'을 자모변환표의 숫자로 변환하면 '882430217418177484'가 된다. 이를 가장 앞의 숫자부터 순서대로 하나씩 9에서 해당 숫자를 뺀 남은 값을 대응시켜 암호 숫자로 바꾸면 '117569782581822515'가 된다.

문 12 유형: 정보처리형 퀴즈 정답: ③

甲은 1분기, 乙은 2분기, 丙은 3분기, 丁은 4분기 출생자이다. 甲의 생일합수가 14이므로 甲의 생일로 가능한 것은 1월 12일, 2월 11일, 3월 10일 셋 중 하나이다. 그런데 생일곱수가 5의 배수이므로 가능한 것은 3월 10일뿐이다.

乙의 생일합수가 甲의 2배이므로 28이다. 乙의 생일로 가능한 것은 4월 22일, 5월 21일, 6월 20일 셋 중 하나이다. 그런데 생일곱수가 7의 배수이므로 가능한 것은 5월 21일뿐이다.

丙의 생일합수는 乙과 같은 28이다. 丙의 생일로 가능한 것은 7월 18일, 8월 17일, 9월 16일 셋 중 하나이다. 그런데 乙과 丙의 생일이 3개월 이상 차이가 나므로 丙의 생일로 가능한 것은 9월 16일뿐이다.

丙의 생일곱수는 $3 \times 9 \times 16 = 432$이다. 丁의 생일곱수는 丙과 같으므로 432인데 생일이 4분기이므로 생일의 월과 일을 곱한 값은 108이다. 4분기에 해당하는 월인 10, 11, 12월 중 108의 약수는 12뿐이므로 丁의 생일은 12월이고 월과 일을 곱한 값이 108이 되어야 하므로 일(日)은 9일이다. 따라서 丁의 생일은 12월 9일이므로 생일합수는 **25**이다.

문 13 유형: 아이디어형 퀴즈 정답: ③

이 문제의 핵심은 서로 자신이 더 많은 사과를 먹기를 원하고, 사과를 두 묶음으로 나누는 침팬지와 두 묶음 중 더 많은 쪽의 사과를 먹는 침팬지가 서로 다르다는 것이다.

가령 사과를 29개, 1개와 같이 나누면, 다른 침펀지가 사과를 29개를 먹고 자신은 1개 밖에 먹지 못하므로, 최대한 균등하게 사과를 나누려고 한다.

따라서, 랜디는 최초 30개의 사과를 15개, 15개로 나누고, 팬디는 15개의 사과를 먹는다.

다음으로 팬디는 15개의 사과를 8개, 7개로 나누고, 랜디는 8개의 사과를 먹는다.

다음으로 랜디는 7개의 사과를 4개, 3개로 나누고,팬지는 4개의 사과를 먹는다.

다음으로 팬지는 3개의 사과를 2개, 1개로 나누고 랜디는 2개의 사과를 먹는다.

마지막으로 랜디는 사과를 두 묶음으로 나눠야 하는데, 남은 사과는 1개 뿐이고, 글의 조건에 따라 마지막 남은 사과 1개를 란디가 먹는다.

즉, 랜디가 먹는 사과의 수 X는 11개($=8+2+1$)이고, 팬지가 먹는 사과의 수 Y는 19개($=15+4$)이다. 따라서, **Y는 X보다 8만큼 더 크다.**

문 14 유형: 아이디어형 퀴즈 정답: ③

우선, 추가토핑의 종류가 총 5가지이고, 적어도 1가지의 추가토핑을 사용하므로 가능한 메뉴 수는 총 31가지($=2^5-1$)이다.

이 때, 글 단서에 따라 (햄, 파인애플), (버섯, 새우)를 동시에 추가토핑으로 사용 하는 경우는 없으므로 이를 경우의 수에서 저외해야 한다.

사용되는 추가토핑 가지수에 따라 경우를 구분한다.

1가지: 버섯, 햄, 파인애플, 새우, 야채 각 경우 모두 가능하므로 '5종'의 메뉴가 존재한다.

2가지: ${}_5C_2$로 총 10가지인데, 이 중 (햄, 파인애플), (버섯, 새우)는 제외되므로 '8종'($=10-2$)의 메뉴가 존재한다.

3가지: ${}_5C_3$으로 총 10가지인데, (햄, 파인애플, x) 3가지와 (버섯, 새우, y) 3가지를 각 제외해야 하므로 '4종'의 메뉴가 존재한다. 직접 세서 구하는 것도 좋은 방법이다.

4가지: 어떠한 경우에도, (햄, 파인애플), (버섯, 새우) 중 적어도 1가지 조합이 포함되므로 메뉴가 존재하지 않는다. 5가지의 경우에도 마찬가지다.

따라서, □□피자가게의 피자 메뉴는 총 **'17종'**($=5+8+4$)이다.

문 15 유형: 아이디어형 퀴즈 정답: ①

눈사람 수는 최초 0부터 시작하여 1, 2, 4, 8, 16이 될 때 동안 얼음요정이 요술을 5회 사용한다. 글의 규칙에 따라 불꽃요정이 요술을 사용하여 눈사람 수는 3이 된다. 다시 얼음요정이 요술을 사용하여 눈사람 수는 3, 6, 12, 24, 48, 96이 된다. 눈사람이 50개를 초과하였으므로 불꽃요정의 요술에 의해 눈사람 수는 $\frac{1}{12}$로 줄어들어 8개가 된다. 이 때, 8이 중복이므로 Y는 '8'이고, X는 '10'이다.($0 \rightarrow 1$이 될 때 얼음요정이 마술을 사용한다는 점에 주의한다) 따라서, X와 Y의 합은 **'18'**이다.

문 16 유형: 정보처리형 퀴즈 정답: ⑤

甲과 丙의 운동 시간의 합이 4시간인데 甲의 운동 시간이 丙의 3배이므로 운동 시간은 甲이 3시간, 丙이 1시간이다. 丙의 운동 시간은 복싱을 한 사람의 2배이므로 복싱을 한 사람의 운동 시간은 30분이다. 또 丙의 운동 시간은 乙의 절반이고 乙은 사이클을 하였으므로 乙은 사이클을 2시간 하였다.

수영을 한 사람의 운동 시간은 甲의 절반이므로 1시간 30분이다. 복싱-30분, 수영-1시간 30분은 세트인데 甲과 丙의 운동 시간은 이미 3시간, 1시간으로 고정되어 있으므로 甲, 丙은 복싱과 수영을 한 사람이 될 수 없다. 따라서 복싱과 수영을 한 사람은 丁과 戊이다. 그런데 戊의 운동 시간은 달리기를 한 사람의 운동 시간보다 길다. 달리기를 한 사람은 甲 또는 丙인데 甲일 경우는 시간이 더 긴 것이 성립할 수 없으므로 丙이 달리기를 한 사람이 된다. 丙의 운동 시간은 1시간이므로 丁이 복싱-30분, 戊가 수영-1시간 30분을 한 것이 된다. 이를 정리하면 다음과 같다.

甲	乙	丙	丁	戊
3시간	2시간	1시간	30분	1시간 30분
걷기	사이클	달리기	복싱	**수영**

운동 시간이 세 번째로 긴 사람은 戊이고 戊가 한 운동은 수영이므로 ⑤이 정답이다.

문 17 유형: 수리계산형 퀴즈 정답: ⑤

A ~ J 10종류의 원두에 대한 평가점수와 일치도를 정리하면 다음과 같다.

원두	바리스타 점수	고객 점수	평가점수 (1)	평가점수 (2)	일치도
A	9	7	25	23	18
B	6	10	22	26	16
C	5	7	17	19	18
D	7	4	18	15	17
E	6	10	23	25	18
F	4	9	17	22	15
G	8	5	21	18	17
H	10	6	26	22	16
I	6	7	19	20	19
J	5	8	18	21	17

ㄱ. × 평가점수(1) 상위 3위 원두는 A($=25$), E($=23$), H($=26$)이다. A, E, H의 일치도는 각각 18, 18, 16으로 반례가 존재한다.

ㄴ. ○ 일치도가 가장 높은 원두는 I(= 7 - 6 = 1)이고, I의 평가점수(2)는 20점이다.

ㄷ. ○ 수식을 정확히 해석하면 간단한 풀이가 가능하다. 평가점수(1)과 평가점수(2)의 차이는 '|바리스타 점수 - 고객 점수|'이다. 즉 일치도와 반비례한다. 따라서, 이 차이가 가장 큰 원두(F = 9 - 4 = 5)는 일치도(= 15)가 가장 낮다.

문 18 유형: 수리계산형 퀴즈 정답: ①

폴더블폰 A, B, C, D, E의 구성 요소별 점수와 종합 점수를 정리하면 다음과 같다. 종합 점수는 D(= 205)가 가장 높지만, D의 경우 기술성이 최하이므로 甲이 구매하는 폴더블폰은 '<u>A</u>(= 200)'이다.

구분	디자인	판매량 (만 대)	안정성	가격 (만 원)	기술성	종합 점수
A	50	30	25	45	50	200
B	30	40	30	40	40	180
C	50	30	30	35	40	185
D	45	50	50	40	20	205
E	45	30	20	50	45	190

문 19 유형: 세트형 정답: ②

ㄱ. × 촉나라 인구는 90만 명, 위나라 인구는 440만 명으로 위나라가 촉나라의 5배 미만이다. 그런데 실질적인 지배 영토는 위나라가 촉나라의 5배가 넘는다. 분자는 5배 미만인데 분모가 5배를 넘으므로 인구 밀도는 촉나라가 위나라보다 높다.

ㄴ. ○ 10만 대군이 소모하는 군량은 하루 6천 석인데 하루 세 끼를 먹으므로 한 끼에 2천 석을 소모한다. 2천 석은 4만 kg이므로 촉군 병사 1인당 한 끼 군량 소모량은 400 g이다. 이는 300 g 이상이다.

ㄷ. × 위군은 초기에 적극적으로 촉군과 맞서 싸웠으나 여러 번의 패배를 당하자 중요한 거점을 지키고 수비에 집중하는 방식으로 촉군에 대응하였다. 처음부터 일관되게 수비를 한 것이 아니다.

문 20 유형: 세트형 정답: ①

10만 촉군에게 45일 치의 군량이 필요한데 15일 치만 가지고 갔으므로 30일 치 군량이 추가로 필요하다. 10만 대군이 소모하는 군량이 하루 6천 석이므로 30일 치 소모량은 18만 석이다. 목우유마는 1대당 최대 600근까지 실을 수 있으므로 2,000대는 1회에 최대 120만 근까지 실을 수 있다. 1석은 80근과 동일하므로 1회에 최대 1.5만 석을 운송할 수 있다. 18만 ÷ 1.5만 = 12이므로 A가 목우유마를 이용하여 군량을 운송해야 하는 최소 횟수는 <u>12회</u>이다.

문 21 유형: 일반형 법조문 정답: ④

① × 제1조 제1항에 의하면 특별감찰관 후보자가 될 수 있는 사람은 15년 이상 직을 수행한 변호사이다. 판사는 될 수 없다. 판사는 후보자가 될 수 없으므로 특별감찰관 역시 될 수 없다.

② × 제1조 제4항에 의해 특별감찰관이 결원된 때에는 결원된 날부터 30일 이내에 후임자를 임명하여야 한다. 3일 이내는 제2항의 특별감찰관을 지명하는 기간이다.

③ × 제2조에 의해 특별감찰관은 그 직무수행에 필요한 범위에서 1명의 특별감찰관보와 10명 이내의 감찰담당관을 임명할 수 있다. 따라서 1명의 감찰담당관 임명은 가능하지만 5명의 특별감찰관보 임명은 가능하지 않다.

④ ○ 제3조에 의해 범죄혐의가 명백한 경우 특별감찰관은 감찰대상자의 행위에 대해 검찰총장에게 고발하여야 한다. 그런데 고발이 아닌 수사의뢰를 하였으므로 이는 범죄혐의가 명백하지 않은 경우이다. (대우명제)

⑤ × 제4조에 의해 특별감찰관이 고발한 사건 중 불기소처분이 이루어진 사건의 경우 항고를 제기할 수 있다. 반드시 하여야 하는 것은 아니다.

문 22 유형: 일반형 법조문 정답: ①

① ○ 제1조에 의해 건설업 및 제조업은 경제총조사 대상에 해당하는 산업이다. 단서조항에서 외국기관이 경영하는 농업·임업·어업 유형의 사업체는 제외한다고 하였으나 제조업은 해당 사항이 없다. 따라서 외국기관이 경영하는 제조업 사업체는 경제총조사 대상에 해당한다.

② × 제2조 제1항에 의해 경제총조사는 끝자리 수가 0과 5가 되는 연도에 실시한다고 하였다. 경제총조사가 2010년부터 시행되었다면 2010년에 1회, 2015년에 2회, 2020년에 3회가 실시되었다. 또한 제2항에 의해 조사기준일은 12월 31일이고 제3항에 의해 경제총조사는 12월 31일에 시작하므로 4회 조사는 2025년 12월 31일에 실시된다. 따라서 2025년 2월 현재는 아직 4회 조사가 시작되지 않았으므로 2025년 2월 현재까지 실시된 경제총조사는 총 3회이다.

③ × 제3조 제2항에 의해 경제총조사는 조사대상 사업체의 대표자 또는 이에 준하는 사람을 응답대상으로 하므로 반드시 대표자를 응답대상으로 하여야 하는 것은 아니다. 또한 제3항에 의해 면접조사의 방법으로 실시하되 통계청장이 필요하다고 인정하는 경우 인터넷이나 우편 등을 통한 응답자 기입조사의 방법으로 할 수도 있으므로 반드시 면접조사의 방법으로 실시하여야 하는 것도 아니다.

④ × 제4조 제3항에 의해 조사실시기관은 관할구역의 시장 등의 협조를 받아 조사업무를 수행하여야 한다. 감독을 받아야 하는 것이 아니다. 감독은 제2항의 조사지도공무원에게 받는 것이다.

⑤ × 제6조에 의해 통계청장이 5년간 조사표와 그 밖에 조사와 관련하여 수집된 자료를 보존하여야 하는 것은 맞다. 그러나 기준이 되는 날은 경제총조사를 마친 날이 아니라 통계청장이 조사실시기관으로 하여금 조사결과를 제출하도록 정한 날이다.

문 23 유형: 일반형 법조문 정답: ③

① × 제○○조 제2항에 의하면 도선사 시험의 실기시험(필기시험x) 시행일을 기준으로 결격사유에 해당하는 사람은 도선사 시험에 응시할 수 없다.

② × 제□□조 제2항에 의하면 도선사 시험에서 부정행위를 하여 무효 처분을 받은 응시자는 해당 시험에 응시한 날이 아닌 무효 처분이 있은 날부터 2년간 도선사 시험에 응시할 수 없다.

③ ○ 제△△조에 의하면 도선구에서 그 선박을 운항할 때 3개 호 중 하나에 해당하면 도선사를 승무하게 하여야 한다. 총톤수 3,000톤인 선박을 도선구에서 운항하므로 총톤수 조건과 도선구에서 운항한다는 조건에 모두 해당한다. 추가로 고려해야 할 것은 대한민국의 선박인지 여부와 국제항해에 취항하는지 여부이다. 먼저 대한민국 선박이 아니라면 제1호에 해당하므로 선장은 도선사를 승무하게 하여야 한다. 대한민국 선박이면서 국제항해에 취항한다면 제2호에 해당하므로 선장은 도선사를 승무하게 하여야 한다. 대한민국 선박이면서 국제항해에 취항하지 않는다면 제3호에 해당하므로 선장은 도선사를 승무하게 하여야 한다. 따라서 총톤수 3,000톤인 선박을 도선구에서 운항하려면 해당 선박의 선장은 어느 경우라도 반드시 도선사를 승무하게 하여야 한다.

④ × 제▽▽조 제3항에서 도선사의 정년에 이른 날이 1월부터 6월 사이에 있으면 6월 30일을, 7월부터 12월 사이에 있으면 12월 31일을 각각 정년이 되는 날로 본다. 같은 해에 태어난 도선사 甲은 6월 1일생이므로 6월 30일을 정년이 되는 날로 본다. 도선사 乙은 8월 1일생이므로 12월 31일을 정년이 되는 날로 본다. 다라서 둘의 정년이 되는 날은 2개월 차이가 아니라 6개월 차이이다.

⑤ × 제◇◇조 제1항에서 도선사는 도선료를 정하여 해양수산부장관에게 미리 신고하여야 하고 도선료를 변경하려는 경우에도 같으므로 도선사가 도선료를 변경하려면 해양수산부장관에게 미리 허가를 받아야 하는 것이 아니라 미리 신고하여야 한다.

문 24 유형: 상황제시형 법조문 정답: ④

① × 제1조 제2항에 의해 보건복지부장관은 선정기준액을 정하는 경우 65세 이상인 사람 중 기초연금 수급자가 100분의 70 이상이 되도록 한다. 현재 이 비율이 65 %이므로 비율을 높여야 한다. 선정기준액을 낮추면 비율은 감소하게 되므로 보건복지부장관은 선정기준액을 낮추는 것이 아니라 높여야 한다.

② × 제2조 제2항에 의해 국민연금기금은 기초연금 지급을 위한 재원으로 사용할 수 없다. 예외 조항 또한 언급되어 있지 않다.

③ × 제3조의 기초연금액의 감액은 본인과 그 배우자 즉, 부부일 때 적용하는 것이다. 동거하는 남매 2명은 부부가 아니므로 기초연금액이 감액되지 않는다. 따라서 두 사람이 받는 기초연금액 총액은 112만 원이 아니라 140만 원이다.

④ ○ 제4조 제3호에 의해 기초연금 지급의 정지는 사유가 발생한 날이 속하는 달의 다음 달부터 그 사유가 소멸한 날이 속하는 달까지 기초연금의 지급을 정지한다. 甲은 3월 15일부터 국외 이주를 하였으므로 60일이 되는 날이 속하는 달은 5월이다. 따라서 발생한 날이 속하는 달의 다음 달은 6월이다. 그리고 사유가 소멸한 날이 속하는 달은 9월이므로 2024년 6월부터 9월까지 기초연금의 지급이 정지된다.

⑤ × 제4조 제2호에 의해 乙은 사망한 것으로 추정되므로 기초연금의 지급이 정지된다. 수급권 자체를 상실하는 것이 아니다. 수급권 자체를 상실하려면 제5조제1호에 의해 사망한 때여야 한다. 사망한 것으로 추정되는 때가 아니다.

문 25 유형: 상황제시형 법조문 정답: ①

ㄱ. ○ 제1조에 의해 국제우편물을 발송할 때는 우체국에 직접 접수하는 것이 원칙이다. 단서조항에 의해 소포우편물은 발송인의 요청에 따라 발송인을 방문하여 접수할 수 있으나 발송인의 요청이 없다면 우체국에 직접 접수해야 한다.

ㄴ. × 제2조에 의해 甲이 보낸 국제우편물의 중량은 계약서 150 g과 발송우편물에 붙인 부가표시물 10 g까지 총 160 g이다. 단서조항에서 운송장 및 통관을 위하여 붙인 서류의 중량은 포함하지 아니한다고 하였으므로 총 40 g은 제외된다.

ㄷ. × 제3조에 의해 통관절차로 인해 통관우체국장이 필요하다고 인정할 경우, 도착우편물의 보관기간은 최대 45일까지 연장할 수 있고 원래 보관기간은 15일이므로 최대 60일인 것은 맞다. 그러나 기간을 산정하는 기산점은 통관우체국장이 안내서를 발송한 날이 아니라 발송한 날의 다음 날이다.

문 26 유형: 일반제시글 정답: ④

① × 원통 투영법으로 만든 지도는 메르카토르 도법 지도이고 이 지도는 각 대륙의 위치와 방향은 정확한 반면, 면적의 왜곡이 발생하는 지도이다.

② × 구형인 지구를 평면에 왜곡 없이 나타내는 것은 불가능하기 때문에 어느 도법을 이용해도 세계지도는 실제 지구와 차이가 발생한다.

③ × 실제 면적은 뉴질랜드가 영국보다 더 큰데 지도에는 영국이 더 크게 나타난다. 이는 영국이 뉴질랜드보다 적도에서 더 멀기 때문에 면적이 실제보다 더 크게 왜곡되었기 때문이다. 따라서 영국과 뉴질랜드 중 적도에 더 가까이 위치한 국가는 영국이 아닌 뉴질랜드이다.

④ ○ 러시아의 면적은 1,710만 km^2인데 이것이 아프리카의 56.3 %이므로 아프리카는 3,037만 km^2이다. 그린란드는 아프리카의 14분의 1이므로 면적은 217만 km^2이다. 아프리카는 러시아, 미국, 그린란드의 면적을 합친 것보다도 크다고 하였으므로 미국의 면적은 3,037 - 1,710 - 217 = 1,110만 km^2보다 작다. 이는 1,200만 km^2 이하이다.

⑤ × 페터스 도법 지도는 3개 도법 지도 중 면적은 가장 정확한 반면, 대륙의 모양과 위치는 가장 왜곡이 심한 지도이다. 로빈슨 도법 지도는 페터스 도법 지도와 메르카토르 도법 지도를 절충하여 두 지도의 왜곡되는 부분을 일정 부분 상쇄한 지도이므로 각 대륙의 모양과 위치는 메르카토르 도법 지도 > 로빈슨 도법 지도 > 페터스 지도 순으로 정확할 것이다. 따라서 각 대륙의 모양과 위치가 더 정확하게 나타나는 지도는 페터스 도법 지도가 아니라 로빈슨 도법 지도이다.

문 27 유형: 정보처리형 퀴즈 정답: ②

A가 인사부 직원이므로 같은 인사부인 甲과 己에게 먼저 보고한다. 己의 직급이 더 높으므로 己, 甲 순으로 보고한다. 남은 4명의 직원 중 직급이 높은 사람은 丙과 丁이다. 이들 중 근속 연수가 더 긴 사람은 丙이므로 丙에게 먼저 보고하고 丙과 부서가 같은 戊에게 그다음으로 보고한다. 남은 乙과 丁 중에서 丁의 직급이 더 높으므로 丁, 乙 순으로 보고한다. 보고 순서는 己, 甲, 丙, 戊, 丁, 乙이므로 마지막으로 A에게 보고를 받는 사람은 乙이다.

문 28 유형: 정보처리형 퀴즈 정답: ⑤

甲의 차량번호가 짝수라는 것은 D가 짝수라는 것이다. D는 H에 3을 곱한 값의 일의자리인데, 3을 곱했을 때 일의 자릿수가 짝수가 되려면 H가 반드시 짝수여야만 한다.

甲의 차량번호가 乙의 차량번호의 3배를 한 값과 같은데 乙의 차량번호에 5,000을 더하면 甲의 차량번호보다 작으므로 乙의 차량번호는 2,500보다 커야 한다. 또 5,500을 더하면 甲의 차량번호보다 크므로 乙의 차량번호는 2,750보다 작아야 한다. 따라서 E는 2가 확정된다. F는 5, 6, 7중 하나인데 F가 7일 경우 A가 8이 된다. 이렇게 되면 남는 짝수는 4와 6인데 4에 3을 곱하면 일의 자리가 2이고, 6에 3을 곱하면 일의 자리가 8이므로 조건을 만족할 수 없다. F가 6일 경우 B는 8 또는 9이므로 A가 B보다 크다는 조건에 어긋난다. 따라서 F는 5이다. F가 5이면 B는 5, 6, 7 중 하나이다. 그런데 동일한 숫자가 반복되지 않아야 하므로 B로 가능한 숫자는 6뿐이다.

2와 6은 이미 사용되었고 남은 짝수는 4와 8인데 $8 \times 3 = 24$이므로 H가 8이고 D가 4이다. '$76C4 = 25G8 \times 3$'인데 남은 숫자는 1, 3, 9이다. 조건을 만족하려면 C가 1, G가 3이 되는 경우만이 가능하다. '$7614 = 2538 \times 3$'. 甲의 차량번호는 7614, 乙의 차량번호는 2538이므로 甲과 乙의 차량번호에 사용되지 않은 수는 <u>9</u>이다.

문 29 유형: 수리계산형 퀴즈 정답: ②

각 패키지별 총비용은 다음과 같다.

X패키지: 항공료 100만 원(왕복) + 숙박료 60만 원(5박) + 식비 12만 원(1일 2회, 6일) + 가이드 팁 5만 원 = 177만 원

Y패키지: 항공료 110만 원(왕복) + 숙박료 50만 원(5박) + 식비 21.6만 원(1일 3회, 6일) + 가이드 팁 10만 원 = 191.6만 원

Z패키지: 항공료 130만 원(왕복) + 숙박료 40만 원(5박) + 식비 9.6만 원(1일 2회, 6일) + 가이드 팁 7만 원 = 186.6만 원

따라서 철수가 선택할 패키지는 <u>X패키지</u>이고 총비용은 <u>1,770,000원</u>이다.

문 30 유형: 아이디어형 퀴즈 정답: ⑤

A는 현재까지 5세트의 일을 했고, C만 현재까지 한 일의 양만큼을 추가로 일하면 甲팀은 정해진 할당량의 업무를 끝낼 수 있으므로 甲팀의 현재까지 업무량을 정리하면 다음과 같다.

A	B	C	총합
5	x	y	**11-y**

$x, y \neq 0$, $x \neq y$이고 $x + 2y = 6$과 같다. 이를 만족하는 x, y의 조합은 (4, 1)뿐이다. 따라서 B가 현재까지 한 일은 4세트, C가 현재까지 한 일은 1세트이다.

이를 토대로 乙팀의 현재까지 업무량을 정리하면 다음과 같다.

D	E	F	총합
a	1	b	**9-b**

$a, b \neq 0, 1$, $a \neq b$, $a > 1 + b$이고 $a + 2b = 8$과 같다. 이를 만족하는 a, b의 조합은 (4, 2)뿐이다. 따라서 D가 현재까지 한 일은 4세트, F가 현재까지 한 일은 2세트이다.

현재까지 甲팀은 10세트, 乙팀은 7세트의 일을 하였으므로 甲팀과 乙팀이 현재까지 일한 세트의 합은 <u>17세트</u>이다.

문 31 유형: 아이디어형 퀴즈 정답: ①

3개 종류 능력의 각각 3단계까지 모든 능력을 강화하는데 걸리는 총시간은 720초이다. 강화기가 2대이므로 각각 360초씩 나눌 수 있다면 이것이 甲이 캐릭터 강화를 모두 완료하는데 걸리는 최소 시간이 된다.

2개 강화기에 총 9번 능력 강화가 이루어져야 하므로 유휴시간을 최소화하려면 5개, 4개로 분배하여야 한다. 5개, 4개로 분배하면서 360초씩 시간을 나눠야 한다. 특정 능력에서는 1단계 강화를 끝내야 2단계 강화를 할 수 있으므로 조건에 맞게 4개를 합쳐 360초가 나오는 경우는 수비력 3단계와 스피드 1, 2, 3단계를 강화기 1대에서 전담하고 다른 강화기 1대에서 공격력 1, 2, 3단계와 수비력 1, 2단계를 강화하는 것만이 가능하다. 이는 다음과 같이 할 수 있다.

강화기 1
수비력 1단계(~70초)
수비력 2단계(~150초)
공격력 1단계(~210초)
공격력 2단계(~280초)
공격력 3단계(~360초)

강화기 2
스피드 1단계(~80초)
스피드 2단계(~170초)
수비력 3단계(~260초)
스피드 3단계(~360초)

공격력은 다른 능력에 비해 강화하는 데 소요시간이 짧기 때문에 이어 붙이고 다른 능력은 소요시간이 길기 때문에 유휴시간이 줄어들도록 떨어뜨리는 방법이다. 따라서 甲이 캐릭터 강화를 모두 완료하는데 걸리는 최소 시간은 <u>360초</u>이다.

문 32 유형: 정보처리형 퀴즈 정답: ④

글의 규칙에 따르면, 박건강은 1일차에는 1개의 턱걸이를 실시한다. 그 다음 '2'일 동안 매일 '2개'씩 턱걸이를 하므로 총 4개($=2^2$)의 턱걸이를 실시한다. 그 다음 '3'일 동안 매일 '3개'씩 턱걸이를 하므로 총 9개($=3^2$)의 턱걸이를 실시한다. 그 다음 '4'일 동안 매일 '4개'씩 턱걸이를 하므로 총 16개($=4^2$)의 턱걸이를 실시한다. 이러한 방식으로 박건강은 턱걸이를 실시한다.

55일은 1부터 10까지의 합과 동일하다. 따라서, 박건강이 55일 동안 실시한 턱걸이 개수의 합은 1부터 10의 제곱수의 합인 <u>385</u>($= 1 + 4 + 9 + 16 + 25 + 36 + 49 + 64 + 81 + 100$)이다.

문 33 유형: 정보처리형 퀴즈 정답: ③

포스트 시즌 배당금이 가장 많으려면 반드시 파이널 시리즈에서 승리하여 최종순위 1위 팀이 되어야 한다. 정규시즌 1위와 최종 순위 2위를 한다고 해도 배당금은 20 % + (80 % × 24 %) = 39.2 %이므로 최종순위 1위 팀에게 주어지는 80 % × 50 % = 40 %를 넘을 수 없기 때문이다. 따라서 A팀의 최종 순위는 1위이다.

C팀의 포스트 시즌 배당금은 49억 원인데 이는 정규시즌 1위의 25억 원과 포스트 시즌 배당에 따른 24억 원을 합했을 때에만 가능한 금액이다. 따라서 C팀의 정규시즌 순위는 1위, 최종 순위는 2위이다.

남은 최종 순위는 3, 4, 5위인데 B팀의 포스트 시즌 배당금이 D, E팀의 포스트 시즌 배당금을 합친 것보다 많으려면 B팀의 최종 순위가 3위여야 한다. D, E팀은 최종 순위가 4, 5위이다.

최종 순위는 정규시즌 순위보다 높을 수 있다. 그리고 최종 순위가 정규시즌 순위보다 낮을 수는 있으나 2단계 이상 낮을 수는 없다. D팀의 정규시즌 순위는 B팀보다 높으므로 5위일 수 없다. 따라서 E팀의 최종 순위는 5위일 수 없으므로 D팀의 정규시즌 순위가 4위, E팀의 최종 순위도 4위이다. 자연히 D팀의 최종 순위는 5위이다. 이에 따라 B팀의 정규시즌 순위는 5위이다. 남은 것은 정규시즌 2위와 3위인데 E팀의 최종순위는 4위이므로 정규시즌 순위는 2위일 수 없다. 따라서 A팀의 정규시즌 순위가 2위, E팀의 정규시즌 순위가 3위이다. 이를 정리하면 다음과 같다.

순위	A	B	C	D	E
정규시즌	2	5	1	4	3
최종	1	3	2	5	4

와일드카드 시리즈에서 B팀과 D팀이 맞붙어 B팀이 승리하였고, 준플레이오프 시리즈에서는 B팀과 E팀이 맞붙어 B팀이 승리하였다. 플레이오프 시리즈에서는 B팀과 A팀이 맞붙어 A팀이 승리하였고 파이널 시리즈에서는 A팀과 C팀이 맞붙어 A팀이 승리하였다.

ㄱ. ○ 정규시즌 순위와 최종 순위가 동일한 팀은 없다.

ㄴ. ○ 포스트 시즌 시리즈 중 정규시즌 순위가 낮은 팀이 높은 팀에게 승리한 시리즈는 와일드카드, 준플레이오프, 파이널 시리즈까지 총 3개이다.

ㄷ. × 정규시즌 순위와 최종 순위를 합한 숫자가 E팀은 7이고 이보다 큰 팀은 B팀(8), D팀(9)까지 2개이다.

문 34 유형: 정보처리형 퀴즈 정답: ②

야외 온도가 15℃이므로 음속은 1초당 340 m이다. 시속 72 km는 1시간에 72,000 m이므로 1초당 20 m이다. 甲이 야외 행사장으로부터 0.68 km, 즉 680 m 떨어진 지점을 지날 때 야외 행사장에서 들려온 폭죽 소리가 났다. 이때는 甲이 야외 행사장에서 복귀를 위해 출발한 때부터 34초가 지난 시점이다. 그런데 폭죽이 터지고 소리가 680 m 떨어진 지점까지 도달하는 데에는 2초가 걸린다. 따라서 야외 행사장에서 폭죽을 터뜨린 시점은 甲이 야외 행사장에서 복귀를 위해 출발한 때부터 **32초**가 경과했을 때이다.

문 35 유형: 정보처리형 퀴즈 정답: ①

3차 전형부터 역진 귀납으로 풀어나간다. 20 %를 곱한 값을 소수점 첫째 자리에서 반올림한 등수가 6등이므로 2차 전형에 합격하여 3차 전형에 응시한 지원자는 최소 28명, 최대 32명이다. 27명은 20 %를 곱했을 때 5.4등까지이므로 반올림하면 5등이고, 33명은 20 %를 곱했을 때 6.6등, 반올림하면 7등이 되기 때문에 가능하지 않다.

30 %를 곱한 값을 소수점 첫째 자리에서 올림한 등수가 최소 28등, 최대 32등이므로 2차 전형에 응시한 지원자는 최소 91명, 최대 106명이 된다. 90명은 30 %를 곱했을 때 정확히 27등이 되고, 107명은 30 %를 곱했을 때 32.1등 올림하면 33등이 되기 때문에 가능하지 않다. 그런데 최소 91명, 최대 106명은 작년 3차 전형에서 탈락한 20명이 포함된 수치이다. 따라서 올해 1차 전형에서 합격한 인원만 고려하면 최소 71명, 최대 86명이 된다.

50 %를 곱한 값을 소수점 첫째 자리에서 버림한 등수가 최소 71등, 최대 86등이므로 1차 전형에 응시한 지원자는 최소 142명, 최대 173명이 된다. 141명은 50 %를 곱했을 때 70.5등, 버림하면 70등이 되고 174명은 50 %를 곱했을 때 87등이 되기 때문에 가능하지 않다.

따라서 올해 □□회사에 신규 지원한 지원자는 최소 142명, 최대 173명이므로 둘의 합은 **315명**이다.

문 36 유형: 정보처리형 퀴즈 정답: ④

A팀의 보정 평균 점수가 80점이므로 3명의 심사위원이 부여한 평가점수의 합은 240점이다. A팀의 전체 평균 점수는 82점이다. B팀의 보정 평균 점수는 최소 90점, 최대 100점이다. C팀의 전체 평균 점수가 76점이므로 총점은 380점이고 보정 평균 점수는 73.3점이 된다. D팀의 보정 평균 점수는 최소 80점, 최대 90점이다.

① ○ A팀의 전체 평균 점수는 82점이다.

② ○ A팀과 C팀은 보정 평균 점수가 반드시 B팀보다 낮다. B팀과 D팀은 보정 평균 점수가 90점으로 같을 수 있는데 이 경우 전체 평균 점수는 반드시 B팀이 D팀보다 높다. 최고점과 최저점을 합한 값이 B팀이 더 높기 때문이다. 따라서 최우수상 대상팀으로 선정되는 팀은 반드시 B팀이다.

③ ○ B팀의 보정 평균 점수는 4가지 경우가 있다. 1) 90점 3명, 2) 90점 2명, 100점 1명, 3) 90점 1명, 100점 2명, 4) 100점 3명. B팀의 최고점과 최저점의 평균은 95점이므로 이 중, 보정 평균 점수가 전체 평균 점수보다 높은 경우는 3), 4) 2가지이다. 3), 4)는 최고점인 100점을 부여한 심사위원이 3명 또는 4명이고, 최저점인 90점을 부여한 심사위원이 1명 또는 2명이므로 옳은 설명이다.

④ × C팀의 보정 평균 점수는 73.3점, 3명의 심사위원이 부여한 평가점수의 합은 220점이다. 220점은 70점 2명과 80점 1명의 구성으로만 가능하다. 따라서 C팀에게 80점을 부여한 심사위원은 반드시 1명이 존재한다.

⑤ ○ B팀과 D팀의 보정 평균 점수가 같다면 두 팀 모두 보정 평균 점수가 90점인 경우만이 가능하다. 이때 B팀의 점수 분포는 100점 1명, 90점 4명이고, D팀의 점수 분포는 90점 4명, 80점 1명이다. 이 경우 최소 3명, 최대 4명이 B팀과 D팀에게 같은 90점의 평가점수를 부여하게 되므로 옳은 설명이다.

문 37 유형: 수리계산형 퀴즈 정답: ④

세탁기는 20% 할인되기 때문에 가격은 30만 원 할인되고, 효용은 30만 원 증가한다. 따라서 최종 효용은 170만 원, 최종 구매 가격은 120만 원이 되며, 최종 편익은 50만 원이 된다.

그 밖의 상품들의 편익을 보면, 컴퓨터는 단품 구매시 70만 원, 모니터는 -10만 원, 스피커는 개당 10만 원, TV는 5만 원이다.

또한, 세트 A는 8만 원 할인, 효용은 8만 원 증가하므로 편익은 31만 원이 된다. 다만, 스피커는 반드시 2개가 필요하므로 최종적인 구매 가격은 142만 원, 편익은 41만 원이다.

세트 B는 280만 원에서 15% 할인되기 때문에, 구매를 위해 238만 원이 필요하다. 다만, 스피커를 추가 구매해야 하므로 예산을 초과한다.

각 선지의 '편익'을 정리하면 다음과 같다.

① 41(= 세트A 구매 + 스피커 1개 추가 구매)
② 50(= 세탁기 1개 구매) + 41(선지 ①)
③ 70(= 컴퓨터 1개 구매) + 41(선지 ①)
④ 50(= 세탁기 1개 구매) + 70(= 컴퓨터 1개 구매) + 5(= TV 1개 구매)
⑤ 구매불가(예산 300만 원 초과)

문 38 유형: 정보처리형 퀴즈 정답: ③

지원자 A ~ J의 지원 요건 중 미충족 요건을 음영 표시하여 정리하면 다음과 같다. B, E, F, G의 기업 요건이 미충족 되었으므로 지원 대상이 아니다. 그리고, J는 청년 요건 2개가 미충족이므로 임시완화 정책으로 청년 요건 1개를 충족 간주 하여도 지원 대상이 될 수 없다. A, D, H, I는 각각 '청년 요건 1개'가 미충족이므로 지원 대상이 되고, C는 모든 요건이 충족되어 있으므로 지원 대상이다. 따라서, 지원자 A ~ J 중 청년내일채움공제 사업의 지원 대상인 지원자 수는 A, C, D, H, I로 총 **'5명'**이다.

구분 / 팀	청년 요건			기업 요건		
	만 나이(세)	가입 기간(개월)	고용 형태	인력(명)	업종	규모
A	35	12	정규직	30	제조업	중소기업
B	18	10	정규직	50	제조업	중소기업
C	24	8	정규직	25	건설업	중소기업
D	26	9	비정규직	20	건설업	중소기업
E	34	14	정규직	15	건설업	중견기업
F	15	6	정규직	5	토목업	중소기업
G	19	8	정규직	10	제조업	중견기업
H	20	5	비정규직	15	건설업	중소기업
I	38	12	정규직	20	제조업	중소기업
J	30	13	비정규직	40	건설업	중소기업

문 39 유형: 세트형 정답: ③

① × 환율이 상승하면 자국 통화 대비 외국 통화의 가격이 비싸진다. 바꿔 말하면 외국 통화 대비 자국 통화의 가격은 저렴해진다. 그런데 환율이 하락하면 그 반대이므로 외국 통화 대비 자국 통화의 가격은 비싸진다. 따라서 환율이 하락하면 해외 여행을 위해 필요한 비용은 작아지지만 외국 통화 대비 자국 통화의 가격은 저렴해지는 것이 아니라 비싸진다.

② × 기준환율의 대상이 되는 통화가 외환시장에서 직접 거래하는 통화가 되는 것이지 역은 성립하지 않는다. 위안화는 외환시장에서 직접 거래하는 통화이지만 기준환율의 대상이 되는 통화가 아니다.

③ ○ 예를 들어, 1달러 대비 원화 환율이 1,320원에서 1,300원으로 하락하고 1달러 대비 엔화 환율이 120엔에서 130엔으로 상승한다면 1엔은 11원에서 10원으로 가치가 하락한다. 이 경우 100엔당 원화의 환율은 1,100원에서 1,000원으로 하락한다.

④ × 직접 거래 대상도, 재정환율의 대상도 아닌 통화로의 환전은 여러 번의 단계를 거쳐야 하므로 과정이 복잡한 것이지 불가능한 것은 아니다.

⑤ × 한국 외환시장에서 원화와 파운드화 사이에 직접 거래가 이루어지지 않는 것이지 달러와 파운드화 사이에 직접 거래가 이루어지지 않는 것이 아니다. 달러는 기준환율의 대상이 되는 통화이고 원화와 파운드화 사이에 재정환율이 적용되는데 이는 달러와 파운드화 사이에는 직접 거래가 이루어져야 가능한 일이다.

문 40 유형: 세트형 정답: ①

원화와 위안화 사이에 직접 거래가 이루어진 것은 2015년부터이다. 따라서 2013년 乙에게 송금할 때에는 재정환율이, 2024년 丙에게 송금할 때에는 직접 거래 환율이 적용된다. 乙은 1년(12개월)간 어학연수를 갔으므로 생활비는 총 12만 위안이 필요하다. 2013년 재정환율은 7위안이 1,050원과 같으므로 1위안화 대비 원화 환율은 150원이다. 따라서 乙에게 필요한 생활비는 총 1,800만 원이다. 그런데 재정환율로 거래하므로 수수료 2%가 발생하여 필요한 총비용은 원화로 1,836만 원이다.

丙은 생활비가 1개월에 1.2만 위안이지만 10개월간 어학연수를 갔으므로 생활비는 乙과 같은 총 12만 위안이 필요하다. 2024년 1위안화 대비 원화 환율은 2013년 재정환율의 1.2배이므로 2024년 1위안화 대비 원화 환율은 180원이다. 따라서 丙에게 필요한 생활비는 총 2,160만 원이다. 직접 거래 환율이 적용되므로 수수료는 없다.

1,836만 원과 2,160만 원의 차이는 **324만 원**이다.

상황판단 3회

1	2	3	4	5	6	7	8	9	10
⑤	③	④	④	②	⑤	①	②	②	⑤
11	12	13	14	15	16	17	18	19	20
⑤	④	②	③	⑤	③	③	②	④	④
21	22	23	24	25	26	27	28	29	30
③	④	④	⑤	①	③	①	②	⑤	③
31	32	33	34	35	36	37	38	39	40
①	②	②	①	①	②	②	①	④	②

문 1 유형: 일반형 법조문 정답: ⑤

① × 제1조제2항에 의하면 60세 이상의 노인을 담당하는 의료인은 직무를 수행하면서 가정폭력범죄를 알게 된 경우에는 정당한 사유가 없으면 즉시 수사기관에 신고하여야 한다. 그런데 甲은 58세이므로 이에 해당하지 않는다. 따라서 제2항이 아닌 제1항이 적용되어 수사기관에 신고하는 것은 乙의 재량이지 의무가 아니다.

② × 제2조제3항에 의하면 피해자에게 고소할 법정대리인이나 친족이 없는 경우에 이해관계인이 신청하면 검사는 10일 이내에(즉시x) 고소할 수 있는 사람을 지정하여야 한다.

③ × 제3조제1항에 의하면 검사는 가정폭력범죄가 재발 될 우려가 있다고 인정하는 경우에는 직권으로 또는 사법경찰관의 신청에 의하여 법원에 임시조치를 청구할 수 있다. 사법경찰관의 신청이 있어야 청구할 수 있는 것이 아니다.

④ × 제4조제1항에 의하면 가정폭력범죄가 재발 될 우려가 있고, 긴급을 요하여 법원의 임시조치 결정을 받을 수 없을 때에 직권으로 긴급임시조치를 할 수 있는 주체는 검사가 아니라 사법경찰관이다.

⑤ ○ 제2조제2항에 의하면 피해자는 가정폭력행위자가 자기의 직계존속인 경우에도 고소할 수 있다. 법정대리인이 고소하는 경우에도 같으므로 법정대리인은 가정폭력행위자가 피해자의 직계존속일 경우 이를 고소할 수 있다.

문 2 유형: 일반형 법조문 정답: ③

① × 제1조제3호에 의하면 감봉은 1개월 이상 1년 이하의 기간 동안 이뤄진다. 20일은 1개월 미만이므로 해당 징계처분은 할 수 없다.

② × 제1조제2호에 의하면 정직은 직무집행을 정지하고, 그 기간 동안 보수를 지급하지 아니한다. 보수의 3분의 1을 줄이는 처분은 할 수 없고 보수 전체를 지급하지 않아야 한다.

③ ○ 법관징계위원회 소속 인원은 위원장 1명, 위원 6명, 예비위원 3명까지 총 10명이다. 이들 중 위원장(대법관), 위원 6명 중 3명이 법관이고 예비위원 3명은 법관 중에서 대법원장이 임명하므로 이들 중 법관은 총 7명 이상이다.

④ × 제3조제4항에 의하면 위원에게 직무를 수행하지 못할 부득이한 사유가 있는 경우에는 위원장(대법원장x)이 지명하는 예비위원이 그 직무를 대리한다.

⑤ × 법관징계위원회가 심의를 개시하려면 위원장을 포함한 위원 과반수가 출석해야 한다. 예비위원은 포함하지 않는다. 위원장과 위원은 총 7명이므로 이들의 과반인 4명의 출석으로 심의를 개시할 수 있다.

문 3 유형: 일반형 법조문 정답: ④

① × 제○○조제1항에 의하면 낚시어선업을 하려는 자는 신고요건을 갖추고 신고서를 작성하여 관할 시장·군수·구청장에게 신고하여야 한다. 따라서 甲은 A도지사가 아닌 B시장에게 신고하여야 한다.

② × 제□□조에 의하면 낚시어선업을 하려는 자는 낚시어선의 선체, 기관 및 설비 등에 대하여 매년(3년 주기x) 안전성 검사를 받아야 한다.

③ × 제△△조제1항에 의하면 낚시어선업의 신고를 받은 D군수 丙은 C도지사에게 신고받은 사항을 보고하여야 한다. 그리고 이를 보고받은 C도지사가 그 내용을 해양수산부장관에게 보고하여야 하는 것이지 군수가 해양수산부장관에게 직접 보고해야 하는 것이 아니다.

④ ○ 제◇◇조제2항에 의하면 낚시어선업자는 보호자를 동반하지 아니한 14세 미만의 사람을 승선하게 해서는 안 된다. 그러나 보호자를 동반한 11세 아동은 승선하게 할 수 있다.

⑤ × 제◇◇조제2항에 의하면 낚시어선에 승선한 승객이 구명조끼를 착용하지 아니하면 선원은 안전운항을 위하여 승선을 거부할 수 있다. (하여야 한다x)

문 4 유형: 상황제시형 법조문 정답: ④

① × 제1조제1항에 의하면 자동차를 운전하려는 사람은 시·도지사가 아닌 시·도경찰청장으로부터 운전면허를 받아야 한다.

② × 제1조제2항제1호에 의하면 18세 미만인 사람은 운전면허를 받을 수 없으나 원동기장치자전거의 경우에는 16세 미만이다. 따라서 17세인 사람은 원동기장치자전거의 운전면허를 받을 수 있다.

③ × 직전 갱신일이 있는 甲과 乙은 제2조제1항제2호가 적용된다. 甲은 직전 운전면허증 갱신일에 65세 이상 75세 미만이므로 2018년의 5년 후 해인 2023년 1월 1일부터 12월 31일까지가 갱신기간이다. 乙은 직전 운전면허증 갱신일에 65세 미만이므로 2013년의 10년 후 해인 2023년 1월 1일부터 12월 31일까지가 갱신기간이다. 丙은 직전 갱신일이 없으므로 제3조제1항제1호가 적용되고 65세 미만이므로 시험합격일로부터 10년 후 해인 2023년 1월 1일부터 12월 31일까지가 갱신기간이다. 따라서 甲~丙 중 2023년 1월 1일부터 2023년 12월 31일까지 운전면허증을 갱신하여 발급받아야 하는 사람은 2명이 아닌 이들 전원인 3명이다.

④ ○ 甲, 乙, 丙의 다음 운전면허 갱신기간은 ③에서 살펴본대로 2023년 1월 1일부터 2023년 12월 31일까지로 동일하다. 그러나 다다음 운전면허 갱신기간은 모두 다르다. 甲은 직전 운전면허증 갱신일인 2023년에 75세 이상이므로 3년 후 해인 2026년 1월 1일부터 2026년 12월 31일까지가 다다음 운전면허 갱신기간이다. 乙은 직전 운전면허증 갱신일인 2023년에 65세 이상 75세 미만이므로 5년 후 해인 2028년 1월 1일부터 2028년 12월 31일까지가 다다음 운전면허 갱신기간이다. 丙은 직전 운전면허증 갱신일인 2023년에 65세 미만이므로 10년 후 해인 2033년 12월 1일부터 2033년 12월 31일까지가 다다음 운전면허 갱신기간이다. 따라서 다다음 운전면허 갱신기간은 甲, 乙, 丙 순으로 빠르다.

⑤ × 甲, 乙, 丙의 다음 운전면허 갱신기간은 ③에서 살펴본대로 2023년 1월 1일부터 2023년 12월 31일까지이다. 제2조제2항에 의해 운전면허증 갱신기간에 도로교통공단이 실시하는 정기 적성검사를 받아야 하는 사람은 제1종 운전면허를 받은 사람이거나 제2종 운전면허를 받은 사람 중 운전면허증 갱신기간에 70세 이상인 사람이다. 甲과 丙은 제1종 면허를 받았으므로 이에 해당한다. 그러나 乙은 제2종 운전면허를 받은 사람이고 2023년에 70세 미만이므로 이에 해당하지 않는다.

문 5 유형: 상황제시형 법조문 정답: ②

ㄱ. × 제1조제2항제1호에 따르면 甲은 고용 기간이 1개월 미만인 일용근로자이므로 직장가입자에서 제외된다.

ㄴ. ○ 제2조제2호에 의하면 사업장의 사용자는 폐업을 하게 된 경우 그 때부터 14일 이내에 보험자에게 신고하여야 한다. 乙은 2024. 3. 1.부터 폐업을 하려고 하므로 2024. 3. 15. 이내에 보험자에게 신고하여야 한다.

ㄷ. × 제3조제2항에 의하면 그 명세를 자격을 취득한 날부터 14일 이내에 보험자에게 신고하여야 하는 주체는 지역가입자 본인이 아니라 지역가입자의 세대주이다. 따라서 丙이 아닌 丁이 신고를 하여야 한다.

문 6 유형: 일반제시글 정답: ⑤

① × 금전채권에 대한 강제집행을 보전하기 위하여 채무자의 재산에 대하여 신청할 수 있는 것은 가처분이 아니라 가압류이다.

② × 금전으로 환산할 수 있는 채권에 기한이 설정되어 있고 기한에 도달하지 아니하더라도 가압류가 가능하다.

③ × 가압류는 채무자에게 재판을 송달 하기 전에도 집행할 수 있다.

④ × 이미 민사소송을 제기한 경우 가압류를 신청하는 신청인은 가압류신청서를 비롯한 관련 서류를 가압류할 물건이 있는 곳을 관할하는 지방법원이 아니라 해당 소송을 다루고 있는 관할법원의 민사신청과에 제출하여야 한다.

⑤ ○ 채권자에게 재판을 고지한 날부터 14일째 되는 날에는 가처분에 대한 재판의 집행을 할 수 있다. 14일을 넘긴 때에는 할 수 없으나 14일째 되는 날은 가능하다.

문 7 유형: 수리계산형 퀴즈 정답: ①

丙은 전문인력이 5명 미만이므로 선정 대상에서 제외된다. 丁은 시설 면적이 80 m^2 미만이므로 선정 대상에서 제외된다. 甲, 乙, 戊의 항목별 점수의 총합은 다음과 같다.

업체	인력 점수	시설 점수	운영 점수	교육 점수	총합
甲	20	20	24	6	70
乙	15	18	18	10	61
戊	15	20	30	4	69

따라서 교육 검정기관으로 선정되는 업체는 甲이다.

문 8 유형: 정보처리형 퀴즈 정답: ②

투표방식 가에 따라 당선되는 후보자: C(9표)

투표방식 나에 따라 당선되는 후보자: 첫 번째, 두 번째, 다섯 번째 그룹이 2순위 후보자에 투표. 따라서, A(12표)

투표방식 다에 따라 당선되는 후보자: 모든 그룹의 유권자가 2순위 후보자에 투표. 따라서 A와 B가 12표로 동률. 당선자결정방식에 따라 당선자가 결정되므로 투표방식 가를 기준으로 B(8표)가 A(7표)보다 높으므로 B가 당선.

문 9 유형: 정보처리형 퀴즈 정답: ②

핵심개념 설명서: 특별한 언급이 없으므로 A4용지에 한 면에 1쪽씩, 양면 인쇄를 하므로 2쪽씩 한 장에 인쇄가 된다. 한 장의 A4용지에는 한 종류의 학습자료만 인쇄하므로 A4용지 9장이 필요하다.

전년도 기출문제: 단면 인쇄를 하므로 A4용지 20장이 필요하다.

모의고사 1세트: A3용지에 인쇄하므로 A4용지가 필요하지 않다.

해설집: 한 면에 2쪽씩 인쇄하므로 한 장에 4쪽씩 인쇄가 된다. 12쪽이 3장에 인쇄가 되고 1쪽이 남는데 한 장의 A4용지에는 한 종류의 학습자료만 인쇄하므로 A4용지 4장이 필요하다.

따라서 甲이 인쇄하는 데 필요한 A4용지의 장수는 총 33장이다.

문 10 유형: 아이디어형 퀴즈 정답: ⑤

㉠ 무작위로 3개의 공을 꺼내고 다시 1개의 공을 집어넣으므로 한 번에 공을 2개 꺼내는 것과 같다. 21개의 공을 1개 남을 때까지 반복해야 하므로 공 20개를 꺼내야 한다. 따라서 ㉠은 10이다.

㉡ 마지막 1개의 공에는 1부터 21을 모두 합한 값에서 10을 뺀 숫자가 적혀있을 것이다. 총 10회 공을 꺼내는데 꺼낼 때마다 숫자가 1씩 감소하기 때문이다. 1부터 21을 모두 합한 값은 231이므로 ㉡에는 221이 들어가야 한다.

문 11 유형: 정보처리형 퀴즈 정답: ⑤

丙의 출장 일수는 총 90일인데 3개월이 90일이 되는 경우는 1월(31일), 2월(28일), 3월(31일)에 출장을 다녀오는 것뿐이다. 따라서 丙의 출장 기간은 1월 ~ 3월이다. 丁은 하반기에 출장을 다녀왔는데 3개월 출장 일수가 총 91일이 되는 경우는 9월(30일), 10월(31일), 11월(30일)에 출장을 다녀오는 것뿐이다. 따라서 丁의 출장 기간은 9월 ~ 11월이다. 戊는 12월에 출장 중이었는데 출장은 2023년에만 이루어졌으므로 戊의 출장 기간은 10월 ~ 12월이다. 甲과 乙의 출장 기간은 조건에 따라 4, 5, 6, 7, 8월을 포함해야 한다. 甲과 乙의 출장 기간으로 가능한 경우는 甲(3, 4, 5월), 乙(6, 7, 8월)뿐이다. 甲(4, 5, 6월), 乙(6, 7, 8월)은 둘의 출장 기간이 겹치지 않는다는 조건에 어긋나고 甲(4, 5, 6월), 乙(7, 8, 9월)은 상반기와 하반기 모두에 출장 기간이었던 사람이 있다는 조건에 어긋난다. 따라서 甲 ~ 戊의 출장 기간은 다음과 같다.

1	2	3	4	5	6	7	8	9	10	11	12
丙	丙	丙			乙	乙	乙	丁	丁	丁	
		甲	甲	甲					戊	戊	戊

ㄱ. ○ 출장을 가장 먼저 다녀온 사람은 1 ~ 3월에 다녀온 丙이다.

ㄴ. × 출장을 1명만 간 달은 3, 10, 11월을 제외한 총 9번이다.

ㄷ. ○ 甲은 3월(31일), 4월(30일), 5월(31일), 乙은 6월(30일), 7월(31일), 8월(31일)에 출장을 다녀왔는데 둘의 출장 일수는 92일로 같다.

ㄹ. ○ 3명 이상의 출장이 겹친 달은 없다.

문 12 유형: 정보처리형 퀴즈 정답: ④

甲~己의 등수는 1~9등이다. 1에서 9까지 소인수 분해를 하면 1, 2, 3, 2^2, 5, 2×3, 7, 2^3, 3^2이다. 등수가 같은 사람은 없고 3명씩의 등수 곱이 같으므로 5와 7은 해당하는 등수가 될 수 없다. 3명씩 등수를 조합하여 곱이 같게 만들 수 있는 쌍은 (1, 8, 9)와 (3, 4, 6)뿐이다. 이 중 2명의 등수를 더한 값끼리 같을 수 있는 쌍은 (1, 8), (3, 6)과 (1, 9), (4, 6) 2가지가 있다. 그런데 甲과 丁은 6명 중 등수가 가장 낮은 사람 즉 9등이 아니므로 2명의 등수를 더한 값끼리 같을 수 있는 쌍은 (1, 9)와 (4, 6)이어야 한다. 그렇게 되면 甲과 丁은 3등과 8등을 나누어 가지게 되므로 甲과 丁의 등수의 곱은 **24**이다.

문 13 유형: 아이디어형 퀴즈 정답: ②

마지막 규칙에 따라 홀수와 짝수는 번갈아 배열되어야 한다. 홀수 6개, 짝수 6개이기 때문이다. 따라서 A, B, C, E, G는 홀수(1, 3, 5, 7, 11)이고 D, F는 짝수(4, 10)이다. 그런데 1이 들어갈 수 있는 곳은 A뿐이다. B, C, E, G에 들어갈 경우 인접한 2장의 카드에 적힌 숫자의 합이 모두 10 이상이라는 조건을 만족할 수 없다.

G에는 11이 들어가야 한다. 2와 인접할 수 있는 숫자는 9, 11뿐인데 9는 이미 배열되어 있으므로 G가 11이다.

B, C, E에는 3, 5, 7이 들어가는데 E에는 3이 들어갈 수 없다. 6과 3의 합은 9이므로 10 이상이라는 조건을 만족할 수 없기 때문이다. 따라서 3은 B 또는 C에 들어가야 한다. E에는 5 역시 들어갈 수 없다. 3이 B 또는 C에 들어가므로 여기서 인접한 2장의 카드에 적힌 숫자의 합이 11인 경우가 발생한다. E가 5라면 5와 6의 합 역시 11이므로 인접한 2장의 카드에 적힌 숫자의 합이 11인 경우가 1가지라는 조건에 위배된다. 따라서 E는 7이다.

D와 E(7)의 합은 인접한 2장의 카드에 적힌 숫자의 합 중 가장 크고 유일한 경우이다. D는 10이어야 한다. D가 4라면 조건에 위배된다. 따라서 D가 10, F가 4이다.

B와 C에는 3과 5가 들어간다. 만약에 B가 5라면 12와 5의 합은 17이므로 D와 E의 합 17과 같다. D와 E를 합한 1가지 경우만이 인접한 2장의 카드에 적힌 숫자의 합이 가장 크다고 하였으므로 B에는 5가 들어갈 수 없다. 따라서 B는 3, C는 5가 들어가야 한다.

C는 5, F는 4이므로 C와 F의 합은 **9**이다.

문 14 유형: 아이디어형 퀴즈 정답: ③

甲은 X, Y, Z 중 1가지를 먼저 들고 B로 이동해야 하는데 제일 먼저 들고 가야하는 물질은 Y이다. Y는 X와 둘만 있어도, Z와 둘만 있어도 안 되기 때문이다. 즉 첫 번째 이동은 甲이 Y를 들고 실험실 B로 이동하는 것이다. 두 번째 이동은 甲 혼자서 실험실 A로 돌아온다. 이후부터는 다음과 같다.

3) 甲이 X를 들고 실험실 B로 이동한다.

4) 甲이 실험실 B에 있던 Y를 들고 실험실 A로 이동한다.

5) 甲이 Z를 들고 실험실 B로 이동한다.

6) 甲이 혼자서 실험실 A로 돌아온다.

7) 甲이 Y를 들고 실험실 B로 이동한다.

이렇게 총 **7회**를 이동하면 모든 화학물질을 손상 없이 옮길 수 있다. 3)과 5)의 순서는 바뀌어도 무방하다.

문 15 유형: 아이디어형 퀴즈 정답: ⑤

탄수화물 조건에서 비빔밥을 제외하면 (치킨, 피자, 냉면) 조합만 탄수화물 310g 이상이 가능하다. 그러나 이 조합은 단백질 조건을 충족하지 못했다. 즉, 비빔밥을 포함하지 않으면 조건에 맞는 조합이 존재하지 않는다.

따라서 조건을 모두 만족하는 조합이 존재한다면 甲은 반드시 **비빔밥**을 섭취해야 한다.

문 16 유형: 아이디어형 퀴즈 정답: ③

3회차 시험에서 자격증을 발급받는 인원이 최대가 되려면 1, 2회차 시험에서 자격증을 발급받는 인원은 최소가 되어야 한다. 1회차 시험에서 자격증을 발급받는 비율은 최대 90%이고 최소 70%이다. 최대는 응시자의 90%가 3개 과목에 모두 합격하고 나머지 10%는 3개 과목에 모두 불합격하는 경우이다. 최소는 각 과목의 10% 불합격자가 과목별로 모두 다른 경우이다. (100 - 10 - 10 - 10 = 70)

따라서 1회차 시험에서 자격증을 발급받는 최소인원은 2,000 × 0.7 = 1,400명이고 600명이 2회차 시험에 응시한다. 2회차 시험은 1회차와 같은 방식으로 구하되 비율만 80%로 바꾸면 된다. 이 경우 최대는 80%, 최소는 40%가 된다. (100 - 20 - 20 - 20 = 40)

따라서 2회차 시험에서 자격증을 발급받는 최소인원은 600 × 0.4 = 240명이고 360명이 3회차 시험에 응시한다.

3회차 시험에서 과목별 합격률은 70%이고 3회차에 자격증을 발급받는 인원이 최대가 되어야 하므로 응시자의 70%가 3개 과목에 모두 합격하는 경우를 가정하면 된다. 따라서 3회차 시험에서 자격증을 발급받는 최대 인원은 360 × 0.7 = **252명**이다.

문 17 유형: 아이디어형 퀴즈 정답: ③

ㄱ. ○ A는 현재 1승 1패 중이므로 나머지 다섯 라운드에서 4승 1패를 해야 한다. 숫자 1은 승리할 수 없으므로 4R에서 패하고 2R, 3R, 6R, 7R를 이기면 된다. 예를 들어 아래 표와 같은 경우를 예시로 들 수 있다.

	1R	2R	3R	4R	5R	6R	7R
甲	3	5	7	1	6	2	4
乙	5	4	6	7	3	1	2

ㄴ. × A는 현재 1승 1패 중이므로 나머지 다섯 라운드에서 3승 2무를 해야 한다. 숫자 1은 이길 수 없으므로 반드시 비겨야 한다. 이 경우 숫자2도 이길 수 없으므로 반드시 비겨야 한다. 같은 논리로 숫자 1과 숫자 2로 비긴다면 숫자 4도 승리할 수 없어 비겨야 한다. 따라서 2무는 불가능하다. 아래 표는 숫자 1과 2를 이용해 4R와 6R를 비기면 7R에서 4로 승리할 수 없는 경우를 보여주고 있다.

	1R	2R	3R	4R	5R	6R	7R
甲	3	5	7	1	6	2	4
乙	5	㉠	㉡	1	3	2	㉢

(乙의 남은 숫자는 4, 6, 7이므로 ㉢에서 甲이 승리할 수 없음)

ㄷ. × B는 현재 1승 1패 중이므로 나머지 다섯 라운드에서 5승을 해야 한다. 그러나 숫자 1로 승리할 수 없기 때문에 이는 불가능하다.

ㄹ. ○ B는 현재 1승 1패 중이므로 나머지 다섯 라운드에서 2승 1무 2패를 해야 한다. 다음과 같은 예시를 통해 가능함을 알 수 있다.

	1R	2R	3R	4R	5R	6R	7R
甲	3	5	7	1	6	2	4
乙	5	6	7	4	3	1	2

문 18 유형: 정보처리형 퀴즈 정답: ②

두가지 경우로 나누어 분석

800 1000 1200

甲丙 乙丁 戊

AA B B->A B->A

을정 중 한 여객기가 순항고도가 아닌 고도로 운항

800 1000 1200

乙丁 甲丙 戊

BB A A->B B->A

갑병 중 한 여객기가 순항고도가 아닌 고도로 운항

ㄱ. × 두 번째 경우에서 甲이 A가 아닌 B로 운항했을 경우의 수가 존재

ㄴ. ○ 두 가지 경우 모두 적어도 2대 이상의 여객기가 순항고도가 아닌 고도로 운항.

ㄷ. × 두 번째 경우에서 A고도로 운항한 여객기는 2대

문 19 유형: 세트형 정답: ④

ㄱ. ○ 첫 번째 문단 셋째 줄 : 자동차보험은 자동차 사고로 인한 피해를 보상하기 위해 차량소유자가 가입하는 보험이다.

ㄴ. × 두 번째 문단 열세번째 줄: 피해자의 경우 어느 보험에 먼저 청구하든 나머지 보험에서 초과되는 금액을 추가 지급받을 수 있기 때문에 청구순서가 중요하지 않다.

ㄷ. ○ 첫 번째 문단 열네번째 줄부터 열여덟번째 줄: 예를 들어 장례비와 휴업급여, 장해급여 등은 양 보험 모두에서 지급하는 유사한 손해항목이다. 이 경우 먼저 처리받은 보험보다 나머지 보험에서 지급되는 금액이 더 큰 항목이 있다면 그 차액분을 나머지 보험에 청구해 지급받을 수 있다.

ㄹ. ○ 두 번째 문단 첫째 줄부터 다섯 번째 줄: 참고로 산재보험과 자동차보험의 서로 다른 점을 살펴보면, 산재보험은 위자료 항목이 없는 반면 자동차보험은 위자료 항목이 있다. 또 산재보험은 사회보험이므로 급여 산정 시 피해자의 과실을 반영하지 않는 반면, 자동차보험은 배상책임보험이므로 보험금 산정 시 피해자 과실을 반영하고 있다.

문 20 유형: 세트형 정답: ④

자동차보험 휴업급여: 60 %를 지급하는 유급휴가이므로 나머지 40 %는 지급받지 못하였음. 이것이 손실감소액에 해당. 따라서, 300만 원*40 % = 120만 원이 실제 손실감소액으로 인정. 이 때, 85 %를 지급한다고 하였으므로, 120만 원*85 % = 102만 원을 지급받음

산재보험 휴업급여: 평균임금 350만 원*70 % = 245만 원.

즉, 갑은 245 - 102 = <u>**143**</u>만 원을 추가로 지급받을 수 있음.

문 21 유형: 일반형 법조문 정답: ③

① × 제1조에 의하면 보건복지부장관은 혈액관리에 관한 기본계획을 10년이 아닌 5년마다 수립하여야 한다. 10년은 혈액관리업무에 관한 기록을 보존하여야 하는 기간이다.

② × 제2조제2항에 의하면 허가받은 사항 중 중요한 사항을 변경하려는 경우 보건복지부장관의 허가를 받아야 한다. 경미한 사항을 변경하려는 경우에는 허가가 필요 없다.

③ ○ 제2조제1항과 제3항을 결합하면 혈액제제 제조업자는 보건복지부장관의 허가를 받지 않아도 혈액관리업무를 할 수 있다. 그러나 혈액관리업무 중 채혈은 할 수 없다.

④ × 제3조제1항과 제2항에 의하면 의료기관의 장은 특정수혈부작용이 발생한 경우에는 그 사실을 시·도지사에게 신고하여야 하고 해당 신고를 받은 시·도지사가 이를 보건복지부장관에게 통보하여야 한다. 의료기관의 장이 직접 보건복지부장관에게 통보하는 것이 아니다.

⑤ × 제4조제3항에 의하면 혈액원은 헌혈자 대장을 전자문서로 작성·보관할 수 있다.

문 22 유형: 일반형 법조문 정답: ④

① × 제00조(기금의 설립) 제2항,5항 및 제00조(임원)에 따르면 이사회는 최대 7명(이사장 1명, 전무이사 1명, 이사 5명) 으로 구성될 수 있음. 이때, 개의를 위하여는 최소 4명의 출석이 요구되고, 의결을 위해서는 최소 3명의 의결이 요구됨.

② × 제00조(임원의 임명) 제2항에 따르면, 이사는 이사장의 제청으로 중소벤처기업부 장관이 임명함.

③ × 제00조(임원의 직무) 제2항에 따르면, 이사장이 부득이한 사유로 직무를 수행할 수 없을 때에는 전무이사가 그 직무를 대행함.

④ ○ 제00조(임원의 임기)에 따르면, 임원의 임기는 3년으로 함.

⑤ × 제00조(이사회) 제2항에 따르면, 감사는 이사회에 포함되지 아니함.

문 23 유형: 일반형 법조문 정답: ④

① × 제□□조제1항에 해당하는 경우로 징역 상한선은 3년이다. 징역 4년에 처할 수는 없다.

② × 제□□조제2항에 해당하는 경우이다. 위반행위로 얻은 이익은 3천만 원이고 이의 100분의 50은 1천 5백만 원이다. 벌금 상한액을 그 이익의 2배에 해당하는 금액으로 하는 것은 위반행위로 얻은 이익의 100분의 50이 2천만 원을 초과하는 경우이므로 선지의 사례는 이에 해당하지 않는다. 따라서 선지의 경우 최대 벌금액은 6천만 원이 아닌 2천만 원이다.

③ × 제□□조제4항에 해당하는 경우이고 1천만 원인 액수는 맞으나 '과태료'가 아닌 '벌금'에 처해야한다.

④ ○ 제□□조제3항에 해당하는 경우이므로 1천만 원 이하인 8백만 원의 과태료를 부과할 수 있다. 또한 제5항에 따라 과태료를 부과하는 주체로 국토교통부장관이 가능하다.

⑤ × 제□□조제4항에 해당하는 경우이고 징역과 벌금 모두 상한선을 넘지 않지만 둘을 함께 처하는 즉, 병과(竝科)할 수는 없다. 둘 중 하나에 처할 수 있을 뿐이다.

문 24 유형: 상황제시형 법조문 정답: ⑤

① × 제1조제2항에 의하면 반려동물의 행동분석·평가 및 훈련 등에 전문지식과 기술을 갖추었다고 인정되는 사람에게는 농림축산식품부장관이 시행하는 자격시험 과목의 일부를 면제할 수 있다. 자격시험 전체를 면제할 수 있는 것이 아니다.

② × 제1조제3항에 의하면 농림축산식품부장관은 시험에서 부정한 행위를 한 사람에 대해 해당 시험을 무효로 하거나 합격 결정을 취소하여야 한다. 즉, 해당 시험 무효와 합격 결정 취소 중 하나만 하면 되고 반드시 두 가지 모두를 해야하는 것은 아니다.

③ × 제1조제4항제1호에 의하면 시험에 무효 처분을 받은 사람은 처분이 있은 날부터 3년간 반려동물행동지도사 자격시험에 응시하지 못한다. 시험 응시일로부터 3년이 아닌 무효 처분을 받은 날이 기준이다.

④ × 제2조제2호에 해당하는데 제2호의 경우는 자격을 취소하여야 한다. 2년 이내의 기간을 정하여 자격을 정지할 수 있는 것은 제3호와 제4호에 해당한다.

⑤ ○ 제2조제4호에 해당하는데 이는 자격을 취소하거나 2년 이내의 기간을 정하여 그 자격을 정지시킬 수 있다. 따라서 甲은 戊의 자격을 취소할 수 있다.

문 25 유형: 상황제시형 법조문 정답: ①

甲향교재단은 매년 재산에서 생기는 수입 총액의 100분의 10(10 %)에 해당하는 금액을 성균관에 납부해야 하는데 해당하는 금액이 1,500만 원이다. 따라서 甲향교재단이 2023년 재산에서 생긴 수입은 총 1억 5,000만 원이다. 재산은 기본재산과 유동재산으로 나뉘는데 현금과 그 밖의 동산 즉 유동재산에서 생긴 수입이 4,000만 원이므로 기본재산에서 생긴 수입은 1억 1,000만 원이다. 순수입액은 '수입 - 성균관에 납부한 금액 - 적립금'이므로 1억 5,000만 - 1,500만 - 1,000만 = 1억 2,500만 원이다. 교화사업에 사용해야 할 최대 금액은 1억 2,500만 원의 80 %이므로 1억 원이다. 1억 1,000만 원과 1억 원의 차이는 **1,000만 원**이므로 ①이 정답이다.

문 26 유형: 일반제시글 정답: ③

ㄱ. ○ 신체 밖에서 혈액의 색은 빨간색이다. 이는 혈액이 초록색과 파란색 빛을 흡수하고 빨간색 빛을 반사하기 때문이다.

ㄴ. ○ 피부 깊숙이 위치한 혈관은 동맥이고 피부층에 가깝게 위치한 혈관은 정맥이다. 정맥은 동맥에 비해 산소 함유량이 적어서 상대적으로 어두운 검붉은색이다. 바꿔 얘기하면 동맥은 정맥에 비해 산소 함유량이 많아서 상대적으로 밝은 빨간색이다.

ㄷ. × 피부에 비치는 혈관이 청록색으로 보이는 것은, 피부와 혈관 모두 청록색 파장의 빛은 비슷하게 반사하지만 피부가 붉은색 파장의 빛을 더 반사하기 때문이다. 설명이 바뀌어 있다.

문 27 유형: 수리계산형 퀴즈 정답: ①

丙의 필요 면적은 50 m²을 넘으므로 제외한다. 그 외 업체들의 가산점을 제외한 평가점수는 다음과 같다.

甲: 81점, 乙: 79점, 丁: 71점, 戊: 82점

甲은 1일 영업시간이 24시간이고 운영형태가 직영이므로 운영계획 1.4점, 재정 3점의 가산점을 받아 85.4점이 된다.

乙은 1일 영업시간이 24시간이고 운영형태가 가맹이므로 운영계획 1.3점의 가산점을 받아 80.3점이 된다.

丁은 1일 영업시간이 24시간이고 운영형태가 가맹이므로 운영계획 1.1점의 가산점을 받아 72.1점이 된다.

戊는 1일 영업시간이 18시간이고 운영형태가 직영이므로 재정 3점의 가산점을 받아 85.0점이 된다.

총점이 가장 높은 업체는 甲이므로 甲이 △△공원에 입점할 편의점 업체이다.

문 28 유형: 아이디어형 퀴즈 정답: ②

ㄱ. ×
금화는 1개 2개 3개
은화는 1개 2개 3개
동화는 1개 2개 4개
이 중 한 주머니에 7개가 들어가는 경우는
금은동이 각각 124 214 322 232 331

ㄴ. ○
A에 금은동이 211 B에 금은동이 122 들어있으면 무게가 총 36g으로 같음

ㄷ. ×
한 주머니에 70g 이상이 되는 경우의 수는
금은동이 324 334 두 가지

문 29 유형: 정보처리형 퀴즈 정답: ⑤

甲, 乙이 6경기씩, 丙이 4경기를 치렀으므로 치러진 경기 수의 합은 16경기이다. 한 경기는 두 명이 대결을 하므로 치러진 총 경기 수는 8경기이다. 첫 번째 경기는 甲과 乙이 대결을 하였는데 조건에 따라 乙은 두 번째 경기도 연속하여 치렀다. 이는 첫 번째 경기에서 甲이 승리하고 乙이 패배하였음을 의미한다. 조건에 따라 乙은 두 번째 경기에서 검은색 돌을 잡고 대결을 하고 첫 번째 경기는 흰색 돌을 잡고 대결하였다. 이에 따라 첫 번째 경기에서 甲은 검은색 돌을 잡고 대결을 하였다.

丙은 두 번째 경기를 흰색 돌을 잡고 시작하여 총 4경기를 치렀는데 검은색 돌을 잡지 않았다는 것은 연속해서 경기를 치르지 않았다는 것이다. 따라서 丙은 2, 4, 6, 8번째 경기를 치렀다. 그리고 2, 4, 6번째 경기는 모두 승리하였다. 또한 1, 3, 5, 7번째 경기는 모두 甲과 乙이 대결하였음을 알 수 있다.

여기까지 내용을 표로 정리하면

1	2	3	4	5	6	7	8
甲(검)	丙(흰)	甲	丙(흰)	甲	丙(흰)	甲	丙(흰)
乙(흰)	乙(검)	乙		乙		乙	

그런데 한 사람이 4경기 이상을 연속해서 치른 경우는 없다. 따라서 4번째 경기는 丙과 甲이 치러야 하고 6번째 경기는 丙과 乙이 치러야 한다. 甲은 총 6경기를 치렀으므로 8번째 경기는 丙과 甲의 대결이다. 이에 따라 5번째 경기의 승자는 甲이고 7번째 경기의 승자는 乙이다. 7번째 경기까지 甲 2승, 乙 2승, 丙 3승인데 승리한 경기 수는 甲이 乙보다 많으므로 8번째 경기의 승자는 甲이 되어야 한다. 모든 내용을 정리하면 다음과 같다.

1	2	3	4	5	6	7	8
甲(검), (승)	丙(흰), (승)	甲(흰), (패)	丙(흰), (승)	甲(검), (승)	丙(흰), (승)	甲(흰), (패)	丙(흰), (패)
乙(흰), (패)	乙(검), (패)	乙(검), (승)	甲(검), (패)	乙(흰), (패)	乙(검), (패)	乙(검), (승)	甲(검), (승)

ㄱ. ○ 甲은 첫 경기에서 검은색 돌을 잡고 대결을 하였다.

ㄴ. × 丙은 2, 4, 6번째 경기에서 승리하였으나 8번째 경기에서 패배하였다.

ㄷ. ○ 첫 경기의 승자는 甲, 마지막 경기의 승자도 甲으로 같다.

ㄹ. ○ 규칙에 맞게 한 경기를 추가로 이어서 치른다면 8번째 경기를 치르지 않은 乙과 8번째 경기의 패자인 丙이 대결한다.

문 30 유형: 아이디어형 퀴즈 정답: ③

1스페어와 1스트라이크는 한 개 글자만 맞힌 것이다. 'fire'와 'pray' 둘에 공통적으로 들어가는 알파벳은 'r'이다. 그런데 pray가 1스트라이크이므로 'r'은 두 번째 자리에 들어간다. 또한 파울과 함께 결합하면 'f, i, e, a, l, p, y'는 들어가지 않는다. 이에 따라 goal에서 일치하는 두 알파벳은 g와 o이다. 그런데 두 번째 자리는 'r'이므로 자리까지 일치하는 알파벳은 첫 번째 자리 'g'이다.

'gr'로 시작하는 네 글자 단어가 'snow'와 2스트라이크가 되기 위해서는 'grow'만이 가능하다. 'grow'는 'rope'와 2스페어가 되므로 역시 일치한다. 따라서 정답은 ③ 'grow'이다.

문 31 유형: 정보처리형 퀴즈 정답: ①

X, Y, Z의 뒷면에 적힌 숫자는 1 이상 30 이하이고 서로 다르므로 甲~丙이 가진 코인의 개수는 103 이상 159 이하이다. 이들 중 세제곱수는 125(5^3), 일곱제곱수는 128(2^7)뿐이다. 따라서 甲이 가진 코인의 개수는 125개, 乙이 가진 코인의 개수는 128개이다. 丙이 가진 코인의 개수로 가능한 것은 121(11^2), 144(12^2) 두 종류뿐이다.

甲~丙 모두 100개의 코인을 처음부터 가지고 있었으므로 X와 Y의 뒷면에 적힌 숫자의 합은 25, Y와 Z의 뒷면에 적힌 숫자의 합은 28이다. X와 Z의 뒷면에 적힌 숫자의 합은 21 또는 44이다. 그런데 X와 Z의 뒷면에 적힌 숫자의 합이 44라면 1) $X+Y=25$, 2) $Y+Z=28$, 3) $X+Z=44$이고 1), 2), 3)을 모두 더하면 $2(X+Y+Z)=97$이다. 이 경우 $(X+Y+Z)$가 48.5가 되어야 하는데 이는 서로 다른 자연수라는 조건에 어긋난다.

따라서 X와 Z의 뒷면에 적힌 숫자의 합은 21이다. 1) $X+Y=25$, 2) $Y+Z=28$, 3) $X+Z=21$이므로 $2(X+Y+Z)=74$이다. $(X+Y+Z)$의 값은 37이므로 1), 2), 3)과 연립하면 $X=9$, $Y=16$, $Z=12$이다. $X+Z-Y=5$이므로 ㉠에 들어갈 값은 ① 5이다.

문 32 유형: 정보처리형 퀴즈 정답: ②

두 번째 조건은 반드시 첫 번째 조건에 포함되고 두 번째 조건에 해당하는 시간이 반드시 첫 번째 조건에 해당하는 시간 이상이므로 두 번째 조건을 먼저 구한다. 매월 월(月)과 일(日)에 해당하는 숫자가 일치하는 날은 1월 1일부터 12월 12일까지 12개가 있다. 해당 숫자의 시간만큼 할인 이벤트를 진행하므로 1부터 12까지 모두 더한 78시간 동안 할인 이벤트를 진행한다.

두 번째 조건에 중복되는 날짜를 제외하고 첫 번째 조건에 해당하는 날짜를 구해보면 2월 1일부터 12월 1일까지 1일이 11개가 있고 4월 2일, 6월 2일, 6월 3일, 8월 2일, 8월 4일, 9월 3일, 10월 2일, 10월 5일, 12월 2일, 12월 3일, 12월 4일, 12월 6일까지 12개가 추가되어 총 23개가 있다. 1시간씩 23일간 총 23시간 동안 할인 이벤트를 진행한다.

세 번째 조건에 해당하는 일(日)은 24일과 30일 2가지가 있다. 24와 30만 약수가 8개이고 그 이외의 날짜에 해당하는 숫자는 모두 약수가 8개 미만이다. 1년 중 24일과 30일은 총 23개가 있다. 2월은 30일이 없고 24일만 있고 그 이외의 월은 모두 24일과 30일이 있다. 따라서 2시간씩 23일간 총 46시간 동안 할인 이벤트를 진행한다.

2024년 甲가게는 $78+23+46=$ **147시간** 동안 할인 이벤트를 진행한다.

문 33 유형: 정보처리형 퀴즈 정답: ②

1부터 9까지 자연수 중 3가지 서로 다른 자연수의 합은 최소 6, 최대 24이다. A, B, C의 합과 D, E, F의 합이 3배 관계가 되려면 가능한 경우는 (6, 18), (7, 21), (8, 24) 3가지뿐이다. (6, 18)이 가능한 숫자의 조합은 (1, 2, 3 / 4, 5, 9)와 (1, 2, 3 / 4, 6, 8), (1, 2, 3 / 5, 6, 7) 3가지가 있다. (7, 21)이 가능한 숫자의 조합은 (1, 2, 4 / 6, 7, 8), (1, 2, 4 / 5, 7, 9) 2가지가 있다. (8, 24)가 가능한 숫자의 조합은 (1, 2, 5 / 7, 8, 9), (1, 3, 4 / 7, 8, 9) 2가지가 있다. 그런데 F는 짝수여야 하므로 (1, 2, 4 / 5, 7, 9)는 제외한다. 각 조합별로 가능한 비밀번호의 가짓수를 구하면 다음과 같다.

(1, 2, 3 / 4, 5, 9): F는 반드시 4이므로 $3!\times2!=12$가지

(1, 2, 3 / 4, 6, 8): F에 어느 숫자가 와도 무방하므로 $3!\times3!=36$가지

(1, 2, 3 / 5, 6, 7): F는 반드시 6이므로 $3!\times2!=12$가지

(1, 2, 4 / 6, 7, 8): F에 7이 오는 경우를 제외해야 하므로 $3!\times(3!-2!)=24$가지

(1, 2, 5 / 7, 8, 9): F는 반드시 8이므로 $3!\times2!=12$가지

(1, 3, 4 / 7, 8, 9): F는 반드시 8이므로 $3!\times2!=12$가지

따라서 甲이 설정할 수 있는 비밀번호의 가짓수는 총 **108가지**이다.

문 34 유형: 아이디어형 퀴즈 정답: ①

甲~戊가 먹은 만두의 개수가 모두 다르므로 이들이 먹은 만두의 개수는 0, 1, 2, 3, 4개이다. 이들 중 다른 사람이 자신과 비교해 만두를 많이 먹었는지 적게 먹었는지 모르는 사람은 1, 2, 3개를 먹은 사람이다. 0개를 먹은 사람은 다른 사람이 자신보다 만두를 많이 먹었다는 것을 알 수 있고, 4개를 먹은 사람은 다른 사람이 자신보다 만두를 적게 먹었다는 것을 알 수 있기 때문이다. 따라서 甲이 먹은 만두의 개수는 1, 2, 3개 중 하나이다.

乙은 丙이 자신보다 만두를 많이 먹었는지 적게 먹었는지 모르므로 乙이 먹은 만두의 개수 역시 1, 2, 3개 중 하나이다. 그런데 乙은 甲이 만두를 1, 2, 3개 중 하나를 먹은 사실을 알고 있는데 甲이 자신보다 만두를 적게 먹었다고 알게 되었다. 이것이 가능하려면 乙이 먹은 만두의 개수가 3개여야 한다. 甲이 1개를 먹든 2개를 먹든 3개를 먹은 乙 자신보다 개수가 적기 때문이다.

丙은 甲과 乙의 말을 듣고 甲과 乙이 먹은 만두의 개수를 알았다. 乙이 3개를 먹은 것은 알게 되었고 甲이 먹은 개수까지 알게 됐는데 이는 甲이 1개 또는 2개인데 남은 한 가지 경우가 丙 자신이기 때문이다. 따라서 甲 1개, 丙 2개 또는 甲 2개, 丙 1개 2가지 경우가 가능하다. 그런데 丙은 자신보다 만두를 많이 먹은 사람이 누군지 아직 1명만 확실히 알겠다고 하였다. 이 1명은 乙이다. 만약 丙이 먹은 만두의 개수가 1개라면 자신보다 많은 개수의 만두를 먹은 사람이 누군지 甲과 乙 2명을 확실히 안다고 말했을 것이다. 따라서 甲이 먹은 개수가 1개, 丙이 먹은 개수가 **2개**가 된다. 丁과 戊가 먹은 만두의 개수는 4개, 0개 또는 0개, 4개이므로 둘이 먹은 만두 개수의 합은 **4개**이다. 따라서 정답은 ①이다.

문 35 유형: 정보처리형 퀴즈 정답: ①

한 명씩 거짓을 말하고 있다고 가정하려 할 때 A와 E는 거짓을 말할 수 없다. 만약 A가 0원을 지녔다면 C도 0원을 지녀야하기 때문에 문제 조건과 모순이며, E가 0원을 지녔다면 D도 0원을 지녀야하기 때문에 이 역시 문제 조건과 모순되기 때문이다.

우선 B가 0원을 지녀 거짓말을 했다고 가정한다. 각 알파벳을 해당인이 보유한 금액이라고 할 때 A는 D+100원, B는 0원, C는 3D+300원, D는 2E원, E는 E원을 보유하고 있다. 용돈의 합이 3,000원이고 100원 단위로 돈을 가지고 있으므로 4D+3E=2,600이라는 부정방정식을 세울 수 있다. 이때 E는 어떤 정수의 제곱이므로 100, 400, 900, 1,600 등의 제곱 수만 가능하다. 이때 100과 400을 넣으면 D가 100원 단위로 도출되지 않으며 900 이상을 넣으면 D가 음수가 된다. 따라서 B는 0원을 지닌 사람이 아니다.

이제 C가 0원을 지닌다고 가정하자. A는 D+100원, B는 E-600원, C는 0원, D는 2E원 또는 D원, E는 E원을 가지고 있다. 이때 D+4E=3.600이며 2E=D이다. 이를 연립 시 D와 E가 100원 단위로 도출되지 않는다. 따라서 C는 0원을 지닌 사람이 아니다.

마지막으로 D가 0원을 지닌다고 가정한다. A는 100원, B는 E-600원, C는 300원, D는 0원, E는 E원을 지닌다. 이때 2E-200=3,000이므로 E는 1,600원이다. 이는 어떤 정수의 제곱이라는 E의 발언과 일치한다. 즉, A는 100원, B는 1,000원, C는 300원, D는 0원, E는 1,600원을 지니며 문제의 모든 조건을 충족한다. 따라서 D는 0원을 지닌 사람이다.

도출된 결과에 의해 A와 D가 가진 금액의 합이 100원임을 알 수 있다.

문 36 유형: 정보처리형 퀴즈 정답: ②

1, 2, 3위 순서대로 경우의 수를 나열하면 ABC, BAC, CAB, ACB, BCA, CBA이다. 이를 각각 a, b, c, d, e, f로 치환한다.

우선, A에 1순위, B에 2순위를 준 학생이 없으므로 a=0이다.

또한 A에 3순위를 준 학생이 8명이므로 e+f=8 (1)

B에 1순위를 준 학생이 13명이므로 b+e=13 (2)

B에 A보다 높은 순위를 준 학생이 18명이므로 b+e+f=18이고, 여집합인 c+d=12이다. (3)

(1)과 (3)을 연립시 b= 10이다. 또한 (2)에 의해 e=3이다. 또한 (3)에 의해 f=5이다.

이를 정리하면 a=0, b=10, c+d=12, e=3, f=5이다. 구체적으로 c와 d의 값을 알 수 없다.

ㄱ. ○ 이는 BAC = b를 나타내는 것이다. b=10이므로 옳다.

ㄴ. × 이는 CAB = c를 나타내는 것이다. c의 크기를 확정할 수 없으므로 옳지 않다.

ㄷ. ○ 이는 BCA = e를 나타내는 것이다. e=3이므로 옳다.

ㄹ. × 이는 ACB = d를 나타내는 것이다. d의 크기를 확정할 수 없으므로 옳지 않다.

문 37 유형: 정보처리형 퀴즈 정답: ②

다섯 번째 조건인 A + B < C + D에서 여섯 번째 조건인 B + C < A + D를 빼면 A - C < C - A이다. 이를 정리 시 A < C이다.

그리고 여섯 번째 조건에서 A < C인데도 우변이 크다는 것을 통해 D > B임을 알 수 있다. 여기에 첫째에서 넷째 조건을 결합 시 A < C < B < D이다. 또한 일곱 번째 조건을 통해 E가 B와 C 사이의 값임을 알 수 있다.

따라서 A < C < E < B < D이고 두 번째로 큰 숫자는 B이다.

문 38 유형: 아이디어형 퀴즈 정답: ①

A-F: 6, F-B: 4, F-E: 4 B-C: 5, C-D:4

이를 합하면 23

A가 평균적으로 연결비용이 높으므로 A와 연결되는 소초의 연결비용이 적어야 함을 인지. A부터 시작하여 최소비용으로 연결할 수 있는 소초를 연결하면 됨.

문 39 유형: 세트형 정답: ④

① × 런-렝스 기법은 엔트로피 기법의 일종이고 엔트로피 기법은 모두 무손실 압축기법에 속한다. 손실 압축기법이 아니다.

② × 파일 압축 방식은 압축 과정에서 파일의 특성을 고려하는지에 따라 대상 기반 기법과 엔트로피 기법으로 나눌 수 있다. 손실 압축기법과 무손실 압축기법으로 나눌 수 있는 것은 압축 과정에서 파일에 손실이 발생하는지에 따라 달라지는 것이다.

③ × 무손실 압축기법은 압축한 후 복원한 데이터와 원본 데이터가 완전히 일치하는 기법이다. 이러하지 않는 기법은 없다.

④ ○ 대상 기반 기법은 무손실 압축기법인 경우도 있고 손실 압축기법인 경우도 있다. 이중 손실 압축기법은 모든 무손실 압축기법에 비해 압축률이 높다. 무손실 압축기법의 압축률은 최대 45 %이므로 손실 압축기법의 압축률은 45 %보다 높다. 따라서 대상 기반 기법 중 압축률이 45 %보다 높은 기법이 있을 것이다.

⑤ × 모든 대상 기반 기법은 엔트로피 기법보다 압축 효율이 높다. 압축률이 높을수록 압축 효율이 높으므로 모든 대상 기반 기법은 엔트포피 기법보다 압축률이 높을 것이다.

문 40 유형: 세트형 정답: ②

기존 데이터는 총 20글자이다. 런-렝스 기법으로 해당 데이터를 압축하면 'JK7LM5N3OP2'가 된다. 이는 11글자이다. 1글자는 1 Bit이므로 甲은 기존 데이터에 비해 9 Bit의 용량을 줄일 수 있다.

상황판단 4회

1	2	3	4	5	6	7	8	9	10
⑤	⑤	①	④	⑤	②	⑤	④	③	⑤
11	12	13	14	15	16	17	18	19	20
③	①	①	④	④	②	④	②	①	②
21	22	23	24	25	26	27	28	29	30
③	④	③	⑤	③	④	②	③	③	④
31	32	33	34	35	36	37	38	39	40
③	④	⑤	①	②	②	⑤	⑤	③	②

문 1 유형: 일반형 법조문 정답: ⑤

① × 2번째 조 제1항의 수립 주기는 '5년'이다.

② × 2번째 조 제2항은 '수도정비계획' 수립에 관한 것이다.

③ × 1번째 조 제2항에 따른 협의는 기본계획을 수립하거나 변경하려 할 때 해야한다.

④ × 2번째 조 제4항에 따라 강원특별자치도지사가 수도정비계획을 수립하면 지체 없이 고시하고 그 내용을 환경부장관에게 '통보'하여야 한다.

⑤ ○ 1번째 조 제3항의 변경요청 대상에서 '광역시의 군수는 제외한다'고 명시되어 있다.

문 2 유형: 일반형 법조문 정답: ⑤

① × 변경등록을 하지 않아 3번째 조 제2항 제1호의 요건이 충족된 경우 등록취소가 아니라 영업정지의 효과가 발생한다.

② × 2번째 조 제2항에 따르면, 폐업한 사실을 '확인' 후 등록사항 말소를 할 수 있다.

③ × 3번째 조 제3항의 반납은 '10일 이내'에 한다.

④ × 4번째 조 제2항에 따르면, '다음 연도'의 과징금 운용계획을 수립하면 된다.

⑤ ○ 2번째 조 제1항에 따라 丁은 문화체육관광부장관에게 신고하여야 하고, 동조 제3항에 따라 문화체육관광부장관은 丁에게 신고수리 여부 통지해야 한다.

문 3 유형: 일반제시글 정답: ①

ㄱ. × 乙이 丙을 명예훼손하였다고 공소가 제기된 사건에서 법정에서 한 甲의 증언은 '원본증거'이다. 왜냐하면, 경험자 甲이 직접 법원에 진술한 것이기 때문이다.(1번째 단락)

ㄴ. ○ 丙이 금품을 훔쳐 절도죄로 공소가 제기된 사건에서 법정에서 한 甲의 증언은 전문증거이다. 왜냐하면, 전문진술은 경험자 乙의 진술을 들은 제3자 甲이 법원에 대해 전문한 내용을 진술한 것이기 때문이다.(2번째 단락)

ㄷ. × 戊가 폭행죄로 공소가 제기된 사건에서 丁의 진술을 기재한 사법경찰관의 서류는 전문증거이다. 왜냐하면, 경험자 丁의 경험사실을 사법경찰관이 서류에 기재한 것은 진술조서로서 전문증거이다.(2번째 단락)

문 4 유형: 일반형 법조문 정답: ④

① ○ 2번째 조 제4항에 따르면 변호사 아닌 자가 신청인이나 피신청인의 대리인이 되려는 경우에는 미리 중재부의 허가를 받아야 하고, 선지는 이를 반대해석 한 것이다.

② ○ 1번째 조 제5항에 따라 신청인은 조정절차 계속 중에 정정보도청구와 손해배상 청구 상호간의 변경을 포함하여 신청취지를 변경할 수 있고, 이들을 병합하여 청구할 수 있다.

③ ○ 1번째 조 제1항 제2문에 따라 피해자는 손해배상액 명시해야 한다.

④ × 2번째 조 제2항에 따르면, 조정은 신청 접수일부터 14일 이내에 하여야 하며, 중재부의 장은 조정신청을 접수하였을 때에는 '지체 없이' 조정기일을 정하여 당사자에게 출석을 요구하여야 한다.

⑤ ○ 1번째 조 제3항에 따라 선지의 경우에 조정신청은 협의가 불성립된 날부터 14일 이내에 하여야 한다.

문 5 유형: 일반형 법조문 정답: ⑤

① × 1번째 조 제4항에 따르면 공정선거지원단의 소속원에 대하여 예산의 범위 안에서 실비를 지급할 수 있다. 사이버공정선거지원단의 소속원에 대하여는 설명이 없다.

② × 2번째 조 제2항에 따르면 시·도선거관리위원회는 인터넷을 이용한 선거부정을 감시하고 공정선거를 지원하기 위하여 선거일 전 120일부터 선거일까지 30인 이내로 구성된 사이버공정선거지원단을 설치하여야 한다. 60일부터가 아니다.

③ × 1번째 조 제1항 단서조항에 의해 읍·면·동선거관리위원회는 공정선거지원단을 두는 것에서 제외한다.

④ × 2번째 조 제1항에 따르면 중앙선거관리위원회는 선거일 전 60일부터 선거일 후 10일까지는 사이버공정선거지원단에 10인 이내의 인원을 추가하여 구성할 수 있다. 5일까지가 아니다.

⑤ ○ 1번째 조 제2항 단서조항의 내용을 그대로 언급하고 있다.

문 6 유형: 일반형 법조문 정답: ②

① × 2번째 조 제2항에 따르면, 재단이 정관을 작성하거나 변경할 때에는 문화체육관광부 장관의 인가를 받아야 한다.

② ○ 3번째 조 제1항에 따라 재단에 이사는 14명이고, 임원은 15명이다. 이사 14명의 과반은 8명이고 8명의 과반은 5명이므로 이사회의 회의는 재적이사 8명의 출석과 출석이사 5명의 찬성으로 의결할 수 있다.

③ × 3번째 조 제3항에 따르면, '상임이사'는 재단을 대표하고, 재단의 업무를 총괄한다.

④ × 3번째 조 제2항에 따르면, 상임이사는 이사장이 이사회의 추천을 받은 사람 중에서 문화체육관광부장관의 승인을 받아 임면한다.

⑤ × 2번째 조 제1항 제6호에서 재단의 정관에는 정관의 변경에 관한 사항 기재하여야 한다고 규정하고 있다.

문 7 유형: 일반 제시글 정답: ⑤

ㄱ. × 2번째 단락에 따르면, 렌즈의 구면 수차를 작게 하려면 근축 광선만을 사용하거나 얇은 렌즈를 사용한다. 즉, 얇은 렌즈를 함께 사용하지 않아도 된다.

ㄴ. × 2번째 단락에 따르면, 색 지움 렌즈는 굴절률이 서로 다른 '볼록렌즈와 오목렌즈'를 조합한 것이다.

ㄷ. ○ 초점거리가 50 cm인 오목렌즈 안경의 도수는 - 4D(= 1/(- 0.25 m))이다.

ㄹ. ○ 볼록렌즈 안경의 도수가 + 2D인 경우의 초점거리는 50 cm(= 0.5 m)이고, + 10D인 경우의 초점거리는 10 cm(= 0.1 m)에 비해 5배이다.

문 8 유형: 정보처리형 퀴즈 정답: ④

규칙 1은 B, D, F, A, C, E 순으로 업무를 처리한다. B는 5월 2일, D는 5월 5일, F는 5월 10일, E는 6월 2일에 마감되므로 마감기한을 지켰으나, A는 5월 16일, C는 5월 24일에 마감되므로 마감기한일을 넘겼다.

규칙 2는 도착한 순서대로 업무를 처리하므로 E, F, D, C, B, A 순으로 업무를 처리한다. E는 5월 9일에 마감되므로 마감기한을 지켰으나, F는 5월 14일, D는 5월 17일, C는 5월 22일, B는 5월 27일, A는 6월 2일에 마감되므로 마감기한일을 넘겼다.

규칙 3은 B, A, F, D, C, E 순으로 업무를 처리한다. B는 5월 2일, A는 5월 8일, E는 6월 2일에 마감되므로 마감기한을 지켰으나, F는 5월 13일, D는 5월 16일, C는 5월 24일에 마감되므로 마감기한일을 넘겼다.

따라서, <u>규칙1</u>과 <u>규칙3</u>은 마감기한일을 넘겨서 완료된 업무의 수가 3개 이하이다.

문 9 유형: 아이디어형 퀴즈 정답: ③

주어진 사실을 정리하면 다음과 같다.

사실	1	2	3	4	5	6
	甲	乙	丙	丁	戊	己
	丁	戊	丁	乙	己	甲

위 사실에서 甲, 乙, 戊, 己는 각각 2번씩 달리기를 하므로 문제가 없다. 丙은 1번 丁은 3번 달리기를 하므로 글의 조건에 위배된다. 따라서, 丙의 달리기 횟수를 1번 늘리고, 丁의 달리기 횟수를 1번 줄이기 위해 첫 번째 사실 혹은 <u>네 번째 사실</u>이 거짓이어야 한다.

문 10 유형: 수리계산형 퀴즈 정답: ⑤

甲이 작성한 쪽글 한 부의 쪽수는 6(= X)쪽 이상 20(= Y)쪽 이하이다. 최솟값은 1,200/(3 × 20)이고, 최댓값은 1,200/(5 × 40)이다.
乙이 작성한 쪽글 한 부의 쪽수의 최댓값은 a, a + 10, a + 20, ⋯, a + 100을 모두 합한 값인 11a + 550과 660(=1,320/2)이 같다는 등식을 해결하여 도출한다.(이때, 쪽글 작성일이 10일 '초과'라는 사실에 주의한다) a는 10이므로 乙이 작성 둘째날에 작성한 쪽글 한 부의 쪽수의 최댓값은 20(= Z)이다. 따라서, X + Y + Z는 <u>46</u>이다.

문 11 유형: 수리계산형 퀴즈 정답: ③

후보 위원들의 점수를 정리하면 다음 표와 같다.

요소 / 위원	나이	성별	최종학력	동료평가	점수 합
甲	3	1	5	3	12
乙	5	0	1	5	11
丙	2	1	5	4	12
丁	3	0	5	4	12
戊	5	1	3	2	11

점수 합은 甲, 丙, 丁이 12점으로 동점이다. 丁이 남성이므로 부위원장으로 선출되지 못하고, 甲, 丙 중 나이가 많은 丙이 부위원장으로 선출된다.

문 12 유형: 정보처리형 퀴즈 정답: ①

ㄱ. ○ 극단값을 활용한다. 인턴 채용이 철회되려면 점수가 최소화 되어야 한다. ㉠이 0, ㉡이 10일 때 최소이다. 이 경우 甲이 -29점, 乙이 -15점, 丙이 4점, 丁이 8점, 戊가 -28점이다. -30점 이하인 사람이 없으므로 옳다.

ㄴ. × 극단값을 활용한다. 정직원 채용이 확정되려면 점수가 최대화되어야 한다. ㉠이 3, ㉡이 5일 때 최대이다. 이 경우 甲이 20점, 乙이 21점, 丙이 29점, 丁이 31점, 戊가 19점이다. 戊가 20점 미만으로 반례이다.

ㄷ. × 반례를 탐색한다. ㉠이 2, ㉡이 10일 때 丙이 14점, 丁이 20점으로 丙은 서류 면제인데, 丁은 정직원 채용 확정으로 반례가 존재한다.

문 13 유형: 아이디어형 퀴즈 정답: ①

첫 번째 사실과 다섯 번째 사실을 통해 A ~ J가 앉은 위치가 2가지 경우로 나뉜다.

	1	2	3	4	5	6	7	8	9	10
경우1			H					A	I	

	1	2	3	4	5	6	7	8	9	10
경우2					H				I	A

네 번째 사실을 적용하면 다음과 같다.

	1	2	3	4	5	6	7	8	9	10
경우1			H	D	C			A	I	

	1	2	3	4	5	6	7	8	9	10
경우2					H	D	C		I	A

두 번째 사실과 세 번째 사실을 적용하면 경우 1에서는 모순이 나타난다. G가 C와 마주 보고 있으므로 G는 10번에 앉게 되고, B와 J가 마주 보고 앉으므로 E와 F가 마주보아야 하는데 이는 두 번째 사실과 저촉된다. 따라서, B, E, F, J가 앉은 자리의 번호의 합은 <u>16</u>(= 1 + 3 + 4 + 8)이다.

1	2	3	4	5	6	7	8	9	10
E/F	G	B/J	F/E	H	D	C	J/B	I	A

문 14 유형: 아이디어형 퀴즈 정답: ④

각 카트를 맞힌 사람 수의 최댓값은 첫 번째 카드는 1명, 두 번째 카드는 2명, 세 번째 카드는 1명, 네 번째 카드는 2명, 다섯 번째 카드는 4명이다. 이를 모두 합하면 총 10명이다. 이때, 두 번째 카드와 네 번째 카드가 동시에 C를 맞힐 수 없으므로 두 번째 카드와 네 번째 카드를 맞힌 사람 수의 최대값은 3명이다. 따라서, 카드를 맞힌 사람 수의 최대값의 합은 9명이고, 글의 조건에서 '5명의 사람은 모두 같은 수의 카드를 맞게 예측하였다'고하므로 5명의 사람이 맞힌 카드 수는 모두 1장씩이다.

먼저, 라영을 제외한 4명이 E를 맞히는 경우는 위 추론과 모순되므로 다섯 번째 카드는 A이고, 라영이 맞혔다. 이에 따라 라영의 나머지 예측은 모두 틀렸으므로 두 번째 카드는 C가 아니므로 나리의 두 번째 예측도 틀렸다. 그리고 라명을 제외한 사람이 A로 예측한 카드는 모두 틀린 예측이다. 이를 정리하면 다음과 같다.

카드 사람	첫 번째	두 번째	세 번째	네 번째	다섯 번째
가인	A(×)	E	D	C	E(×)
나리	B	C(×)	A(×)	C	E(×)
다린	C	B	E	D	E(×)
라영	D(×)	C(×)	B(×)	B(×)	A(O)
마희	E	A(×)	C	E	E(×)

위 상황에서 나리가 첫 번째 카드로 B를 예측한 것이 맞았다고 가정하면 아래 표와 같이 정리가 가능하다.

카드 사람	첫 번째	두 번째	세 번째	네 번째	다섯 번째
가인	A(×)	E(O)	D(×)	C(×)	E(×)
나리	B(O)	C(×)	A(×)	C(×)	E(×)
다린	C(×)	B(×)	E(×)	D(O)	E(×)
라영	D(×)	C(×)	B(×)	B(×)	A(O)
마희	E(×)	A(×)	C(O)	E(×)	E(×)

마희가 첫 번째 카드로 E를 예측한 것이 맞았다고 가정하면 아래 표와 같이 정리가 가능하다.

카드 사람	첫 번째	두 번째	세 번째	네 번째	다섯 번째
가인	A(×)	E(×)	D(O)	C(×)	E(×)
나리	B(×)	C(×)	A(×)	C(O)	E(×)
다린	C(×)	B(O)	E(×)	D(×)	E(×)
라영	D(×)	C(×)	B(×)	B(×)	A(O)
마희	E(O)	A(×)	C(×)	E(×)	E(×)

한편, 다린이 첫 번째 카드로 C를 예측한 것이 맞았다고 가정하면 모순이 발생한다.

① ○ 첫 번째 카드를 맞게 예측한 사람으로는 나리, 마희가 가능하다.

② ○ 두 번째 카드를 맞게 예측한 사람으로는 가인, 다린이 가능하다.

③ ○ 세 번째 카드를 맞게 예측한 사람으로는 가인, 마희가 가능하다.

④ × 네 번째 카드를 맞게 예측한 사람으로는 '나리', '다린'이 가능하다.

⑤ ○ 다섯 번째 카드를 맞게 예측한 사람으로는 라영만 가능하다.

문 15 유형: 정보처리형 퀴즈 정답: ④

甲과 乙의 <대화>를 통해 '앞면' 세 숫자의 합은 9, 10, 11 중 하나이다. 다음으로 가운데에 있는 카드의 앞면에는 6, 뒷면에는 1이 와야한다.(이 경우에만 합이 5만큼 감소할 수 있다) 이를 전제로 오른쪽 끝에 있는 카드의 앞면에는 2, 뒷면에는 5가 와야한다.(남은 숫자가 2, 3, 4, 5이므로 이 경우가 유일하다) 그렇다면, 왼쪽 끝에 있는 카드의 앞면에는 3, 뒷면에는 4가 올 경우 '앞면' 세 숫자의 합은 11로 조건에 부합한다. 따라서, 왼쪽 끝에 있는 카드의 뒷면에 적혀있는 숫자는 '**4**'이다.

문 16 유형: 정보처리형 퀴즈 정답: ②

ㄱ. × A안의 총소요보조금은 800만 명×220만 원×10%이고, B안의 총소요보조금은 800만 명×90%×220만 원×11%이다. 800만 명과 220만 원을 약분하면 사라지므로 10%(A안)와 90%×11%(B안)을 비교하면 후자의 값은 9.9%(=11%-1.1%)이므로 총소요보조금은 A안이 B안보다 더 높다.

ㄴ. ○ C안의 총소요보조금은 160만 명×60%×80만 원(=120만 원-40만 원)이므로 7,680억 원이므로 8,000억 원 이하이다. 단위 환산의 경우 만×만이 억임을 활용한다.

ㄷ. × 기존 청년빈곤율은 20%로 청년 인구 800만 명 중 160만 명이 월평균 최저생계비 미만의 소득에 해당하였다. C안을 실시할 경우, 빈곤청년 160만 명 중 60%에 해당하는 96만 명이 월평균 최저생계비 이상의 소득에 해당하고, 나머지 64만 명은 여전히 월평균 최저생계비 미만의 소득에 해당한다. 이 때, 청년 빈곤율은 64/800으로 8%이다. 즉, C안을 실시할 경우, 청년빈곤율은 실시 이전에 비해 12%p 하락한다.

문 17 유형: 아이디어형 퀴즈 정답: ④

먼저, 아래에서 회색 CCTV 2대는 다른 CCTV와 달리 3개 혹은 4개의 복도를 감시할 수 있다.(다른 CCTV들은 모두 2개의 복도만 감시할 수 있다) 따라서, 아래와 같이 회색 CCTV 2대는 반드시 설치해야 효율적이다. 아래 그림에서 회색 CCTV로 관찰 가능한 복도는 모두 회색이다. 남은 3개의 복도는 2대의 CCTV를 추가적으로 설치하여 모두 관찰할 수 있다. 따라서, 담당자가 설치한 CCTV 수는 '**4대**'이다.

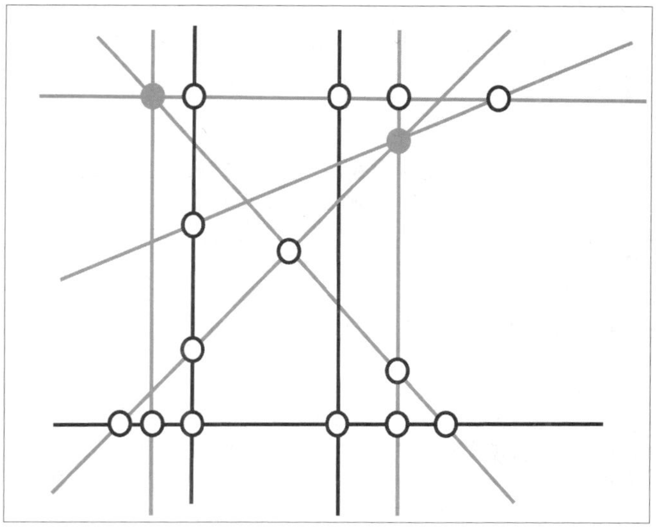

문 18 유형: 수리계산형 퀴즈 정답: ②

구분	교육훈련명	교육 이수일자	이수당시 직급	성적평가 점수 (100점 만점)	평정 점수	평정 배제 이유
공통	갈등조정	2021. 5. 17	5급	80	8	
선택	다문화 이해	2019. 3. 14	5급	70	3.5	
공통	조직관리	2018. 8. 18	6급	60	3	만점
선택	홍보	2017. 10. 15	6급	70	3.5	
선택	리더십	2016. 6. 5	6급	90	4.5	
선택	혁신적 사고	2015. 1. 21	6급	55	2.75	만점
공통	영어회화	2014. 5. 20	6급	95	4.75	기간
선택	코딩실습	2012. 12. 14	7급	80	2	
선택	시민참여	2008. 3. 11	8급	85	2.125	기간

조직관리와 혁신적 사고는 만점의 60% 이하로 평정대상에서 제외된다. 영어회화는 교육이수일로부터 5년(공통)이 경과하였고, 시민참여는 교육이수일로부터 10년(선택)이 경과하여 평정점수로 인정되지 않는다.

평정대상에서 제외되지 않은 5개 교육훈련의 평정점수를 모두 합하면 <u>21.5점</u>(=8 + 3.5 + 3.5 + 4.5 +2)이다.

문 19 유형: 세트형 정답: ①

① ○ 마지막 단락에 따르면, DSR은 주택담보대출 원리금 뿐만 아니라 신용대출, 자동차 할부, 학자금 대출 등 모든 대출의 원금과 이자를 모두 더한 원리금 상환액으로 대출 상환 능력을 심사하기 때문에 더 엄격하다.

② × 4번째 단락에 따르면, DTI는 2014년 8월부터는 60%로 단일화되었다.

③ × 마지막 단락에 따르면, DSR을 도입하면 연소득은 그대로인 상태에서 금융부채가 '커지기' 때문에 대출한도가 축소된다.

④ × 3번째 단락 마지막 문장에 따르면, DTI 수치가 '낮을수록' 빚을 갚을 수 있는 능력이 높다.

⑤ × 5번째 단락 2번째 문장에 따르면, 선지의 내용은 '신DTI'에 관한 것이다.

문 20 유형: 세트형 정답: ②

1번째 단락 2번째 문장에 따르면, LTV는 기준시가가 아닌 '시가'의 일정 비율이다. 甲이 소유한 집의 시가는 15억 원이므로 대출 한도는 시가의 40%인 6억 원인데, 실제로 대출받을 수 있는 돈은 소액임차보증금 3억 원(=3천만 원×10)을 뺀 <u>3억 원</u>이다.

문 21 유형: 일반형 법조문 정답: ③

① × 2번째 조 제5항 제4호에 따라 일자리 창출효과 등 국민경제에 대한 기여도를 고려해야 한다.

② × 2번째 조 제2항에 따른 간사 지명대상은 '4급' 공무원이다.

③ ○ 2번째 조 제1항에 따라 판정위원회는 위원장 1명을 포함한 10명 이내의 위원으로 구성한다. 그리고, 동조 제2항 본문 단서에 따라 각 호에서 적어도 1명은 위원이 되므로 위원장을 제외하고, 판정위원회 위원 중 과학기술정보통신부 3급 또는 4급 공무원이 8명이라면, 판정위원회 위원 중 신산업에 관한 전문지식과 경험이 풍부한 민간인 위원이 1명 존재한다.(위원장 1명, 과기부 공무원 8명, 경험 풍부 1명)

④ × 2번째 조 제6항에 따라 판정위원회는 신산업 분야의 전문가를 '회의에 참석하게' 하여 의견을 들을 수 있다.

⑤ × 2번째 조 제2항에 따라 판정위원장은 기획재정부가 아니라 '산업통상자원부'의 고위공무원단에 속하는 공무원 중 산업통상자원부장관이 지명하는 사람으로 한다.

문 22 유형: 일반형 법조문 정답: ④

제2항 2호 단서에 해당하는 D에 대해 금융정보분석원장은 신고를 수리하지 않을 수 없으므로 수리해야 한다.

문 23 유형: 상황제시형 법조문 정답: ③

ㄱ. ○ <상황>에서 A, B, C 간 협의로 C를 보상금을 받을 사람으로 지정하였으므로 제□□조 제2항 제1호에 따라 C에게 보상금을 지급한다.

ㄴ. ○ <상황>에서 D는 2년 째 행방불명이므로 제□□조 제3항 제3호에 따라 그 다음 순위(제○○조)인 E와 F에게 보상금을 지급한다. E와 F 사이에 협의는 없었고, 乙을 주로 양육한 사람도 없으므로 제□□조 제2항 제1호, 제2호가 적용되지 않고, 제3호가 적용된다. 제3호 본문에 따라 나이가 많은 사람에게 보상금을 지급해야 하나 E와 F가 乙의 부모이므로 제3호 단서가 적용되어 보상금을 균등하게 분할하여 지급한다.(제3항 각 호의 어느 하나에 해당하지 않으므로 제4항은 적용되지 않는다)

ㄷ. × I가 성년이 되면, G와 H는 제○○조 제4호에 해당하지 않게 되어 제□□조 제3항 제2호에 따라 보상금을 지급받지 못한다.

문 24 유형: 일반형 법조문 정답: ⑤

① × 6번째 조 제2항에 따르면, 경주사업자가 지방자치단체이면 사업준비금에 귀속된다.

② × 1번째 조 제2항에 따르면, 경주사업자는 매년 경주개최계획서를 작성하여 문화체육관광부 장관의 '승인'을 받아야 한다.

③ × 6번째 조 제1항에 따르면, 구매권을 승자투표권으로 교환할 수 있는 권리는 '2년간' 행사하지 아니하면 시효로 소멸한다.

④ × 4번째 조 제2항 제2문에 따르면, 장외매장을 이전하려는 경우에는 '신고'를 하여야 한다.

⑤ ○ 2번째 조 제2항에 따라 문화체육관광부장관은 허가를 취소할 수 있고, 3번째 조에 따라 이 경우 청문을 하여야 한다.

문 25 유형: 일반형 법조문 정답: ③

① ○ 1번째 조 제5항에 따르면, 어린이집운영위원회는 연간 4회 이상 개최하여야 한다.

② ○ 1번째 조 제1항 단서가 적용되므로 옳다.

③ × 2번째 조 제6항이 적용되므로 시·도지사 또는 시장·군수·구청장의 승인을 생략할 수 있다.

④ ○ 1번째 조 제2항에 따라 학부모 대표가 2분의 1 이상이 되도록 구성하여야 하고, 동조 제3항에 따라 어린이집운영위원회의 위원 정수는 4명 이상 9명 이하로 하기 때문에 어린이집운영위원회의 위원 중 학부모 대표는 반드시 2명 이상이다.

⑤ ○ 2번째 조 제2항에 따라 부모모니터링단은 시·도지사 또는 시장·군수·구청장이 위촉하고, 동조 제3항에 따라 시·도지사 및 시장·군수·구청장은 부모모니터링단으로 위촉된 사람에게 직무 수행에 필요한 교육을 실시할 수 있다.

문 26 유형: 일반형 법조문 정답: ④

① × 첫 번째 조 제4항에 따라 변경신고를 받은 날부터 '7일' 이내에 신고수리 여부를 신고인 甲에게 통지하여야 한다.

② × 두 번째 조 제1항 단서에 따라 청주에서 '약국'을 운영하는 乙은 청주시장에게 신고하지 않아도 된다.

③ × 丙은 건강기능식품판매업을 하려는 자이므로 두 번째 조 제1항에 따라 영업소의 소재지를 관할하는 '시장 등'에게 신고하여야 한다.

④ ○ 첫 번째 조 제3항은 '식품의약품안전처장은 영업허가가 취소된 후 6개월이 지나기 전에 그 영업소에서 같은 종류의 영업을 하려는 경우를 제외하고는 제1항에 따른 허가를 하여야 한다.' 규정되어 있다. 丁은 영업허가가 취소된 그 영업소에서 건강기능식품제조업에 대한 허가 신청을 하였으므로 식품의약품안전처장은 이를 허가하지 않아도 된다.

⑤ × 두 번째 조 제3항, 제4항에 따라 9월 8일에 서울특별자치시장이 신고를 수리한 것으로 본다.
戊는 두 번째 조 제1항에 따라 건강기능식품판매업 신고를 한 자이다. 두 번째 조 제3항에 따라 서울특별자치시장은 신고를 받은 날부터 3일 이내에(9월 7일까지) 신고수리 여부를 戊에게 통지하여야 한다. 서울특별자치시장이 신고수리 여부를 戊에게 통지하지 않은 경우 두 번째 조 제4항에 따라 기간이 끝난 날(9월 7일)의 다음 날(9월 8일)에 신고를 수리한 것으로 본다.

문 27 유형: 일반제시글 정답: ②

① ○ 마지막 단락에 따르면, 연습기간은 법이 정한 7일 이내에서 실시되고 있다.

② × 4번째 단락에 따르면, 을지연습은 비상대비자원관리법을 근거로 하여 실시되고 있으며, 당해 연도의 연습은 국무총리가 연습의 방법과 기간 등을 정하고 대통령의 승인을 얻어 실시한다.

③ ○ 1번째 단락에 따르면, '1972년'에는 수도권방어계획과 연계하여 실제 훈련이 병행실시되었다.

④ ○ 3번째 단락에 따르면, 을지연습은 전시•사변 또는 국가비상사태에 대비하여 행정기관이 상호연계하여 전시대비계획의 실효성을 검토, 보완하고 발전시키며, 모든 관계요원이 계획과 집행절차 및 행동요령을 숙지하도록 하는 데 그 목적을 두고 실시된다.

⑤ ○ 5번째 단락 2번째 문장의 내용이다.

문 28 유형: 수리계산형 퀴즈 정답: ③

A그룹에 속한 사람을 a, b, c, d라고 하면 15초면 모두 악수를 할 수 있다. 굵은 테두리 안에 표시된 두 사람끼리 악수를 한 것이다.

a	a	a
b	c	d
c	b	b
d	c	d

B그룹에 속한 사람은 a, b, c, d, e라고 하면 25초면 모두 악수를 할 수 있다.

a	b	c	d	e
b	a	a	a	a
c	d	e	c	b
d	c	b	b	c
e	e	d	e	d

C그룹에 속한 사람은 a, b, c, d, e, f라고 하면 25초면 모두 악수를 할 수 있다.

a	a	a	a	a
b	c	d	e	f
c	b	b	b	b
d	e	f	d	c
e	d	c	c	d
f	f	e	f	e

따라서 X, Y, Z를 모두 합하면 65이다.

문 29 유형: 아이디어형 퀴즈 정답: ③

'조별 학습을 위한 조를 구성할 때는 점수가 동일한 학생이 최대 2명까지만 포함되도록 하며, 각 조의 총점이 동일할 수 있도록 3개 조를 구성한다.' 해당 조건을 토대로 서로 다른 조들 간에 그리고 각 조 내의 학생들 간에 점수의 편중이 적어 균등하게 분배되는 경향이 있을 것이라 예상할 수 있다. 이에 따라 선지 3번의 내용이 옳지 않을 가능성이 있다.
이를 검토해보면, 선지 3번이 성립하기 위해서는 (6, 6, 3, 1, 1, 1), (5, 4, 3, 1, 1, 1), (5, 4, 3, 3, 2, 1)과 같이 조를 구성해야 하는데 점수가 동일한 학생이 최대 3명까지 포함되어 있어 모순이다.
한편, 주어진 조건을 토대로 (6, 5, 3, 2, 1, 1), (6, 4, 3, 2, 2, 1), (5, 4, 4, 3, 1, 1)와 같이 조를 구성할 수 있고, 해당 경우에 선지 1, 2, 4, 5가 모두 부합한다. 사후적으로 분석해보면 선지 1, 2, 4, 5의 경우 선지 3에 비해 고른 점수 분포를 나타낼 가능성이 있다는 알 수 있다.

문 30 유형: 정보처리형 퀴즈 정답: ④

공을 어떻게 몇 차례 섞고 동일한 개수로 옮긴다 하더라도, 빨간 바구니와 파란 바구니에 들어 있는 흰 공 개수의 합은 50개이고, 빨간 바구니와 파란 바구니에 들어 있는 검은 공 개수의 합도 50개이다. 그리고, 동일한 개수로 옮기므로 각 바구니에 들어있는 공 개수도 50개이다. 따라서, 빨간 바구니에 검은 공 개수는 32개, 흰 공 개수는 18개이고, 파란 바구니에 검은 공 개수는 18개, 흰 공 개수는 '32개'이다.

문 31 유형: 아이디어형 퀴즈 정답: ③

甲이 만들 수 있는 비밀번호는 첫째, 1111이다. 1111은 모두 더한 값이 '4'로 2의 제곱인 제곱수이고, 모두 곱한 값이 '1'로 1의 제곱인 제곱수이다. 둘째, 4444이다. 4444는 모두 더한 값이 '16'으로 4의 제곱인 제곱수이고, 모두 곱한 값이 '256'으로 16의 제곱인 제곱수이다.
여기서 하나를 더 추가하면 1, 2, 2, 4이다. 1, 2, 2, 4를 모두 더하면 9 즉, 3의 제곱수가 되고 1, 2, 2, 4를 모두 곱하면 16 즉, 4의 제곱수가 된다. 따라서 甲이 만들 수 있는 비밀번호로 가능한 숫자 조합의 경우는 3가지이다.

문 32 유형: 정보처리형 퀴즈 정답: ④

1번째 사실, 3번째 사실, 4번째 사실, 5번째 사실, 6번째 사실을 통해 다음과 같이 표로 정리할 수 있다.

	김이정	박선민	서민준	이영일	나준수
문법	~1	1	~1	1	3
간결성	~1	1	~1	1	3
인포그래픽	3	3	3	3	3
명료성	~3	~3	2	~3	3

이제 2번째 사실에서 김이정이 1등급을 받는 하나 뿐인 항목이 명료성임을 추론할 수 있다. 또한, 3번째 사실에서 서민준은 '인포그래픽'에서만 3등급을 받았으므로, '문법'과, '간결성'에서 2등급을 받아야 한다.

	김이정	박선민	서민준	이영일	나준수
문법	~1	1	2	1	3
간결성	~1	1	2	1	3
인포그래픽	3	3	3	3	3
명료성	1	~3	2	~3	3
점수 합계	6 ~ 8점	9점 or 10점	7점	9점 or 10점	4점

마지막으로 순위 정보를 통해, 이영일이 '명료성'에서 2등급을 받아 총 9점을 획득하고(박선민은 '명료성'에서 1등급을 받아 총 10점을 획득), 김이정이 '문법'과 '간결성'에서 2등급을 받아 총 8점을 획득하여 3위가 된다는 사실을 파악할 수 있다.

ㄱ. ○ 김이정은 '문법'에서 2등급을 받았다.

ㄴ. × 김이정은 '간결성'에서 2등급을 받았다.

ㄷ. ○ 박선민은 '명료성'에서 1등급을 받았다.

ㄹ. ○ 이영일은 '명료성'에서 2등급을 받았다.

문 33 유형: 정보처리형 퀴즈 정답: ⑤

Ⅰa 1초, 3초, 5초, 7초 조건으로 갈수록 반응률이 20 %p씩 등간격으로 감소하였고, Ⅰa 조건에서 네 조건 반응률의 평균은 45 %였다. 평균을 기준으로 위 아래로 10 %p씩 간격을 떨어뜨리면 3초(55 %)와 5초 조건(35 %)의 반응률이다. 두 조건에서 각각 20 %p씩 간격을 떨어뜨리면 1초 조건(75 %)과 7초 조건(15 %)의 반응률이다. 따라서, Ⅲ조건의 반응률은 Ⅰa 1초 조건의 반응률보다 5 %p 낮으므로 70 %이다. 마찬가지로 Ⅰb 1초, 3초, 5초, 7초 조건의 반응률은 각각 50 %, 40 %, 30 %, 20 %이다. Ⅱ조건의 반응률은 Ⅰb 7초 조건 반응률보다 5 %p 높았으므로 25 %이다.

둘의 단순 합은 95 %이다.

문 34 유형: 수리계산형 퀴즈 정답: ①

우선 甲의 스터디카페 이용시간은 1일 16시간, 1주에 5일씩 4주이므로 총 320시간이다.(C, D의 혜택을 적용받는다. 그리고 22시 이후 시간대는 요금이 다르지만, 그 비중이 작으므로 구체적인 요금 계산시 적용한다.) 혜택을 적용받는 C, D를 먼저 비교한다. 특히 D는 가입비와 이용권이 모두 50 %씩 할인됨에 주의한다.

D에서 모든 시간 동안 300원(=600원 × 50 %)이 적용될 경우 요금은 103,000원(= 7,000원 + 96,000원)이다. 반면, C는 새벽시간 요금인 400원이 모든 시간 적용되어도 128,000원(= 320시간 × 400원)이므로 D가 더 싸다.

B, E의 요금이 103,000원보다 크다는 것은 구체적인 계산 없이도 추론 가능하고, A는 전일제 이용시 110,000원(= 5,500원 × 20일)을 지불해야 하므로 甲은 D를 이용한다. D의 요금을 구체적으로 계산한다.

D의 정확한 이용요금은 16일 × (14시간 × 300원 + 2시간 × 100원) + 4일(15시간 × 300원 + 1시간 × 100원) + 7,000원(가입비)으로 '95,800원'이다.

문 35 유형: 아이디어형 퀴즈 정답: ②

주어진 사실을 통해 (A, E) or (E, A)의 순으로 연이어 발표하고(4번째 사실), (F, B)의 순으로 발표함을 알 수 있고(2번 째 사실), 위 순서쌍들은 D보다 나중에 발표한다.(3번째 사실) 그리고, (A, E) or (E, A)의 순서쌍은 C보다 나중에 발표한다.(1번째 사실)

주어진 선지 중 2번 선지를 활용하면, 6개 조의 발표 순서가 C, D, A, E, F, B로 확정된다.

나머지 선지를 분석해보면, 1번 선지의 경우 F, B, C의 순서가 확정되지만, D, A, E와 D, E, A의 순서가 확정되지 않는다.

3번 선지의 경우 C, E, A의 순서가 확정되지만, (C, E, A)와 (F, B)의 순서가 확정되지 않는다.

4번 선지의 경우 E, A, F, B의 순서가 확정되지만, C와 D의 순서가 확정되지 않는다.

5번 선지의 경우 A, E, F, B의 순서가 확정되지만, C와 D의 순서가 확정되지 않는다.

문 36 유형: 아이디어형 퀴즈 정답: ②

ㄱ. ○ A와 C가 서로 동일한 날에 헬스장을 이용한 날은 5일(= 20 + 26 - 31, 최소교집합) 이상 20일(20일과 26일 중 작은 값, 최대교집합) 이하이다.

ㄴ. × B와 D가 헬스장을 이용한 날이 서로 겹친 적이 없다면, 다음과 같이 배열된 상태가 3명이 헬스장을 이용한 날짜 수의 최댓값으로 28일이다.

1	2	3	4	5	6	7	8	9	10	11	12	13	14	15	16	17	18	19	20	21	22	23	24	25	26	27	28	29	30	31
B	B	B	B	B	B	B	B	B	B	B	B	B	B	B	B	B	B	D	D	D	D	D	D	D	D	D	D	D	D	D
C	C	C	C	C	C	C	C	C	C	C	C	C	C	C	C	C	C	C	C	C	C	C	C	C	C	A	A			
A	A	A	A	A	A	A	A	A	A	A	A	A	A	A	A	A	A	E	E	E	E	E	E	E	E	E	E			

ㄷ. ○ A와 E가 헬스장을 이용한 날이 서로 겹친 적이 없고, B와 D가 헬스장을 이용한 날이 서로 겹친 적이 없다면, 아래와 같은 배열이 존재한다. 이 때, 3명이 헬스장을 이용한 날짜 수는 25일이고, 2명이 헬스장을 이용한 날짜 수는 6일이므로 전자가 후자에 비해 5배 이하일 수 있다.

1	2	3	4	5	6	7	8	9	10	11	12	13	14	15	16	17	18	19	20	21	22	23	24	25	26	27	28	29	30	31
B	B	B	B	B	B	B	B	B	B	B	B	B	B	B	B	B	B	D	D	D	D	D	D	D	D	D	D	D	D	D
A	A	A	A	A	A	A	A	A	A	A	A	A	A	A	A	A	A	A	A	E	E	E	E	E	E	E	E	E	E	
					C	C	C	C	C	C	C	C	C	C	C	C	C	C	C	C	C	C	C	C	C	C	C	C	C	C

ㄹ. × 아래와 같이 배열하면 1명만 헬스장을 이용한 날짜 수의 최댓값으로 14일이다.

1	2	3	4	5	6	7	8	9	10	11	12	13	14	15	16	17	18	19	20	21	22	23	24	25	26	27	28	29	30	31
C	C	C	C	C	C	C	C	C	C	C	C	C	C	C	C	C	C	C	C	C	C	C	C	C	C	A	A	A	B	E
A	A	A	A	A	A	A	A	A	A	A	A	A	A	A	A	A														
B	B	B	B	B	B	B	B	B	B	B	B	B	B	B	B	B														
D	D	D	D	D	D	D	D	D	D	D	D	D																		
E	E	E	E	E	E	E	E	E																						

문 37 유형: 정보처리형 퀴즈 정답: ⑤

ㄱ. ○ X의 질량은 사용된 원료의 총질량보다 5 mg 작으므로 a와 b가 각각 5 mg씩 반응하였거나 c와 d가 각각 5 mg씩 반응하였다. 따라서, 원료의 총질량은 10 mg이고, X의 질량은 그보다 5 mg 작은 5 mg이므로 합은 15 mg이다.

ㄴ. ○ c와 d가 각각 3 mg씩 반응하면, 총 6 mg 사용에 비용은 9,000원이다. 나머지 4 mg을 모두 b로 사용하면 비용은 9,800원이다. 따라서, Y에는 b, c, d 세 가지 원료만이 사용되었다.

ㄷ. ○ a와 b가 각각 1 mg씩 반응한 경우, 총 2 mg 사용에 비용은 300원이다. 나머지 8 mg을 모두 a로 사용하면 비용은 1,100원으로 최소이다. c와 d가 각각 1 mg씩 반응한 경우, 총 2 mg 사용에 비용은 3,000원이다. 나머지 8 mg을 모두 d로 사용하면 비용은 19,000원으로 최소이다.

문 38 유형: 정보처리형 퀴즈 정답: ⑤

10살	11살	12살	13살
딸기	사과	수박	귤
B	C	A	D

① × A는 수박을 좋아한다.

② × B는 딸기를 좋아한다.

③ × C는 11살이다.

④ × C는 사과를 좋아한다.

⑤ ○ B는 10살, D는 13살이므로 옳다.

문 39 유형: 세트형 정답: ③

① × 1번째 단락에 따르면, 수입차에 매우 높은 세금이 부과되었지만, 차의 높은 인기는 여전하여 결과적으로 암시장이 생겨났다.

② × 3번째 단락에 따르면, 19세기 동인도 회사는 수입 대금을 당시의 화폐였던 '은'으로 지불하는 대신에 현물인 아편으로 지불하였다.

③ ○ 1번째 단락에 따르면, 영국 정부는 차에 대한 과세권을 동인도 회사에 이양했고, 2번째 단락에 따르면, 동인도 회사가 아메리카 대륙에서 과세권을 행사하면서 보스턴 차 사건이 일어났다.

④ × 3번째 단락에 따르면, 동인도 회사는 영국의 식민지인 인도에서 차나무를 직접 재배하였다.

⑤ × 4번째 단락에 따르면, 종이 티백은 현재까지도 사용되고 있으며, 영국에서는 전체 차 소비량의 98 %가 종이 티백 차 소비량이라고 한다. 98→100의 증가율이 2 % 이상이므로 옳지 않다.

문 40 유형: 세트형 정답: ②

2023년 홍차 연간 생산량 상위 5개국의 연간 생산량은 인도가 29.5만 톤, 스리랑카 23.5만 톤, 인도네시아 21.5만 톤, 미얀마 11.5만 톤, 케냐 8.5만 톤으로 그 합이 94.5만 톤이다. 이 때 필요한 찻잎 생산량은 $94.5 \times \frac{30}{7}$ 이므로 405만 톤이다.

상황판단 5회

1	2	3	4	5	6	7	8	9	10
⑤	④	⑤	③	②	①	⑤	①	②	③
11	12	13	14	15	16	17	18	19	20
④	①	③	②	⑤	②	①	④	④	③
21	22	23	24	25	26	27	28	29	30
①	⑤	②	⑤	④	④	④	②	⑤	②
31	32	33	34	35	36	37	38	39	40
②	③	③	④	④	⑤	③	②	⑤	③

문 1 유형: 일반형 법조문 정답: ⑤

① × 제1조제1항에 의하면 휴직 중인 공무원은 직무에 종사하지 못하지만 신분은 보유한다.

② × 제1조제2항에 의하면 휴직 기간 중 그 사유가 없어지면 30일 이내에 임용권자 또는 임용제청권자에게 신고하여야 하며, 임용권자(임용제청권자x)는 지체 없이 복직을 명하여야 한다.

③ × 제2조제1항제3호에 의하면 임용권자는 형사 사건으로 기소된 자에게 직위를 부여하지 아니할 수 있지만 약식명령이 청구된 자는 제외한다.

④ × 제2조제2항에 의하면 임용권자가 직위해제된 자에게 3개월의 범위에서 대기를 명하는 것은 제2조제1항제1호에 해당한다. 강등에 해당하는 징계 의결이 요구중인 경우는 제2조제1항제2호에 해당한다.

⑤ ○ 제3조제2항에 의하면 정원의 개폐에 따라 과원이 되었을 때에 20년 미만 근속한 자가 정년 전에 스스로 퇴직하면 예산의 범위에서 수당을 지급할 수 있다.

문 2 유형: 일반형 법조문 정답: ④

① × 거짓으로 지정을 받은 경우, 제○○조 제4항에 따르면 지정을 반드시 취소해야 한다. 따라서 업무 정지 처분을 내리는 것은 법에 어긋나는 조치이다.

② × 제○○조 제5항에 따르면, 지정이 취소된 지원센터는 지정 취소일로부터 2년 이내에는 다시 지정받을 수 없다. 2022년 5월 15일에 지정이 취소된 B 지원센터는 2024년 5월 14일 이후에야 다시 지정받을 수 있다.

③ × 제○○조 제3항에 따르면, 정부는 1인 창조기업 지원센터로 지정된 기관이나 단체에 대해 예산의 범위에서 필요한 경비를 지원할 수 있지만, 지정 신청 단계에서는 해당 규정이 적용되지 않는다.

④ ○ 제□□조에 따르면, 정부는 지원센터의 지정 취소 시 청문 절차를 거쳐야 한다.

⑤ × 제△△조 제2항에 따르면, 지원센터는 운영실적을 반기 종료 후 1개월 이내에 보고해야 한다. "반기 종료 전"은 잘못된 설명이다.

문 3 유형: 일반형 법조문 정답: ⑤

① × 제2조에 의하면 해당 연도 시행계획 및 전년도 추진실적을 확정한 후 지체 없이 국회 소관 상임위원회에 제출하여야 하는 주체는 시·도지사가 아닌 문화재청장이다.

② × 제3조제1항에 의해 문화재의 보존·관리 및 활용에 관한 사항을 조사·심의하기 위하여 문화재청에 문화재위원회를 둔다. (문화유산위원회 x)

③ × 제4조제2항에 의하면 문화재청장은 지정문화유산이 아닌 문화유산에 대하여 조사를 할 경우에는 해당 문화유산 소유자의 사전(사후x) 동의를 받아야 한다.

④ × 제6조에 의하면 건설공사로 인하여 문화유산이 훼손될 우려가 있어 문화재청장의 지시에 따라 필요한 조치가 행해진 경우, 그 조치에 필요한 경비는 문화재청장이 아닌 그 건설공사의 시행자가 부담한다.

⑤ ○ 제5조제2항에 의하면 문화재청장은 제5조제1항에 따라 필요한 자료의 제출을 요청하는 경우 관계 중앙행정기관의 장 및 지방자치단체의 장 외의 자에 대하여는 정당한 대가를 지급할 수 있다. 박물관장은 관계 중앙행정기관의 장 및 지방자치단체의 장 외의 자에 해당하므로 문화재청장은 박물관장에게 정당한 대가를 지급할 수 있다.

문 4 유형: 상황제시형 법조문 정답: ③

① × 제1조제2항에 의하면 병역에 복무할 수 없는 기준은 6년 이상의 징역이다. 5년 징역을 선고받은 병역의무자는 병역에 복무할 수 있다.

② × 제2조제1항에 의하면 병역의무자에게 병역의무를 부과하는 통지서를 우편이나 정보통신망을 이용하여 송달하여야 하는 주체는 중앙병무청장이 아닌 지방병무청장이다.

③ ○ 제2조제2항에 의하면 병역의무부과 통지서는 병역의무를 이행하는 날부터 30일 전까지 송달되어야 한다. 2024년 4월 8일의 30일 전은 2024년 3월 9일이므로 丙은 乙에게 2024. 3. 9.까지 병역의무부과 통지서를 송달하여야 한다. 초일을 불산입하므로 3월 9일부터 4월 7일까지 정확히 30일이 된다.

④ × 제2조제4항에 의하면 병역의무부과 통지서는 甲의 세대주인 丁에게 송달된 때에 병역의무자에게 송달된 것으로 본다. 따라서 甲의 병역의무부과 통지서는 2024. 3. 1.이 아닌 2024. 2. 15. 甲에게 송달된 것으로 본다.

⑤ × 제3조에 의하면 지방병무청장은 병역의무자로서 병역판정검사를 받은 사람에게 병역증을 교부하는 것은 맞다. 그러나 전역하는 사람에게 전역증을 교부하는 주체는 지방병무청장이 아닌 소속부대장이다.

문 5 유형: 상황제시형 법조문 정답: ②

ㄱ. × 제○○조제3호에 의하면 1천만 원 이상의 벌금 또는 2천만 원 이상의 추징금을 내지 아니한 사람에 대해서 법무부장관이 6개월 이내의 기간을 정하여 출국을 금지할 수 있다. 甲은 벌금은 1천만 원 미만이고 추징금은 2천만 원 미만이므로 이에 해당하지 않는다. 따라서 법무부장관이 출국을 금지할 수 있는 대상에 해당하지 않는다.

ㄴ. ○ 제△△조제2항제2호에 의하면 범죄수사에 중대하고 명백한 장애가 생길 우려가 있다고 인정되는 경우 출국금지기간 연장에 대해 통지를 하지 아니할 수 있다. 그러나 연장기간을 포함한 총 출국금지기간이 3개월을 넘는 때에는 당사자에게 통지하여야 한다. 乙은 연장기간을 포함한 총 출국금지기간이 4개월이기 때문에 이에 해당한다. 따라서 법무부장관은 乙에게 출국금지기간 연장에 대해 그 사유와 기간을 밝혀 서면으로 통지하여야 한다.

ㄷ. × 제◇◇조에 의하면 수사기관은 범죄 피의자로서 사형·무기 또는 장기(단기x) 3년 이상의 징역이나 금고에 해당하는 죄를 범하였다고 의심할 만한 상당한 이유가 있고, 피의자가 도망할 우려가 있는 때에 출국심사를 하는 출입국관리공무원에게 출국금지를 요청할 수 있다. 단기 4년은 장기 3년 이상에 해당하지 않기 때문에 이에 해당하지 않는다.

문 6 유형: 일반제시글 정답: ①

ㄱ. ○ 암염의 염도가 천일염보다 높다. 암염으로 간을 맞추는 음식이 더욱 짜게 느껴지므로 사용한 재료의 양과 소금의 양이 같다면 암염으로 간을 한 음식이 천일염으로 간을 한 음식보다 짜게 느껴질 것이다.

ㄴ. ○ 뜨거운 국물은 그렇지 않은 국물에 비해 짠맛을 잘 느끼지 못하게 한다. 따라서 국물의 양과 사용한 소금의 양과 종류가 같다면 식은 국물이 뜨거운 국물에 비해 짜게 느껴질 것이다.

ㄷ. × 저혈압에 대응하기 위한 목적으로 소금을 섭취한다. 따라서 소금 섭취는 혈압을 낮추는 것이 아닌 올리는 효과가 있을 것이다.

ㄹ. × 1일 소금 권장 섭취량은 5 g이고 우리나라는 평균 2.5배 이상의 소금을 섭취하므로 1일 평균 12.5 g 이상의 소금을 섭취하고 있다. 그러나 나트륨은 소금의 40 %이다. 따라서 우리나라에서 1일 평균 섭취하는 나트륨의 양은 12.5 g의 40 %인 5 g 이상이다. 12 g 이상인지는 알 수 없다.

문 7 유형: 아이디어형 퀴즈 정답: ⑤

ㄱ. × 양팔 저울 한쪽에 10 g 짜리 물건과 20 g 짜리 추, 60 g짜리 추를 올리고 반대쪽에 90 g 짜리 추를 올리면 평형을 이룬다. 따라서 甲이 측정할 수 있는 물건의 가장 작은 무게는 10 g이다.

ㄴ. ○ 양팔 저울 한쪽에 170 g 짜리 물건을 올리고 다른 쪽에 甲이 가지고 있는 3개의 추를 모두 올리면 평형을 이룬다. 이 경우가 甲이 측정할 수 있는 물건의 무게가 가장 큰 경우이다.

ㄷ. ○ 양팔 저울 한쪽에 50 g 짜리 물건과 60 g 짜리 추를 올리고 반대쪽에 20 g 짜리 추와 90 g 짜리 추를 올리면 평형을 이룬다. 따라서 甲은 50 g인 물건의 무게를 측정할 수 있다.

ㄹ. ○ 총 4가지 경우가 있다. 1) 양팔 저울 한쪽에 甲이 보유한 3개의 추를 모두 올리고 30 g 짜리 추를 올리면 200 g이 되어 200 g인 물건의 무게를 측정할 수 있다. 2) 양팔 저울 한쪽에 甲이 보유한 60 g 짜리 추와 90 g 짜리 추를 올리고 50 g 짜리 추를 올리면 200 g이 되어 200 g인 물건의 무게를 측정할 수 있다. 3) 양팔 저울 한쪽에 60 g 짜리 추와 90 g 짜리 추를 올리고 70 g 짜리 추를 함께 올리면 220 g이 된다. 반대쪽에 20 g 짜리 추와 200 g인 물건을 올리면 평형이 되므로 200 g인 물건의 무게를 측정할 수 있다. 4) 양팔 저울 한쪽에 20 g 짜리 추와 90 g 짜리 추를 함께 올리고 90 g인 새로운 추 1개를 같이 올리면 200 g이 되어 200 g인 물건의 무게를 측정할 수 있다.

문 8 유형: 수리계산형 퀴즈 정답: ①

각 업체의 점수 및 총점을 정리하면 다음과 같다.

항목 업체	가격	인지도	품질	사회공헌	총점
甲 (대기업)	27	16	28.7	9	80.7
乙 (대기업)	24	14.8	27.3	13.2	79.3
丙 (중소기업)	25.2	15.6	25.2	10.2	76.2
丁 (대기업)	25.8	17.6	28	12.3	83.7
戊 (중소기업)	21.6	16.8	24.5	14.4	77.3

가중치를 적용한 가격, 인지도, 품질 점수의 합이 65점 미만인 戊(62.9점)는 제외된다. 직전 납품 업체였던 丁은 만점 100점의 4 %인 4점을 감점 받아 79.7점이 된다. 또한 丙은 중소기업이므로 76.2점의 5 %인 3.81점이 가산된다. 이 때 가장 총점이 높은 업체는 甲이다. 총점의 5 %를 만점의 5 %로 착각하면 丙을 답으로 고를 수 있으니 유의해야 한다.

문 9 유형: 아이디어형 퀴즈 정답: ②

이하 가위바위보를 이겼을 때 말을 움직이는 것을 양의 방향, 가위바위보를 졌을 때 말을 움직이는 것을 음의 방향으로 본다.

ㄱ. ○ 10승 5무 5패를 했다면 +20점을 얻은 것과 같다. 따라서 한 바퀴를 돌아 출발점에 도착할 것이다. 따라서 0점을 획득한다.

ㄴ. × 甲이 우선 17승만 했을 때 +51점을 획득하므로 11칸에 있을 것이다. 이 상황에서 6칸에 위치하려면 적절히 비기거나 져야 하는데 비기면 0칸, 지면 -2칸 이동하므로 3R에 -5칸을 갈 수 없다. 따라서 甲은 6점을 획득할 수 없다.

ㄷ. ○ 甲이 게임이 끝날 때까지 11승 9패를 했다면 乙은 9승 11패를 했을 것이다. 이때 甲은 15칸, 乙은 5칸에 위치한다. 따라서 甲이 승리한다.

ㄹ. × 우선, 乙이 18승만 했을 때 +54점을 얻어 14칸에 위치한다. 또한 甲은 반대로 18패를 해 -36점을 얻어 4칸에 위치한다. 만약 나머지 두 라운드에서 乙이 2패를 하고 甲이 2승을 한다면 乙은 10칸에 위치하고 甲 역시 10칸에 위치한다. 따라서 비길 가능성이 존재한다.

문 10 유형: 아이디어형 퀴즈 정답: ③

ㄱ. × 31일까지 있는 달의 1일이 일요일인 경우, 29일은 일요일, 30일은 월요일, 31일은 화요일이므로 그다음 달 1일은 수요일이다. 이때 1일이 수요일이고 4일이 토요일이므로 이를 한 주로 취급할 수 있다.

일	월	화	수	목	금	토
			1일			
			8일			
			15일			
			22일			
		28일				

만약 그다음 달이 29일 이상 있다면 다섯 번째 주가 있을 수 있다. 그러나 그다음 달이 위의 표처럼 28일까지 있다면 다섯 번째 주는 없다. 따라서 만약 31일까지 있는 달이 1월이고, 그다음 달이 2월이라면 불가능하다.

ㄴ. ○ 30일까지 있는 달의 1일이 화요일인 경우, 29일은 화요일, 30일은 수요일이므로 그다음 달 1일은 목요일이다. 따라서 아래 표에서 알 수 있듯이 1, 2, 3일이 속한 기간을 첫 번째 주라고 부를 수 없다. 그다음 달에 31일까지 있다고 해도 남은 28일로 다섯 번째 주를 구성하는 것은 불가능하다. 따라서 그다음 달에 다섯 번째 주는 없다.

일	월	화	수	목	금	토
				1일		
				8일		
				15일		
				22일		
				29일		

ㄷ. ○ 31일까지 있는 달의 1일이 금요일인 경우, 29일은 금요일, 30일은 토요일, 31일은 일요일이므로 그다음 달 1일은 월요일이다.

일	월	화	수	목	금	토
	1일					
	8일					
	15일					
	22일					
	29일	30일	31일			

만약 위의 표처럼 그다음 달이 31일까지 있다면 28, 29, 30, 31일이 속한 기간이 다섯 번째 주를 구성할 수 있다. 따라서 다섯 번째 주가 있는 경우가 존재한다. 예시로 7월 다음 8월을 들 수 있다.

ㄹ. × 30일까지 있는 달의 1일이 월요일인 경우, 29일은 월요일, 30일은 화요일이므로 그다음 달 1일은 수요일이다. 만약 아래의 표처럼 그 다음 달이 28일까지 있다면 다섯 번째 주가 없을 수 있다. 그러나 30일 다음 28일이 오는 경우는 없다. 따라서 그다음 달에 다섯 번째 주는 반드시 있다.

일	월	화	수	목	금	토
			1일			
			8일			
			15일			
			22일			
		28일				

문 11 유형: 정보처리형 퀴즈 정답: ④

ㄱ. ○ 乙의 점수 합계는 35점, 丙의 점수 합계는 33점이고, 甲의 점수 합계는 24 + X, 丁의 점수 합계는 24 + Y이다. X가 10점이라면 甲의 점수는 34점이다. 丙은 발표자로 선정될 수 없고 丁의 최대 점수는 34점인데 甲이 丁보다 전달력 점수가 높으므로 X가 10점이라면 甲은 반드시 발표자로 선정된다.

ㄴ. ○ 乙의 전달력 항목은 10점이다. 특정 항목의 점수가 10점이려면 심사위원 4명 전원이 10점을 부여하거나 3명이 10점을 부여하고 다른 1명이 10점 미만의 점수를 부여하는 경우만이 가능하다. 따라서 乙의 전달력 항목에 같은 점수(10점)을 부여한 심사위원은 3명 이상이다.

ㄷ. × Y가 9점이면 丁의 점수 합계는 33점이고 甲의 점수가 32점 미만이라고 가정하더라도, 동점인 丙(33점)과 전달력, 순발력 점수를 따져봐야 한다. 전달력 점수는 동일하고 순발력 점수는 丙이 丁보다 높다. 따라서 Y가 9점이면 乙이 1등이고 2등은 甲 또는 丙이 되므로 丁은 발표자로 선정될 수 없다.

ㄹ. ○ 丙의 시선처리 항목에 심사위원 2명이 6점을 부여했다면 나머지 2명의 심사위원은 둘 다 10점을 부여하는 경우만 丙의 시선처리 항목 점수가 8점일 수 있다. 2명이 6점을 부여하면 최소 하나는 평균 계산에 들어간다. 평균이 8점이 되려면 6점과 10점이 계산 대상이 되어야 하는데 10점이 계산 대상에 포함되려면 다른 하나 역시 10점이어야만 가능하다. 따라서 丙의 시선처리 항목에 심사위원들이 평가한 점수는 6, 6, 10, 10점이므로 나머지 2명의 심사위원은 서로 같은 점수를 부여하였다.

문 12 유형: 아이디어형 퀴즈 정답: ①

A ~ H의 열량을 모두 합하면 2,600 kcal이다. 이들 중 3일차에 먹을 1개의 음식을 제외하여 1일차와 2일차의 총 열량이 2배 관계가 되도록 가능한 것은 2,600 kcal에서 3일차의 먹을 음식의 열량을 뺀 값이 3의 배수여야 한다. 이 것이 가능한 3일차 음식의 열량은 200 kcal, 350 kcal, 500 kcal 3가지가 있다.

그런데 3일차에 먹는 음식의 열량이 500 kcal라면 1일차 1,400 kcal, 2일차 700 kcal의 열량을 섭취해야 하는데 이는 3일차에 섭취하는 열량이 2일차에 섭취하는 총 열량보다 300 kcal 이상 적어야 한다는 조건에 어긋난다. 조건에 맞게 1일차, 2일차, 3일차에 먹는 음식의 종류를 정리하면 다음과 같다.

1)

1일차	2일차	3일차
H(500)	**F(400)**	B(200)
G(450)	**C(250)**	
E(350)	A(150)	
D(300)		
계: 1,600	계: 800	

2)

1일차	2일차	3일차
H(500)	E(350)	B(200)
G(450)	D(300)	
F(400)	A(150)	
C(250)		
계: 1,600	계: 800	

3)

1일차	2일차	3일차
H(500)	F(400)	E(350)
G(450)	**B(200)**	
D(300)	**A(150)**	
C(250)		
계: 1,500	계: 750	

4)

1일차	2일차	3일차
H(500)	D(300)	E(350)
G(450)	C(250)	
F(400)	B(200)	
A(150)		
계: 1,500	계: 750	

1)과 2)은 C와 F는 같은 날에 먹을 수 없다는 조건에 어긋난다. 3)의 경우 A와 B는 같은 날에 먹을 수 없다는 조건에 어긋난다. 따라서 4)이 모든 조건을 만족하는 경우이다. 4)에서 1일차에 먹을 음식 중 가장 열량이 낮은 음식은 <u>A</u>이고, 2일차에 먹을 음식 중 두 번째로 열량이 높은 음식은 <u>C</u>이다. 따라서 정답은 ①이다.

문 13 유형: 정보처리형 퀴즈 정답: ③

[A][B][C][D]를 풀어서 정리하면 1000A + 100B + 10C + D이고 [D][C][B][A]를 풀어서 정리하면 1000D + 100C + 10B + A이다. A와 D를 더한 값은 일의 자리가 1인데 두 숫자를 더한 값의 천의 자리는 2이다. 이는 A + D의 값은 11이며 B + C의 값이 10 이상인 경우만이 가능하다. 또한 10B + 10C + A + D의 값은 21로 끝난다. 그런데 A + D의 값이 11이므로 10B + 10C의 값은 십의 자리가 1이다. 따라서 B + C의 값도 일의자리가 1이므로 11이다. 즉, A + D의 값과 B + C의 값은 모두 11이 되어야 한다.

서로 다른 한 자리 자연수 2개의 합이 11이 되는 경우는 (2, 9), (3, 8), (4, 7), (5, 6) 4가지가 있다. 이 중 C가 A의 2배가 되려면 A: 2, C: 4, A: 3, C: 6, A: 4, C: 8, 3가지만이 가능하다. 이렇게 되면 비밀번호는 2749, 3568 4387 중에 하나이다. 그런데 2749와 9472의 차이는 6,000보다 크므로 2749는 가능하지 않다. 또한 D가 B의 2배보다 작으므로 甲이 설정한 비밀번호는 3568이다. C와 D의 합은 <u>14</u>이다.

문 14 유형: 정보처리형 퀴즈 정답: ②

확정 정보를 준 丙(대만 출신), 丁(포수)를 정리하고 이외 정보를 조합해 퍼즐을 맞춰 나간다.

1) 甲 ~ 戊의 나이는 2살 간격이고 20대 3명, 30대가 2명인데 이것이 가능한 경우는 (24, 26, 28, 30, 32세) 또는 (25, 27, 29, 31, 33세) 2가지가 있다. 그런데 戊의 나이가 홀수(세)이고 5명의 평균이므로 戊의 나이는 29세이다.

2) 丁이 구원투수보다 8살이 많은 경우는 丁이 33세, 구원투수가 25세인 경우만이 가능하다.

3) 甲은 31세일 수밖에 없고 타자가 아닌데 구원투수일 수가 없으므로 甲이 선발투수이다. 甲은 일본 출신 선수이고 미국 출신 선수보다 나이가 어리므로 丁이 미국 출신 선수이다.

4) 乙은 5명 중 가장 어리지 않으므로 27세이고 丙이 25세이다. 丙이 구원투수가 된다.

5) 乙은 쿠바 출신이 아니므로 乙이 한국 출신, 戊가 쿠바 출신이다.

6) 외야수는 한국 출신이 아니므로 戊가 외야수이고 乙이 내야수이다.

구분	甲	乙	丙	丁	戊
포지션	선발투수	내야수	구원투수	포수	외야수
나이(세)	31	27	25	33	29
출신 국가	일본	한국	대만	미국	쿠바

① × 포수의 나이는 33세이다.

② ○ 한국 출신 선수의 나이(27세)는 대만 출신 선수(25세)와 쿠바 출신 선수(29세) 나이의 평균과 같다.

③ × 외야수는 쿠바 출신이다.

④ × 선발투수는 구원투수보다 6살이 많다.

⑤ × 내야수보다 나이가 많은 선수는 3명이다.

문 15 유형: 정보처리형 퀴즈 정답: ⑤

화요일에는 하루 종일 자전거를 탈 수 없다. 따라서 월요일에는 무리를 해서라도 최대한 자전거를 타야 한다. 따라서 월요일은 8시간을 타는 것이 좋다.

한편, 수요일에는 선택을 해야 한다. 수요일에도 8시간을 타는 경우, 목요일에는 하루종일 쉬어야 한다. 이때, 목요일 저녁 시간대에는 원래 자전거를 탈 수 없다는 것에 주목하자. 목요일 나머지 시간대에 자전거를 탈 수 있게 된다면 최대 4시간을 더 탈 수 있다. 그러기 위해 갑이 포기해야 하는 수요일의 자전거 타기 시간은 오전 1시간이면 충분하다. 따라서 자전거 타기를 극대화하기 위해서 갑은 수요일에는 오후 3시간 저녁 4시간 하여, 도합 7시간을 타고, 목요일에도 타는 것이 좋다.

이때, 연달아 두 시간대에 자전거를 타면, 다음날 첫 시간대에 자전거를 탈 수 없기 때문에, 한번 더 계산해야한다. 만약 갑이 수 오후-저녁을 타게 된다면 목 오후만 가능하여 총 10시간을 탈 수 있다. 반면 갑이 수 오전-저녁을 타게 된다면 목 오전-오후가 가능하여 총 9시간을 탈 수 있다. 따라서 갑은 수 오후-저녁을 타고 목 오후만 타는 것이 좋다.

금요일에는 오후-저녁 동안 7시간을 타는 것이 좋다. 이 경우 토요일 오전은 탈 수 없다.

토요일은 어느 시간대든 4시간을 탈 수 있기 때문에 오후-저녁 동안 8시간을 탈 수 있다.

일요일도 어느 시간대든 4시간을 탈 수 있기 때문에 오후-저녁 동안 8시간을 탈 수 있다.

정리하면, 월요일 8시간+화요일 0시간+수요일 7시간+목요일 3시간+ 금요일 7시간+ 토요일 8시간+일요일 8시간을 타는 것이 최대한 탈 수 있는 방법이다. 총 **41시간**이다.

문 16 유형: 정보처리형 퀴즈 정답: ②

맑음이 연속으로 3일 동안 이어진 경우로 화-수-목, 수-목-금, 목-금-토가 가능하다. 이때 수-목-금은 예상 날씨가 '흐림'일 때의 실제 날씨는 서로 다르지 않아 불가능하고, 목-금-토는 예상 날씨와 실제 날씨가 일치한 날이 이틀이 되어 불가능하다. 따라서 화-수-목만이 가능하다.

수요일 실제 날씨가 맑음이므로 자동으로 금요일 실제 날씨는 눈·비가 된다. 또한 3가지 종류의 날씨가 적어도 1번씩은 기록되어야 하므로 토요일 실제 날씨는 흐림이다.

성과금을 나타내면 (60-3X)만 원인데 X가 자연수이므로 성과금은 3의 배수로만 가능하다. 30만 원, 40만 원, 50만 원 중 3의 배수는 30만 원이 유일하다.

따라서 A기상청 소속 직원이 이번 주 받을 수 있는 성과금은 **30만 원**이고, 이번 주 토요일 실제 날씨는 **흐림**이다.

문 17 유형: 아이디어형 퀴즈 정답: ①

ㄱ. ○ 각 과녁의 면적은 반지름의 제곱에 비례한다. 빨간색 과녁의 면적을 1이라고 할 때 주황색 과녁의 면적은 4-1=3, 노란색 과녁의 면적은 9-4=5, 초록색 과녁의 면적은 16-9=7이다. 따라서 각 과녁 면적의 비는 1:3:5:7이다. 화살을 16발 쏘았을 때 빨간색 과녁을 1번, 주황색 과녁을 3번, 노란색 과녁을 5번, 초록색 과녁을 7번 맞출 것으로 기대할 수 있다. 이때 점수는 $1\times4+3\times3+5\times2+7\times1=30$점이다. 따라서 옳다.

ㄴ. × 화살 3발로 9점을 얻을 수 있는 경우는 다음과 같다.

빨간색 과녁 2번, 초록색 과녁 1번
주황색 과녁 3번
빨간색 과녁 1번, 주황색 과녁 1번, 노란색 과녁 1번

주황색 과녁을 맞추지 않고도 9점이 가능하므로 옳지 않다.

ㄷ. × 이미 4점을 얻은 상태에서 2발을 더 쏘아 6점을 얻는 경우는 연속으로 초록색 과녁을 2번 맞추는 것이다. 이때 확률은 $\frac{7}{16}\times\frac{7}{16}=\frac{49}{256}$이다. 또한 이미 4점을 얻은 상태에서 2발을 더 쏘아 7점을 얻는 경우는 두 번째 발에 노란색 과녁을 맞추고 세 번째 발에 초록색 과녁을 맞추거나 두 번째 발에 초록색 과녁을 맞추고 세 번째 발에 노란색 과녁을 맞추는 경우이다. 그 확률은 $\frac{5}{16}\times\frac{7}{16}+\frac{7}{16}\times\frac{5}{16}=\frac{70}{256}$이다. 따라서 7점을 얻을 확률이 더 높아 옳지 않다.

문 18 유형: 정보처리형 퀴즈 정답: ④

자동차를 주기 전 甲은 총 4대의 자동차를 가지고 있는데 네 종류의 자동차를 가지고 있으므로 각 자동차를 1대씩 가지고 있다. 乙이 가진 자동차의 바퀴 수는 16개이므로 乙은 오토바이가 없고, 丙은 오토바이를 2대 가지고 있다. 丙은 승용차와 트럭을 가지고 있는데 오토바이를 제외하고 2대를 더 가져야 하므로 승용차와 트럭을 1대씩 가지고 있다. 이에 乙은 승용차 1대, 트럭 1대, 승합차 2대를 가지고 있다.

	승용차	트럭	승합차	오토바이
甲	1대	1대	1대	1대
乙	1대	1대	2대	없음
丙	1대	1대	없음	2대

자동차를 준 다음 甲은 1대를 주고 1대를 받은 상황에서 자동차 바퀴 수가 줄었으므로 오토바이가 아닌 자동차를 주고 丙에게 오토바이를 받았음을 알 수 있다. 또한 乙이 승합차를 자신만 가지고 있다는 것을 보아 甲은 乙에게 승합차를 주었다. 丙은 오토바이 1대이고 승합차는 없을 것인데 승용차가 1대라는 것을 보아 乙에게 트럭을 받았음을 알 수 있다.

	승용차	트럭	승합차	오토바이
甲	1대	1대	없음	2대
乙	1대	없음	3대	없음
丙	1대	2대	없음	2대

따라서 乙이 丙에게 준 자동차는 **트럭**이고, 丙이 甲에게 준 자동차는 **오토바이**다.

문 19 유형: 세트형 정답: ④

ㄱ. ○ 「예기」에 의한 악기의 정의는 '음'과 '악'을 구분하는 것으로 소리가 나는 연주를 위해 쓰이는 유형의 물건을 의미하는 서양식 정의와 의미가 다르다.

ㄴ. ○ 「헌종무신진찬의궤」가 편찬될 당시는 1848년이다. 이는 악기의 개념에 대한 분류에서 제2기에 해당한다. 휘는 연주할 때 사용하나 소리를 내지 않는 기구로 이 당시 악기로 분류되었다. 따라서 옳다.

ㄷ. × 「증보문헌비고」가 편찬될 당시는 1908년이다. 이는 악기의 개념에 대한 분류에서 제3기에 해당한다. 척은 무용에 쓰이는 기구로 제3기에 악기로 분류되지 않는다. 따라서 척의 제작과 수리가 어떠한 형태로 이루어졌을지 위 지문만 보고는 알 수 없다.

ㄹ. ○ 「사직서의궤」가 편찬될 당시는 1783년이다. 이때 당시 거문고는 당연히 악기의 개념에 포함된다. 1783년은 악기의 제작에 대한 분류에서 제2기에 해당한다. 제2기에는 악기 제작에 필요한 자재 중 목재만 외부에서 구매했다. 따라서 맞다.

문 20 유형: 세트형 정답: ③

1680년은 악기의 개념 및 제작에 대한 분류에서 모두 제1시기이다. 거문고, 조촉, 탁 모두 악기이고 자재 구매 비용은 들지 않는다. 따라서 ㉠에는 165가 들어간다.

1789년은 악기의 개념 및 제작에 대한 분류에서 모두 제2시기이다. 거문고와 조촉만 악기이고 자재 구매 비용은 목재만 들 것이다. 악기 제작 비용은 140냥, 자재 구매 비용은 35냥이고 합쳐서 175냥이다. 따라서 ㉡에는 <u>10</u>이 들어간다.

1909년은 악기의 개념 및 제작에 대한 분류에서 모두 제3시기이다. 거문고만 악기이기 때문에 거문고 제작 비용 100냥과 현을 제외한 자재 구매 비용 35냥(목재)이 합쳐져 135냥이다. 따라서 ㉢에는 <u>40</u>이 들어간다.

문 21 유형: 일반형 법조문 정답: ①

① ○ 제2항에 언급된 내용을 그대로 풀어놓은 선지이다.

② × 제7항에 의해 층간소음에 따른 분쟁의 조정 및 교육을 위하여 자치적인 조직을 구성할 수 있는 주체는 관리주체가 아니라 입주자등이다.

③ × 제4항에 의해 층간소음의 피해를 입은 입주자가 환경분쟁조정위원회에 조정을 신청하려면 제2항에 따른 관리주체의 조치가 선행되어야 한다. 피해 즉시 조정을 신청할 수 있는 것이 아니다.

④ × 제6항에 의해 관리주체는 필요한 경우 입주자등을 대상으로 층간소음의 예방을 위한 교육을 실시할 수 있다. 반드시 하여야 하는 것은 아니다.

⑤ × 제5항에 의해 공동주택 층간소음의 범위와 기준은 국토교통부와 환경부(법무부x)의 공동부령으로 정한다.

문 22 유형: 상황제시형 법조문 정답: ⑤

① × 소방청장 및 시·도지사는 통상적인 소방통신망에 장애가 발생한 경우에 활용할 수 있도록 비상통신망을 구축·운영하여야 하기 때문에, 기존 소방통신망과 비상통신망을 통합 운영하는 경우라 하여도 이와는 별도의 독립적인 비상통신망 구축이 필요하다.

② × 시·도에서 운영하는 119정보통신시스템 표준화는 소방청장이 추진할 수 있다. A도지사가 할 수는 없다.

③ × 소방청장, 소방본부장 또는 소방서장은 긴급신고를 효율적으로 처리하기 위하여 119긴급신고 비상접수 체계를 마련하여야 한다. 시·도지사가 아니다.

④ × 119접수센터는 119긴급신고의 접수, 신고정보의 공유·이관, 소방대 편성 및 공동대응 요청 등에 필요한 업무를 처리하기 위하여 설치 운영하는 것이다.

⑤ ○ 소방청장은 119정보통신시스템의 표준화를 추진하는 경우, 소방청장이 표준화가 필요하다고 인정하는 사항에 대해서는 검토하여야 한다.

문 23 유형: 일반형 법조문 정답: ②

① × 제1조제5항에 의해 제4항제1호의 위원의 임기는 3년이다. 그런데 심의회 소속 자연재해 관련 업무를 담당하는 행정안전부 3급 공무원은 제4항제3호이므로 해당 위원의 임기는 알 수 없다.

② ○ 제2조제3항에 의해 심의회의 회의는 출석위원 과반수의 찬성이 있어야 의결된다. 10명이 반대했음에도 의결되었으므로 찬성한 위원이 11명 이상이어야 한다. 그런데 심의회는 제1조제2항에 의해 21명 이내의 위원으로 구성된다. 따라서 10명이 반대했음에도 의결된 상황은 심의회가 21명의 위원으로 구성되어 있고 재적위원 21명이 전원 출석하였으며 10명이 반대, 11명이 찬성한 경우만이 가능하다. 즉, 심의회 소속 위원 전원이 출석한 것이다.

③ × 제1조제4항에 의해 심의회의 위원은 농림축산식품부장관이 임명하거나 위촉한다. 그런데 심의회의 위원장은 제1조제3항에 의해 농림축산식품부차관이다. 주체가 서로 다르다.

④ × 제2조제2항에 의하면 심의회의 회의는 재적위원 3분의 1 이상의 요구 또는 위원장이 필요하다고 인정할 때에 소집된다. 재적위원이 16명인 심의회에서 6명 이상의 요구 외에도 위원장 1명이 필요하다고 인정하면 소집될 수 있다.

⑤ × 제3조에 의해 농림축산식품부장관은 직무와 관련된 비위사실이 드러난 경우, 해당 위원을 해촉할 수 있으나 반드시 해촉 하여야하는 것은 아니다.

문 24 유형: 상황제시형 법조문 정답: ⑤

① × 제○○조제1항에 따라 甲은 명단 공개 기준일 이전 3년 이내 임금을 체불하여 2회 이상 유죄가 확정된 자에 해당하지만 명단 공개 기준일 이전 1년 이내 임금의 체불총액이 3천만 원 미만이다. 따라서 명단 공개 대상이 아니므로 고용노동부장관이 甲에게 3개월 이상의 기간을 정하여 소명 기회를 줄 필요가 없다.

② × 제○○조제1항에 따라 乙은 명단 공개 기준일 이전 3년 이내 임금을 체불하여 2회 이상 유죄가 확정된 자이고 명단 공개 기준일 이전 1년 이내 임금의 체불총액이 3천만 원 이상에 해당한다. 그러나 단서 조항에 의해 폐업하였으므로 명단 공개 대상이 아니다. 따라서 乙의 인적 사항이나 X의 명칭, 주소도 공개되지 않는다.

③ × 제○○조제3항에 의해 임금체불정보심의위원회의 운영에 필요한 사항은 대통령령이 아닌 고용노동부령으로 정한다.

④ × 제□□조제1항제2호에 의해 명단 공개 대상일 경우 명단 공개 기준일 이전 3년간의 임금 체불액을 공개한다. 丙은 제○○조제1항에 따라 명단 공개 기준일 이전 3년 이내 임금을 체불하여 2회 이상 유죄가 확정된 자이고 명단 공개 기준일 이전 1년 이내 임금의 체불총액이 3천만 원 이상에 해당하여 명단 공개 대상이다. 그런데 丙의 체불액은 2023년 3천만 원 외에도 2022년 2천만 원도 있다. 따라서 공개되는 임금 체불액은 3천만 원이 아니라 5천만 원이다.

⑤ ○ 제□□조제2항에 의해 명단 공개 기한은 3년이다. 2024년 1월 1일 공개되면 2026년 12월 31일까지 공개되므로 丙의 성명、나이、주소는 2026년까지 공개된다.

문 25 유형: 상황제시형 법조문 정답: ④

교섭단체는 총 4개이다. 제2조제2호에 따라 각 교섭단체에 정원을 13인씩 균등 배정하고(총 52인) 나머지 25은 교섭단체 소속의원수가 40인을 초과하는 A, B, C당 교섭단체간의 소속의원수의 비율에 의하여 배정한다. A, B, C당 교섭단체의 소속의원수를 모두 합하면 250명이므로 A당은 120/250, B당은 80/250, C당은 50/250의 비율로 나머지 정원을 나눠가진다. A당 12인, B당 8인, C당 5인이다. 이렇게 되면 각 교섭단체별 정책연구위원 정원은 A당(25인), B당(21인), C당(18인), D당(13인)이 된다.

제3조제1항에 의해 1급상당 정책연구위원의 경우 교섭단체 소속의원수가 30인 이상이어야 주어지므로 D당의 경우 0명이다. A당은 4인, B당과 C당은 3인씩 배정받는다.

제3조제2항에 의해 4급상당 정책연구위원은 1급상당이 없는 D당의 경우 6인, A당은 13인, B당과 C당은 11인씩 배정받는다. 각 교섭단체별로 배정받은 전체 정책연구위원 정원에서 1급상당 및 4급상당을 빼면 2급 또는 3급상당 정책연구위원 정원도 구할 수 있고 다음과 같다.

직급 \ 교섭단체	A당(120명)	B당(80명)	C당(50명)	D당(20명)
1급	4	3	3	0
4급	13	11	11	6
2급 또는 3급	8	7	4	7
계(인)	25	21	18	13

ㄱ. ○ 배정받는 1급 정책연구위원 정원이 가장 많은 교섭단체는 A당(4인)이고 A당은 배정받는 2급 또는 3급상당 정책연구위원 정원도 8인으로 가장 많다.

ㄴ. × 배정받는 전체 정책연구위원 정원 중 4급 상당 정책연구위원 정원의 비중이 60％ 이상인 교섭단체는 C가 있다. 11명은 18명의 60％ 이상이다.

ㄷ. ○ 배정받는 2급 또는 3급상당 정책연구위원 정원은 B당이 7인이고 D당도 7인으로 같다.

문 26 유형: 일반제시글 정답: ④

① × 발사 이후 5번의 보수 및 개선과정을 거친 우주망원경은 허블 망원경이다. 첫 우주망원경은 허블 망원경이 아니라 OAO 궤도공전천문대이다.

② × 제임스 웹 망원경은 적외선 영역의 빛만을 관측할 수 있다. 그러나 허블 망원경은 가시광선 영역의 빛 외에도 일부 적외선 영역의 빛을 관측할 수 있다.

③ × 주경이 원 모양인 우주망원경은 허블 망원경이다. 허블 망원경은 30년이 넘는 시간 동안 우주의 많은 천체 이미지를 촬영하여 지구로 전송한 것이고 개발기간이 30년이 넘는 것은 아니다. 개발 기간이 30년에 달하는 것은 제임스 웹 망원경이다.

④ ○ 집광력의 크기는 직경 크기의 제곱에 비례한다고 하였다. 허블 망원경의 직경은 2.4 m, 제임스 웹 망원경의 직경은 6.5 m이므로 직경 크기는 제임스 웹 망원경이 약 2.7배 크다. 집광력은 이의 제곱인 약 7.3배 크므로 집광력의 크기는 제임스 웹 망원경이 허블 망원경의 6배를 넘는다.

⑤ × 지구로부터 떨어진 거리는 주경이 육각형 모양인 우주망원경인 제임스 웹 망원경이 150만 km, 주경이 원 모양인 우주망원경인 허블 망원경이 550 km이다. 1,500,000은 550의 약 2,700배이므로 3,000배 이상이 아니다.

문 27 유형: 정보처리형 퀴즈 정답: ④

5명의 진술이 모두 참일 때, 甲-丙, 乙-戊, 丙-甲, 丁-丙, 戊-乙이 시합을 한다. 이제 각각 1명씩 심판인 경우(진술이 거짓인 경우) 시합 현황을 아래와 같이 정리해본다. 丁이 심판인 경우(진술이 거짓인 경우)

심판	시합 현황			
甲	乙-戊	丙-甲	丁-丙	戊-乙
乙	甲-丙	丙-甲	丁-丙	戊-乙
丙	甲-丙	乙-戊	丁-丙	戊-乙
丁	甲-丙	乙-戊	丙-甲	戊-乙
戊	甲-丙	乙-戊	丙-甲	丁-丙

丁이 심판인 경우(진술이 거짓인 경우), 甲-丙, 乙-戊, 丙-甲, 戊-乙가 시합을 하여 4명이 모두 2번의 시합을 한다. 나머지 경우는 위 조건에 부합하지 않는다.

문 28 유형: 정보처리형 퀴즈 정답: ②

조건 1과 조건 4가 결합하여 A < D < B의 관계가 확정된다. 이와 조건 2, 6이 함께 결합되면 A < D < B < C < E의 관계가 확정된다. 마지막으로 조건 5의 내용인 F < C, 조건 3의 내용인 D < G를 고려하여 선지를 판단하면 된다.

① ○ F가 가장 작을 수 있으므로 A의 키는 가장 작거나 두 번째로 작다.

② × B보다 키가 큰 사람은 C, E, F, G 최대 '4명'이다.

③ ○ B보다 키가 작고, D보다 키가 큰 사람은 F, G 최대 2명이다.

④ ○ C는 D보다 키가 크다.(위 해설 본문에서 이미 확정)

⑤ ○ G가 가장 클 수 있으므로 E의 키는 가장 크거나 두 번째로 크다.

문 29 유형: 수리계산형 퀴즈 정답: ⑤

A, B, C, D, E가 송전에 지원할 시 평가점수는 다음과 같다. 따라서, 합산 점수가 8.8점인 A가 송전에 선발된다.

	학점	면접	전공시험	합산
A	1.6	0	7.2	8.8
B	1.2	0	5.6	6.8
C	1.8	0	4.8	6.6
D	1.4	0	3.2	4.6
E	0.8	0	7.2	8.0

A를 제외한 B, C, D, E가 배전에 지원할 시 평가점수는 다음과 같다. 따라서, 합산 점수가 7.5점인 C가 배전에 선발된다.

	학점	면접	전공시험	합산
B	3	0	3.5	6.5
C	4.5	0	3	7.5
D	3.5	0	2	5.5
E	2	0	4.5	6.5

A, C를 제외한 B, D, E가 연구에 지원할 시 평가점수는 다음과 같다. 따라서, 합산 점수가 6.9점인 B가 연구에 선발된다.

	학점	면접	전공시험	합산
B	2.4	2.4	2.1	6.9
D	2.8	2.7	1.2	6.7
E	1.6	2.4	2.7	6.7

이제 남은 D, E 중 학점 점수는 D가 더 높으므로 회계 부서에서 D를 선발하고 '인사' 부서에서 'E'를 선발한다.

문 30 유형: 수리계산형 퀴즈 정답: ②

A ~ G의 연구 직원 비율과 평균 점수를 정리하면 다음과 같다. C, G는 연구 직원 비율이 15 % 미만이고(G의 경우 $\frac{1}{7}$이 14.3 %임을 활용), E는 평균 점수가 5점 미만이므로 연구 지원금 대상이 아니다. 그리고, F는 전문성 점수가 3점 미만이므로 연구 지원금 대상이 아니다.(B는 지속성 점수가 3점 미만으로 해당 요건을 충족한다) 따라서, A ~ G 중 ◇◇광역시가 '연구 지원금'을 지급하는 공공기관은 A, B, D '3곳'이다.

공공기관	A	B	C	D	E	F	G
연구 직원 비율	33.3	25.0	10.0	28.5	27.3	50.0	14.3
평균 점수	5.0	5.3	5.0	6.0	4.3	5.3	6.0

문 31 유형: 정보처리형 퀴즈 정답: ②

각 법안에 대해 A정당, B정당, C정당 내부 토론 결과별 투표하는 경우의 수는 다음과 같다.

A정당: 찬성 54명 이상 → 본회의 찬성 80표 / 찬성 40명 이상 53명 이하 → 본회의 찬성표와 동일 / 찬성 39명 이하(반대 41명 이상) → 본회의 반대 80표

B정당: 찬성 67명 이상 → 본회의 찬성 100표 / 찬성 50명 이상 66명 이하 → 본회의 찬성표와 동일 / 찬성 49명 이하(반대 51명 이상) → 본회의 반대 100표

C정당: 찬성 80명 이상 → 본회의 찬성 120표 / 찬성 60명 이상 79명 이하 → 본회의 찬성표와 동일 / 찬성 59명 이하(반대 61명 이상) → 본회의 반대 120표

㉠: X법안은 만장일치로 부결되었다. 세 정당에서 모두 반대 당론이 나온 경우이다. 이때 필요한 의사가 '반대'인 최소 인원수는 A정당(41명), B정당(51명), C정당(61명)이므로 총 153명이다.

㉡: Y법안은 의결되었다. 의결되기 위한 최소의 찬성표는 151표이다. B정당에서 67명이 내부 토론에서 찬성하면 100명이 본회의에서 찬성표를 행사한다. 이에 더하여 A정당에서 51명이 내부 토론에서 찬성하면 A정당은 의사에 따라 투표하므로 총 151명이 본회의에서 찬성표를 행사한다. 이때 필요한 의사가 '찬성'인 최소 인원수는 A정당(51명), B정당(67명)으로 총 118명이다.

따라서 ㉠, ㉡에 들어갈 숫자의 합은 271이다.

㉡에서 118명 다음으로 적은 인원은 120명이다. A정당 40명의 의사가 '찬성'이고 C정당에서 80명의 의사가 '찬성'이면 A정당은 의사대로 투표, C정당은 찬성 당론에 따라 투표하여 160표의 찬성으로 의결될 수 있다.

C정당에서 80명의 의사가 찬성이고 A정당 혹은 B정당에서 31명이 찬성하는 경우를 잘못 생각할 수 있는데 A정당 혹은 B정당에서 31명이 찬성할 경우(반대 49명 혹은 69명) 반대 당론에 따라 전원이 반대표를 행사하므로 이 경우는 불가능하다.

문 32 유형: 아이디어형 퀴즈 정답: ③

선지의 구조를 본다. 60, 64는 4의 배수이므로 4n으로 정의할 수 있다. 58, 62, 66은 4의 배수가 아닌 2의 배수이므로 4n + 2로 정의할 수 있다. 그런데 철수가 처음 가지고 있던 구슬의 개수가 4의 배수라면 처음 甲에게 나누어 준 구슬의 개수는 2n + 1이다. 이렇게 되면 甲에게 구슬을 나누어 준 이후 남은 구슬의 개수는 2n - 1이다. 그런데 2n - 1은 홀수이기 때문에 이후의 과정을 진행할 수 없다. 따라서 4의 배수는 정답이 될 수 없다.

甲에게 구슬을 나누어 준 이후의 과정부터라도 남은 구슬의 개수가 4의 배수가 되면 그 이후의 과정을 진행할 수 없다. 철수가 가진 구슬의 개수가 58개라면 처음 甲에게 30개의 구슬을 나누어 주는데 남는 구슬은 28개 즉 4의 배수이다. 이후 乙에게 15개의 구슬을 나누어 줄 수 있으나 그 이후의 과정부터 진행할 수 없다. 철수가 가진 구슬의 개수가 66개라면 처음 甲에게 34개의 구슬을 나누어 주는데 남는 구슬은 32개 즉 4의 배수이다. 마찬가지로 이후 乙에게 17개의 구슬을 나누어 줄 수 있으나 그 이후의 과정부터 진행할 수 없다. 따라서 정답은 62개이다.

62개에서 32개의 구슬을 甲에게, 남은 30개의 구슬 중 16개의 구슬을 乙에게, 남은 14개의 구슬 중 8개의 구슬을 丙에게, 남은 6개의 구슬 중 4개의 구슬을 丁에게, 남은 2개의 구슬을 戊에게 주면 62개의 구슬을 남김없이 모두 나누어 줄 수 있다. 戊가 받은 구슬의 개수가 2개이므로 × 2와 + 2를 반복하여 역진귀납의 방법으로 풀수도 있다.

문 33 유형: 아이디어형 퀴즈 정답: ③

甲이 낸 것은 2가지 경우가 가능한데 가위 5번 또는 보 2번, 바위 3번이다. 乙은 반드시 보 1번을 냈다. 그래야 한 자릿수의 홀수라는 조건을 만족할 수 있다. 乙이 낸 것은 보 1번, 가위 2번, 바위 2번(9개) / 보 1번, 가위 1번, 바위 3번(7개) / 보 1번, 바위 4번(5개)까지 총 3가지 경우가 가능하다.

ㄱ. ○ 甲이 바위를 낸 적이 있다면 甲이 낸 것은 보 2번, 바위 3번이다. 乙은 반드시 보 1번을 냈다. 그런데 甲이 보를 이길 수 있는 가위를 내지 않았으므로 적어도 한 번의 가위바위보에서는 승리할 수 없다.

ㄴ. ○ 乙이 5번의 가위바위보를 하는 동안 손가락을 편 개수가 총 7개이므로 乙이 낸 것은 보 1번, 가위 1번, 바위 3번이다. 甲이 보 2번, 바위 3번을 냈을 때 甲과 乙 순서로 (보, 보 / 보, 바위 / 바위, 가위 / 바위, 바위 / 바위, 바위)과 같이 맞붙으면 乙의 승리 횟수는 0회이다. 甲이 가위 5번을 냈다면 乙은 바위를 3번 냈으므로 최대 3회까지 승리할 수 있다.

ㄷ. × 5번의 가위바위보에서 무승부가 발생하지 않았다면, 2가지 경우가 가능하다. 먼저 甲이 가위 5번, 乙이 보 1번, 바위 4번을 내는 경우이다. 다른 경우는 甲이 보 2번, 바위 3번을 내고 乙이 보 1번, 가위 2번, 바위 2번을 내서 甲의 보 2번이 乙의 바위 2번과 맞붙고 甲의 바위 3번이 乙의 보 1번과 가위 2번과 맞붙을 때이다. 따라서 5번의 가위바위보에서 무승부가 발생하지 않았다고 하여도 乙이 낸 가위, 바위, 보의 횟수는 알 수 없다.

문 34 유형: 정보처리형 퀴즈 정답: ④

질문 3에는 모두가 진실되게 답변한다. 120명 중 100명이 질문 3에 '아니오'라고 답변하였으므로 '예'라고 답변한 20명이 양손잡이다. 왼손잡이와 오른손잡이를 합하면 100명이다. 질문 1, 2에 답변한 사람을 모두 합하면 왼손잡이, 오른손잡이, 그리고 질문 1, 2를 잘못 알아들은 양손잡이가 포함되어 있다. 잘못 알아들은 양손잡이는 질문 1, 2를 모두 잘못 대답하였다. 질문 1, 2에 '아니오'라고 답변한 사람의 합이 116명이고 왼손잡이와 오른손잡이가 100명이므로 남은 16명은 질문 1, 2를 잘못 알아들은 양손잡이이다. 이들이 2번 모두 잘못 대답하였으므로 질문 1, 2를 잘못 알아들은 양손잡이는 8명이다. 질문 1, 2를 제대로 알아들은 양손잡이는 12명이다. 이를 다시 대입하면 왼손잡이는 20명, 오른손잡이는 80명인 것까지 구할 수 있다.

ㄱ. × 질문 1, 2를 제대로 알아들은 양손잡이 세공사는 12명, 잘못 알아들은 양손잡이 세공사는 8명으로 전자가 후자보다 많다.

ㄴ. ○ 왼손잡이 세공사와 양손잡이 세공사는 둘 다 20명씩으로 같다.

ㄷ. ○ 오른손잡이 세공사는 80명인데 오른손에만 장갑을 끼므로 오른손잡이 세공사가 낀 장갑의 총 개수는 80개이다. 양손잡이 세공사는 20명인데 이들은 양손 모두에 장갑을 끼므로 양손잡이 세공사가 낀 장갑의 총 개수는 40개이다. 따라서 전자가 후자의 2배이다.

문 35 유형: 아이디어형 퀴즈 정답: ④

戊가 자신이 어떤 색깔의 카드를 뽑았는지 아는 경우는 2가지이다. 첫째는 甲～丁이 모두 빨간색 카드를 뽑은 경우고 둘째는 甲～丁이 검은색 3장, 빨간색 1장의 카드를 뽑은 경우이다. 그런데 甲과 丙이 서로 다른 색깔의 카드를 뽑았으므로 첫째 경우는 성립할 수 없다. 즉, 甲～丁은 검은색 3장, 빨간색 1장의 카드를 뽑았으므로 戊는 빨간색 카드를 뽑았다.

甲～丁이 검은색 3장, 빨간색 1장의 카드를 뽑았는데 甲～丙이 모두 검은색 카드를 뽑았다면 丁은 처음부터 자신이 뽑은 카드의 색깔(빨간색)을 안다고 대답하였을 것이다. 그러나 이 경우는 불가능하고 丁은 처음엔 자신이 뽑은 카드의 색깔을 몰랐었다고 하였으므로 丁이 검은색 카드를 뽑은 것이 된다. 따라서 甲, 乙, 丙이 총 빨간색 카드 1장, 검은색 카드 2장을 뽑았다.

그런데 甲과 丙이 뽑은 카드의 색이 다르다. 즉 甲과 丙이 빨간색 카드 1장, 검은색 카드 1장을 나누어 뽑았다. 자동적으로 乙은 검은색 카드를 뽑았다.

따라서 乙 **검은색**, 丁 **검은색**, 戊 **빨간색** 카드를 뽑았다. 甲～戊가 뽑은 카드의 경우는 (빨간색, 검은색, 검은색, 검은색, 빨간색)이 가능하다.

문 36 유형: 정보처리형 퀴즈 정답: ⑤

1세트 총점은 甲이 26점, 乙이 25점으로 甲이 승리하였다. 2세트 총점은 甲이 28점, 乙이 29점으로 乙이 승리하였다. 3세트 총점은 甲이 26점, 乙이 26점으로 무승부이다. 4세트 총점은 甲이 25점, 乙이 28점으로 乙이 승리하였다. 4세트까지 甲과 乙의 세트 포인트는 甲이 3점, 乙이 5점이다. 그런데 甲이 경기에서 승리하였으므로 5세트는 반드시 甲이 승리하여야 한다.

그런데 甲이 5세트를 승리할 경우 세트 포인트는 甲과 乙이 모두 5점이다. 이 경우 규정 1에 따라 총 15발의 화살 중 10점을 많이 쏜 사람을 승자로 한다. 4세트까지 10점을 쏜 화살의 개수는 甲이 2개, 乙이 5개이다.

甲이 경기에서 승리하기 위해서는 甲은 5세트 3번의 회차 모두에서 10점을 쏴야 하고, 乙은 5세트 3번의 회차 모두에서 10점을 쏘지 못해야 한다. 이렇게 되어도 10점을 쏜 화살의 개수가 5개씩으로 같으므로 규정 1에 따라서는 승자를 가릴 수가 없다. 규정 2와 규정 3을 고려해야 한다.

甲은 5회차 모두에서 10점을 쐈으므로 1～5세트까지 쏜 15발 화살의 총점은 135점이다. 乙은 1～4세트까지 108점을 획득하였다. 乙이 5세트에서 획득한 점수는 27점 이하이다. 만약에 乙의 5세트 총점이 27점이라면 규정 2를 통해서도 승자를 가릴 수 없으므로 규정 3을 통해 甲이 승리하고, 26점 이하라면 규정 2를 통해 甲이 승리한다.

ㄱ. ○ 甲이 쏜 15발 화살의 총점은 135점이므로 평균은 9점이다.

ㄴ. ○ 乙은 5세트에서 쏜 화살이 모두 9점 이하이다. 그런데 5세트에서 8점 이하를 쏜 회차가 있다면, 乙의 5세트 총점은 26점 이하이다. 이 경우 甲은 규정 2를 통해 승리한다.

ㄷ. ○ 甲이 규정 3을 통해 승리하였다면 乙이 5세트에서 획득한 총점이 27점이다. 그런데 乙은 5세트에서 10점을 쏠 수 없다. 이 경우 27점을 얻을 수 있는 방법은 3개의 회차 모두에서 9점을 쏘는 것이다. 따라서 乙이 5회차에서 쏜 3발의 화살은 점수가 모두 같다.

문 37 유형: 아이디어형 퀴즈 정답: ③

7개의 수 1, 2, 3, 4, 5, 6, 7 중 '중복'하여 두 수를 골라서 곱한 값들을 모두 나열해보면, 1×1, 1×2, 1×3, 1×4, 1×5, 1×6, 1×7, 2×2, 2×3, 2×4, 2×5, 2×6, 2×7, …, 7×7이다. 따라서, 위 값을 모두 더한 값은 (1+2+3+4+5+6+7)×(1+2+3+4+5+6+7)로 표현할 수 있다 따라서, N은 <u>28</u>(=1+2+3+4+5+6+7)이다.

문 38 유형: 정보처리형 퀴즈 정답: ②

1) 조건1과 조건3에 따르면, 甲은 교육부 소속이 아니고, 기획재정부 소속도 아니므로 통일부 소속이다.
2) 조건2에 따르면, 직급은 교육부>나이 30세>乙인데, 이를 통해 乙이 교육부 소속이 아니고, 1)과 결합하여 기획재정부 소속임을 알 수 있다. 자동으로 丙은 교육부 소속이다.
3) 1), 2)를 정리하며 추가적인 추론을 하면, 甲은 통일부 소속이고, 직급은 7급이며, 나이는 30세이다. 乙은 기획재정부 소속이며, 직급은 9급이다. 丙은 교육부 소속이며, 직급은 5급이다.
4) 조건 4에 따르면, 교육부 소속인 丙은 나이가 35세가 아니므로 乙이 나이가 35세이다.(丙은 나이가 40세다)
5) 근무기간은 乙>丙(조건 4), 丙>甲(조건 1)이므로 乙, 丙, 甲 순으로 길다.

이를 최종 정리하면 다음과 같다.

	甲	乙	丙
소속 부처	통일부	기획재정부	교육부
직급	7급	9급	5급
근무기간	가장 짧다	가장 길다	중간
나이	30세	35세	40세

① × 甲의 직급은 7급이다.
② ○ 乙의 나이는 35세다.
③ × 丙의 소속 부처는 교육부다.
④ × 근무기간이 가장 짧은 甲의 소속 부처는 통일부다.
⑤ × 나이가 40세인 丙의 직급은 5급이다.

문 39 유형: 세트형 정답: ⑤

① × 1문단: 구 출판및인쇄진흥법은 2002년 8월 26일에 제정되었으나 이후 6개월이 지나 시행되었다. 따라서 2003년부터 시행되었다.
② × 2문단: 2014년에 개정되기 전인 구 출판및인쇄진흥법에 의하면 군부대는 도서정가제 적용 제외 기관이다.
③ × 2문단: 2014년에 개정된 구 출판및인쇄진흥법에 의하면 기간과 관계없이 도서 정가의 10 %까지 직접할인할 수 있다.
④ × 4문단: <2022년 웹소설 분야 실태조사> 대상자 중 남성과 여성의 찬성 비율의 산술평균은 18.1 %이다. 그러나 남성의 수가 더 적으므로 전체 대상자 중 웹소설 분야에 도서정가제를 적용하는 것에 찬성하는 비율은 18.1 %보다 적을 것이다.
⑤ ○ 3문단: 한국과 달리 일본은 간접할인에 제한이 없다. 포인트 적립이나 사은품 증정은 간접할인이다.

문 40 유형: 세트형 정답: ③

한국: 종이책과 전자책 모두 10 %의 직접 할인이 가능하다. 따라서 A책은 3,000원, B책은 2,500원 할인받는다.

프랑스: 프랑스는 종이책은 정가의 5 %, 전자책은 직접할인이 불가능하다. 따라서 A책은 1,500원 할인받으며, B책은 할인받지 못한다.

독일: 독일은 원칙적으로 직접할인이 불가능하나 교과서에 대해서는 12 %까지 직접할인이 가능하다. 따라서 A책은 할인받지 못하나, B책은 3,000원을 할인받을 것이다.

일본: 일본은 직접할인 자체가 불가능해 A책과 B책 모두 할인받지 못한다.

따라서 A책은 총 **4,500원**(㉠), B책은 총 **5,500원**(㉡) 할인받는다.

상황판단 6회

1	2	3	4	5	6	7	8	9	10
③	②	⑤	④	③	④	④	⑤	③	①
11	12	13	14	15	16	17	18	19	20
①	②	①	②	③	④	⑤	③	②	⑤
21	22	23	24	25	26	27	28	29	30
③	④	⑤	③	②	②	②	⑤	④	①
31	32	33	34	35	36	37	38	39	40
③	②	⑤	②	①	①	⑤	③	④	③

문 1 유형: 일반형 법조문 정답: ③

① × 제1항에 의하면 질병관리청장은 해당 공무원으로 하여금 결핵 환자가 있다고 인정되는 항공기에 들어가 필요한 조사나 진찰을 하게 할 수 있다. 직접 조사나 진찰을 하는 것이 아니다.

② × 제3항에 의하면 질병관리청장은 제1급감염병 의심자 진찰 결과 감염병환자로 인정된 사람에 대해서는 해당 공무원과 동행하여 치료받게 하거나 입원시킬 수 있다. 반드시 하여야 하는 것이 아니다.

③ ○ 제2항 제2호에 의하면 질병관리청장은 질병관리청장은 제1급감염병이 발생한 경우 해당 공무원에게 감염 여브 검사를 하게 할 수 있고, 이 경우 해당 공무원은 감염병 증상 유무를 확인하기 위하여 필요한 조사를 할 수 있다.

④ × 제5항에 의하면 질병관리청장은 제1급감염병환자의 입원 조치를 위하여 필요한 경우에는 관할 경찰서장에게 협조를 요청할 수 있다. 필요한 지시를 할 수 있는 것이 아니다.

⑤ × 제7항에 의하면 질병관리청장은 조사거부자를 치료·입원시킨 경우 그 사실을 조사거부자의 보호자에게 통지하여야 한다. 그러나 조사거부자를 자가에 격리한 경우에도 그러하여야 하는지는 알 수 없다.

문 2 유형: 상황제시형 법조문 정답: ②

ㄱ. × 제1조 제2호에 의하면 선장은 해양수산부령으로 정하는 바에 따라 지체 없이 그 사실을 해양항만관청게 보고하여야 한다. 해양수산부에 보고하여야 하는 것이 아니다.

ㄴ. ○ 제2조 제2항에 의하면 징계는 훈계, 상륙금지, 하선 세 가지가 있다. 그런데 하선은 제2조 제3항에 의해 선내 질서를 어지럽히거나 고의로 선박 운항에 현저한 지장을 준 행위가 명백한 경우에만 할 수 있다. 그런데 乙의 행위는 이에 해당하지 않으므로 甲은 乙에 대해 하선 징계는 할 수 없고 훈계 또는 정박 중 10일 이내 상륙금지의 징계만을 할 수 있다.

ㄷ. × 제2조 제4항에 의해 甲이 乙을 징계하려면 미리 3명 이상의 해원으로 구성되는 징계위원회의 의결을 거쳐야 한다. 해원 수가 10명 이내이므로 3명 이상이면 되고 5명 이상일 필요는 없다.

문 3 유형: 상황제시형 법조문 정답: ⑤

① × 제1조에 의하면 보건복지부장관은 노인의 보건 및 복지에 관한 실태조사를 매년이 아닌 3년마다 실시하고 그 결과를 공표하여야 한다.

② × 제2조 제1항에 의하면 노인에 대한 사회적 관심과 공경의식을 높이기 위하여 매년 10월 2일을 노인의 날로, 매년 10월을 경로의 달로 한다. 노인학대예방의 날은 매년 6월 15일이다.

③ × 제4조 제2항에 의하면 국가는 노인의 일상생활에 관련된 사업을 경영하는 자에게 65세 이상의 노인에 대하여 그 이용요금을 할인하여 주도록 권유할 수 있다. 명령할 수 있는 것이 아니다.

④ × 제5조 제2항에 의하면 국가는 홀로 사는 노인에 대한 돌봄 서비스 사업을 노인 관련단체에 위탁할 수 있으며, 예산의 범위에서 그 사업에 필요한 비용을 지원할 수 있다. 예산 외가 아닌 예산의 범위에서 가능하다.

⑤ ○ 제3조 제2항에 의하면 지방자치단체는 소관 공공시설에 주차관리 사업을 위탁하는 경우에는 65세 이상 노인을 100분의 20 이상 채용한 사업체를 우선적으로 고려할 수 있다. 乙은 지방자치단체 甲의 소관 공공시설의 사업체이고 직원 30명 중에 24명이 64세 이하이다. 65세 이상은 6명이므로 이는 100분의 20 이상에 해당한다. 따라서 甲은 주차관리 사업을 위탁할 사업체로 乙을 우선적으로 고려할 수 있다.

문 4 유형: 상황제시형 법조문 정답: ④

① × 제1조 제1항에 의하면 국가 또는 지방자치단체가 아닌 법인으로서 도시철도운송사업을 하려는 자는 도시철도운송사업계획을 제출하여 시·도지사에게 면허를 받아야 한다. 지방자치단체가 도시철도운송사업을 하려할 때 어떻게 해야하는지는 알 수 없다. 국토교통부장관에게 면허를 받아야 하는지도 알 수 없다.

② × 제1조 제2항에 의하면 도시철도운송사업의 사업구간이 인접한 시·도에 걸쳐있는 경우에는 해당 시·도지사 간 협의에 따라 면허를 줄 시·도지사를 정하되 협의가 성립하지 아니한 경우에는 국토교통부장관이 조정할 수 있다. 협의가 우선이고 국토교통부장관이 정하는 것이 아니다. 협의가 안 됐을 때 조정하는 것이다.

③ × 제2조에 의하면 乙은 甲에게 신고가 아닌 승인을 받아 기간을 연장할 수 있다.

④ ○ 제4조 제1항에 의하면 변경신고를 받은 시·도지사는 그 내용을 검토하여 적합하면 변경신고를 받은 날부터 60일 이내에 신고를 수리하여야 한다. 2024년 7월 14일부터 60일 후는 2024년 9월 12일이므로 甲은 丙의 변경신고의 내용을 검토하여 적합하면 2024년 9월 12일 이내에 신고를 수리하여야 한다.

⑤ × 제4조 제2항에 의하면 시·도지사는 도시철도운송사업자로부터 도시철도운송사업계획에 대한 변경신고를 받으면 지체 없이 국토교통부장관에게 알려야 한다. 그러나 알려야 할 뿐 승인을 받아야 하는 것은 아니다.

문 5 유형: 상황제시형 법조문 정답: ③

A: 300만 원. 제00조(포상금의 지급) 단서에 따르면, 공무원일지라도 공무수행 과정에서 위반혐의를 인지한 것이 아닌 경우에는 포상금 지급 제외 대상이 아님. A는 공무원이나 직무수행 중 발견한 것이 아니므로 포상금 지급 제외 대상이 아님. 최고 300만 원 지급이므로 300만 원

B: 100분의 10은 15만 원이나 최저 50만 원 지급 가능하므로 50만 원

총 <u>350만 원</u>

문 6 유형: 일반제시글 정답: ④

① × 직무갈등은 갈등 해결 과정에서 의사결정의 질을 높인다는 점에서 긍정적 갈등이라고 부른다고 하였으므로 옳지 않다.

② × 구성원들간 가치관의 차이로 인한 갈등이 심한 것은 관계갈등이 심한 것이고 모두가 최대의 이익을 얻으려는 해결책은 통합갈등관리이다. 관계갈등이 심할수록 통합갈등관리는 선호되지 않는다고 하였다.

③ × 정책 수행 과정에서 구성원 간 견해 차이로 인한 갈등이 심한 것은 직무갈등이 심한 것이고 갈등을 직면하지 않고 회피하려는 방법을 선호하는 것은 회피갈등관리이다. 직무갈등이 심할수록 회피갈등관리는 선호되지 않는다고 하였다.

④ ○ 긍정적 갈등은 직무갈등이고 직무갈등이 심할수록 통합갈등관리와 절충갈등관리를 선호한다고 하였다. 통합갈등관리와 절충갈등관리는 모두 구성원들간 의사소통을 필요로 한다.

⑤ × 부정적 갈등은 관계갈등이고 관계갈등이 심할수록 회피갈등관리를 선호한다. 회피갈등관리는 자신의 지위를 이용해 강압적으로 갈등을 해결하려는 방법이므로 옳지 않다.

문 7 유형: 수리계산형 퀴즈 정답: ④

	1	2	3	4	5
1반	35	28	21	14	7
2반	32	28	24	20	16
3반	43	38	33	28	23
4반	45	39	33	27	21
5반	31	29	27	25	23

동점인 반이 없고 3반이 1등, 4반이 2등, 5반이 3등, 1반이 5등, 2반이 4등을 차지하기 위해서는 ㉠이 4여야 한다. 이 경우 3반이 28점으로 1등, 4반이 27점으로 2등, 5반이 25점으로 3등, 2반이 20점으로 4등, 1반이 14점으로 5등이다.

문 8 유형: 정보처리형 퀴즈 정답: ⑤

우선, 확정 정보인 네 번째, 다섯 번째, 여섯 번째 조건을 나타낸다.

	갑	을	병	정	무
물리학	X	X	O	O	X
화학					O
생물학					O
지구과학					
수학	X	O	O	X	O

을은 1과목만을 신청했으므로 화학, 생물학, 지구과학을 신청하지 않았다. 또한 5과목을 모두 신청할 수 있는 사람은 병이 유일하다.

	갑	을	병	정	무
물리학	X	X	O	O	X
화학		X	O		O
생물학		X	O		O
지구과학		X	O		
수학	X	O	O	X	O

5명이 신청한 과목의 개수를 합하면 14개인데 정과 무를 합쳐서 5개이고 을과 병을 합쳐서 6개이므로 갑은 3개이다. 따라서 갑은 화학, 생물학, 지구과학을 모두 들었다. 또한 무가 들은 과목을 정이 듣지 않았으므로 정은 화학, 생물학을 듣지 않았다. 정과 무 둘 중 지구과학을 누가 들었는지는 알 수 없다.

	갑	을	병	정	무
물리학	X	X	O	O	X
화학	O	X	O	X	O
생물학	O	X	O	X	O
지구과학	O	X	O	O / X	X / O
수학	X	O	O	X	O

이에 따를 때

① × 갑은 3개의 과목을 신청했다.

② × 화학을 신청한 사람은 3명이다.

③ × 생물학을 신청한 사람은 갑, 병, 무이다.

④ × 정은 최소 1개, 최대 2개의 과목을 신청했을 것이다.

⑤ ○ 정과 무의 신청 양상과 상관없이 지구과학은 3명이 신청했다.

문 9 유형: 정보처리형 퀴즈 정답: ③

ㄱ. ○ 합산대칭수의 기준수로 가능한 숫자는 5개(5, 6, 7, 8, 9)이다. 4의 경우 1+3은 가능하지만 2+2는 같은 숫자가 반복되어 사용될 수 없으므로 가능하지 않다. 2, 3 역시 마찬가지이며 1은 합산 자체가 가능하지 않다. 감산대칭수의 기준수로 가능한 숫자는 7개(1, 2, 3, 4, 5, 6, 7)이다. 8의 경우 9-1은 가능하지만 0은 사용될 수 없으므로 더는 만들 수가 없다. 9는 감산 자체가 가능하지 않다. 따라서 합산대칭수의 기준수와 감산대칭수의 기준수로 모두 가능한 숫자는 3개(5, 6, 7)이다.

ㄴ. × 합산대칭수는 기준수가 5일 때 4개, 6일 때 4개, 7일 때 12개, 8일 때 12개, 9일 때 24개로 총 56개이다. 기준수가 5일 때는 1+4, 2+3만이 가능하다. 6일 때는 1+5, 2+4만이 가능하다. 7일 때는 1+6, 2+5, 3+4까지 3쌍이 있으므로 이 중에 2개를 선택하여 순서를 바꾼 4가지씩 총 12가지가 가능하다. 8일 때는 1+7, 2+6, 3+5까지 3쌍이 있으므로 7일 때와 같이 총 12가지가 가능하다. 9일 때는 1+8, 2+7, 3+6, 4+5까지 4쌍이 있으므로 이 중에 2개를 선택하여 순서를 바꾼 4가지씩 총 24가지가 가능하다.

ㄷ. ○ 가장 큰 감산대칭수는 98712이다. 가장 작은 감산대칭수는 12354이다. 둘의 차이는 86358이다.

문 10 유형: 아이디어형 퀴즈 정답: ①

甲~戊가 부른 금액은 2, 3, 4, 5, 6억 원이다. 이 중에 둘이 부른 금액을 합하여 10억 원이 될 수 있는 것은 4억 원과 6억 원이다. 따라서 甲이 부른 금액은 4억 원 또는 6억 원이고 다른 하나는 乙이 부른 금액이다.

乙이 부른 금액 역시 짝수(억 원)이므로 乙 역시 진실을 말했다. 둘이 부른 금액을 합하여 9억 원이 될 수 있는 것은 4억 원과 5억 원, 3억 원과 6억 원 두 가지 경우가 있다.

丙의 말이 진실이라면 丙이 부른 금액은 3억 원이다. 그런데 본인이 3억 원을 불렀다고 말할 수 있는 사람은 5억 원을 부른 사람뿐이다. 짝수(억 원)을 부른 사람은 진실을 말해야 하므로 불가능하고 3억 원을 부른 사람은 거짓을 말해야 하는데 3억 원을 불렀다고 말하면 진실이 되기 때문이다. 따라서 丙이 부른 금액은 5억 원이다. 이에 따라 乙이 부른 금액은 4억 원, 甲이 부른 금액은 6억 원이 된다.

丁이 부른 금액은 2억 원 또는 3억 원인데 乙이 부른 금액(4억 원)과 합해 甲이 부른 금액(6억 원)이 된다고 말하는 경우는 2억 원(참), 3억 원(거짓)인 경우 모두가 가능하다.

戊와 丁이 부른 금액을 합하면 반드시 5억 원이고 丙이 부른 금액은 5억 원이므로 戊의 말은 반드시 거짓이다. 따라서 戊가 3억 원, 丁이 2억 원을 부른 사람이다.

낙찰받은 사람은 6억 원을 부른 甲, 처음 참여한 사람은 2억 원을 부른 丁이므로 ①이 정답이다.

문 11 유형: 정보처리형 퀴즈 정답: ①

2025년 8월 21일은 2025년의 233번째 일이다. 2025년 8월 21일이 10회차이고 2025년에 한 봉사활동 중에는 9번째이므로 甲의 봉사활동일간 간격은 233을 9로 나눈 25.88보다는 커야 2025년 8월 21일이 10회차 봉사활동이 될 수 있다. 따라서 甲의 봉사활동일간 간격은 26일 이상이다.

반면 봉사활동일간 간격이 너무 커지면 2025년 8월 21일이 10회차가 되지 못할 수 있다. 따라서 甲의 봉사활동일간 간격은 233을 8로 나눈 29.125보다는 작아야한다. 따라서 甲의 봉사활동일간 간격은 29일 이하이다. 즉, 甲의 봉사활동일간 간격은 26일 이상 29일 이하이다.

甲의 봉사활동간 간격이 26일일 경우, 甲의 2회차 봉사활동일은 2025년 1월 25일이고 2025년 마지막 봉사활동일은 2025년 12월 29일이다.

甲의 봉사활동간 간격이 27일일 경우, 甲의 2회차 봉사활동일은 2025년 1월 17일이고 2025년 마지막 봉사활동일은 2025년 12월 7일이다.

甲의 봉사활동간 간격이 28일일 경우, 甲의 2회차 봉사활동일은 2025년 1월 9일이고 2025년 마지막 봉사활동일은 2025년 12월 11일이다.

甲의 봉사활동간 간격이 29일일 경우, 甲의 2회차 봉사활동일은 2025년 1월 1일이고 2025년 마지막 봉사활동일은 2025년 12월 15일이다.

따라서 甲의 2025년 중 마지막 봉사활동일로 가능하지 않은 날은 2025년 <u>12월 3일</u>이다. 2025년 12월 3일은 봉사활동일간 간격이 26일인 때에 甲의 그냥 봉사활동일로는 가능하지만 이 경우 2025년 중 마지막 봉사활동일은 2025년 12월 29일이 있기 때문에 가능하지 않다.

문 12 유형: 정보처리형 퀴즈 정답: ②

甲과 乙이 중간지점(450 m)에서 만났으므로 甲이 달리기를 한 시간은 90초이다. 乙이 4 m로 달린 시간을 x, 6 m로 달린 시간을 y, 신발을 다시 신기 위해 걸린 시간을 z로 놓으면 다음과 같이 식을 정리할 수 있다.

1) $x + y + z = 90$

2) $4x + 6y = 450$

450은 6의 배수이고 6y도 6의 배수이다. 따라서 4x 역시 6의 배수여야만 각각의 시간(초)이 자연수라는 조건을 만족할 수 있다. 이를 만족하는 x, y, z의 구성은 다음과 같다.

x	y	z
3	73	14
6	71	13
9	69	12
12	**67**	**11**
15	**65**	**10**
18	63	9
21	61	8

그런데 조건에 따라 x, y, z는 모두 10 이상의 자연수여야 한다. 이를 만족하는 쌍은 (12, 67, 11), (15, 65, 10) 두 가지뿐이다. 乙이 초속 6 m로 달린 최대 시간은 y의 최댓값이므로 67, 따라서 <u>1분 7초</u>이다.

문 13 유형: 아이디어형 퀴즈 정답: ①

전구에 불이 켜진 결과에 따라 가능한 각 전구에 연결된 스위치 2개의 조합을 전구별로 살펴보면 다음과 같다.

'가': (2, 3), (2, 5), (3, 5)

'나': (1, 2), (1, 5), (2, 5)

'다': (1, 2), (1, 4), (2, 4)

그런데 3, 4, 5번 스위치를 함께 눌렀을 때 불이 켜진 전구가 없으므로 '가'의 (3, 5)는 가능하지 않다. 또한 '가'와 '나'에서 겹치는 (2, 5)는 두 전구 모두 불가능하다. 어느 하나의 전구라도 (2, 5)가 있다면 불이 하나만 켜질 수가 없기 때문이다. '나'와 '다'의 (1, 2) 역시 마찬가지이다. 따라서 '가'는 (2, 5), (3, 5)가 소거되고 (2, 3)이 되고 '나'는 (1, 2), (2, 5)가 소거되어 (1, 5)가 연결된 스위치 번호가 된다. '다'는 (1, 4), (2, 4) 중에 하나인데 제시문에서 '가'와 겹치는 스위치 번호가 없다고 하였으므로 (2, 4)가 소거되고 (1, 4)가 연결된 스위치 번호가 된다.

ㄱ. ○ '가' 전구에 연결된 2개 스위치 번호의 곱은 $2 \times 3 = 6$이고, '나' 전구에 연결된 2개 스위치 번호의 합은 $1 + 5 = 6$이므로 서로 같다.

ㄴ. × 1, 4, 5번 스위치를 함께 누른다면 '가' 전구는 불이 켜지지 않지만 '나', '다' 전구는 불이 켜질 것이다.

ㄷ. × 2, 3, 4, 5번 스위치를 함께 누른다면 '가' 전구는 불이 켜지지만 '나', '다' 전구는 불이 켜지지 않는다.

문 14 유형: 정보처리형 퀴즈 정답: ②

甲은 4분기에 태어났으므로 10 ~ 12월에 태어났다. 이 중 주민등록번호 6자리를 더한 값을 크게 하려면 12월 출생이어야 한다. 또한 해당 값을 가장 크게 하려면 주민등록번호는 '99'로 시작하여야 한다. 甲의 주민등록번호는 '9912'로 시작하는데 해당 값을 가장 크게 하려면 甲의 생일은 12월 29일이어야 한다. 따라서 甲의 주민등록번호 앞 6자리는 '991229'이고 앞 6자리를 모두 더한 값은 32이다.

乙은 가을에 태어났는데 10, 11월에 태어난 경우는 주민등록번호 앞 6자리를 모두 더한 값이 32가 될 수 없다. 따라서 乙은 9월에 태어났다. 즉 乙의 주민등록번호는 '9909'로 시작한다. 9909의 각 자릿수를 모두 더하면 27이므로 5를 더해 합 32를 맞추기 위해서는 乙의 생일은 5일, 14일, 23일 중에 하나여야 한다. 그런데 甲과 乙의 생일 간격은 100일 보다 짧으므로 조건을 만족하는 乙의 생일은 9월 23일이다. 따라서 乙의 주민등록번호 앞 6자리는 '990923'이고 앞 6자리를 모두 더한 값은 32이다. 그리고 甲과 乙의 생일 간격은 97일이다.

丙과 乙의 생일 간격은 甲과 乙의 생일 간격과 동일한 97일이다. 甲 ~ 丙의 생일은 모두 다르므로 丙의 생일은 乙의 생일보다 97일이 빠르다. 9월 23일에서 97일 빠른 날은 6월 18일이다. 따라서 丙의 주민등록번호 앞 6자리는 '990618'이고 앞 6자리를 모두 더한 값은 <u>33</u>이다.

문 15 유형: 아이디어형 퀴즈 정답: ③

甲이 받은 사탕의 개수는 9개 아니면 18개이다. 만약 甲이 18개를 받았다면 乙과 丙은 사탕을 1개씩 받은 것이다. 만약 甲이 9개를 받았다면 乙과 丙은 (1, 10), (2, 9), (3, 8) 등 다양한 사탕의 조합이 가능하다. 乙이 가진 사탕의 개수가 1개가 아니라면 乙은 세 사람이 받은 사탕의 개수를 확실히 알 수 있다. 예를 들어 乙이 사탕 3개를 받았다면 甲은 9개, 丙은 8개를 받은 것이다. 반면, 乙이 사탕 1개를 받았다면 甲이 9개를 받았는지, 18개를 받았는지 알 수가 없다.

따라서 甲은 사탕 9개, 乙은 1개, 丙은 사탕 <u>10개</u>를 받았다.

문 16 유형: 아이디어형 퀴즈 정답: ④

① ○ 丁은 甲보다 적성 평가 점수와 역량 평가 점수가 모두 낮아 기준1, 기준2, 기준3 어떤 것에 의하더라도 甲보다 후순위이다. 만약 甲이 선발되지 못한다면 丁 역시 선발되지 못한다. 옳다.

② ○ 예를 들어 적성 평가 기준 점수가 70점이고, 역량 평가 기준 점수가 73점이라면 가능하다. 옳다.

③ ○ 만약 기준1에서 역량 평가 점수를 기준으로 삼는다면 62점인 乙이 선발된 것이므로 나머지 사람들 역시 선발된다. 적성 평가 점수를 기준으로 삼아도 기준이 66점 이하일 수 있으므로 이 경우에도 5명일 수 있다. 옳다.

④ × 만약 적성 평가 기준 점수가 66점이고 역량 평가 기준 점수가 71점이라면 戊가 선발되지 못해도 丁은 선발될 수 있다. 옳지 않다.

⑤ ○ 丙의 평균은 71점이다. 나머지 사람 중 이보다 높은 평균은 甲의 71.5점이 유일하다. 甲 역시 선발될 것이므로 최소 2명은 선발된다. 옳다.

문 17 유형: 아이디어형 퀴즈 정답: ③

세트	대결	대결	대결	대결
1세트	갑 vs 을	갑 vs 을	갑 vs 을	갑 vs 을
2세트	을 vs 병	을 vs 병	갑 vs 병	갑 vs 병
3세트	갑 vs 병	갑 vs 병	을 vs 병	을 vs 병
4세트	갑 vs 을	갑 vs 을	갑 vs 을	갑 vs 을
5세트	갑 vs 병	을 vs 병	갑 vs 병	을 vs 병

甲, 乙, 丙은 돌아가면서 일대일 탁구를 하는 방법은 위의 4가지이다.

ㄱ. ○ 丙이 5점을 득점하기 위해서는 최소 3세트 동안 경기해야 하므로 丙은 2, 3, 5세트에 반드시 경기한다. 그동안 5점을 기록하려면 2점을 두 번, 1점을 한 번 기록해야 한다. 따라서 반드시 2승 1패를 기록했다.

ㄴ. × 甲과 丙이 대결하는 경우도 존재한다.

ㄷ. × 2승 1패를 기록한 丙은 3세트에서 무조건 져야 한다. 따라서 5세트에는 반드시 승리할 수밖에 없다.

ㄹ. ○ 乙은 5세트 동안 2승 2패 또는 1승 3패를 기록했다. 만약 2승 2패를 했다면 승리할 때마다 2점, 패배할 때마다 1점을 기록해 6점을 득점할 가능성이 존재한다.

문 18 유형: 수리계산형 퀴즈 정답: ③

변경 전 정책을 기준으로 보면, 1인 가구는 A정책에 투표하고 2인, 3인 가구는 B정책에 투표한다. 3인 가구의 비율을 X%라고 할 때, 2인 가구의 비율이 20%이므로 1인 가구의 비율은 (80-X)%이다. B정책이 시행되었으므로 3X+20×2>80-X이다. 이를 풀면 X>10이다. 따라서 ㉠은 10이다.

변경 후 정책을 기준으로 보면, 1인 가구와 2인 가구는 B정책에 투표하고, 3인 가구는 B정책에 투표한다. 이번에는 A정책이 시행되었으므로 3X< 20×2+(80-X)이다. 이를 풀면 X<30이다. 따라서 ㉡은 30이다. ㉠과 ㉡을 합한 값은 <u>40</u>이다.

문 19 유형: 세트형 정답: ②

ㄱ. ○ 1, 2문단: 협의의 유전자 검사는 DNA 검사를 지칭한다. DNA 검사는 항응고제를 처리한 혈액으로부터 DNA를 추출한다.

ㄴ. × 1문단: 유전자 검사는 유전체 내의 변이 중 유전질환과 관련된 변화를 검출하기 위한 것이다.

ㄷ. × 3문단: 레이저 빛으로 스캔해 분석하는 방식은 마이크로어레이 검사이다.

ㄹ. ○ 4문단: 예측적 검사가 그러하다.

문 20 유형: 세트형 정답: ⑤

진단적 검사: A는 45세로 37세부터 50세의 범위에 포함되므로 4만 원을 지원받는다.

예측적 검사: B는 성인이 아니므로 비용을 지원받지 못한다.

보인자 검사: A는 45세 이상 여성이므로 3만 원을 지원받는다.

신생아 선별검사: B는 단풍당뇨증을 검사할 것이므로 검사 비용(14만 원)을 국가에서 전액 지원한다.

산전 진단검사: A는 42세 이상의 산모이므로 9만 원을 지원받는다.

이를 모두 합하면 <u>30만 원</u>이다.

문 21 유형: 상황제시형 법조문 정답: ③

ㄱ. × 제00조 제1항에 따르면, 과거에 이미 동일한 참여제한 사유로 참여제한을 받은 자에 한하여 10년의 참여제한을 받을 수 있음. 기존에는 제1항 제1호에 해당하는 참여제한 사유였으나, 해당 선지에서는 제1항 제2호에 해당하는 사유에 해당한다.

ㄴ. ○ 제00조 제4항에 따르면, 갑은 조치권자에게 이의신청을 할 수 있다. 제00조 제1항에 따르면 참여제한조치의 조치권자는 환경부장관.

ㄷ. × 국토교통부장관이 사업비를 환수할 수 있다는 내용이 없다.

ㄹ. ○ 제00조 제2항에 따르면, 참여제한조치를 한 경우 환경부장관은 관계 중앙행정기관의 장에게 그 사실을 알려야 함. <상황>에 따르면, 국토교통부가 관계 중앙행정기관의 장에 해당함을 알 수 있다.

문 22 유형: 일반형 법조문 정답: ④

① × 제2호 나목에 의하면 광역시의 군 지역은 제외하므로 A광역시 B군은 라목의 군의 규정을 적용한다. 4층(14미터)건물은 군에서 3층 이상 15층 이하의 건물에 해당하므로 옥상간판을 표시할 수 있다.

② × 제1호 가목에 의하면 하나의 건물이 상업지역과 다른 용도지역에 걸쳐 있는 경우에는 상업지역에 있는 것으로 본다. 따라서 상업지역과 공업지역에 걸쳐 있는 하나의 건물에는 옥상간판을 표시할 수 있다.

③ × 제2호 다목에 의하면 시의 읍·면 지역은 제외하여 라목에 의해 군의 규정을 적용한다. C도 D시 E면에 소재한 3층(12미터)건물은 3층 이상 15층 이하의 건물에 해당하므로 옥상간판을 표시할 수 있다.

④ ○ 제2호 가목에 의해 특별시에서는 5층 이상 15층 이하의 건물에만 옥상간판을 표시할 수 있다. 그러나 제3호나목에 의해 버스터미널 건물은 그러한 규정에서 제외된다. 따라서 F특별시에 소재한 2층(7미터) 버스터미널 건물에는 옥상간판을 표시할 수 있다.

⑤ × 제1호 가목에 의하면 도시지역 외에 있는 공장 및 그 부속건물은 공업지역에 있는 것으로 본다. 또한 제3호가목에 의하면 공업지역에 있는 공장 및 그 부속건물에는 옥상간판을 표시할 수 있다. G도 H군의 도시지역 외 상업지역에 있는 공장의 부속건물은 공업지역에 있는 것으로 보고, 2층(8미터)로 제2호라목에 의해 옥상간판을 표시할 수 없는 층수이지만 제3호에 의해 규정에서 제외되어 옥상간판을 표시할 수 있다.

문 23 유형: 일반형 법조문 정답: ⑤

ㄱ. × 제△△조 제1항 제1호에 의해 육우가 아닌 소가 출생하여 개체식별번호를 통보받은 농장경영자는 신고 후 30일 이내(7일x) 개체식별번호를 표시한 귀표를 해당하는 소에 붙여야 한다.

ㄴ. × 제□□조 제2항에 의하면 농림축산식품부장관이 신고를 받아 개체식별번호를 부여하고 신청인에게 통보하는 것은 소, 돼지가 출생하는 경우에 해당한다. 폐사는 이에 해당하지 않는다.

ㄷ. × 제◇◇조 제1항에 의하면 돼지를 기르는 농장경영자는 부여받은 농장식별번호를 도축을 위하여 출하하는 돼지에 표시하는 것이지 거래명세서에 표시하는 것이 아니다. 거래명세서에 표시하는 것은 닭, 오리이다.

ㄹ. × 제◇◇조 제2항에 의하면 닭을 기르는 농장경영자는 부여받은 농장식별번호(개체식별번호x)를 다른 가축사육시설로 이동하는 닭의 가금이동신고서에 표시하여야 한다.

문 24 유형: 상황제시형 법조문 정답: ③

① × 제○○조 제3항에 의하면 경비업의 허가를 받은 법인이 영업을 폐업한 때에는 시·도경찰청장에게 신고하여야 한다. 허가를 받아야 하는 것은 경비업을 영위하고자 할 때이다.

② × 제○○조 제2항에 의하면 경비업 허가를 받으려는 법인은 경비원 10명 이상 및 경비지도사 1명 이상의 경비 인력을 갖추어야 한다. 경비원과 경비지도사의 인력이 반대로 제시되어 있다.

③ ○ 제◇◇조 제2항에 의하면 허가받은 경비업무 외의 업무에 경비원을 종사하게 하여 허가가 취소된 법인이 법인명을 변경했다면 허가가 취소된 날부터 5년이 지나지 아니한 때에는 경비업 허가를 받을 수 없다. 7년이 지난 때에는 경비업 허가를 받을 수 있다.

④ × 제□□조 제1항에 의하면 경비업 허가의 유효기간은 허가받은 날부터 5년으로 하고 초일을 산입한다. 따라서 법인 甲의 경비업 유효기간은 2025. 3. 21. 만료된다.

⑤ × 제□□조 제2항에 의하면 법인 甲이 경비업 유효기간이 만료된 후 계속하여 경비업을 하려면 허가의 유효기간 만료일 30일 전까지 갱신허가를 받아야 한다. 2025년 3월 21일의 30일 전은 2025년 2월 19일이다. 따라서 법인 甲은 2025. 2. 19.까지 갱신허가를 받아야 한다.

문 25 유형: 일반형 법조문 정답: ②

ㄱ. × 제1조 제3항에 의하면 일정 금액을 귀속시켜야 하는 경우는 시·도지사가 시장등에게 공유재산의 관리에 관한 사무를 위임하여 집행하게 하는 경우이다. 시·도지사가 재산관리관에게 위임하여 집행하게 하는 경우와 관련한 언급은 없다.

ㄴ. ○ 제3조 제2항과 제3항에 의해 협의회는 위원장을 포함한 20명 이내의 위원으로 구성하는데 위원장은 행정안전부 차관이다. 또한 제3항제1호인 지방자치단체 소속 공무원 9인은 전체 위원 정수의 2분의 1 이하여야 한다. 9명이 2분의 1 이하이므로 전체 구성원은 18명 이상이 되어야 한다. 즉, 18명 이상 20명 이하가 협의회의 위원 정수이다. 그런데 위원장 1명, 지방자치단체 소속 공무원 9명, 지방자치단체장 협의회에서 추천하는 2명은 고정값이다. 이들을 모두 합하면 12명이므로 공유재산 분야에 학식과 경험이 풍부한 사람으로 협의회의 위원이 될 수 있는 사람은 최소 6명, 최대 8명이다.

ㄷ. × 제2조 제2항에 의하면 공유재산 관리와 무관한 업무를 하는 B도 공무원이 B도의 공유재산을 취득하려면 미리 B도지사에게 신고를 하여야 한다.(허가x) 허가를 받아야 하는 경우는 재산관리관 또는 공유재산을 관리하는 사무에 종사하는 공무원이 공유재산을 취득하는 경우이다.

문 26 유형: 일반제시글 정답: ②

ㄱ. ○ 지방률이 높을수록 우유에서 진한 맛이 난다고 하였다. 일반 우유는 지방률이 3~4%이고, 저지방 우유는 지방률이 1~2%이므로 일반 우유는 저지방 우유에 비해 우유의 맛이 진할 것이다.

ㄴ. × 멸균 우유는 150℃에서 살균한 우유인데 이는 130℃ 이상에서 살균하는 온도상으로 초고온처리에 해당한다. 고온단시간처리 방법은 약 72℃에서 살균하는 방법이므로 멸균 우유의 살균은 고온단시간처리 방법이 아니다.

ㄷ. ○ 멸균 우유의 유통기한은 10주(70일), 일반 우유의 유통기한은 7~10일이므로 멸균 우유의 유통기한은 일반 우유의 7배 이상이다.

ㄹ. × 멸균 우유는 일반 우유에 비해 맛과 풍미는 떨어지지만 영양 성분 함량의 차이는 거의 없다. 반대로 서술되어 있다.

문 27 유형: 아이디어형 퀴즈 정답: ②

ㄱ. × 甲이 10% 할인 쿠폰 1장만 사용하면서 甲이 총 40% 할인받고, 乙이 30% 할인받으려면 우선 甲은 남은 30% 할인율을 채우기 위해 반드시 15% 할인 쿠폰을 2장 사용해야 한다. 乙은 남은 10% 할인 쿠폰 중 1장과 20% 할인 쿠폰 1장을 사용해야 한다. 따라서 10% 할인 쿠폰은 1장 남는다.

ㄴ. ○ 우선, 20% 할인 쿠폰을 안 쓰고 4장으로 할인율이 70% 되는 것은 불가능하다.(최대 50%) 만약 20% 할인 쿠폰을 1장 쓰면 나머지 3장으로 할인율이 50% 되는 것 역시 불가능하다. (최대 40%) 이에 의하면 반드시 20% 할인 쿠폰 2장을 모두 사용해야 한다. 甲이 20% 할인 쿠폰 2장, 乙이 15% 할인 쿠폰 2장을 사용했을 것이다. 따라서 남은 20% 할인 쿠폰은 없다.

ㄷ. × 甲이 20% 할인 쿠폰 1장, 10% 할인 쿠폰 2장을 사용하고, 乙이 15% 할인 쿠폰 2장을 사용하는 반례와 甲이 10% 할인 쿠폰 1장, 15% 할인 쿠폰 2장을 사용하고, 乙이 10% 할인 쿠폰 1장과 20% 할인 쿠폰 1장을 사용하는 반례가 존재한다.

ㄹ. × 乙이 15% 할인 쿠폰 2장을 사용하고, 甲이 20% 할인 쿠폰 2장을 사용하는 반례가 존재한다. 이 경우 남은 10% 할인 쿠폰은 3장이다.

문 28 유형: 수리계산형 퀴즈 정답: ⑤

C의 나이를 X살이라고 할 때 A의 나이는 X+13살이다. 또한 E의 나이를 Y라고 할 때 B의 나이는 Y+12살이다. 이때 B의 나이가 C보다 2살 어리므로 Y+12 = X-2이다. Y를 X로 치환하면 A의 나이는 X+13살, B의 나이는 X-2살, C의 나이는 X살, E의 나이는 X-14살이다.

D의 발언으로 볼 때 D가 20대면서 3년 뒤에 30대가 되지 않는 나이의 조합은 D가 21살이면서 F가 5살 또는 D가 24살이면서 F가 6살인 경우이다. F가 자신의 나이를 짝수라고 말했으므로 D의 나이는 24살이면서 F는 6살이다.

A	X+13살
B	X-2살
C	X살
D	24살
E	X-14살
F	6살

이때 F가 E보다 나이가 많으므로 X-14<6이고, X<20이다. 또한 C에 의하면 이미 18살 생일이 지난 지 1년이 넘었으므로 C는 18살보단 나이가 많다. 따라서 C는 19살이다. 이를 통해 사촌들의 나이가 아래와 같음을 알 수 있다.

A	32살
B	17살
C	19살
D	24살
E	5살
F	6살

따라서 A의 현재 나이는 **32살**이다.

문 29 유형: 수리계산형 퀴즈 정답: ④

2022년의 샐러리캡은 2021년 A ~ H구단의 선수 연봉 총액 평균의 120 %이다. 2021년 A ~ H구단의 선수 연봉 총액은 400억 원이므로 평균은 50억 원이고 120 %는 60억 원이다. 샐러리캡을 초과한 구단은 A, H이다.

2023년 샐러리캡은 2022년 A ~ H구단의 선수 연봉 총액 440억 원의 평균 55억 원의 120 %인 66억 원이다. 샐러리캡을 초과한 구단은 A, E, G, H이다. A와 H는 2회 위반, E, G는 1회 위반이다.

2024년 샐러리캡은 2023년 A ~ H구단의 선수 연봉 총액 520억 원의 평균 65억 원의 120 %인 78억 원이다. 샐러리캡을 초과한 구단은 A, F이다. A는 3회 위반, F는 1회 위반이다.

2022년의 제재금은 A: (65 - 60) × 50 % = 2.5억 원, H: (70 - 10) × 50 % = 5억 원이므로 총 7.5억 원이다.

2023년의 제재금은 A: (80 - 66) × 100 % = 14억 원, E: (70 - 66) × 50 % = 2억 원, G: (70 - 66) × 50 % = 2억 원, H: (75 - 66) × 100 % = 9억 원이므로 총 27억 원이다.

2024년의 제재금은 A: (85 - 78) × 150 % = 10.5억 원, F: (80 - 78) × 50 % = 1억 원이므로 총 11.5억 원이다.

따라서 A ~ H구단이 2022년부터 2024년까지 납부해야하는 제재금 액수의 총합은 **46억 원**이다.

문 30 유형: 정보처리형 퀴즈 정답: ①

丙이 대출받은 학자금 액수를 x로 놓고 방정식으로 푼다.

甲	乙	丙	丁	戊	합계(만 원)
x	2x - 1,000	x	2x + 1,000	2x	16,000

방정식을 풀면 8x = 16,000(만 원)이므로 x = 2,000(만 원)이 된다.

따라서 각자 대출받은 학자금 액수와 상환한 액수, 상환하지 못한 액수를 정리하면 다음과 같다.

단위: 만 원	甲	乙	丙	丁	戊
학자금 대출액	2,000	3,000	2,000	5,000	4,000
상환액	1,400	1,800	1,500	4,500	3,200
미상환액	600	1,200	500	500	800
상환율(%)	70 %	60 %	75 %	90 %	80 %

상환액이 가장 적은 사람은 1,400만 원인 甲이고, 상환율이 세 번째로 높은 사람은 75 %인 丙이다. 이를 순서대로 옳게 짝지으면 ①이 정답이다.

문 31 유형: 정보처리형 퀴즈 정답: ③

무승부가 발생하지 않았으므로 같은 속성끼리 대결한 경우와 전기와 불, 물과 풀이 대결한 경우는 없다. 甲의 전기 아이템은 반드시 乙의 물 또는 풀 아이템과 대결하여야 한다. 그런데 乙의 풀 아이템이 0개이므로 甲의 전기 아이템 2개는 모두 乙의 물 아이템과 대결한 것이 된다. 여기서 甲이 2승, 乙이 2패를 하였다. 乙의 남은 물 아이템 1개는 甲의 불 아이템 1개와 대결을 해야 한다. 여기서는 乙이 승리하여 현재까지 甲이 2승 1패, 乙이 1승 2패이다.

남은 아이템은 甲이 물 3개, 풀 4개이고 乙은 전기 3개, 불 4개이다. 전체 대결 결과는 甲이 6승, 乙이 4승을 하였으므로 이 7개 간 아이템의 대결에서 甲이 4승, 乙이 3승을 하여야 한다. 이게 가능한 경우는 甲의 물 아이템 2개가 乙의 불 아이템 2개와 맞붙어 승리하는 다음과 같다.

甲	물(승)	물(승)	물	풀(승)	풀(승)	풀	풀
乙	불	불	전기(승)	전기	전기	불(승)	불(승)

따라서 甲의 물 속성 아이템과 乙의 불 속성 아이템이 맞대결을 한 횟수는 **2회**이다. 甲의 물 아이템이 3개이므로 4회는 답이 될 수 없다. 번외로 7개 아이템 간 맞대결에서 甲의 물 아이템이 乙의 불 아이템과 0회 맞대결을 하면 乙이 7승을 한다. 甲의 물 아이템이 乙의 불 아이템과 1회 맞대결을 하면 甲이 2승, 乙이 5승을 한다. 甲의 물 아이템이 乙의 불 아이템과 3회 맞대결을 하면 甲이 6승, 乙이 1승을 한다.

문 32 유형: 아이디어형 퀴즈 정답: ②

ㄱ. ○ 1차 투표 때 모든 반에서 15표를 득표한다면 1반, 2반, 5반에서 선거인단을 얻을 수 있다. 이때 선거인단이 합쳐서 7명으로 2차 투표에서 甲은 乙 1표 차이로 누르고 전교회장으로 당선된다.

ㄴ. × 만약 乙을 지지하는 62표가 3반과 4반에 몰려있고 나머지 14표가 모두 2반에서 나온다면 乙을 뽑을 선거인단이 6명으로 2차 투표에서 1표 차이로 전교회장으로 당선되지 못한다.

ㄷ. ○ 만약 甲이 1반에서 11표, 2반에서 15표, 5반에서 10표를 얻는다면 총 36표로 7명의 선거인단을 얻어 2차 투표에서 1표 차이로 전교회장으로 당선된다.

ㄹ. × 총 30표로는 당선될 수 없다. 만약 31표라면 2반에서 15명, 3반이나 4반에서 16명의 표를 얻어 선거인단 6명으로 2차 투표에서 1표 차이로 전교회장으로 당선될 수 있으나 30표로는 불가능하다.

문 33 유형: 아이디어형 퀴즈 정답: ⑤

연속해서 같은 것을 내는 경우는 없으므로 甲이 4번째 경기에서 낸 것은 '보'이다. 乙은 5번째 경기부터 가위를 내지 않았는데 가위는 최소 2회를 내게 되므로 乙이 첫 번째 경기에서 낸 것은 '가위'이다. 이렇게 되면 乙이 3번째 경기와 4번째 경기에서 낸 조합은 (가위, 바위), (바위, 가위), (가위, 보) 총 3가지가 있다.

1) (가위, 바위) - 모순

경기 구분	1	2	3	4	5	6	7
甲			바위	보	가위	바위	
乙	가위	보	가위	바위	보	바위	보

같은 것을 연속해서 낼 수 없고 5번째 경기부터 가위를 낼 수 없으므로 乙은 5번째 경기에서 보를, 6번째 경기에서는 바위를, 7번째 경기에서는 보를 내어야 한다. 그런데 이렇게 되면 무승부가 발생한 경기는 바위를 낸 경기인데 보를 3번 내게 되므로 무승부가 발생한 경기를 제외하고 가위, 바위, 보를 동일한 횟수로 냈다는 조건에 어긋난다.

2) (바위, 가위) - 모순

경기 구분	1	2	3	4	5	6	7
甲			바위	보	가위	바위	
乙	가위	보	바위	가위	바위	보	바위

3번째 경기가 바위를 낸 무승부 경기이므로 이를 제외한 6경기에서 가위, 바위, 보를 2경기씩 동일하게 내려면 乙이 5번째 경기부터 바위, 보, 바위 순으로 내야 한다. 그런데 이 경우 4, 5, 6번째 경기를 모두 乙이 승리하게 되는데 이는 1명이 3경기를 연속해서 승리한 경우는 없다는 조건에 어긋난다.

따라서 가능한 경우는 (가위, 보)이다.

경기 구분	1	2	3	4	5	6	7
甲	보	**가위**	**바위**	보	가위	바위	**보**
乙	**가위**	보	가위	보	**바위**	**보**	바위

乙은 5번째 경기부터 바위, 보, 바위 순으로 내고 甲이 1, 2, 7번째 경기에서 내는 것은 가위 1번과 보 2번이다. 그런데 무승부는 4번째 경기에서 발생하였고 1경기만 발생하였으므로 조건에 맞게 배치하려면 甲은 1번째 경기에서 보, 2번째 경기에서 가위, 7번째 경기에서 보를 내는 것만이 가능하다.

ㄱ. ○ 甲은 2, 3, 7번째 경기에서 승리하였고 乙은 1, 5, 6번째 경기에서 승리하였다. 甲과 乙이 이긴 횟수는 3회로 동일하다.

ㄴ. ○ 무승부가 발생한 경기는 4번째 경기이고 해당 경기에서 甲과 乙은 보를 냈다.

ㄷ. ○ 같은 것을 연속해서 낼 수 없는데 8번째 경기를 치르면 甲은 가위 또는 바위를 乙은 가위 또는 보를 내야한다. 그런데 해당 경기에서 무승부가 발생했다면 甲과 乙 모두 가위를 내는 경우만이 가능하다.

문 34 유형: 아이디어형 퀴즈 정답: ②

A: A는 오른쪽에 위치한 사람의 머리만을 볼 수 있고 B의 머리는 반드시 보인다. 그런데 B는 키가 가장 큰 사람이 될 수 없다. B의 키가 200 cm라면 A는 1명의 머리만이 보일 것이다. 또한 C 역시 키가 200 cm가 될 수 없다. C의 키가 200 cm라면 A는 2명의 머리만이 보일 것이다. 따라서 B와 C는 키가 가장 큰 사람이 아니다.

B: B는 왼쪽에 인접한 A, 오른쪽에 인접한 C의 머리가 보인다. 남은 1명은 D, E, F 중 1명이다.

C: 왼쪽보다 오른쪽에 더 많이 머리가 보이므로 왼쪽에 1명, 오른쪽에 2명의 머리가 보인다. C는 왼쪽에 인접한 B에 머리가 보이는데 왼쪽에 1명의 머리가 보이므로 B가 A보다 키가 크다. 또한 오른쪽에 2명의 머리가 보이는데 1명은 D이므로 D는 키가 가장 큰 사람이 될 수 없다. D의 키가 200 cm라면 C는 오른쪽에 1명의 머리만이 보일 것이다. 따라서 D는 키가 가장 큰 사람이 아니다.

D: D는 왼쪽에 인접한 C, 오른쪽에 인접한 E의 머리가 보인다. (최소 2명) 그런데 A, B, C보다 적은 2명의 머리만이 보이므로 키가 가장 큰 사람은 C 또는 E이다. 이들 중에 키가 가장 큰 사람이 없다면 D의 눈에는 3명 이상의 머리가 보여야 한다. 그런데 C는 키가 가장 큰 사람이 아니므로 키가 가장 큰 사람은 E이다. 따라서 E의 키는 200 cm이다. 또한 C는 A, B보다 키가 크다. C가 A, B보다 작다면 D의 눈에는 3명 이상의 머리가 보이기 때문이다. A, B, C의 키는 C > B > A 순으로 크다.

E: E는 오른쪽에 인접한 F와 왼쪽에 인접한 D의 머리가 보인다. 남은 1명은 A, B, C 중 1명인데 C가 A, B보다 키가 크므로 보이는 사람은 C이다. 이를 통해 C의 키는 D보다 크다는 것도 알 수 있다. C의 키가 D보다 작다면 E는 왼쪽에 1명의 머리만이 보일 것이기 때문이다.

F: 6명 키의 평균은 175 cm이다. F의 키는 170 cm 이하이고 E의 키는 200 cm이므로 F는 E 1명의 머리만이 보일 것이다.

A, B, C, D, F의 키를 정리해보면 C > B > A이고 C > D이며 F의 키는 170 cm 이하이다. 따라서 키 190 cm가 될 수 있는 사람은 C뿐이므로 키가 두 번째로 큰 사람은 <u>C</u>이다.

문 35 유형: 아이디어형 퀴즈 정답: ①

ㄱ. ○ 甲이 2R에 '유'를 가져가려면 최소 2등을 해야 한다. 또한 3R에 '선'을 가져가려면 역시 최소 2등을 해야 한다. 따라서 1R에 3등을 해서 마지막에 '김'을 가져가고 2R와 3R에 2등을 해서 '유'와 '선'을 가져가는 경우가 있으므로 '김유선'을 작명할 수 있다.

ㄴ. ○ 1R에서 '최'는 등수와 상관없이 가져갈 수 있고, 3R에서 '수'는 2등 또는 3등을 해도 경우에 따라 가져갈 수 있다. 반면 2R에서 '유'는 최소 2등을 해야 한다. 따라서 1R와 3R에서 3등, 2R에서 2등을 한다면 '최유수'를 작명할 수 있다.

ㄷ. × 순위와 무관하게 1R에서 누군가 '정'을 가져간다. 따라서 2R, 3R에서 '정'을 다시 쓸 수 없다. 따라서 乙은 최유정을 작명할 수 없다.

ㄹ. × 丙은 1R에 순위와 관계없이 글자 '정'을 가져갈 수 있으나 2R에서 2등을 했다면 반드시 글자 '진'을 골랐을 것이다. 따라서 '정인운'을 작명할 수 없다.

문 36 유형: 아이디어형 퀴즈 정답: ①

예시: A,I / B,F,G / C,D,E,H

G가 변질 우려가 있는 화학약품이 가장 많으므로 G를 먼저 해결한다고 생각. 이를 토대로 최대한 많이 묶으면 B,F,G가 한 박스에 들어감. 따라서 <u>3개</u>가 정답이다.

문 37 유형: 아이디어형 퀴즈 정답: ⑤

ㄱ. ○ 규칙 1을 선택할 때, 甲이 뽑은 4장의 카드 중 7과 9가 있는 상황을 가정한다. 乙의 최댓값은 1, 5, 6, 8을 뽑고 6×8÷1＋5를 통해 얻을 수 있는 53이다. 그런데 甲이 승리하기 위해 최선을 다하므로 7과 9를 곱할 것이고 이미 63의 값이 나왔다. 여기에 어떤 값을 더하고 빼더라도 그 값이 53보다 작아질 수는 없다. 따라서 甲이 뽑은 4장의 카드 중 7과 9가 있다면 乙이 뽑은 카드에 상관없이 甲이 승리한다.

ㄴ. × 사칙연산을 통해 만들 수 있는 최댓값은 1, 7, 8, 9를 뽑고 (7＋8)×9÷1의 결과인 135이다.

ㄷ. ○ 甲은 짝수가 적힌 4장을 뽑았으므로 2, 4, 6, 8을 뽑았고 만들 수 있는 최솟값은 (2－8)×6＋4＝－32이다. 乙이 뽑은 카드 중 한 장이 9라면 3, 5, 7, 9를 뽑을 때 (3－9)×7＋5＝－37이다. 같은 방식을 적용하면 乙이 1, 3, 5, 9를 뽑을 때 －37, 乙이 1, 3, 7, 9를 뽑을 때 －53, 乙이 1, 5, 7, 9를 뽑을 때 －51이다. 따라서 규칙 2를 선택할 때, 乙이 뽑은 카드 중 한 장이 9라면 반드시 乙이 승리한다.

ㄹ. ○ 사칙연산을 통해 만들 수 있는 최솟값은 1, 2, 8, 9를 뽑고 (1－9)×8＋2＝－62이다.

문 38 유형: 정보처리형 퀴즈 정답: ③

다음 표는 위치별 식수 이동 시간이다.

식수 이동 시간	위치
6초	B, F
9초	A, C, D, G
12초	E
18초	H

위의 표와 甲의 발언에 의할 때 다른 곳보다 식수를 받는 데 9초 더 걸릴 수 있는 곳은 H가 유일하다. 따라서 甲은 H에 산다. 또한 乙은 A, C, D, G 중 한 곳에 산다.

또한 丙에 발언에 의할 때 丙은 E에 산다.

丁의 발언을 통해 丁은 B 아니면 F에 살고 있음을 알 수 있다. F에 살면 D가 A보다 가깝고, B에 살면 A가 D보다 가까울 것이므로 丁은 B에 산다.

B, F를 제외하고 급수대를 중심으로 마주 볼 수 있는 곳은 A와 D이므로 乙과 戊는 A 또는 D에 산다.

戊의 발언에 의할 때 A와 D 둘 중 甲이 사는 H에 가는 데 42초가 걸리는 곳이 戊가 사는 곳이다. A는 30초, D는 42초가 걸리므로 戊는 D에 살고 乙은 A에 산다.

정리하면, 甲은 H, 乙은 A, 丙은 E, 丁은 B, 戊는 D에 산다. 따라서 丁이 戊가 사는 곳으로 이동하는 데 걸리는 시간은 **30초**이다.

문 39 유형: 세트형 정답: ④

① × $\frac{470}{18}$은 $\frac{400}{15}$에서 분모는 20% 증가했으나 분자는 20%보다 덜 증가했다. 따라서 $\frac{400}{15} > \frac{470}{18}$이기 때문에 옳지 않은 설명이다.

② × 비만은 지방세포가 과잉 축적되어 지방제외체질량 대비 체지방량이 증가된 상태를 말한다. 단순히 체지방량이 증가해도 지방제외체질량 대비 체지방량이 증가하지 않으면 비만이 아닐 수 있다.

③ × 중등도 절식요법은 하루에 1,200 kcal 이상을 섭취하는 것이다.

④ ○ 이 경우 체질량지수는 $\frac{90}{3.24}$ kg/m^2이다. 이는 30 kg/m^2보단 작으나 25 kg/m^2보다는 크다. 따라서 WHO에 의하면 비만이 아니지만 대한비만학회에 의하면 비만이다.

⑤ × 해당 설명은 케톤식이 아닌 고단백식에 대한 설명이다.

문 40 유형: 세트형 정답: ③

저탄수화물식을 위해서는 탄수화물 섭취량이 130g 이상이면서 탄수화물이 내는 열량을 총열량의 50% 이하로 제한해야 한다. 이미 단백질로 300 kcal, 지방으로 540 kcal의 열량을 내고 있으므로, 탄수화물 섭취량을 X g이라고 하면 $\frac{4X}{4X+840} \leq \frac{1}{2}$여야 하고, 정리하면 $X \leq 210$이다. 따라서 저탄수화물식이 되려면 탄수화물 섭취량이 $130 \leq X \leq 210$여야 한다.

고단백식을 위해서는 50 kg의 체중인 甲이 하루에 75 g 이상의 단백질을 섭취하면서 총열량의 25% 이상이 단백질로 구성되어야 한다. 위와 같이 탄수화물 섭취량을 X g이라고 하면 $\frac{300}{4X+840} \geq \frac{1}{4}$여야 하고, 정리하면 $X \leq 90$이다.

저열량케톤식을 위해서는 하루 800～1,200 kcal의 열량을 섭취하는데, 지방으로 인한 열량이 60% 이상이어야 한다. 540 kcal가 전체 열량의 60% 이상이려면 전체 칼로리가 900 kcal 이하여야 한다. 따라서 탄수화물 섭취량을 X g이라고 하면 $X \leq 60$을 만족해야 한다.

저탄수화물식만 충족하려면 $130 \leq X \leq 210$여야 하고, 고단백식의 조건만 충족하려면 $60 < X \leq 90$여야 한다. 이를 만족하는 것은 ③이 유일하다.